现代汉语杂论

王艾录　著

电子科技大学出版社

图书在版编目(CIP)数据

现代汉语杂论 / 王艾录著. — 成都:电子科技大学出版社,2014.3

ISBN 978 - 7 - 5647 - 1935 - 7

I.①现… Ⅱ.①王… Ⅲ.①现代汉语-研究 Ⅳ.①H109.4

中国版本图书馆 CIP 数据核字(2013)第 226047 号

现代汉语杂论

王艾录　著

出　　版:	电子科技大学出版社(成都市一环路东一段 159 号电子信息产业大厦 邮编:610051)
策划编辑:	陈松明
责任编辑:	张　鹏
主　　页:	www. uestcp. com. cn
电子邮箱:	uestcp@uestcp. com. cn
发　　行:	新华书店经销
印　　刷:	三河市天润建兴印务有限公司
成品尺寸:	170mm×240mm　　　印张 30　　　字数 489 千字
版　　次:	2014 年 3 月第一版
印　　次:	2014 年 3 月第一次印刷
书　　号:	ISBN 978－7－5647－1935－7
定　　价:	78.00 元

目　录

第一章　理据

第二章　方言

第三章　语法

第四章　其他

第一章 理据

新兴的国内语言理据研究说略

摘 要： 受西方语言学理论影响，语言学的天平由理据性理论偏向了任意性理论，这一局面使得传统的事实上的汉语理据研究发生严重断层。近三十年来迄今为止的国内中青年语言学界，逐渐出现了理据研究的新势头，冲破单音词没有理据、理据就是内部形式等带有普遍性的问题的困扰，提出单纯词有理据、理据不是内部形、复合词的理据原理、理据性和任意性的关系等新观点。

关键词： 传统　断层　新势头　理据　内部形式

一、理据研究背景

从古中国、古希腊哲学家关于唯名论和唯实论的辩论，到现代语言学家关于任意性和可论证性的争论，语言符号的音义之间的关系问题始终是论题的焦点。那么，语言符号的音和义究竟是怎样结合在一起的呢？

古希腊哲学家在关于语言的辩论中形成了两个派别。以亚里士多德为代表的"惯例派"认为语言中除了少数拟声词外，词的意义和形式的结合是人为的、任意的。以斯多噶派为代表的"自然派"则认为语言是一种自然的产物，事物的名称是由它的性质而产生的，名称和它代表的事物之间有着天然的联系，所以可以研究词源，探究语言的原始形式。

我国从春秋战国起，名实关系问题就引起了哲学家和语言学家的重视。历代学者如墨子、惠施、公孙龙、荀子、韩非子、许慎、扬雄、刘熙、刘勰、刘师培、段玉裁、王念孙、黄侃、陈澧、章太炎、马建忠等等，都不同程度关心词语的理据性，并对名实关系作出过各种点滴论述。然而他们尽管提供了极其丰富的理据知识和材料，但是他们所从事的工作有两个薄弱点：一是所考证的基本是汉语单音词的理据，极少涉及双音词的理据；二是基本停留在对具体词语的考证上面，没有建立起有关的理论框架，甚至根本没有提出过"理据"这个术语，其结果是失去了在中国产生一部其价值不亚于《普通语言学教程》的理据理论著作。

传统的汉语研究历来重视语言符号的理据性。从先秦诸子到乾嘉学派，对语源和训诂进行了不断的研究。只是到了近代西学东渐以来，国人广泛接受了西方语言学理论，从而把语言学的天平由汉语理论偏向了西语理论，由理据性理论偏向了任意性理论，致使近百年任意性成为一统天下的理论，严重忽视乃至否认了理据性的存在。这一局面使得传统的事实上的汉语理据研究发生严重断层，给历时的汉语研究带来不可估量的损失。本来，随同由古代汉语过渡到现代汉语，由古代汉语研究过渡到现代汉语研究，理据研究也十分应该而且十分自然地要由古汉语单音词理据过渡到现代汉语双音词（复合词）理据的研究，由微观的词语理据考证过渡到汉语理据理论的创建，然而这一重要的过渡却被严重耽搁了。

直到上世纪 80 年代为止，关于古今汉语复合词尤其是现代汉语复合词理据的研究，论文寥若晨星，专著更是迟迟没有问世。

鉴于这一局面，近三十年来，笔者对现代汉语复合词理据进行了不懈的研究。这一给力理据研究的工作似分两个阶段，前一个阶段搜集和解释了一万多条汉语复合词理据，出版了《汉语理据词典》（北京语言学院出版社1995 年；修订本，华龄出版社，2006 年）。在此基础上，转入了对语言理据的理论探索，对语言符号理据性和任意性的关系、理据和内部的关系等问题进行了深入的研究。发表了《关于语言符号的任意性和理据性》《语言的熵：内部形式的主观误解和客观畸变》《理据·内部形式·词义》等 30 多篇论文，出版了《语言理据研究》（二人合作，中国社会科学出版社，2002 年）和《复合词内部形式探索——汉语语词游戏规则》（中国言实出版社，2009年）等几部专著。由于它们是我国首次研究语言理据理论和汉语复合词理据的的论著，而且提出了许多新观点新方法，所以引起了同人的关切，例如曾昭聪、曹炜、李福印、林寒生、周荐、朱于国等先生都在自己的著述中提及王氏理据理论。在王氏研究成果的影响下，迄今为止的国内语言学界尤其是中青年语言学界，逐渐出现了理据研究的新势头，一个新兴的理据学新学科浮出了水面。

可以认为，古人和前人进行的理据研究是事实上的感性的微观的，今人进行的理据研究则是正面的理性的宏观的。不过，前人的研究虽是微观的，但其时间是长期的，成果是大量的，它是今人研究的基础和依据。今人的研究虽是前人研究的拓展和升华，但其力度是单薄的，探究现代汉语复合词理据的数量是远远不够的。更重要的是，这项研究在当今重任意性轻理据性的学术背景中又被一些带有普遍性的问题所困扰，主要有：

a. 认为单音词（单纯词）没有的理据，单音词的音义的结合是任意的，不可论证的，理由是迄今汉语中多数单纯词的理据已经被历史湮灭（到东汉《释名》时代已是"百姓日称而不知其所以之意"），现在探求起来极其困难乃至根本不可能，由此认为单纯词没有理据可言。

b. 承认单纯词的理据，但又把它的理据与内部形式等同起来，认为单音词的理据就是它的内部形式。

这两个问题长期以来阻碍着人们探索理据的步子，而这些旧观念早已根深蒂固，要使理据研究迈开破冰之履，就需要首先对这些问题加以探讨。

二、单纯词有没有理据

结构主义语言学一般仅承认合成符号的理据性，而认为单纯语言符号是任意的，这一观点影响深远，几乎所有的语言学流派都受到了影响。以单音词的理据难以探求为由否认其存在，这在逻辑上是说不通的。从总体上讲，单音词理据探究难度诚然很大，然而探究难并不等于它们没有理据；再则，现在考究不出来的，不等于以后永远考究不出来。事实上，越来越多的单音词理据先后被古今学者考究了出来，这是有目共睹的。有学者说得好："一个符号失去原始的音义联系而变得不可论证，绝不等于从来就不存在某种理据……至于目前很多符号仍难以论证，只是研究者的认识还欠深入，探索尚未达到那一步。"（姚小平《西方语言学史》，外语教学与研究出版社，2010年）。

单纯词虽然没有语素组合的内部形式特征，但却有其自身的音义结合的语源学特征，所以单纯词有其造词理据是肯定的。

在我国，历代学者都非常关心古代汉语单音词的理据问题，并对名实或音义关系问题有过各种言论。比如汉代许慎的《说文解字》、刘熙的《释名》，明代张岱的《夜航船》、清代翟灏的《通俗编》、钱大昕的《恒言录》、段玉裁的《说文解字注》、王念孙的《广雅疏证》、王引之的《经义述闻》、陈澧《东塾读书记》，近人刘师培的《物名溯原》及《原字音篇》、黄侃《文字声韵训诂笔记》、章太炎的《文始叙例》及《国故由衡·语言缘起说》、梁启超的《国文语源解》、杨树达的《字义同源于语源同例证》，今人王云五的《新名词溯源》、张维思的《语源蠡测》、俞敏的《古汉语俚俗语源》等等，都从不同的角度或多或少地涉及了汉语词的理据问题，为我们留下了宝贵的知识和重要线索。中国古代宏富的训诂学成就是汉语理据的深刻展示和有力证明。如果单纯词的音义之间真的没有联系联系，那么，人们对语言的起因、发展就会永远处于茫然之中。说单纯词没有理据，就像说水而无源、木而无本一样不可思议。所以应该努力寻找究竟是什么力量把音义或名实联系在一起，抓住了这个联系，就等于抓住了包括单音词在内的一切语言符号的理据。

古代汉语训诂学的基本方法是因声求义、以形求义。古人通过这些方法，求证了大量古代单音词的理据。例如：

彗（篲）——《说文》："彗，扫竹也。"彗星形似扫竹，故名。

瞽——源于"鼓"。1、眼瞎。《庄子·逍遥游》："瞽者无以与乎文章之观。"成玄英疏："瞽者，谓眼无联缝，冥冥如鼓皮也。"2、乐师。古代乐师多以瞎子担任，故称乐师为瞽。《书·胤征》："瞽奏鼓，啬夫驰，庶人走。"孔传："瞽，乐官。"

凳——源于"登"。《释名》："榻登，施之承大床前，小榻上，登以上床。"

跟——源于"根"。《说文》："根，木株也。"《释名·释形体》："足后曰跟，在下方著地，一体任之，象木根也。"

杈、钗——源于"叉"。《说文》："叉，手指相错也。""杈，枝也。"段玉裁注："枝如手指相错之形，故从叉。"《释名·释首饰》："钗，叉也，象叉之形，因名之也。"

梳、篦——源于"疏""密"。《急就篇》颜师古注："栉之大而粗，所以理鬓者，谓之梳，言其齿稀疏也；小而细，所以去虮虱者，谓之比，言其齿比密也。"篦，王力《同源字典》："字本作'比'。"

这样的例子浩若烟海，举不胜举。它们给人们的有益启发是：为什么能够通过声和形去求得义呢？很明显，因声求义、以形求义的实施，有力地证明了词语的音义之间和形义之间存在理据，否则因声求义、以形求义的方法不会付诸实际，古代极为宏富的训诂学成果就会化为乌有。

我们经常看到，同样是研究任意性或理据性（象似性），有人着眼于单纯符号，有人着眼于合成符号，有人则着眼于语句符号，所得出的结论都不可避免地带有片面性。只有对语言进行全方位的综合的考察，才可能得出比较完整的结论。过去人们在谈论语言符号理据性和任意性问题时，不以区分单纯词和复合词为前提，因而无法把讨论引向深入。后来有少数人发现了这一症结，开始将二者分而论之，这本来是难能可贵的，然而他们却总是在强调单纯词任意性的同时否认或忽视了它的理据性，又在强调复合词理据性的同时，否认或忽视了它的任意性，这便为单纯词没有理据性、复合词没有任意性的传统观念起到推波助澜的作用。深入一步即可接近真理，然而遗憾的是这一步却始终未能迈得开。我们相信，随着日后理据研究的不断深入，人们将逐渐克服过去认识上的片面性，全面地去认识单纯词和复合词各自的任意性和理据性，进而全面地去认识贯穿整个语言符号的任意性和理据性各自的作用和地位。

二、理据是不是内部形式

单纯词和复合词是两类性质完全不同的语言符号，它们所包含的理据内涵、种类以及探究方法都有着明显的不同，所以谈论理据和内部形式的关系时，必须首先把这两种符号区别对待，这是一个极其重要的前提条件。

从索绪尔到当代学者，基本沿袭着一个共同的习惯做法，那就是在论述任意性时，都举单纯词的例证，而在论述可论证性时，都举复合词的例证。这一习惯做法似乎在暗示人们：单纯词是绝对任意的因而是没有理据的，复合词才是可论证的因而是有理据的。那么仔细推敲他们在单纯词里看不到的和在复合词里看到的那种可论证性究竟是什么呢？不是别的，恰恰是内部形式！他们否认单纯词的可论证性，实际上否认的是它的内部形式，承认复合词的可论证性，也只是承认它的内部形式。显而易见，他们在理据和内部形式之间划上了等号。

对于复合词，人们比较容易发现它的内部形式，因而比较容易从内部形式发现一部分可论证的线索。借助内部形式探索复合词的理据，这是很正常的，但是这样做却很容易使人把内部形式和理据混为一谈，以其内部形式的有无确定理据的有无。可以肯定的是，单纯词和复合词根本不是区分任意性和理据性的依据与标准，单纯词和复合词、任意性和理据性是两对完全不同的概念，把两对不同度的概念对应乃至等同起来，必然会使关于理据性和任意性的讨论继续在过去那种顾此失彼的被动局面之中徘徊。

理据是什么？理据是指语言符号生成的动因（motivation）。例如水为什么叫 shui？人为什么叫 ren？某体育运动为什么叫"拔河"？老百姓为什么叫"白丁"？回答这些问题的正是词的理据。

内部形式是什么？内部形式是指语言符号的语法结构和语义结构的总和。所以只有具备了语法结构和语义结构的语言符号才有内部形式可言。所谓结构，必须具备两个或两个以上的组成部分，结构的本质在于组成部分的搭配和排列而形成某种关系体系。语言中的单纯词是不经过构词法得来的词，是独体性符号，无法分出下级各个组成部分，所以不存在内部形式。

这一道理在不同语言的词的意译看的很清楚。须知，意译词的"意"并不是指词义，而是指词的内部形式。例如汉语的"软件"和"超级市场"，就是依据英语合成词只的 soft（软）＋w are（零件）和 super（超，超级）＋market（市场）意译的。但是英语中的单纯词如 nut、coin、sun，由于没有内部形式，所以无法用汉语意译。这一事实有力地证明了单纯词不存在内部形式。

内部形式所反映的是人的一种心智结构——人们在语言创造活动的某一时刻、某一场合所做出的理解。内部形式中隐含着丰富的理据信息，所以仅仅掌握复合词的理性意义是不够的，而应从内部形式切入，探索出有关复合词内部的语文知识。

理据既是创造一切语言符号的动因，那么毫无疑问，它必然也是造成复合词内部形式的动因。所以，理据与内部形式的关系之间是因果关系；理据是因，内部形式是果。作为果，内部形式是形式和内容结合的实体；作为因，理据既非形式又非内容，它是形式和内容结合的动因。理据作为造词动因只在音义结合的刹那间起作用，之后便被逐渐湮没在历史的长河中，成为一个失而难得的非物质遗产。而内部形式作为语言化石永存于世，它隐藏和缩录着关于理据的信息密码。

理据与内部形式虽然都具有不同程度的隐匿性，但是二者有着根本的区别。内部形式属于物质、语言的范畴，它是人的语言创造行为的结果，是可感知的。而理据属于认知、意念的范畴，它是隐匿于结果后面的驱动力，是不可感知的。由理据转换成语言表述，是从认知到物质；由内部形式解读成展现形式，则是从物质到物质，只不过内部形式本身是一种凝练表达式，而展现形式则是一种展现表达式而已。

综上所述，复合词既有理据也有内部形式，单音词只有理据没有内部形式。

四、复合词的理据是怎样的

复合词的情况比起单纯词来要复杂得多，因为任何复合词都必然包含两个或两个以上的单纯词（语素），它们通过一定的语法关系和语义关系组合在一起，形成了某种句段关系。句段关系的形成意味着内部形式的产生，句段关系的本质就是内部形式。复合词的理据分两个层次，即词内每个单纯词的音义结合的理据（原子理据）和复合词整体上的音义结合的理据（分子理据）。所以探究它的理据，就不能像揭示单纯词理据那样一步到位，而需要采用先分解、后综合这样两个步骤进行。第一步分解，是指考证词中每个语素的原子理据；第二步综合，是指考证复合词整体的分子理据。例如探究"天河"理据的第一步：天，颠也；河，黄河之声可可。第二步：天河，天上河（天上光道像河）。

复合词理据可有各种各样的分类，比如语文理据和文化理据，语法理据和语义理据，原子理据和分之理据，真实理据和虚假理据，广义理据和狭义理据等等，不一而足。以下再介绍几种。

1. 客观理据和主观理据
a. 客观理据指从客观事理方面解释符号由来，例如：

虏疮（天花）——晋·葛洪《肘后备急方》：天花是在汉代的一次战争中，从俘虏中传播来的，为此又称"虏疮"。

启明、长庚——《诗·大雅·大东》："东有启明，西有长庚。"朱熹《传》："启明、长庚皆金星也。以其先日而出，故谓之启明；以其后日而出，故谓之长庚。"

b. 主观理据指从人的主观理解或感受方面解释符号由来，例如：

寒星—— 寒冷的星星。

招潮（一种穴居海滩的蟹）——雄蟹一螯很大，另一螯则很小。唐
•刘恂《岭表录异》："海畔多潮，潮欲来，皆出坎举螯如望，故俗呼招
潮也。""举螯"即举起大螯上下而动，仿佛招手迎潮。

2. 浅层理据、中层理据、深层理据

a. 浅层理据指词的词义和内部形式重合，其理据可就词而解，无须做
专门的理据探究。例如"电灯、马车"的理据不言而喻。假设把词义、内部
形式分别比作 ab 两个圆，那么可图示为：

b. 中层理据指词的词义、内部形式分离，词义居于外层，内部形式积
淀于内核。例如"天子"，词义是"帝王、皇帝"，内部形式是"天的儿子"。
可图示为：

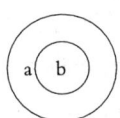

c. 深层理据指词的词义、内部形式完全脱节，二者在字面上风马牛不
相及，其理据无法从内部形式推演，即不在其内，而在其外，它扎根于社会
文化之中。例如"敲竹杠"，词义是"敲诈勒索"，内部形式是"敲击竹杠"，
理据（文化理据）是：清末，沿海一带贩卖烟土成风。清政府下令查禁鸦
片，却有云南商贩将大烟土藏在船舱竹杠或竹篙中。船开到浙江绍兴码头，
一位师爷拿着旱烟筒，信手在竹杠上磕烟灰，这个商贩误以为被发现，吓得
面如土色，慌恐之中掏出一些银子，塞给这位师爷。从此，敲竹杠的恶劣行
为悄然流传，师爷们每次检查都要敲竹杠。可图示为：

由浅层理据到中层理据再到深层理据，理据解释的难度逐渐增大。

3. 内中心理据和外中心理据

人对事物的命名活动有一般命名和特殊命名之分。一般命名的词是"内

中心结构"，特殊命名的词是"外中心结构"。

a. 内中心理据指内中心结构词的理据。命名活动一般着眼于事物本身，词的内部形式与该事物的某种性质或特点密切相关，在某种程度上或者某种角度反映出该事物的某种性质。例如：电灯——用电的灯，八字胡——八字形的胡子。

b. 外中心理据指外中心结构词的理据（多数是深层理据）。命名活动从事物外部进行，造出的内部形式与该事物的本身的性质毫无关联，因而不反映该事物的任何性质。例如"梨园"一词指戏院或戏剧界，它的内部形式是"梨树园"，二者不相关，如果说有什么因由把二者联系在一起，那只是出于某种生活情节的巧合——"玄宗既知音律，又酷爱法曲，选坐部伎子弟三百，教于梨园。声有误者，帝必觉而正之，号皇帝梨园弟子。"（《新唐书·礼乐志》）"梨园"一词中所有的义素与"戏院"中所有的义素没有任何重叠。这种用了一个与所指事物（戏院）毫无联系的由一种偶然的情节酿成的内部形式为之命名，形成以具体（具象）借代一般（抽象）的语言修辞效用。同类如"驸马""杏林"。

在用外语翻译汉语语词的过程中，如是内中心复合词，一般是照着它的内部形式直译，例如"八字胡"可翻译为"形似八字的胡子"。外中心复合词则因为它的特点是意内言外，其内部形式和词义不挂钩，所以不能照内部形式直译，而必须照着词义翻译。例如"敲竹杠"，绝不能直译为"敲击竹杠"，而应该翻译为"敲诈勒索"；"梨园"绝不能直译为"梨树园"，而应该翻译为"戏院"。

由于外中心结构的内部形式与词义完全分离，所以容易因误解内部形式而导致误解词义。例如把"响马"误解为"马跑时马铃响"或"爱嘶叫的马"。取得外中心结构的内部形式正确解读的途径是借助词的理据：贼寇骑马从事抢劫，在抢劫时先放响箭以警示路人放弃抵抗。理据既明，内部形式正确解读和词义的正确理解就会得到保证。

4. 单一理据和套叠理据

a. 单一理据指某词理据中没有内含理据。大多数词语的理据属于这类。例如"宰相""篮球"。

b. 套叠理据指某词理据中有内含理据，即从词理据中又引出内含理据，形成理据之中套理据、环环套叠现象。一般有二环三环四环。例如：

管：

第一环——问："管"为什么有"掌管""管理"义？答：管的本义是：管状钥匙：（《左传》：郑人使我掌北门之管），掌握钥匙而生"掌管""管理"义。

第二环——"管"为什么有"管状钥匙"义？答：管字从竹，本义是竹管，"管状钥匙"如竹管，故称。

雁门关：

第一环——问：某长城要口为什么叫"雁门关"？答：唐于雁门山顶置关，雁门山上一山关。

第二环——问：此山关何以称"雁门"？清·顾炎武《天下郡国利病书》："雁门古句注，西陉之地，重峦迭巘，霞举云飞，两山对峙，其形如门，而蜚雁出于其间，故名。"

少林拳：

第一环——问：此拳术为什么叫少林拳？答：因隋唐时期嵩山少林寺僧徒练此拳术而得名。

第二环——问：此寺为什么叫少林寺？答：此寺是北魏太和十九年孝文帝为安顿印度高僧跋陀落迹传教而敕建的，坐落在河南省登封市嵩山少室山下的茂密丛林中，取名"少林寺"。

第三环——问：此山为什么叫少室山？答：嵩山有三峰，中为峻极峰，东为太石山，西为少石山。《述征记》："嵩，其总名也，谓之室者，山下各有石室也。"

青衣江：

第一环——问：此江为什么叫青衣江？答：此江源于青衣县，故名。

第二环——问：此县为什么叫青衣县？答：青衣县是远古时代的青衣国，北魏·郦道元《水经注》卷十四："青衣水出青衣县西……县故青衣国。"

第三环——问：此国为什么叫青衣国？答：是青衣羌人建立的国家，也称"青衣羌国"。 第四层——问：此族为什么叫青衣羌族？答：世居四川的羌人多以图腾为族名，如白马羌、牦牛羌、青衣羌等。

青衣羌是因族人崇拜青色的服饰而得名。

五、理据性和任意性是什么关系

任意性理论有时容易给人一种误导，以为事物的名称可以是无限多的。然而事实上，事物的名称是极其有限的，多数事物只具有一到三种名称，超过十种名称的事物已属极少数，这说明事物名称的数量是极其有限的，是封闭性的，此其一。事物名称的数量无论有多少个，都一定与该事物的性质、特点、形状等以及由此产生的相似联想有着某一相通之处，所以这些名称形成了一个语义场。是什么力量把一个事物的若干名称局限在一个语义场之中？不是别的，正是理据。

可见，理据性对任意性有着强大的限制力量。语言并不只受到任意性原则的单向支配的，恰恰相反，任意性只能在理据性所规定的范围内运作，离开了这一理据限制，任意性将变得毫无价值。任何语言符号的任意性，不论什么时候都不会超越理据性给予它的限制范围。

可能有人会问，难道彗星只能叫"彗"而不能有其他名称吗？当然可以有。任意性保证了包括彗星在内的任何事物都可以有许多个名称，但是这只是一种理论上的假设，事实上由于理据的限制，彗星的其他可能有的若干名称一定与彗星有着一定的联系，不可能也不可以把它叫做与彗星毫无联系的名称。总之，某一语义场圆圈内的诸多事物的名称可以随便叫——这是任意性原则，但是再随便也不能超越这个语义场圆圈——这是理据性原则。

长期以来，许多人对任意性有过这样的误解，以为语言符号的音义结合都是在人的不经意当中盲目进行的，因而任意性具有无穷的解释力。这是对索绪尔关于任意性论述的不全面理解。《普通语言学教程》第二编第六章第三节指出："到现在为止，单位在我们看来都是价值，即系统的要素，而且我们特别从它们的对立方面去考虑；现在我们承认它们有连带关系，包括联想方面和句段方面的，正是这些关系限制着任意性。"索绪尔认为"限制着任意性"的，其实就是理据，所憾它却是"很少引起语言学家注意的观点"。

任意性存在于造词未然，它使新生事物的命名面临诸多选择，所以任意性使语言符号的理据生成具备了广阔的选择余地。理据性存在于造词过程和造词已然，每一对音义结合的结果都生成一个具体而微的理据块。任意性成为了致使理据性繁衍生息的生存条件，理据性成为了免使任意性泛滥成灾的限制保证。索绪尔说得好：如果离开了理据性，任意性"这个原则漫无限制地加以应用，结果将会弄得非常复杂；但是人们的心理给一大堆符号的某些部分带来一种秩序和规律性的原则，这就是相对论证性的作用。"（同上）理据性和任意性的相反相成关系，协同推动着语言体系的和谐发展。

理据·内部形式·词义

摘 要：理据指语言符号产生和发展的动因，内部形式是复合体内部的语法结构和语义结构总和。二者呈因果关系：理据是因，内部形式是果。内部形式是人们语言创造行为的结果，是现实的、物化的，而理据则是隐匿于结果后面的驱动力，是经验的、认知的。词义是词的理性义或概念义，内部形式是词义的承载形式，内部形式属于物质范畴，而词义属于意念范畴。理据·内部形式·词义分别是动因、化石、意念。

关键词：理据 内部形式 词义

一、关于理据

1. 理据的客观存在

语言符号的理据性是近一些年来我们在与语言符号的任意性的对照分析中进一步阐发的。理据这一术语既可指整个语言的理据性（广义的理据），它与语言的任意性形成对立；也可指具体语词产生和发展的动因（motivation），即语词的语音和语义最初结合的缘由（狭义的理据）。整个语言的理据性是由无数个具体的语词的理据证实的。

某一事物的名称少则一个，多则几十个，那么它的名称为什么是这个，而不是那个？为什么是这些，而不是那些？其中一定存在事物的得名之由。应该认为每一个语词的产生都有其依据和道理，而不管你能否抓得住它。古代汉语训诂学的基本方法是"因声求义""以形求义"，为什么能够通过形和音去求得义呢？就是由于音义之间和形义之间存在理据。如果某一事物及其名称之间真的什么联系都没有，是绝对任意的，那么古代训诂学以及语源学就不可能产生，人们对语言的起因、发展也就永远处于茫然之中。正如世界

15

上不存在无源之水、无本之木一样，某一声音（能指）何以代表某一意义（所指），某一意义何以选择某一声音作为代表，必定有其缘由。所以我们认为问题的关键不在于有没有联系，而在于有什么样的联系。我们应该到"自然联系"的外面去寻找究竟是什么力量和缘由把音义或名实匹配在一起——抓住了这个缘由，就抓住了语言符号的理据。

我国是个理据大国，从先秦到清末民初，推求词语理据和探求语源始终是语言学的主要脉络，而且取得了丰硕的研究成果。然而两三千年的理据研究成果积累，不但没有影响到世界，而且没有在国内产生引导时代潮流的影响力。相反，我国现代语言学却随同他国现代语言学一起，被任意论统治了近百年。造成这一怪现象的重要原因之一，就是由于我们没有善于把宏富的理据研究成果总结和上升为系统的理论。诚然，对于语言理据的理论问题，古人也早已有所发现。早在春秋末期和战国初期，名实关系问题就引起了哲学家的重视。历代学者如墨子、惠施、公孙龙、荀子、韩非子、许慎、扬雄、刘熙、刘勰、刘师培、段玉裁、王念孙、黄侃、陈澧、章太炎、马建忠等等，都非常关心语言的理据性，并对名实或音义关系作出过各种论述。黄侃在《文字声韵训诂笔记》中说："名者所以召实，凡所命名，岂漫然以呼之者乎？其呼之必有其故。""凡有语义，必有语根。言不空生，名不虚作，所谓名自正也。"章太炎在《国故由衡·语言缘起说》里说："语言者不冯虚起，呼马而马，呼牛而牛，此必非姿意妄称也。"陈澧在《东塾读书记》中说："程子云：凡物之名字，自与音义气理相通，天未名时，本亦无名，只有苍苍然也；何以便有此名？盖出自然之理，音声发于其气，遂有此名此字。……盖天下事物之象，人目见之，则心有意；意欲达之，则口有声；意者象乎事物而构之者也，声者象乎意而宣之者也。"然而先贤关于语言理据的言论只停留于只言片语，缺乏系统的理论和一系列的术语，没有找到著作化这样的承载形式。其结果是坐失良机，失去了在中国产生一部其影响相当于《普通语言学教程》的理据巨著。

从《尔雅》《说文》《释名》到乾嘉学派的著述，提供给我们的是极其宏富的单音词理据及少量双音词的理据。其实理据不但存在于古籍中，而且存在于日常生活当中。例如我国北方人常把懒惰者比作猪，曰"懒得像头猪"。这是因为北方猪多，而且好吃懒动。南方人则常把懒惰者比作蛇，曰"懒得像条蛇"。这是因为南方潮湿，蛇多，而且经常蜷曲成团，呈懒而不勤之状。

吉林省蛟河县乌林乡有个村子叫"狐狸洞"，何也？此地常有黄鼠狼出没偷袭老鸡，因为狐狸能治服黄鼠狼，所以把村名改为"狐狸洞"，这样黄鼠狼就被治住了。我国北方大部分地区都叫"蜂窝煤"，而湖南人叫"藕煤"，这是由于湖南大量产藕。汉语共同语称"太阳落山"，湖南汨罗一带方言称"太阳落水"，这是因为汨罗一带位于洞庭湖以东，夕阳西下，落入水中。四川忠县一带方言称"太阳落土"，这又是因为忠县一带山多山高，而且山上尽土。云南有一个少数民族把东边叫"日出洞"，西边叫"日落洞"，南边叫"水尾"，北边叫"水头"，原因是他们住在群山围绕的地方，日出和日落，看起来就像在洞穴里进行的，而他们居住之处的水流是由北向南，故而东西南北各有一种别具一格的名称。

《现代汉语词典》是以解释词义为根本目的的，然而在词目释文中有不少地方存在理据的成分或理据的蛛丝马迹，例如"大理石"，在大段词义释文"大理岩的通称。一种变质岩……"后面加了这么一句："我国云南大理产的最有名，所以叫大理石。"在"红"字下领词目中，"红榜"揭示了理据：指光荣榜，因多用红纸写成，所以叫红榜；但是"红教"只解释词义：藏族地区喇嘛教的一派，至于为什么叫"红教"，未做解释。"箕"字下领共二条（箕斗、箕踞），其中"箕踞"解释触碰了理据，"箕斗"未触碰理据。从这里不难看出，该词典对词理据的接触尚处于随意的、盲目的状态，不过从另外一个侧面使人看到，理据的问题一不小心即可触碰到，理据遍及语言。

有时候理据具有层次性，呈现理据之中套埋据、环环套叠的子母理据。例如：

管：

第一层——问："管"为什么有"掌管""管理"义？答：管的本义是：管状钥匙：（《左传》：郑人使我掌北门之管），掌握钥匙而生"掌管""管理"义。

第二层——"管"为什么有"管状钥匙"义？答：管字从竹，本义是竹管，"管状钥匙"如竹管，故称。

马拉松赛跑：

第一层——问："马拉松赛跑"的由来如何？答：公元前4世纪，

17

波斯帝国军队在亚狭迦东岸的马拉松平原登陆,直逼希腊首都雅典。希腊军队以少胜多,一举摧毁侵略军。传命兵菲迪皮德斯奉命从马拉松镇跑往雅典向国王报捷。他一口气跑了四十多公里,来到雅典城中央广场便高呼:"高兴吧,我们胜利了!"喊声未落便倒地死了。为了纪念这位爱国士兵,在1896年雅典举行的首届奥林匹克运动会上,东道主希腊把新增加的超长跑比赛安排在当年菲迪皮德斯跑过的路线上,全程四十二公里一百九十五米,并取名"马拉松赛跑"。

第二层——问:那么此镇为什么叫"马拉松镇"?答:"马拉松"是香料(植物)名,马拉松镇以产这种香料而得名。

口马

第一层——问:此马为什么叫"口马"?答:口北出产的马。

第二层——问:为什么叫"口北"?答:张家口以北。

第三层——问:为什么张家口?答:其发源地是现位于本地桥西区的"堡子里"(亦称"下堡")。堡子里明代时属京师宣府镇。宣德四年,指挥使张文始筑城堡,名"张家堡"。嘉靖八年守备张珍在北城墙开一小门,曰"小北门",因门小如口,又由张珍开筑,故名"张家口"。

青衣江:

第一层——问:此江为什么叫青衣江?答:此江源于青衣县,故名。

第二层——问:此县为什么叫青衣县?答:青衣县是远古时代的青衣国,北魏·郦道元《水经注》卷十四:"青衣水出青衣县西……县故青衣国。"

第三层——问:此国为什么叫青衣国?答:是青衣羌人建立的国家,也称"青衣羌国"。

第四层——问:此族为什么叫青衣羌族?答:世居四川的羌人多以图腾为族名,如白马羌、牦牛羌、青衣羌等。青衣羌是因族人崇拜青色的服饰而得名。

2. 任意性和理据性的关系
任意性和理据性共存于语言之中,那么,它们之间的关系是怎样的呢?事物往往具有许多方面的特征,所以给它们命名也可以从不同角度进行，所以各种事物往往有许多的名称。任意性理论往往容易给人一种误导，以为事物的名称从理论上说可以是无限多的。然而事实上，事物的名称是极其有限的，具体情况是：单名事物占多数，多名事物占少数，而且其中多数只具有两三种名称。超过十种名称的事物属于极少数，这说明事物名称的数量是有限的，封闭性的，不是无限多的，这证明了任意性必然受到某种力量的严格管约，这就是理据。

表示同一事物的若干名称，无一不与该事物有着某种联系，所以由这些有关联因而具有共同义素的词聚合成为词群，形成一个语义场。例如向日葵的最大特点是朝着太阳转动，汉语叫做"向日葵"，英语叫做 sunflower（太阳花），法语叫做 tournesol（转向太阳的），俄语叫做 подсолнечник（在阳光下面的），德语叫做 sonnenblume（晒太阳的花），西班牙语叫做 girasol（跟着太阳转的）。这些语言的构词活动都紧紧围绕着"向阳"这个聚合点展开，这说明操持不同语言的人们对这 植物具有相同或相近的认知心埋，其结果必然使这些名称形成同一个语义场。

同一语言的不同方言也有同样的现象，例如汉语不同方言把上述植物分别叫做向日葵、向阳花、朝阳转……无论名称有多少，总与"唯有葵花向日倾"（可马光《客中初夏》）的自然特征有关，从而形成了一个语义场。

是什么力量把一个事物的若干名称局限在一个语义场之中？是理据。理据性对任意性有着强大的管辖力量。如果把这个语义场画作一个圆，那么若干名称尽在这个圆圈之内。这个圆就是理据对任意性的管约范围，叫做任意性的"理据管约"。图示如下（坐标中的 x 轴和 y 轴分别为音轴和义轴，圆圈为某一语词的任意性理据管约范围，圆内若干个圆点，都是音义结合的理据证物）：

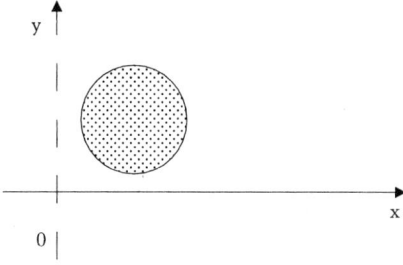

某一事物无论有多少个名称，其中每一个名称都一定有其来由，绝不会是无缘无故的，这说明虽然从总体上看物和名或者音和义的结合是任意的，

19

但是某一具体的事物和名称，却都能够找到音义结合的理由和根据。

　　义对于音，事物对于名称，作为条件并不是充分的，这反映出语言符号的任意性原则；但人对语言符号的理解绝不能停留在这个水平上，任何音义的结合，都必有缘由，这又反映出语言符号的理据性原则。语言符号不仅受到任意性原则的支配，同时还受到理据性原则的支配，它们既对立又统一，共同构成语言的两条同等重要的原则。

　　长期以来，许多人对任意性有所误解，以为语言符号的音义结合都是在人的不经意之中盲目进行的，因而任意性具有无穷的解释力。为什么汉语称"桌子"，而英语称 table，俄语称 стол，并没有目的，没有原因，没有任何根据。这不但把人类造词这一复杂的创举简单化，而且也是对索绪尔关于任意性论述的不全面理解。《普通语言学教程》第二编第六章第三节指出："到现在为止，单位在我们看来都是价值，即系统的要素，而且我们特别从它们的对立方面去考虑；现在我们承认它们有连带关系，包括联想方面和句段方面的，正是这些关系限制着任意性。"索绪尔认为这是一个"很少引起语言学家注意的观点"，正因为如此，这一观点才应该引起我们特别的重视。

　　任意性并不是孤立地因而是无拘无束地行使职权，语言也不是只受到任意性原则的单向支配的。事实恰恰相反，任意性只能在理据性所规定的范围内运作，离开了这一理据管约，任意性将变得毫无价值。例如在古代汉语里，管彗星叫"彗"（篲），《说文》："彗，扫竹也。"彗星"形似扫帚"，故名，这就是它的无法否认的理据。可能有人会问，难道彗星只能叫"彗"而不能有其他名称吗？当然可以！任意性决定了包括彗星在内的任何事物都可以有许多个名称，但是这只是一种理论上的假设，事实上由于理据的管约，彗星的其他可能有的所有名称一定与彗星有着外形、颜色、运行……以及由此而产生的相似联想方面的联系，不可能也不可以把它叫做与这些毫无联系的名称。例如某一语义场圆圈的理性意义是"一年生草本植物，茎很高，叶子互生，心脏形，有长叶柄。开黄花，圆盘状头状花序，常朝着太阳"（《现代汉语词典》），但圆内至少可以有 17 个点（现实符号），它们分别是"葵花、向日葵、向阳花、朝阳花、朝阳葵、朝阳转、转心莲、转头莲、转日莲、转日葵、望日莲、望天葵、日头转、太阳花、太阳佛花、朝阳饼儿、盘头爪子"等。当然在理论上还可以有这 17 个词以外的更多名称，但是迄今仍属潜在符号。某一语义场圆圈内的诸多事物的名称可以随便叫——这是任意性原则。但是再随便也不能超越这个语义场圆圈——这是理据性原则。

任何语言符号的任意性，不论什么时候都不会超越理据性给它的管约范围。洪堡特（中译本，1997）说："语言及其形式的规律性，决定着语言对人的影响，而决定着人对语言的反作用的是一种自由性原则……另一方面，虽然自由性本身是无法确定、不可解释的，但在它们独享的一定活动范围内，我们也许有可能发见它的界限。语言研究者必须承认和尊重这种自由性原则的作用，同时也要细致地探索其界限。"这一论断是十分发人深省的。

索绪尔在《普通语言学教程》中阐扬的语言符号的任意性原则，在中外语言学界产生了巨大的影响。中外多数学者赞同索绪尔任意性的观点，而且有人走向了以任意性否认理据性的极端。与此同时，有少数学者全盘否认任意性原则，走向了以理据性（可论证性、象似性）否认任意性的另外一个极端。正确的看法应该是，承认任意性或理据性，不必以牺牲对方为代价，因为任意性和理据性同时存在，它们共同形成支撑语言发展的杠杆。一方面，有了任意性，才使语言符号的理据生成具备了广阔的选择余地，才使语言不断丰富；另一方面，有了理据性，才通过对任意性的强大的制约之力而使语言沿着理性的轨道，健康有序地发展。理据性和任意性相互对立相互补充相互依存，协同推动着语言体系的和谐发展。如果离开了理据性，任意性"这个原则漫无限制地加以应用，结果将会弄得非常复杂；但是人们的心理给一大堆符号的某些部分带来一种秩序和规律性的原则，这就是相对论证性的作用。"（索绪尔《普通语言学教程》第六章§3）如果离开了任意性，语言将成为一具僵尸，更准确点说，语言将不成其为语言。任意性成为了致使理据性繁衍生息的生存条件，理据性成为了免使任意性泛滥成灾的管约保证。所以不应该把理据性和任意性看作水火不相容的东西，那种认为承认理据性原则，就必然否认任意性原则的观念，是一种僵化的观念。事实上，承认理据性原则的存在及其重要地位，丝毫不能否认任意性原则的存在及其重要地位。石安石（1994）说得好："语言符号的任意性普遍存在，可论证性大量存在，都是事实。只是各有各的内容和范围，并行不悖。承认语言符号的任意性和可论证性，并不以牺牲对方为代价。"理据性和任意性的互动关系决定了它们共同成为语言的同等重要的自组织原则。

把理据性和任意性对立起来的另外一个原因，是把"理据性"等同于"非任意性"，这就发生了逻辑上的错误。"非任意性"与"任意性"是一对矛盾关系的概念，肯定任意性就否定非任意性，肯定非任意性就否定任意性。然而理据性与任意性并不是一对矛盾关系的概念，充其量只是一对反对关系的概念，肯定任意性不会否定理据性，肯定理据性也不会否定任意性。把"理据性"等同于"非任意性"的做法不但是错误的，而且是有害的。

任意性存在于造词未然，它使新生事物的命名面临诸多选择。理据性存在于造词已然，每一对音义的结合的完成才出现一个具体而微的理据块。这就不难理解对某一具体的语词，人们总是考究它的理据，却从未听说过有谁去考究语词的任意性。有人把任意性当作一切事物发展变化的动力，大谬。如果非要说动力的话，理据性才是动力。任意性只是产生动力的背景条件而已。

正是由于任意性和理据性协同作用，才使语言处于和谐状态之中。任意性相当于一种战略原则，它为音义的结合提供了宽阔的选择余地。理据性相当于是一种战术原则，它为每一个具体的语言符号提供了音义之所以能够结合在一起的动因。作为前提的任意性和作为动因的理据性在语言符号生成时共同发挥各自的作用：任意性为语言符号的所指和能指的结合提供了很大的可能和余地，理据性则为实现这种结合划定了现实范畴和稳定制序（institution）。

二、关于内部形式

1. 内部形式及其展现形式

汉人的祖先曾经经历了以单音词表示概念的极其漫长的岁月。那时，他们给事物命名主要靠语音的手段创造原生词。之后随着人类认识水平的逐渐提高，以创造单音词表示层出不穷的新概念便显得应接不暇，人们便利用大量的单音词组合成大一级的语言单位——复合词（词组）来表示新的概念。单音词是非线性的，复合词是线性的，所以，从单音词发展到复合词，意味着词从非线性的初级阶段跨越到了线性的高级阶段，这是语言发展的一次质的飞跃。我们的祖先自从超越常规地创造了"词组"这一语言的高级表达形式后，便创造了它的任何组成成分所不具备的东西——内部形式。

内部形式存在于语言复合体中（复合体包括复合词、固定短语，亦可兼指自由短语和句子等，本文重点论述复合语词）。语言复合体是人的经验认知行为的直接产品，所以它不仅具有赖以生存的物质外壳，而且包含一定的内部结构——复合体内部的语法结构和语义结构。所谓内部形式（inner form）就是复合体内部的语法结构和语义结构的总和。内部形式是居于复合体内部的微结构和微系统，所以往往不易被人感知。要感知它、考察它就需要把它开发出来，把它放大开来——其结果就是复合体自身价值的展现形式。不难看出，开发复合体内部形式而显现出展现形式，实际上是对它的一种"扩展阅读"。例如"羊毛疗""腊蚁"，二词的内部形式的展现形式分别是"把患者胸部和背部出现红点用针挑破后能取出有如羊毛的东西""腊酒表面的浮沫的形状有似蚂蚁"。

古人在最初创造"词组"的时候，它们的理性意义和内部形式是相同的或者极其接近的。例如"天子"，起初的理性意义和内部形式都是"天的儿子"。只是发展到后来，许多词组原有的理性意义（A）逐渐被新的理性意义（B）替代，降而成为词的内部形式：天子→（A）天的儿子→（B）国王或皇帝。内部形式一旦产生，便根深蒂固地积淀于词结构的内部，成为永不消逝的语言化石。

2. 内部形式的分类

复合词由语素构成，从其中的语素和语素之间的组合关系看，可分为直接组合和非直接组合两大类。

直接组合是指词中的语素和语素之间有直接的语义联系，形成的内部形式是比较直观的。例如"草鞋"是偏正结构，"草"直接修饰"鞋"，中间可以加"的"扩展为"草的鞋"，意为"用稻草等编制的鞋"（《现代汉语词典》）。"放羊"是动宾结构，"放"直接支配"羊"，形成动作和受事的关系，它可以变换成"把"字句：把羊放。

非直接组合是指词中的语素和语素之间没有直接的语义联系，其内部形式是不直观的。例如"雨鞋"是偏正结构，但是"雨"不能直接修饰"鞋"，中间不能加"的"扩展为"雨的鞋"，正确解释是"下雨天穿的不透水的鞋"（《现代汉语词典》）。"放荒"是动宾结构，但是"放"和"荒"之间不是直接的支配和被支配关系，不能说"把荒放"。吕叔湘先生（1984）说过：在这类例子里，"动词和名词之间的关系不是直来直往，好像拐了个弯儿。"有时候，连这个弯儿是怎么拐的都说不清，例如'报幕'、'闯红灯'、'解决两张电影票'等等。"

直接组合的内部形式之所以是直观的，其原因在于词中各语素使用的是词典语素义。例如"羊毫"二语素使用的都是词典语素义——羊：牛羊的羊，毫：毛笔。非直接组合的内部形式之所以是不直观的，其原因在于词中的一个语素在词典中没有对号的义项，即没有使用词典语素义，而是使用了"意义支点"义。例如"狼毫"，"狼"不是豺狼的狼，而是黄鼠狼。

非直接组合的语素之间存在意义上的跨度，所以人们在理解时，决不是停留在字面上，而是将词所提供的信息兑入大脑联想机制而重新编码，从而给二语素搭起意义的桥梁，意合其义和神而明之。美国人工智能专家西蒙斯（R. F. Simmons）和斯乐康（J. Slocum）将语义网络用于自然语言理解系统中，他们认为，自然语言的理解以句中间的概念为"节点"，概念之间的语义关系是沟通节点的"导线"。

直接组合的内部形式是容易解读的，而非直接组合的内部形式具有不同程度难解性或难懂度。在这类复合词里，"语素表义都很隐晦，不作解说，人们很难确知每个语素的意义，当然，词根与词根之间的关系就更难为人知晓"（周荐，1995）。"外国人学习汉语，由字面'显示'的意义是比较容易学的，而这种靠'暗示'的'不见于言的已知信息'，不经长期的知识积累，是难以掌握的。"（徐通锵先生，2008）。

同属非直接组合的复合词的内部形式，其解读难度又大致分为"较易解读""较难解读"和"很难解读"三个难度层次。

"较易解读"的例如"雨伞""球鞋"，虽然它们不就是"雨的伞""球的鞋"，但是由于属于常见事物，人们一般都能够凭借生活经验解读出来："下雨天打的伞""打球时穿球的鞋"。

"较难解读"的例如"谢幕"·"跳伞"，要求把它们的内部形式解读出来，一般是有一定困难的——谢幕：演员站于幕前致谢；跳伞：利用降落伞从空中跳下去。

"很难解读"的例如"线春""放荒""羊角灯""鸟氨酸""蝇量级""元宝""檐马""弱冠""蚕盐""交强险""冠心病""鼠李糖"，只从字面解读它们的内部形式几乎是不可能的，而只有借助它们的理据，才能真正确认它们的内部形式——线春：用于做春季衣料的丝线织物，放荒：放火烧荒草……同类例子不胜枚举。

生活中不乏只就字面顾名思义而造成错误理解的事例。例如"七孔被"，有人从字面理解为"被子上面有七个孔"，实际则是在一根化学纤维上均匀地打七个孔，使之富含空气，达到保温防潮防霉等效果。"雅座"有人从字面理解为"雅静的座位"，它的正确解释是"雅"本作"厊"（《说文解字·广部》："厊，庌也。""庌，堂周屋也。"），"雅座"即指堂周另设的客座。"萍水相逢"的结构是"名＋名＋相逢"，这极其容易把"萍水"当做主语，理解为"萍和水相逢"；然而它的内部形式义却是"萍于水相逢""萍与萍在水上相逢"。

需要注意的是：第一，内部形式的难懂度与词义的难懂度没有关系。不要以为词义难懂其内部形式就难懂，而妇孺皆知的常用词，其内部形式就好懂。事实上，古老生僻的词语的内部形式不见得难懂，例如将封建社会最高统治者称为"天子"始于周代，但是它的"天之子"之义几乎人人明白。而常见的普通的词语的内部形式也不见得好懂，例如"出远门"的意思妇孺皆知，但其内部形式却晦涩难断："出门"是走出自己的家门，这个门是近门而不是远门，那么"出远门"似乎是"走出家门远行"。第二，非直接组合的内部形式的不直观性，不但是相对的，而且是历时变化的。有许多复合词的内部形式彼时直观易解，此时则隐晦难辨。古代的直观内部形式，现在有可能变成了隐晦内部形式；现在的直观内部形式，将来有可能变成隐晦内部形式。以"火车"为例：过去火车是蒸汽轮机开动，现在的中老年人都知道火车头里燃煤着火，可是迄今为止蒸汽机火车已经被内燃机机车、电力机车所替代，如果再过五十年或者更长的时间，想必会有很多的人不知道火车的"火"从哪里来，正如现在有很多的人不知道拔河的"河"从哪里来一样。

3. 对内部形式的误解和歧解

因为复合词内部形式具有难解性，所以对它难免出现误解和歧解。对内部形式的误解，会给语言交际带来负面影响。主要表现在以下两个方面：

a. 误解内部形式从而误解词义。

最为普遍的现象是把非直接组合的内部形式当作直接组合的内部形式看待，进而以此推测内部形式，其结果往往因顾名思义而出错。例如把"蛇医"误解为"给蛇治病的医生"，其实它的词义是"给被蛇咬伤的人治病的医生。把"胸像"误解为"胸脯的照相"，其实它的词义是"半身人像"。

产生误解而不改正，反而以非为是了。例如：

烂醉如泥——今义：大醉后身体瘫软如泥；原义：南宋吴曾《能改斋漫录·事实》："南海有虫，无骨，名曰泥，在水中则活，失水则醉，如一堆泥然。"衣冠禽兽——今义:穿着衣冠的禽兽(指人);原义:明代官员文官服饰绘绣飞禽,武将服饰绘绣走兽,"衣冠禽兽"赞美人仕升官。大放厥词——今义:胡言乱语、乱说一通"(贬义);原义:大展他的文才(褒义)。

b. 不明内部形式从而添加冗余成分。

有的复合词的语义结构本来是完整的,但是由于对它理解不够,因而"断章取义"。这时为了把误认为残缺不全的内部形式重归完整,便给它添加某一成分。这样做的结果是画蛇添足,把本来正常的内部形式变得臃肿起来。例如:

"凯旋而归","旋"为"返回""归来","凯旋"意为"胜利归来",但是忽视了"旋",把"凯旋"误解为"凯",便造出了"凯旋而归"。"相差悬殊","悬殊"为相差很远,但是把"悬殊"误解为"很远、很大",便造出了"相差悬殊";或把"悬殊"误解为"相差、差别",造出了"悬殊很大"。

由于抹杀语义成分而画蛇添足的现象,不仅出现在短语里,而且出现在复合词里。例如:

钤印:"钤"是"印""印章",把它代入"钤印"即:钤印+印=＊钤印印

豢养:"豢"是"豢养",把它代入"豢养"即:豢养+养=＊豢养养

深渊:"渊"是"深水",把它代入"深渊"即:深+深水=＊深深水

盐枭:"枭"是"私贩食盐的人",把它代入"盐枭"即:盐+盐枭=＊盐盐枭

其次,对内部形式的歧解主要表现为"郢书燕说":复合词中的同一个语素(意义支点),可以人为地把它归宿到不同的原形式,这样就造成该词内部形式的歧解。其中一个是正确的,另外一个是错误的。例如:

柳永词《望海潮·东南形胜》："有三秋桂子，十里荷花"，其中"三秋"一解为秋季三个月，一解为秋季中的第三个月。枣窗：一解为窗含枣树，一解为枣木制窗。乳虎：一解为母老虎，一解为幼虎。写真：内地指照相，香港指裸照。

以上皆共时歧解现象，另外还有历时异解现象，例如：

学者：先秦指求学的人（学生），如《孟子·滕文公上》："办法之学者，未能或之先也。"后来指有学问的人，如《旧五代史·史匡翰传》："尤好春秋左氏传，每视政之暇，延学者讲说，躬自执卷受业焉。"牙签：古指用象牙制成的图书标签，今指剔牙的牙签。

4. 解读内部形式的价值

内部形式所反映的是人的一种心智结构—— 人们在语言创造活动的某一时刻、某一场所所做出的理解，它所记录着人对事物的命名时对命名对象的注意价值，例如"挂面"的注意价值在"挂"，"狮头鹅"的注意价值在"头"。

单从表示概念的功能看，单纯词和复合词是同等的，但是复合词以其内部形式提供出比单纯词更加丰富的潜台词信息量。所以仅仅掌握复合体的词义（理性意义）是不够的，而应从人给事物的命名所赋予的内部形式切入，反向探索出有关复合体内部的语言知识及其与外部世界的联系，这样做具有多方面的学术价值。

a. 解读内部形式是掌握复合词构词方式的前提条件。

长期以来的汉语词汇教学中，普遍存在着重语法不重语义、重构词法不重造词法的问题。最使学生头痛的作业之一就是分析复合词的结构方式。经常可以遇到这样的情况，在还没有弄清楚复合词中的语素和语素之间的语义关系的情况下，就急于指出它们的结构方式，结果往往出错。例如把"熊白"臆为"狗熊白色"而"蒙"为主谓式，其实"熊白"是熊背上的白色脂肪（珍贵食品），是偏正式。把"补丁"臆为"缝补到衣服上的丁"而"蒙"为偏正式，其实"补丁"本作"补靪"（靪：补），"补丁"即"补和丁"，是并列式。复合词结构方式是高度抽象化的结果，同一个结构方式往往囊括着纷繁复杂的语义关系。只有彻底弄明白这些关系，才能有把握得出它的结构方式。

有时凭语感、凭词性可以侥幸"蒙"出词的结构方式。例如把"马勺"臆为"喂马饲料用的勺子"而"蒙"为偏正式，其实"马"是"大"的意思，"马勺"即盛饭用的大勺，其结构方式碰巧也是偏正式。把"不刊之论"臆为"不能刊登的言论"而"蒙"为偏正式，其实"刊"是"修改"的意思，"不刊之论"即不能改动的言论，其结构方式碰巧也是偏正式。这说明在"偏正式"的正确答案背后存在着理解上的严重错误。

现代汉语中的大量词根和复合构词方式都产生于古代，所以对词作任何结构分析都带有索源性质。判定复合词的结构方式，绝不仅仅是语法问题，在它背后还隐藏着古代历史文化民俗等多方面的理据知识。"造词的素材和方法可以决定词的结构，可是词的结构却不能反映造词的方法，因为不同的造词方法可以产生相同的结构关系和形式。例如'白菜'和'木马'都是主从关系构成的。但是单从这种关系不能理解为什么'白菜'是'菜'，而'木马'并不是'马'"（孙常叙，1956）。

b. 解读内部形式是发掘古今文化民俗的重要途径。

汉语词汇中存在着许多源自民间风俗的词语，它们有积极的一面，如反映人们的认知水平、审美情趣、理想追求、道德准则等；也有消极的一面，如反映当时的陈规陋习、愚昧迷信等。随着社会的进步，许多民俗被淘汰，但是由此造出来的语词好像一块块化石流传下来，忠实记载着各种理据信息。

（1）内部形式隐含风土人情。例如：

待字：古代男孩二十岁要举行冠礼，女孩十五岁要举行笄礼。礼毕，还要请嘉宾来授予他们服饰，并为他们取一个"字"。冠礼和笄礼即"成年礼"，意味着可以订婚许嫁了。女孩如到了十五岁找不到婆家，就不举行笄礼，也不取字，这时她便只能"待字闺中"。入赘：古代婚姻从男到女家演变为女到男家，这样女方家庭实际损失两个劳动力。为此，男方就以送给女方家"聘礼"的方式进行补偿。但有的男子家庭贫困无能送聘礼，就以身抵押给女方家，从事一段时期的无偿劳动，这叫做"赘婚"。《汉书·贾谊传》："家贫子壮则出一赘。"颜师古注："赘，质也，家贫无有聘礼，以身为质也。"质：抵押。

（2）内部形式隐含生产生活经验。例如：

大闸蟹：一种有名河蟹。渔民在晚上捕蟹，要在港湾间设一竹箭（用竹编成的竹闸），在闸的一边布网，且置灯火，蟹见亮光，就向此靠拢，并爬上竹闸，捕蟹者乘机捕之。在竹闸上捕捉到的蟹叫做"闸蟹"，个头大的就是"大闸蟹"。由此可以知道渔民捕蟹所反映出来的智慧和劳动技能。一字散：此药有祛风止痛、温经散寒等作用，服后可使风寒去而头痛止。因方中诸药皆为有毒辛温之品，故服用不宜过大，每次服用"一字"。一字：古代人服药时用汉代五铢钱币炒取药末，填去"一字"（相当于 0.5～1 克）即可。

（3）内部形式隐含历史地理等方面知识。例如：

张楚：陈涉起义时，假托楚国大将项燕和秦国公子扶苏的名义，为的是让天下更多的人响应起义。"张"即"张大、光大"，"楚"即"楚国"，"张楚"即"张大楚国"。子午道：古代从关中到汉中的南北通道，古人以子为北，以午为南，"子午"即"南北"。

（4）内部形式隐含自然科学知识。例如：

核酸：是生物细胞内核蛋白的组成部分。1868 至 1869 两年间，瑞士青年化学家弗里德利希．米舍尔从脓细胞（白细胞）中得到细胞核，并从细胞核中分离出一种含磷的酸性物质，被命名为"核质"。20 年后，R. AItmam 又将核质中的蛋白质去掉，剩余部分被命名为"核酸"。苹果计算机：七十年代年轻的史蒂夫·乔布斯（Steve Jobs）住在美国硅谷附近的苹果园里读书和打工，他与史蒂夫？沃慈尼亚克（Steve Wozniak）共同试制成功了一套新型微电脑系统，后来发展成为国际性企业。为了纪念乔布曾在苹果园里工作，就把这种新型微型计算机命名为"苹果Ⅰ型"（Apple Ⅰ）、"苹果Ⅱ型"（Apple Ⅱ），惯称"苹果计算机"。黄金分割：从古希腊到十九世纪的欧洲都有人认为这种比例在造型艺术上最为悦目，在工艺美术和日用品的长宽设计中用这种比例容易引起美感。黄金：美好、有价值。有机化学：动植物中的化合物有许多共同的性质，它有别于没有生命的矿物中的化合物。在 19 世纪初曾认为这些化合物是在生物体内生命力的影响下生成的，因此管它叫"有机化合物"。机：生活机能。

三、理据、内部形式、词义的关系

从词义角度看，不必说，凡词（实词）皆有词义。从理据角度看，理据既是语言符号生成和发展的动因，那么可以肯定地认为，无论是单音词还是复合词，凡词皆有理据，而不管它的理据已被人知晓还是未被人知晓。从内部形式角度看，单音词与复合词有着完全不同的性质。单音词没有内部形式，是纯粹表示词义的，是纯粹的"词义词"。复合词是内部形式符号，它具有词义与内部形式的双重性。复合词同时以词义和内部形式作用于人的感官。如"飞机"一词既表明它是"交通工具"，又告诉人它是"飞行的机器"；"冬虫夏草"一词既表明它是"真菌的一种，可入药"，又告诉人它是"冬成虫夏成（像）草"的潜台词信息。

复合词的长度与内部形式的显度成正比：词越短，内部形式越隐蔽，词越长，内部形式越显露。例如"虫草"和"冬虫夏草"，后者就要比前者展现得多。

虽然复合词的词义和内部形式都作用于人的感官，但是二者并不是同等的。这突出表现在平常人们只重视词的词义，不重视内部形式，这是因为内部形式隐藏于词义后面，不直接参与语言交际。例如人们只满足于知道"小时"是 60 分钟，不求它为什么叫做"小时"而不叫做"大时"。在多数情况下，人们对词义是倍加关注，对内部形式是不求甚解，对理据是漠不关心。造成这一局面的原因在于，起初人们片面地认为词的意义只有词的理性义（有时兼有附加义），所以把"词义"当作词的理性义的代名词。殊不知，词义的内容从道理上讲应该包括理性义、内部形式义和理据义。所以我们认定，研究复合词只注意它本身的音义（外部形式）是不够的，而只有将词义、内部形式和理据此三者作通盘的考虑，厘清它们之间的关系，才可以做出完整的深刻的考察。

词义、理据和内部形式三者密不可分却又迥然有别。

1. 理据和内部形式

理据是语词发生发展的动因（motivation），内部形式是语词的语法结构和语义结构的总和。二者呈因果关系：理据是因，内部形式是果。内部形式是人们语言创造行为的结果，是现实的、物化的，而理据则是隐匿于结果后面的驱动力，是经验的、认知的。在任意性的支持下，理据作为造词动因只在能指所指结合的刹那间起作用，而且是决定语言命运的作用，之后便被逐渐湮没在历史的长河中，成为一个失而难得的非物质遗产。而内部形式作为语言化石永存于世，它隐藏和缩录着关于理据的信息密码。

理据性作为语言的一种重要原则属于语言哲学和语言理论，而具体的语词理据则必须经过由非物质的东西转换成语言表述形式这样的物化过程，方可把不可感知的变成可感知的。研究语词理据只能在它的语言表述形式平面上进行，否则将失去起码的可操作性。当然所谓理据的语言表述，更确切点讲，是理据的个性语言表述，因为对于同一个的理据，不同人对它可能有不同的表述方法、表述方式和表述风格，这种差异有时甚至是很大的。

　　从表面上看，理据和内部形式都有潜隐性，但是情况又有不同。理据属于思想范畴，它作为认知成果、心智经验是不可感知的，而内部形式属于物质范畴，它作为"语言块"是可感知的——然而这种感知是不直接的，它还有待把它展现出来才能直接感知，这就是所谓对它的"解读"。从表面上看，内部形式的展现过程与理据的语言表述转换过程是很相似的两种游戏规则，但是二者有着本质的不同。由理据转换成语言表述，是从认知到物质，而由内部形式解读成展现形式，则是从物质到物质，只不过内部形式本身是一种凝练表达式，而展现形式则是一种展现表达式而已。

　　内部形式有如电子压缩文件，其长度不大，却隐含着非常丰富的理据信息，所以任何语词的内部形式未尝不可看作它的理据的语言表述的"意义支点词"。内部形式是探究理据的出发点，它往往可以给探究理据增加观察的窗口、过河的桥梁。当然，它并不能为探究理据提供保证，了解内部形式不等于了解理据，也未必能够据此揭开理据之迷。这是因为，理解是因，内部形式是果；依果推因，逆而行之，依因求果，势如破竹。所以理据是解读复合词内部形式的最根本的依据和保证，如果已经探得某复合词的理据，那么它的内部形式便昭然若揭了。

　　2. 内部形式和词义

　　词的内部形式是词义的承载形式，二者分属两个不同的层面。内部形式属于物质范畴，而词义属于意念范畴。前者处于语义原子的外壳，它是用词造句时所直接使用的意义，因而成为最被关心、最被注意、最被熟悉的东西。而内部形式则潜居于词义原子的内核，它不是用词造句时所直接使用的意义，因而成为不被关心、不被注意、不被熟悉的东西。例如"酒窝"的词义妇孺皆知，但是它何以称"酒窝"而不称"醋窝"，则一般不被人关注。通常情况下，所谓"识词"主要指对词语的理性意义的掌握，完全不要求了解它的内部形式，所以不存在"这个词我认识，却不知道它的意思"，却完

31

全存在"这个词我认识,却不知道它何以有此称(我知道公主是帝王之女,我却不知道她为什么叫"公主")。如遇生词,是断然无法用它来造句的,但遇知其词义而不知其内部形式的词,则完全可以照用不误。例如差不多谁都会用"克勤克俭""如火如荼""再接再厉""铤而走险"造句,但是太多的人不明这里的"克""荼""厉""铤"为何义,因而无从谈起它们的内部形式。这也就是为什么语言能够容纳许多内部形式不科学的语词(如鲸鱼、无花果)长期存在的根本原因所在。人们重理性意义轻内部形式的语用心理定势来之久矣。

人对事物的命名活动有一般命名和特殊命名之分。一般命名活动着眼于事物本身,词的内部形式与该事物的某种性质或特点有关联,在某种程度上或者某种角度反映出该事物的某种性质,例如"电灯""雨伞""喇叭裤"……特殊命名则从事物外部进行命名,造出的内部形式与该事物的本身的性质毫无关联,因而不反映该事物的任何性质。例如"梨园"一词指戏院或戏剧界,它的内部形式是"梨树园",二者风马牛不相及,如果说有什么因由把二者联系在一起,那只是出于某种生活情节的巧合——"玄宗既知音律,又酷爱法曲,选坐部伎子弟三百,教于梨园。声有误者,帝必觉而正之,号皇帝梨园弟子。"(新唐书·礼乐志》)"梨园"一词中所有的义素与"戏院"中所有的词的义素没有任何重叠,可以看出,这里用了一个与所指事物(戏院)毫无联系的由一种偶然的情节酿成的内部形式为之命名,形成以具体(具象)借代一般(抽象)的语言效用。同类如敲竹杠、驸马、肠断、杏林……

一般命名的词是"内中心结构",特殊命名的词是"外中心结构"。所以在用外语翻译汉语语词的过程中,汉语的内中心复合词一般是照着它的内部形式直译,例如"八字胡"可翻译为"形似八字的胡子"。对于外中心复合词,因为它的特点是意内言外,其内部形式和词义不挂钩,所以不能照内部形式直译,而必须采取意译方法——照着词义翻译。例如"敲竹杠",绝不能直译为"敲击竹杠",而应该翻译为"敲诈勒索","梨园"绝不能直译为"梨树园",而应该翻译为"戏院"。

由于外中心结构的内部形式与词义完全分离,所以容易因误解内部形式而误解词义。例如把"响马"误解为"马跑时马铃响"或"爱嘶叫的马"。取得外中心结构的内部形式正确解读的途径是借助词的理据:贼寇骑马从事抢劫，在抢劫时先放响箭以警示路人放弃抵抗。理据既明，内部形式正确解读和词义的正确理解就会得到保证。

理据不仅可以破解外中心结构的内部形式，而且还可以破解内中心结构中部分隐晦不直观内部形式，此其一。同样是内中心结构，理据不仅可以破解不直观内部形式，而且还可以深化对直观内部形式的认识，此其二。

直观内部形式虽然透明可知，但是比起人对事物本质的科学认识和对概念内涵的深刻了解还是相当不详尽的。如果突破内部形式的认知水平局限，借助理据综合考察，就定会深化认识，获得更详细更深刻的有关的语言知识和科学知识。例如"火车"的内部形式人人明白，或曰它是"火力开动的车"，或曰它是"火车头拉动的车"。但是如果这时能够借助"火车"的理据，那么对它的认识就再不是从前的水平了——最初指火车头，后指火轮车。火轮车：仿火轮舟所造。《海国图志》卷八十三："且火机所施不独舟也，又有火轮车。车旁插铁管煮水压蒸动轮，其后竖缚数十车，皆火车拉动，每一时走四十余里。"

综上所述，理据、内部形式、词义的关系图总如下：

复合词		
理据	内部形式	词义
动因	化石	意念

3. 最重要的问题在于理据

理据、内部形式和词义二者之间有着复杂的关系，然而从总体上看，理据促动着内部形式，内部形式承载着词义，所以理据不但是其中最根本的，而且是最具难度的环节。首先，一个词的词义明白，其内部形式不一定明白，例如"冠心病"人人明白是一种心脏病，然而"冠心病"的内部形式仍然费解。其次，一个词的内部形式明白，其理据不一定明白，例如"敲竹杠"人人明白其内部形式是"敲打竹杠"，然而"敲打竹杠"为什么可以表示敲诈勒索义？十分费解。可见，理据、内部形式和词义三者之间三步跨，一步更比一步难。抓住了词义未必就抓住了内部形式，抓住了内部形式，未必就抓住了理据。但是，反向观之，如果抓住了理据，那么内部形式和词义就会迎刃而解。

理据、内部形式和词义三者都有各自不同程度的难懂度（难懂系数），这是一个非常复杂的问题，但是比较而言，理据的难懂度最大，这不但是因为理据作为动因是不可见的，而且还因为如前所言，理据只在能指所指结合的刹那间起作用，之后便稍纵即逝，被逐渐湮没在历史的长河中，后人探究之要付出极大的艰辛尚且未必获得。汉语中有太多的语词的理据至今无人问津，无人知晓。

　　内部形式次之，因为内部形式是理据驱动的结果，是物质的、可见的，这比起不可见的理据来具备了很大的可操作性。当然内部形式分直接组合和非直接组合，同是非直接组合，又有"易懂、较难懂和很难懂"三类，可见它的难懂度参差不齐，差异很大。

　　词义的难懂度最小，这不但是因为词义最被人注意、最被人熟悉，而且还因为掌握词义有许多现成的辞书可作为工具。《现代汉语词典》《辞海》等通行词典以及改革开放以来出版的许多新词新语词典，都是以解释词义为目的的，所以它们都是地道的"词义词典"。倘遇不懂之词，可以查阅辞书解决。然而依靠辞书是基本解决不了内部形式和理据的。从这一意义上说，编写内部形式词典和理据词典之类要比编写词义词典更为紧迫，不给后人留下理据和内部形式备忘录应该说是我们的失误。

复合词的内部形式

提要：复合词具备内部形式，而单纯词不具备。复合词中语素和语素的组合分直接组合和非直接组合，前者的内部形式比较容易解读，后者不易解读。所以非直接组合经常出现对它的误解和曲解。解读内部形式是掌握复合词构词方式的前提条件，也是发掘古今文化民俗的重要途径。

关键词：复合词　内部形式　非直接组合　解读　价值

一、内部形式及其分类

1. 语言结构是人的经验认知行为的直接产品，语词不仅具有赖以生存的物质外壳，而且具有自身价值的"展现形式"，内部形式（inner form）就是语词自身价值的展现形式，就是语词的语法结构和语义结构的总和。所以只有具备了语法结构和语义结构的语言符号才具有内部形式。复合词、短语、单句（独词句除外）、复句等都属于"内部形式符号"。例如复合词"地震"的语法结构是主谓式，语义结构是"大地震动"。词的语义结构是内容，语法结构是形式，内容由形式负载。

2. 复合词由语素构成，从其中的语素和语素之间的组合关系看，可分为直接组合和非直接组合两大类。

直接组合是指词中的语素和语素之间有直接的语法语义联系，形成的内部形式是比较直观的。例如"草鞋"是偏正结构，"草"直接修饰"鞋"，中间可以加"的"扩展为"草的鞋"，意为"用稻草等编制的鞋"（《现代汉语词典》）。"理事"是动宾结构，"理"直接支配"事"，形成动作和受事的关系，意为"处理事务"（《现代汉语词典》），它可以变换成"把"字句：把事理。这一类是通行语法论著常选的例子。

非直接组合是指词中的语素和语素之间没有直接的语法语义联系，其内部形式是非直观的。例如"雨鞋"是偏正结构，但是"雨"不能直接修饰"鞋"，中间不能加"的"扩展为"雨的鞋"，正确解释是"下雨天穿的不透水的鞋"（《现代汉语词典》）。"谢幕"是动宾结构，但是"谢"和"幕"之间不是直接的支配和被支配关系，不能说"把幕谢"，其语义结构大约是"演员站幕前致谢"。这一类是通行语法论著一般不选取的例子。吕叔湘先生（1984）说过：在这类例子里，"动词和名词之间的关系不是直来直往，好像拐了个弯儿。"有时候，连这个弯儿是怎么拐的都说不清，例如'报幕'、'闯红灯'、'解决两张电影票'等等。"

直接组合的内部形式之所以是直观的，其原因在于词中各语素使用的是词典语素义，它们在字典中有其对号的义项。例如"羊毫"二语素使用的都是词典语素义——羊：牛羊的羊，毫：毛笔。

非直接组合的内部形式之所以是不直观的，其原因在于词中的一个语素在词典中没有对号的义项，即没有使用词典语素义，而是使用了意义支点义（王艾录，2009）。例如"狼毫"，"狼"没有使用词典语素义——豺狼的狼，而是使用了意义支点义——黄鼠狼。

非直接组合的语素之间存在意义上的跨度，所以人们在理解时，决不是停留在字面上，而是将词所提供的信息兑入大脑联想机制而重新编码，从而给二语素搭起意义的桥梁，意合其义和神而明之。语义网络理论的建立者西蒙斯（R. F. Simmons）认为，自然语言的理解"它以句中间的概念为'节点'，概念之间的语义关系是沟通节点的'导线'"。

试比较：少数国家——少数民族。

"少数国家"是直接组合，内部形式是透明的。它的意思是国家数量少。"少数民族"是非直接组合，内部形式是隐晦的。"少数"不直接限制"民族"，它的意思绝不是民族数量少，而是民族的人口数量少。再如：

直接组合　　　　非直接组合

魏惠王：魏国国王　梁惠王：迁都大梁的魏国国王。＊梁国国王

捐款：捐献钱款　捐官：捐款得官　＊捐献官员

披衣：把衣披　披风：披斗篷挡风　＊把风披

卖菜：把菜卖　卖钱：卖物得钱　＊把钱卖

解饿：把饿解除　解饱：解饿而饱　＊把饱解除

犯法：把法律违犯犯罪：犯法而获罪 ＊把罪违犯

二、非直接组合内部形式的解读

如上所说，直接组合的内部形式是容易解读的。比较而言，非直接组合的内部形式具有一定的潜隐性，而潜隐性决定它的难解性。在这类复合词里，"语素表义都很隐晦，不作解说，人们很难确知每个语素的意义，当然，词根与词根之间的关系就更难为人知晓"（周荐，1995）。

同属非直接组合的复合词，其解读难度又分"较易解读""较难解读"和"很难解读"三个难度层次。

"较易解读"的例如"雨伞""球鞋"，虽然它们不就是"雨的伞""球的鞋"，但是由于属于常见事物，人们一般都能够凭借生活经验解读出来："下雨天打的伞""打球时穿球的鞋"。

"较难解读"的例如"谢幕""跳伞"，要求把它们的内部形式解读出来，一般是有一定困难的——谢幕：演员站于幕前致谢；跳伞：利用降落伞从空中跳下去。

"很难解读"的例如"羊裙""羊角灯""鹦鹉杯""腊蚁"，只从字面，解读它们的内部形式几乎是不可能的。而只有找出它们的理据，才能给解读内部形式找到依据，其解读答案的正确性才能得以证明；这是因为理据是产生内部形式的动因，内部形式是理据促动的结果。例如"羊裙"等的理据的语言表述分别是——羊裙：南朝宋人羊欣所穿的裙子。羊角灯：灯罩用羊角胶制成的灯。鹦鹉杯：用鹦鹉螺壳琢磨而成的酒杯。腊蚁：腊酒表面的浮沫，形状有似蚂蚁。它们的理据既明，其内部形式便可破读了。徐通锵先生（2008）指出："外国人学习汉语，由字面'显示'的意义是比较容易学的，而这种靠'暗示'的'不见于言的已知信息'，不经长期的知识积累，是难以掌握的。"

生活中不乏只就字面顾名思义而造成错误理解的事例。例如"七孔被"，有人从字面理解为"被子上面有七个孔"，实际则是在一根化学纤维上均匀地打七个孔，使之富含空气，达到保温防潮防霉等效果。"雅座"有人从字面理解为"雅静的座位"，它的正确解释是"雅"本作"厉"（《说文解字·广部》："厉，庑也。""庑，堂周屋也。"），"雅座"即指堂周另设的客座。

"萍水相逢"的结构是"名＋名＋相逢"，这极其容易把"萍水"当做主语，理解为"萍和水相逢"；然而它的内部形式义却是"萍于水相逢""萍与萍在水上相逢"。

单从表示概念的功能看，单纯词和复合词是同等的，但是复合词以其内部形式提供出比单纯词更加丰富的潜台词信息量。对于难解的内部形式，不是借助内部形式去理解词义（概念），而是借助词义去解读内部形式。例如"耳麦""薅马"，在不懂它们的词义的情况下，解读内部形式是难以做到的。如果知道了它们的词义，反过来使得解读内部形式成为可能：耳麦——耳机连带麦克风；薅马——稻田薅草时所用的马扎。

然而也有相反的一面。单纯词也许更有利于表示概念，因为它在表示概念时不受任何干扰。但是复合词中的从表面上看与词义无直接关系的内部形式将作为羡余信息，给表示概念带来不同程度的干扰。例如笔者在第一次听到"发烧友"一词的时候，就误认为是朋友感冒发烧。但是这仅仅是枝节问题，因为如前所说，人们并不注意复合词的内部形式，这恰巧抵消了内部形式的干扰，更何况复合词内部形式具有极大的语用价值和语言学意义。

因为复合词内部形式具有难解性，所以平素难免出现对它的误解和曲解，表现在以下一些方面。

a. 误解内部形式从而误解词义。

内部形式是负载词义的工具，所以有的复合词的内部形式中的语义结构虽然并不是十分科学的，但这基本不影响人们对它们的使用。例如极普通的语言学术语"短语"，字面意义是"短的语言片断"，但是谁都知道，短语不一定比句子短，句子不一定比短语长，所以言"短语"在汉语中名不副实。

最为普遍的错误现象则是把非直接组合的隐晦的内部形式当作直接组合的直观的内部形式看待，其症结在于把复合词内某一意义支点当作通常语素去理解，进而以此推测内部形式。现代汉语复合词中的词根及其结构方式基本来自古代汉语，所以往往需要用古代汉语的眼光看待。对于许多难解复合词，必须经过一番深入细致的探究工作方可奏效。如果只凭望文生义、顾名思义，就难免造成误解和曲解。例如响马——误解：马跑时马铃响，爱嘶叫的马；正解：贼寇骑马从事抢劫，在抢劫时先放响箭以警示路人放弃抵抗。胸像——误解：胸脯的照相；正解：半身人像。蛇医——误解：给蛇治病的医生；正解：给被蛇咬伤的人治病的医生。

由于误解和曲解，时间一长，竟至于以非为是。例如：

烂醉如泥——误解：大醉后身体瘫软如泥；正解：南宋吴曾《能改斋漫录·事实》："南海有虫，无骨，名曰泥，在水中则活，失水则醉，如一堆泥然。"泥：泥虫。爱屋及乌——误解：喜爱房屋连及屋顶乌鸦；正解：喜爱一个人而兼及他的住房和房上栖息的乌鸟。《尚书大传》卷三："爱人者，兼及其屋上之乌。"

由于以非为是，最终导致习非成是。例如：

衣冠禽兽——误解：穿着衣冠的禽兽（指人）；正解：明代官员文官服饰绘绣飞禽，武将服饰绘绣走兽，"衣冠禽兽"赞美入仕升官。明目张胆——误解：公开大胆地做坏事（贬义）；正解：敢作敢为（褒义）。大放厥词——误解：胡言乱语、乱说一通（贬义）；正解：大展他的文才（褒义）。

b. 不明内部形式从而添加冗余成分。

有的复合词的语义结构本来是完整的，但是由于对它理解不够，因而"断章取义"。这时为了把误认为残缺不全的内部形式重归完整，便给它添加某一成分。这样做的结果是画蛇添足，把本来正常的内部形式变得臃肿起来。例如：

"凯旋而归"，"旋"为"返回""归来"，"凯旋"意为"胜利归来"，但是忽视了"旋"，把"凯旋"误解为"凯"，便造出了"凯旋而归"。"相差悬殊"，"悬殊"为相差很远，但是把"悬殊"误解为"很远、很大"，便造出了"相差悬殊"；或把"悬殊"误解为"相差、差别"，造出了"悬殊很大"。

由于抹杀语义成分而画蛇添足的现象，不仅出现在短语里，而且出现在复合词里。例如：

钤印："钤印"是"印""印章"，把它代入"钤印"即：钤印＋印＝＊钤印印

豢养："豢"是"豢养"，把它代入"豢养"即：豢养＋养＝＊豢养养

深渊："渊"是"深水"，把它代入"深渊"即：深＋深水＝＊深深水

盐枭："枭"是"私贩食盐的人"，把它代入"盐枭"即：盐＋盐枭＝＊盐盐枭（以上例中语素释义皆来自《现代汉语词典》）

内部形式的难解性引起内部形式的歧解性。

在日常中往往有"郢书燕说"的现象：复合词中的同一个语素（意义支点），可以人为地把它归宿到不同的原形式，这样就造成该词内部形式的歧解。其中一个是正确的，另外一个是错误的。例如：

柳永词《望海潮·东南形胜》："有三秋桂子，十里荷花"，其中"三秋"一解为秋季三个月，一解为秋季中的第三个月。枣窗：一解为窗含枣树，一解为枣木制窗。乳虎：一解为母老虎，一解为幼虎。写真：内地指照相，香港指裸照。

以上皆共时歧解现象，另外还有历时异解现象，例如：

学者：先秦指求学的人（学生），如《孟子·滕文公上》："办法之学者，未能或之先也。"后来指有学问的人，如《旧五代史·史匡翰传》："尤好春秋左氏传，每视政之暇，延学者讲说，躬自执卷受业焉。"牙签：古指用象牙制成的图书标签，今指剔牙的牙签。

利用内部形式的歧解可以造成语言幽默，产生某种特殊的修辞效果。例如：

在社会生活中，不乏利用内部形式的歧解造成解包袱奇效的用例。例如相声《批三国》——甲：您说周瑜他姥姥家姓什么来着？乙：姓纪，纪氏生的周瑜。甲：诸葛亮他姥姥家呢？乙：诸葛亮他姥姥家姓何，何氏生的诸葛亮。甲：三国里有吗？乙：有啊。周瑜临死的时候他不是说过吗？甲：说过什么？乙：说"既生瑜儿，何生亮！"那就是纪氏老太太生的周瑜，何氏老太太生的诸葛亮。甲：啊？再如小品《送水工》——甲：爸，感谢您老对我的资助，我现在已经读博士后了。乙：儿子你读博士后了，你咋不吱声呢，儿子都读博士后了！丙：你得往前

赶哪，不能老在后边啊！

利用特别的内部形式的歧解性还可以造成双关修辞格。有时本来知道复合词内部形式的正确理解，却故意从字面上误解内部形式，造成了谐音双关。例如"发菜"谐音"发财"，这使得发菜价格猛增（在广州发菜每斤售价几百元），因此甘肃、宁夏、内蒙古一带的农民竞相采挖发菜，导致大片草场沙漠化，全是谐音惹的祸。

三、解读内部形式的价值

存在一种似乎不合情理的"怪"现象：人们经常可以在不识复合词中某字意思的情况下照常使用该词。例如再接再厉、高屋建瓴、铤而走险、不速之客……"厉"是什么？"建"是什么？"铤"是什么？"速"是什么？……这些问题有许多人回答不上来，但是他们却完全理解这些成语的意思，可以用它们遣词造句。理解词义先于理解内部形式，这一现象暴露出两方面的问题：一是人们在日常中只注意词的理性意义（词义），不重视词的内部形式；一是词典编撰者以解释词义为最终目的，未能顾及内部形式。

那么，解读内部形式有什么价值呢？

语言的内部形式所反映的是人的一种心智结构——人们在语言创造活动的某一时刻、某一场所所做出的理解，所以内部形式具有它的任何组成成分不具备的东西。内部形式有如电子压缩文件，其长度不大，却隐含着很丰富的理据信息。仅仅把语词当作备用的材料和工具是不够的，从人给事物的命名所赋予的内部形式切入，可以反向探索出有关复合词的语言知识以及语言知识以外的文化世界，这对于词汇学、理据学、语义学、民俗学以及学校教学，等等，无不具有非常重要的意义和价值。

解读内部形式是掌握复合词构词方式的前提条件。

长期以来的汉语词汇教学中，普遍存在着重语法不重语义，重构词法不重造词法的问题。最使学生头痛的作业之一就是分析复合词的结构方式。复合词的结构方式，说到底是语素和语素之间的语义关系问题，如果弄不明白这种关系，词结构将成为空谈。

我们经常遇到这样的情况，在还没有弄清楚复合词中的语素和语素之间的语义关系的情况下，就急于指出它们的结构方式，这往往把复杂的问题简单化。尤其严重的是，把这样错误思维方法带到课堂上，让学生拿复合词照着教材所提供的主谓、动宾等几种结构类型去"对号入座"，其结果往往变成了猜谜游戏。有下面几种情况：

虽然词的内部形式难以识别，但是凭语感，凭词性，有时可以侥幸"蒙"出词的结构方式。但是这一做法停留于囫囵吞枣，因为结构方式是高度抽象化的结果，同一个结构方式往往囊括着纷繁复杂的语义关系。只有彻底弄明白这些关系，才能有把握得出它的结构方式；反过来，如果没有弄明白这些关系，就只能去臆想其义而"蒙"其结构。

例如有的学生把"熊白"臆为"狗熊白色"而"蒙"为主谓式，其实"熊白"是熊背上的白色脂肪（珍贵食品），是偏正式。把"补丁"臆为"缝补到衣服上的丁"而"蒙"为偏正式，其实"补丁"本作"补靪"（靪：补），"补丁"即"补和丁"，是并列式。

有时候误解了内部形式，却恰巧把复合词的结构方式"蒙"对了。例如把"马勺"臆为"喂马饲料用的勺子"而"蒙"为偏正式，其实"马"是"大"的意思，"马勺"即盛饭用的大勺，其结构方式碰巧也是偏正式。把"不刊之论"臆为"不能刊登的言论"而"蒙"为偏正式，其实"刊"是"修改"的意思，"不刊之论"即不能改动的言论，其结构方式碰巧也是偏正式。这说明在"偏正式"的正确答案背后存在着理解上的严重错误。

现代汉语中的大量词根和复合构词方式都产生于古代，所以对词作任何结构分析都带有索源性质。判定复合词的结构方式，绝不仅仅是语法问题，在它背后还隐藏着古代历史文化民俗等多方面的理据知识。"造词的素材和方法可以决定词的结构，可是词的结构却不能反映造词的方法，因为不同的造词方法可以产生相同的结构关系和形式。例如'白菜'和'木马'都是主从关系构成的。但是单从这种关系不能理解为什么'白菜'是'菜'，而'木马'并不是'马'"（孙常叙，1956）。如果教师善于从词的内部形式和理据的角度启发学生，定会使学生避免盲目性而取得有益的知识。

解读内部形式是发掘古今文化民俗的重要途径。

汉语词汇中存在着许多源自民间风俗的词语，它们有积极的一面，如反映人们的认知水平、审美情趣、理想追求、道德准则等；也有消极的一面，如反映当时的陈规陋习、愚昧迷信等。随着社会的进步，许多民俗被淘汰，但是由此造出来的词语好像一块块化石流传下来，忠实记载着历史上丰富的民俗理据信息，所以探究之会为我们了解四方文化民俗、解读古今社会心理，带来非常有价值的信息。

1. 内部形式隐含风土人情。例如：

待字：古代男孩二十岁要举行冠礼，女孩十五岁要举行笄礼。礼毕，还要请嘉宾来授予他们服饰，并为他们取一个"字"。冠礼和笄礼即"成年礼"，意味着可以订婚许嫁了。女孩如到了十五岁找不到婆家，就不举行笄礼，也不取字，这时她便只能"待字闺中"。

入赘：古代婚姻从男到女家演变为女到男家，这样女方家庭实际损失两个劳动力。为此，男方就以送给女方家"聘礼"的方式进行补偿。但有的男子家庭贫困无能送聘礼，就以身抵押给女方家，从事一段时期的无偿劳动，这叫做"赘婚"。《汉书·贾谊传》："家贫子壮则出一赘。"颜师古注："赘，质也，家贫无有聘礼，以身为质也。"质：抵押。

2. 内部形式隐含生产生活经验。例如：

大闸蟹：一种有名河蟹。渔民在晚上捕蟹，要在港湾间设一竹簖（用竹编成的竹闸），在闸的一边布网，且置灯火，蟹见亮光，就向此靠拢，并爬上竹闸，捕蟹者乘机捕之。在竹闸上捕捉到的蟹叫做"闸蟹"，个头大的就是"大闸蟹"。由此可以知道渔民捕蟹所反映出来的智慧和劳动技能。

一字散：此药有祛风止痛、温经散寒等作用，服后可使风寒去而头痛止。因方中诸药皆为有毒辛温之品，故服用量不宜过大，每次服用"一字"。一字：古代人服药时用汉代五铢钱币炒取药末，填去一字之量（相当于0.5～1克）即可。

3. 内部形式隐含历史地理等方面知识
1) 有关历史方面的知识。例如：

张楚：陈涉起义时，假托楚国大将项燕和秦国公子扶苏的名义，为的是让天下更多的人响应起义。"张"即"张大、光大"，"楚"即"楚国"，"张楚"即"张大楚国"。结草：《左传·宣公十五年》：晋国魏武子有个爱妾，武子临终时对儿子魏颗说："我死后一定要她殉葬。"魏武子死后，魏颗却把她改嫁了。后来秦国攻打晋国，魏颗与秦国杜回交战，"颗见老人结草以亢杜回，杜回踬而颠，故获之。夜梦之曰："余，而所嫁妇人之父也。""

2）有关地理方面的知识。例如：

金陵：古传此地（今南京）有成王之气，楚威王灭越，令在此筑陵埋金人以镇之，故称"金陵"。井冈山：明末清初，从广东、福建迁来两户人家，他们来到五指峰下一个小盆地落户。这个小盆地四面环山，呈井之状，且有一条小江流过，于是他们称此处为"井江"或"井江山"。"江"是见母字，古双切，闽粤方言读为 gāng，故后讹作"井冈山"。

3）内部形式所包含的何啻人文科学知识，有的还包含自然科学知识。例如：

生物学上有"核酸"一词，学生只知道关于核酸分子结构，但一般不知道它的名称与"核"有什么关系。核酸，是生物细胞内核蛋白的组成部分。1868 至 1869 两年间，瑞士青年化学家弗里德利希．米舍尔从脓细胞（白细胞）中得到细胞核，并从细胞核中分离出一种含磷的酸性物质，被命名为"核质"。20 年后，R. AItmam 又将核质中的蛋白质去掉，剩余部分被命名为"核酸"。

在计算器课上，学生尽管对微机有了相当的了解，但还是不明它何以称"苹果计算机"。七十年代年轻的史蒂夫·乔布斯（Steve Jobs）住在美国硅谷附近的苹果园里读书和打工，他与史蒂夫·沃兹尼亚克（Steve Wozniak）共同试制成功了一套新型微电脑系统，后来发展成为国际性企业。为了纪念乔布曾在苹果园里工作，就把这种新型微型计算机命名为"苹果Ⅰ型"（Apple Ⅰ）、"苹果Ⅱ型"（Apple Ⅱ），惯称"苹果计算机"。

在数学课上，学生已经对"黄金分割"的知识非常了解，但这并不能让人明白它何以称"黄金分割"。从古希腊到十九世纪的欧洲都有人认为这种比例在造型艺术上最为悦目，在工艺美术和日用品的长宽设计中用这种比例容易引起美感。黄金：美好、有价值。

在化学课上，学生往往不明白他所学的何以称"有机化学"（或无机化学），"机"是什么？原来动植物中的化合物有许多共同的性质，它有别于没有生命的矿物中的化合物。在 19 世纪初曾认为这些化合物是在生物体内生命力的影响下生成的，因此管它叫"有机化合物"。机：生活机能。

语言的熵：内部形式的主观误解和客观畸变

摘　要：汉语在其发展过程中，熵逐渐增多。汉语中复合体的熵主要表现在人对内部形式的主观误解和它本身的客观畸变两个方面。前者包括误解内部形式从而误解词义、不明内部形式从而添加冗余成分、内部形式的难解性引起内部形式的歧解性。后者包括白字复合体和错误造词使内部形式的扭曲和破损。主观客观两方面都使语言交际遭受重挫，对此，语言文字规范化工作不应该总是被动地确认，而应该积极干预和纠正，使语言文字得以科学发展。

关键词：熵　内部形式　展现形式　复合体　科学发展

一、题解

什么是熵？熵（entropy）是混乱和无序的度量。熵值越大，混乱无序的程度越大。熵随着时间的推移而增大，熵的增加就意味着有效能量的耗散。耗散了的能量（无效能量）就是污染，所以污染是熵的同义词。熵在不同的学科中引申出更为具体的定义。如果把熵引入语言学，那么它必定指语言文字在长期的发展过程中所产生的种种谬误。

什么是内部形式？语言复合体是人的经验认知行为的直接产品，所以它不仅具有赖以生存的物质外壳，而且包含一定的内部结构——复合体内部的语法结构和语义结构；所谓内部形式（inner form）就是复合体内部的语法结构和语义结构的总和。内部形式是潜隐复合体内部的微结构和微系统，它被隐藏和缩录在复合体内部，未能被人感知，因而只停留在一种假设存在的平面上。要感知它、考察它就需要把它开发出来，把它放大开来——其结果就是复合体自身价值的展现形式。不难看出，开发复合体内部形式而显现出展现形式，实际上是对它的一种"扩展阅读"。例如"羊毛疗""腊蚁"，二词的内部形式的展现形式分别是"把患者胸部和背部出现红点用针挑破后能取出有如羊毛的东西""腊酒表面的浮沫的形状有似蚂蚁"。

汉人的祖先经历了漫长的单音表义的历史阶段，后来超越常规地创造了"词组"这一语言的高级表达形式，便给汉语史无前例地平添了内部形式，使汉语语言符号的理据性为之大大增强。古人在最初创造"词组"的时候，它们的理性意义和内部形式是相同的或者极其接近的，例如"天子"，起初的理性意义和内部形式都是"天的儿子"。只是发展到后来，随着社会的进步和人的认识的提高，许多词组原有的理性意义（A）逐渐被新的理性意义（B）替代，降而成为词的内部形式：天子→（A）天的儿子→（B）国王或皇帝。内部形式一旦产生，便根深蒂固地积淀于词结构的内部，成为永不消逝的语言化石。

复合体的理性意义与内部形式分属两个不同的层面。前者处于词义原子的外壳，它是用词造句时所直接使用的意义，因而成为最被关心、最被注意、最被熟悉的东西。而复合体的内部形式则潜隐于词义原子的内核，它不是用词造句时所直接使用的意义，因而往往成为不被关心、不被注意、不被熟悉的东西。例如"小时"的词义妇孺皆知，但是它何以称"小时"而不称"大时"，则一般不被人关注。通常情况下，所谓"识词"主要指对词语的理性意义的掌握，不存在"这个词我认识，却不知道它的意思"，所以如遇生词，是断然无法用它来造句的；但是在不明复合体内部形式的情况下，却完全可以照用不误，例如差不多谁都会用"克勤克俭""如火如荼"造句，但是太多的人不明这里的"克""荼"为何义，因而无从谈起它们的内部形式。正因为这样，才造成人们重理性意义轻内部形式的语用心理定势。

内部形式所反映的是人的一种心智结构——人们在语言创造活动的某一时刻、某一场所所做出的理解。内部形式有如电子压缩文件，其长度不大，却隐含着非常丰富的理据信息。仅仅把复合体当作备用材料是不够的，仅仅掌握复合体的理性意义也是不够的，而应从人给事物的命名所赋予的内部形式切入，从而反向探索出有关复合体内部的语言知识及其外部的文化世界，这对于词汇学、理据学、语义学、民俗学以及学校教学等等，无不具有非常重要的价值。然而随着时间的推移，汉语中产生的污染——熵却越来越多，而内部形式的污染就是其中之一。这主要表现在人对内部形式的主观误解和内部形式的自身畸变两个方面。这两个方面有着显著的差异：前者指内部形式本身是正确的，只是人对之产生误解；而后者指内部形式本身产生畸变，人无法对之进行正确认知。前者属于主观意念领域（软件）的错误，纠正之比较容易；而后者属于客观物质领域（硬件）的错误，纠正之是相当困难的。分述如次。

二、内部形式的主观误解

复合体由语素构成，从语素之间的组合关系看，可分为直接组合和非直接组合两大类。

直接组合是指词中的语素之间有直接的语法语义联系，形成的内部形式是比较直观的。例如"草鞋"是偏正结构，"草"直接修饰"鞋"，中间可以加"的"扩展为"草的鞋"，意为"用稻草等编制的鞋"；"理事"是动宾结构，"理"直接支配"事"，形成动词和受事的关系，意为"处理事务"，它可以变换成"把"字句：把事理。这一类是通行语法论著常选用的例子。

非直接组合是指词中的语素之间没有直接的语法语义联系，其内部形式是非直观的。例如"冰鞋"是偏正结构，但是"冰"不能直接修饰"鞋"，中间不能加"的"扩展为"冰的鞋"，正确解释是"滑冰时穿的鞋"；"防身"是动宾结构，但是"防"不能直接支配"身"，不能说"把身防"，其语义结构大约是"防侵害保自身"。

非直接组合的语素之间存在语义上的跨度，所以人在理解时，决不能停留在字面上，而是将词所提供的信息兑入大脑联想机制而重新编码，在语素之间搭起逻辑的桥梁，意合其义并神而明之。例如"丸熊""响马"，只从字面解读它们的内部形式几乎是不可能的，而只有借助它们的造词理据，才能真正确认它们的内部形式：揉和熊胆成丸状、贼寇骑马从事抢劫时先放响箭以警示路人放弃抵抗。吕叔湘先生（1984）说过：在这类例子里，"动词和名词之间的关系不是直来直往，好像拐了个弯儿。""有时候，连这个弯儿是怎么拐的都说不清，例如'报幕'、'闯红灯'、'解决两张电影票'等等。"徐通锵先生（2008）也说："外国人学习汉语，由字面'显示'的意义是比较容易学的，而这种靠'暗示'的'不见于言的已知信息'，不经长期的知识积累，是难以掌握的。"美国人工智能专家西蒙斯（R. F. Simmons）和斯乐康（J. Slocum）将语义网络用于自然语言理解系统中，他们认为，自然语言的理解以句中间的概念为"节点"，概念之间的语义关系是沟通节点的"导线"。由此可知，非直接组合的内部形式具有一定的潜隐性，而潜隐性决定它的难解性。同属非直接组合的复合体，其解读难度又可相对分为"较易解读""较难解读"和"很难解读"三个难度层次。

"较易解读"的例如"雨伞""球鞋"，虽然它们不就是"雨的伞""球的鞋"，但是属于常见事物，人们一般都能够凭借生活经验解读出来：下雨天打的伞、打球时穿球的鞋。

"较难解读"的例如"谢幕""跳伞"，要把它们的内部形式解读出来，一般是有一定困难的：演员站于幕前致谢、利用降落伞从空中跳下去。

"很难解读"的例如"线春""羊角灯""鸟氨酸""蝇量级""元宝""檐马""弱冠""蚕盐""交强险""冠心病"，只从字面解读它们的内部形式几乎是不可能的，而只有借助它们的理据，才能真正确认它们的内部形式——线春：用于做春季衣料的丝线织物，羊角灯：罩用羊角胶制成的灯……同类例子不胜枚举。

生活中确实不乏只就字面顾名思义而造成错误理解的事例。例如"七孔被"，有人理解为"被子上面有七个孔"，其实是在一根化学纤维上均匀地打七个孔，使之富含空气，达到保温防潮防霉等效果。"雅座"有人理解为"雅静的座位"，它的正确解释是："雅"本作"厊"（《说文解字·广部》："厊，庑也。""庑，堂周屋也。"）"雅座"即指堂周另设的客座。"萍水相逢"的结构是"名＋名＋相逢"，这极其容易把"萍水"当做主语，理解为"萍和水相逢"；然而它的内部形式却是"萍于水相逢""萍与萍在水上相逢"。

有的复合体的内部形式里不止拐了一道弯，而是拐了好几道弯。例如：

鹦鹉杯：

第一弯——问：此酒杯为什么叫"鹦鹉杯"？答：它是用鹦鹉螺的壳经过琢磨而成的。

第二弯——问：此海螺为什么叫"鹦鹉螺"？答："鹦鹉螺，旋尖处屈而朱，如鹦鹉嘴，故此以名。"（唐·刘恂《岭表录异》卷下）

少林拳：

第一弯——问：此拳术为什么叫少林拳？答：因隋唐时期嵩山少林寺僧徒练此拳术而得名。

第二弯——问：此寺为什么叫少林寺？答：此寺是北魏太和十九年孝文帝为安顿印度高僧跋陀落迹传教而敕建的，坐落在河南省登封市嵩山少室山下的茂密丛林中，取名"少林寺"。

第三弯——问：此山为什么叫少室山？答：嵩山有三峰，中为峻极峰，东为太石山，西为少石山。《述征记》："嵩，其总名也，谓之室者，山下各有石室也。"

青衣江：

第一弯——问：此江为什么叫青衣江？答：此江源于青衣县，故名。

第二弯——问：此县为什么叫青衣县？答：青衣县是远古时代的青衣国，北魏·郦道元《水经注》卷十四："青衣水出青衣县西……县故青衣国。"

第三弯——问：此国为什么叫青衣国？答：是青衣羌人建立的国家，也称"青衣羌国"。

第四弯——问：此族为什么叫青衣羌族？答：世居四川的羌人多以图腾为族名，如白马羌、牦牛羌、青衣羌等。青衣羌是因族人崇拜青色的服饰而得名。

误解和曲解复合体内部形式，给语言带来的负面影响具体表现在以下一些方面。

a. 误解内部形式从而误解词义。

现代汉语复合体中的词根及其结构方式很大一部分来自古代汉语，所以往往需要用古代汉语的眼光看待之。对于许多难解复合体，必须经过一番深入细致的探究工作方可奏效。如果只凭望文生义、顾名思义，就难免造成误解和曲解。例如许多人把"胸像""蛇医"分别误解为"胸脯的照相""给蛇治病的医生"。其实它们的正解分别是"半身人像""给被蛇咬伤的人治病的医生"。

更为严重的是，由于误解和曲解，有的竟至于习非成是。例如：

烂醉如泥——误解：大醉后身体瘫软如泥。正解：南宋吴曾《能改斋漫录·事实》："南海有虫，无骨，名曰泥，在水中则活，失水则醉，如一堆泥然。"泥：泥虫。

　　爱屋及乌——误解：喜爱房屋连及屋顶乌鸦。正解：喜爱一个人而兼及他的住房和房上栖息的乌鸟。《尚书大传·大战篇》卷三："爱人者，兼及其屋上之乌。"

　　衣冠禽兽——误解：穿着衣冠的禽兽（指人）。正解：明代官员文官服饰绘绣飞禽，武将服饰绘绣走兽，"衣冠禽兽"赞美入仕升官。

现在人们对以上各例的理解，都是取误舍正。

b. 不明内部形式从而添加冗余成分。

有的复合体的语义结构本来是完整的，但是由于对它理解不够，因而"断章取义"。这时为了把误认为残缺不全的内部形式重归完整，便给它添加某一成分。这样做的结果是画蛇添足，把本来正常的内部形式变得臃肿起来。例如："凯旋而归"，"旋"为"返回""归来"，"凯旋"意为"胜利归来"，但是忽视了"旋"，造出了"凯旋而归"。"提出质疑"，"质"为"质问"，"质疑"意为"质问疑惑"或"提出疑问"，但是忽视了"质"，造出了"提出质疑"。再如：

　　豢养："豢"是"豢养"，把它代入"豢养"即：豢养＋养＝﹡豢养养

　　深渊："渊"是"深水"，把它代入"深渊"即：深＋深水＝﹡深深水

　　盐枭："枭"是"私贩食盐的人"，把它代入"盐枭"即：盐＋盐枭＝﹡盐盐枭

c. 内部形式的难解性引起内部形式的歧解性。

汉语中存在一种特殊复合词——"意义支点词"，它的结构原理是这样的：意义支点词（AB）中的某语素（A 或/和 B），并未使用它的自身的语素义（所有的义项里的某一项），而是使用了另外一个多字词（原形式）AX、XA、BX、XB 的词义，此时，A、B 就是这个原形式的"意义支点"。例如"狼毫"中的"狼"非狼，而是"黄鼠狼"，此时"狼"就是"黄鼠狼"的意义支点（黄鼠狼→狼），再如燕菜（燕窝→燕），彩电（电视→电）。有时由于复合体中的同一个语素（意义支点）可以人为地把它分别归宿到两个

不同的原形式，这样就造成该词内部形式的歧解：其中一个是正确的，另外一个是错误的。例如：柳永词《望海潮·东南形胜》："有三秋桂子，十里荷花。"其中"三秋"一解为秋季三个月，一解为秋季中的第三个月。再如枣窗：一解为窗含枣树，一解为枣木制窗。乳虎：一解为母老虎，一解为幼虎。

以上皆共时歧解现象，另外还有历时异解现象，例如：

学者：先秦指求学的人（学生），如《孟子·滕文公上》："办法之学者，未能或之先也。"后来指有学问的人，如《旧五代史·史匡翰传》："尤好春秋左氏传，每视政之暇，延学者讲说，躬自执卷受业焉。"牙签：古指用象牙制成的图书标签，今指剔牙的牙签。

从原形式到意义支点，意义保持不变（原形式义＝意义支点义）而字数减少，这就必然使意义支点的信息量成倍增加，成为信息或意义的超载体。这就决定了意义支点词必然具有不同于通常复合词的特殊性质和结构。所以解读复合词的内部形式，应该首先明确它是通常复合词，还是意义支点词，而后才可分而析之。对于意义支点词，必须首先找出其中的意义支点词，然后调出它的原形式，只有这样才能够释放出内部形式的展现形式。如果错把意义支点词当作通常复合词，就必定对其内部形式产生误解，例如有人把"雨后春笋"解释为小雨后的春笋，把"苦笋"误解为苦味的笋。殊不知"雨后春笋"是谷雨后的春笋，"苦笋"是苦竹所生的笋。

三、内部形式的客观畸变

与以上"内部形式的主观误解"截然不同的是，复合体内部形式本身被扭曲或破坏，从而造成畸形内部形式，这要比误解或曲解内部形式所产生的后果更加严重。

造成内部形式畸变主要有"写白字"和错误造词（语）两方面的原因。

写白字而造成白字复合体。

某字本有其字，却丢弃不用，而写成与它同（近）音的字。这种以甲字替代乙字的现象，发生在古代的多叫通假字，发生在现代的多叫白字或别字。人们对于古今白字有着截然不同的价值判断。对于古代白字，或许因其存在于古籍，而无法纠正，或许出于对古人的迷信，所以持肯定的态度。而对于现代新出现的白字，人们则基本持否定的态度。

然而事情并非如此简单。古代通假字除了存在于古籍中之外，还存在于现代汉语复合体之中。这是因为现代汉语复合体很多产生于古代，随着古代复合体传承，大量的白字也随之流传下来，这就是"白字复合体"。例如"原来"本作"元来"，"请柬"本作"请简"，"倒霉"本作"倒楣"，"螺丝"本作"螺狮"，"便秘"本作"便闭"，"打尖"本作"打火"。

用白字极容易导致解白字——就白字（借字）去理解，这样做必然使词的内部形式为之扭曲畸变。例如"灭顶之灾"本作"没顶之灾"。没顶：水淹过头顶。《周易·大过》："过涉灭顶，凶，无咎。"如果只照字面看，人的头顶怎么能"灭"呢？"柏梁台"汉时台名，《三辅黄图·台榭》："柏梁台，武帝元鼎二年春起此台，在长安城中北阙内。《三辅旧事》云：'以香柏为梁也。帝尝置酒其上，诏群臣和诗，能七言诗者乃得上。'太初中台灾。"被讹作"百梁台"，遂就字被释为"此台以百头梁建筑"云云。"舍不得鞋子套不住狼"本指猎手在山区打狼必须善于与狼周旋，不怕辛劳，不怕磨破鞋子。许多方言（如四川方言）读"鞋"为 hái，故把此话讹作"舍不得孩子套不住狼"；从字面上看，套住狼必以舍得孩子为代价，世界上岂有这等事情？"拉大旗作虎皮"本作"拉大旗坐虎皮"。过去有人占山为王，扯起旗号招收亡命之徒，而他自己则成为魁首，在大厅中坐上虎皮交椅发号施令。如果照字面理解，拉来大旗怎么能"作"虎皮呢？不能看出，就白字理解复合体的内部形式，会产生极大的语言污染。

奚啻误解，有人还不免依据畸形内部形式杜撰出虚假荒唐的理据。例如：

> 琥珀——初作"虎魄"，突厥语 xupix 的汉语音译。但是《本草纲目·木部》："虎死则精魄入地化为石，此物状似之，故谓之琥珀。俗文从玉，以其类玉也。"唐陈藏器《本草拾遗》："凡虎夜视，一目放光，一目看物。猎人候而射之，弩箭才及，目光即堕入地，得之如白石者是也。"

> 顶缸——"顶缺"之讹。顾学颉《元曲释词》："顶缸，当时谚语，有顶替、顶缺、代人受过等意。缸乃缺字之讹，讹认别字者，呼缸为缺，或以缸为缺，后遂相沿成为诨语。"但是世传关于"顶缺"的故事。明张存绅《雅俗稽言》卷三十六："金陵江岸善崩，或言猪婆龙为祟。

第嫌其猪同国姓也，遂托言为鼋。上命捕之。适钓一鼋，引之不能出，或言此鼋爪抓土耳，因取沙缸穿其底，以钓纶投下笼罩鼋面，鼋用前爪推缸，爪不及土，一引即出，时乃谣曰：猪婆龙为殃，癞头鼋顶缸。"

守宫（壁虎）——唐·苏恭《唐本草》："蝘蜓又名蝎虎，以其常在屋壁，故名守宫。宫，宫室，指房屋的通称"清·郝懿行《证俗文》卷十二："守宫之名见于尔雅，推究其义，盖以此虫喜缘屋壁以穴以居，出入不离，似为人守，故曰守宫。至于丹砂点体，乃近房中之术，妄诞不经。"但是《汉书·东方朔传》颜师古注："以器养之，食以丹砂，满七斤，捣治万杵，以点女人体，终身不灭，若有房室之事，即灭矣。言可以防闲淫逸，故谓之守宫也。"陶弘景《本草经集注》："干末以女人身，有交接事便脱，不尔汝赤志，故名守宫。"

语言文字中的变体最初总是起始于个人或极少数人的不规范行为，后经他人的模仿而得以延伸和扩散，乃至被社会接受，现代汉语中的大量的"白字复合体"，至今早已以非为是便是明证。例如"编辑""三羊开泰"早已成为现代汉语中规范的复合体，但是殊不知它们本属错误的写法：

"编辑"应作"编缉"。《说文》："编，次简也。"段注："以丝次第竹简而排列之曰编。"《说文》："缉，绩也。"段注："凡麻枲，先分其筋与皮，曰术。因而沤之，取所沤之麻沣之，沣之谓言微也，微纤为功，析其皮如丝而染撚之，而□之，而续之，而后为缕，是曰绩，亦絫言缉绩。"

"三羊开泰"应作"三阳开泰"。《易经》中用"坤"卦表示农历十月。到了十一月，一阳生于下，变成了"复"卦；到了十二月，二阳生于下，变成了"临"卦；到了来年一月，三阳生于下，变成了"泰"卦。坤卦中最下面的三个阴爻经过三次由阴转阳的变换，"坤"卦就变换成了"泰"卦，所以冬去春来叫做"三阳开泰"。

汉字是表意文字体系，它不但是汉语的书写形式，而且是汉语语义、汉语理据的积极表现手段。复合体中出现白字，就会使词的内部形式从可解变为不可解。正如清代王念孙说："字之声同声近者，经传往往假借。学者以声求义，破其假借之字而读之以本字，则涣然冰释；如其假借之字而强为解，则诘为病矣。"

错误认知造成错误造词（语）。

受认知水平的限制，前人曾经对事物或现象产生曲解或误解，因而造出认知错误语义荒谬的复合体。后来人们发现了这些造词错误，而且有了科学的认知和先进的观念，但是错误造词却始终未作纠正，污染至今。例如：无花果——因花开在囊状总花托内不易被人觉察，故被误认为不开花而结果。鳄鱼的眼泪——鳄鱼吃东西要流眼泪，人们误以为鳄鱼流泪是假发慈悲，其实流出的不是眼泪，而是从盐腺中排出的含盐量很高的溶液。"海市蜃楼"不是海里的蜃（大蛤蜊）吐气而形成的城市楼台，而是由于空气中光线折射而形成的一种自然现象。"月食"不是天狗或蟾蜍吞食了月亮，而是某一天体运转现象在人眼里的映像。"鸳鸯侣"指坚贞不渝的夫妻，人们都认为鸳鸯最守贞洁的，其实鸳鸯丧偶后，公鸳鸯变成"花花公子"，极不守贞洁。"铅笔"（笔蕊）不是用铅所制，而是用石墨所制。"芭蕉扇"不是芭蕉所制，而是蒲葵叶子所制。"糯米纸"并非用糯米所制，而是用一种淀粉加明胶及少量卵磷脂制成的透明薄膜。

与错误造词相仿，汉语中还有一种错误译词（意译词），例如"傻瓜相机"，有人顾名思义地认为它是使用时不用调整相机的光圈和焦距，好像傻瓜一样云云，其实它是英语 foolproof（防傻相机）的误译，归宿词与原词的意思正好相反。"干葡萄酒"，有人误以为是用葡萄干儿制作的酒，其实这里的"干"译自英语的 dry。dry 的许多义项中有"不甜的、没有果味的"和"湿的反面"两个义项。在最初翻译的时候，没有正确取译第一个义项，却错误取译了第二个义项。

四、关于除熵对策的思考

由上看出，无论是人对内部形式的主观误解还是内部形式的自身畸变，都不但给语言的交际带来诸多不便，而且使语言本身的理性和有序性遭受重创，其后果都是相当严重的。

发现错误理应及时纠正，但是一般认为语言是约定俗成的产物，错误的东西既已流传多则千百年，少则几十年，就不宜改动了。我们认为这是一种保守的观念。

在语言面前，有两股力量对语言发生作用，产生影响：一是大众的约定俗成，一是语言学家的干预。它们又总是处于消长互动之中——这两股力量的消长互动决定着语言的命运：如果没有语言学家的干预，盲目的非理的因素会使语言文字不断生熵，使不合理不规范的东西滋生蔓延；如果有了语言学家的积极干预，语言文字的发展变化则会获得引导之力和规范之限，大大避免理据的、正确的东西的逐渐耗散。以语言文字规范为己任的语言学家们的最大责任在于与大众的约定俗成展开竞争，而且要加大竞争力度，从根本上摆脱长期以来语言文字规范化工作的被动状态。

我们认为，由不规范造成的书写、阅读和理解的困难完全是人为造成的，在绝大多数情况下是可以避免的，也是可以改正的。事实上，从古到今改正或改动语言文字的行为都在不断进行。比如古代从甲骨文到楷书的演变中，不断废除异体字，不断减少笔画；古代帝王都讲究语言文字的避讳，哪怕是一个字一个音，一旦犯讳，便立即改变；上世纪五六十年代我们废除了一千多个异体字，简化了两千多个繁体字……这些都证明，语言文字中的许多东西都是可以改动的。

非平衡是有序之源。语言的有序与无序或者正确与谬误，是一个变量关系，它们之间处于一个动态之中，倘遇人为之力，二者是可以转化的。前人曾经把大量有序的正确的东西，拉到了无序的谬误的方面去，那么我们为什么不能把这些无序的谬误的东西再拉回到有序的正确的轨道上来？语言的内部形式具有高度的理性价值和理据意义，传承和保护它们具有极大的学术价值。如今，我们凭借科学发展观之力，完全可以把对内部形式的误解和内部形式自身的畸变纠正过来。例如把"打尖""夫妻肺片"改正为"打火""夫妻烩片"。一字之改并非不易，带来的益处却可使语言在不断吸收负熵的过程中更好地科学发展。

语言无疑应该朝着科学化、理据化的方向发展。走向科学化，就必须消灭无论古今的一切错误的东西；走向理据化，就必然让最大范围的复合体的内部形式恢复真实性和逻辑性。我们认为，这才是语言文字的最具积极意义的规范化。以往的规范化工作中的一种令人担忧的现象，就是对一些习惯化的东西，在制止不住的时候就加以被动的确认，确认实际上是对污染的纵容。例如"装璜""气宇轩昂"是"装潢""器宇轩昂"的误写，再如"荨 xún 麻疹""呆 dāi 板"是"荨 qián 麻疹""呆 ái 板"的误读，我们却终于确认了前者，这不能不说是一种极大的遗憾。

　　都说语言学是一门领先的科学，那么语言文字的规范化工作者们理应走在大众的前面，引领语言文字朝着科学发展的方向发展，而不应该动辄以"约定俗成"为由拒绝纠偏改错，反而确认偏误。如果今人对不断出现的语言之熵不采取有效的措施加以遏制和纠正，那么我们将会遗留给后人更多的语言文字赝品。

谈谈抢救语词理据资讯的问题

提要：语词理据具有潜隐性，而且很容易随着时光流逝而磨损和湮没，加之理据文献资料非常短缺，探究理据难度很大，所以抢救语词理据资讯具有十分重要的学术价值和现实意义。

关键词：理据　潜隐性　词义词典　理据词典　真伪理据

（一）

"是什么"和"为什么"是人类认识事物的两大认知范畴，"是什么"属于常识性平面，是表层的，而"为什么"属于探索性层次，是深层的。例如马站着睡觉，眼睛不怕冷，天空是蓝的……这是妇孺皆知的百科知识。但是若问马为什么站着睡觉，眼睛为什么不怕冷，天空为什么是蓝的……则并不是人人明白的，它们一般只归少数人知晓，属于专门知识或专家知识。然而面对这类百科的"十万个为什么"，科学书籍把无数个答案提供在人们的面前，促使科学普及工作与时俱进。

出于同样的道理，人类对自然语言中的语词符号的认识也存在"是什么"和"为什么"两大层面的问题。回答"是什么"的是语词的理性意义（词义），回答"为什么"的是语词的理据。理据是语言符号能指和所指最初结合的动因（motivation），是事物的得名由来。[1]例如房产抵押贷款为什么叫"按揭"？杂乱不堪为什么叫"狼籍"？敲诈勒索为什么叫"敲竹杠"？……这一个个问题的理据答案的揭示都将把一个个生动的微观世界和多彩的知识殿堂展现在人们的面前。

然而令人遗憾的是，通行辞书却只告诉读者语词的意义（是什么），未能像科学书籍那样，把语言的"十万个为什么"的答案告诉人们。《现代汉语词典》《辞海》等词典以及改革开放以来出版的许多新词新语词典，都是以解释词义为目的的，对于语词的理据则未能或者不必要照顾到，就其实质而言，它们是属于"词义词典"（王艾录1997）。[2]新版《新华词典》有意增加了一点理据解释的内容，词义词典掺杂理据内容，其利弊孰多是个值得研究的新问题。笔者以为首要的问题在于明确所编词典的目的是解决"是什么"的问题还是"为什么"的问题，非如此难以避免工作中的盲目性。词义归属"是什么"，是果，理据归属"为什么"，是因，二者分居因果思维过程的始末。一事当前，断其因果，自然之理；然而在许多时候人们更重视果而忽视因，迄今只有词义词典没有理据词典便是一个明证①。语词理据资讯寥若晨星，这就造成了语言知识中的空档和断层。

现代语言学的研究，追求为语言事实寻求合理解释的共同走向，而语言理据资讯的发掘和积累，可以进一步的拓宽文化语言学和认知语言学的研究路径，从而使自然语言获得更大更多的解释力。帕默尔（1936）说："我们不应该满足于排比既成事实""发现决定意义变迁过程的动力和条件才是有兴趣的。"[3]徐通锵（1997）说："语言研究的基本任务就是要弄清楚编码的理据。为什么？因为理据是现实规则的反映，是语言规则的语义基础，一种语言的理据表现在哪一个层次，那个层次就会成为这一语言的研究重点。"[4]以上拨引的两段话虽然都不是针对语言理据而论的，但是这样的论述有助于人们对探索语言理据的意义加深认识。

毋庸讳言，语言理据学是人们未曾正面研究过的崭新学科，它将告诉人们，过去如果我们在语言研究中曾经遇到过许许多多的困惑的话，那么这与我们放松了对语言理据的研究有关。隐居于背后或深层的动因，往往是科学研究的最有"兴趣"的内容和"研究重点"。任何科学研究都不应该只满足于现象和事实本身，而是要透过现象和事实去努力发现、研究和掌握隐藏其后的本质。如果说，过去我们对语言的根基与内蕴缺乏深透的了解，对语言缺乏较多的解释力，那么我们将要随着对语言理据的深入研究找回长期被忽视因而失落的东西。发现、研究和掌握语言理据，可以从根本上认识和掌握语言的发生发展的动因，突破目前语言研究中的占统治地位的描写主义方法，为人们对语言的认识平添空前的解释力。所以说，深入开展对语言理据的研究，有着非常广阔的前景，其理论价值和意义将随着研究的不断深入而显示出来。

（二）

据笔者所知，人们对语词理据的了解远远比不上对语词本身（词音、词义、词结构等）的了解，造成这一局面的原因何在呢？笔者认为主要有以下三方面的原因：

1. 来自理据性质的原因。语词是人们语言创造行为的结果，是现实的、物化的，而语词的理据则是隐匿于结果后面的动因，是经验的、认知的。词义直接参与交际活动，理据则不直接参与交际活动。例如"桌""日食"的词义妇孺皆知，而它们的理据——"桌（卓）比几高""天狗食日"却鲜为人知，这就表现出理据的潜隐性。理据的潜隐性导致了人们对于理据的严重忽视。在语言交际中，人们对语词的理性意义的理解和使用是相当得心应手的，但是对于语词的理据却往往是不介意、不追究的，此时理据在交际者心目中是模糊不清的，甚至是荡然无存。人们在"交际"这一实用主义的面前得到了满足，放弃了对于理据的关注，致使理据研究成了一个"被遗忘的角落"。

2. 来自现代书籍的原因。通行词汇学教科书充斥其里内容基本都是词音、词义、词结构一类的知识，而没有理据知识。通行辞书则以介绍词义为根本宗旨，未能介绍语词的理据。

语言书籍忽视理据和人们平素忽视理据互相影响：人们越是忽视理据，书籍就越不注意写进理据知识，书籍越不写进理据知识，人们就越忽视理据。

3. 来自理论背景的原因。索绪尔关于语言符号任意性的理论的巨大影响，削弱了人们的理据的关注的兴趣。毫无疑问，索绪尔关于语言符号任意性的理论是无可非议的，但是该理论主要是从大量单纯符号的不可论证性得出的。对于合成符号，索绪尔说它是相对可论证的，但是他立刻强调构成合成符号的每个单纯符号仍然是不可论证的。半个多世纪以来，索绪尔的任意性理论在整个语言学界几乎占有统治地位，受此影响，国内语言学界在谈到语言符号的性质的时候，总是以"音义之间的关系是任意的"一言蔽之，未敢越雷池一步。[5] 所以索绪尔理论一方面引领了语言学发展，一方面却又阻碍了语言学的发展。这也成为懒于思索者的遁词和墨守成规者的温床。难怪有学者说："对语言符号的原则的盲目信奉和夸大宣传，已经影响了语言科学的研究和发展"，"这样做的后果是简单地关闭了一个学科领域的大门"[6]。

正因为上述各方面的缘故，导致人们对语言理据的严重忽视，也使大量语词理据随着时光的流逝而淡出人们的视野。

语言工作者为了修复自古以来大量磨损的理据，或者使湮没的理据失而复得、死而复活，往往需要追根溯源，探赜索隐，付出十分艰辛的劳动。更为严重的是付出艰辛的劳动却往往事倍功半，未能取得丰富的理据资讯。

理据问题给语言学家带来的压力贯穿古今，从未中断过。早在汉末，百姓已经对大量的语词"日称而不知其所以之意"了（刘熙语），为什么"日称"却"不知其所以之意"就是因为历时久长，理据湮没。然而比之更为严重的是，迄今为止人们似乎并不打算接受这个历史教训，宁愿眼巴巴看着无数新词的现成的因而是可知的理据付之东流，等着它们也将成为历史，也将被历史湮没。难怪有学者发出这样的感叹：最令语言学家望而却步的问题之一就是理据。

历代学者一般热中于对历史语词理据的历时考究或臆测，却不大注意对眼前的和身边的新词理据进行共时的考察和纪录，所以理据研究总是处于探源式的、后顾式的因而是滞后的状态，比起前瞻式的现代语言学研究，显得十分被动和落后。从理论上讲，历史语词的理据往往难以考究，而要抓住目前新词的理据，则应该是相对容易一些的，但是事实不尽如此，有些新词当它生成并传播开来的时候，其理据仍然为多数人不明，例如现代汉语新词"大哥大、按揭、贫铀"等，一般人未必能够说出它们的理据。由此可见对于新词理据我们也应该变得十分敏感起来，尽力防止它们被时间的流水冲刷淹没。最初语言符号的能指和所指决定结合时的刹那间的理据驱动，往往是来也匆匆去也匆匆，具有紧迫的时限性，今人若无强烈的时间观念和抢救意识，将会给后人造成更多的知识盲点。

范克（Funk）在《词源》一书中说："词汇常常隐藏着传奇故事，它往往把我们引入神话和历史，使我们能够了解伟大的人物和重要的事件。词像个小窗户，通过它可以熟悉一个民族的过去。"人们也常说，每个词都可能是一个故事或一部浪漫史，既然如此，我们还有什么理由不去像新闻记者那样对之进行随时记录和现场"抢拍"而不使后人"望词兴叹"呢？举一个简单例子，火车过去为蒸汽轮机开动，中老年人都知道火车头里燃煤着火，可是现在蒸汽机火车已经被内燃机火车所替代，再过五十年或者更长的时间，恐怕很少有人知道火车的"火"从哪里来，正如现在很多人不知道拔河的"河"从哪里来一样。何谓抢救？说到底是文字记录，最可靠的材料必定是以文字记载的文献资料，停留于口耳相传的东西随时都有丢失的可能。可以认为，每一条语词理据的求得和文字记录，都不仅是理据资讯的抢救，而且是知识经验的引申。

（三）

从某种意义上说，编写理据词典要比编写词义词典更为紧迫，这不仅是因为我们已经拥有各种各样的词义词典，而且还因为词义作为物质意义不会在短时间内隐没。即便词义也会隐没和消失，那也是长期完成的；而理据的隐没和消失则往往是短时实现的，有时甚至是稍纵即逝。对于已经被历史损耗和湮没的语词理据进行考究和探索，不但难度很大，而且所得结论常因缺乏客观可信的科学依据而叫人难以确信，真假难辨。所以我们一方面要加大对历史理据考究的力度，一方面要把抢救现行理据变成我们的习惯行为，看作我们的历史责任，这样做我们的工作将会变得更加有效。

探究单纯词的理据，古今训诂学已经取得了巨大成就，而较全面地探究现代汉语复合词的理据则是一个有待开垦的处女地。为了弥补词义词典的不足，为了给后人研究理据提供一点参考，我试编并修订的《汉语理据词典》[7]，专门解释复合词的理据，希望起到抛砖引玉的作用。

据笔者体会，探究复合词理据的困难是多方面的，其中最为棘手的有三。

一是复合词理据的搜集、整理和解释，文献资料十分匮乏，常遇"文献不足征"的困难，因而显得困难重重，有时为求索一个语词的理据要花费很大的工夫和周章。

二是考究语词理据，不但需要考察大量的文献资料，有时还需要深入社会生活，做具体的实地的田野工作。例如笔者在长期的理据研究工作中，对某些语词理据的解释，产生犹豫、反复、自我否认的事情时有发生。例如毛竹——毛笋，笔者曾经认定是因为此竹由毛笋生长而成，所以叫毛竹；后来又遇相反的解释：因为此笋是毛竹生的笋，所以叫毛笋。这两个解释落入了循环论证之中，要真正解决问题，除了深入实际调查外没有别的出路。

三是辨别真伪理据的问题。语词理据通常有两种情况，第一是理据真伪一目了然，一般不会什么争议。例如"木耳"的理据解释是"此菌类生长在腐朽的树干上，形如耳朵"，这是真理据。"玛瑙"的理据解释是"鬼血所化（《拾遗记》）"，这是伪理据。第二是一个语词有两种或两种以上的理据诠释。这时便面临着一个辨别真伪的问题。辨别真伪的工作是一个现实的问题，它存在很大的难度，俞敏先生在《古汉语里的俚俗语源》里说得好："您要问为什么叫'蹦蹦儿'，自然没人知道，反正是那么一种戏就是了。可是土圣人知道。一位土圣人说该是'半班儿'，因为一个整皮簧班儿是'生旦净末丑'都有，可是蹦蹦儿戏光有生、旦、丑三行，文场也不全。又有一位土圣人说该是'碰板儿'，因为这种戏词儿的句子长短不齐，行腔儿又邪魔外道，没个准板眼，多咱碰到板上就算一句。到了儿谁对？天知道！"这里的"天知道"，是强调辨别真伪的极大难度，然而到头来仍需我人去克服，把"天知道"变成"人知道"。辨别真伪的工作也是一个重要的理论问题。　个语词在最初产生的时候，会不会同时出现两种真实理据呢？笔者持否认的态度。一个语词如果同时具有几种理据解释，那么其中只能有一种是语词的最初的因而是真正的得名由来，其余的解释尽管从表面上看很有一点道理，甚至比最初的得名由来还来得头头是道，但它们却不是语词地道的得名由来，而是属于后起的、变换了角度的解释，因而是虚假的——它们"来晚了"。

　　有学者主张将真理据和伪理据分别叫做"专家理据"和"民俗理据"，而且规定前者是可信的，后者是不可信的，其实事情并非如此简单。所谓"专家理据"是指经专家考究或论证而得出的因而是比较可信的理据，但是考究或论证本身受其后顾式传统方法的限制，这决定了它一开始就不可能是第一手的，其结论就不一定全部是正确的。比如同属"专家理据"，据笔者搜集，一词多解的语词不在少。例如"蚕豆"有二解：

　　1. 豆荚之形犹如老蚕，故名。

　　2. 此植物成熟之时正当春蚕上蔟时，故名。

　　再如"柳琴""伏天""结发""张飞鸟""买单""狼烟"有二解，"相声""草马""杜撰""解手""戴绿帽子"有三解，"倒霉""马路""东西""草马""风马牛"有四解，"黎民"有五解，"二百五"有六解，"王八"有七解，"鸡尾酒"（英语 cocktail）有十解。这些解释从表面上看都是有一定道理的，有的还似乎具有较强的说服力，但是其中不可能全对，而必然有对有错，这一点是可以肯定的。另一方面，"民俗理据"也不一定都是错误的，固然，民俗理据中有很多是杜撰的甚至是荒唐的，但是其中也有正确的有价值的，这一点也是可以肯定的。

一个值得注意的问题是，"一物多名"不同于"一词多理据"。一物多名的现象是语言中的普遍现象，例如共同语称"（太阳）落山"，湖南汨罗一带方言称"（太阳）落水"，这是因为汨罗一带位于洞庭湖以东，夕阳西下，落入水中。四川忠县一带方言称"太阳落土"，这又是因为忠县一带山多山高，土尽在山上。有资料显示，"月"有258个异名，"竹"有85个异名，"羊"有20个异名，"酒"有123个异名。同一物在不同的语言里也会有不同的名称，例如汉语叫"火车"，是因为它以火为动力，日语叫"汽车"，是因为这种车用"蒸汽"发动。汉语叫"电视"，因为它是一种由电驱动的影像装置，英语叫television，因为它是一种能把远处的景像移到眼前观看的装置。汉语叫"自来水"，因为它是不用人力运输而水自己来到，英语叫running water，因为它是流动的水。汉语叫"洋地黄"，因为它来自国外，英语叫foxglove，因为它像"狐狸的手套"，德语叫fingerhut，因为它像"手指上的帽子"，俄语叫наперстянка，因为它像"顶针"。

这类例子不胜枚举。产生一物多名的现象主要是由于人观察事物的角度不同而产生的，"多名"即"多词"，"一物多名"的实质是"多词多理据"，归根到底仍是"一词一理据"，而所谓"一词多理据"是不可思议的。

理据研究可以把语言研究从封闭的语言结构引向开放的文化结构，大大增强对自然语言的解释能力。理据的探究以及其中的证实和证伪工作，对于词汇学、词典学、词源学、训诂学、语义学等都具有非常重要的价值，可惜的是这样的工作我们做得还相当不够。

民俗理据及其真假鉴别

提要： 民俗造词是一种重要的汉语造词手段。民间的一些民俗习俗随着社会的发展而被淘汰，而由此生成的词语却作为语言化石流传下来。探究民俗理据，对我们了解古今民俗、社会心理等具有重要的意义。民俗理据分真实民俗理据、虚假民俗理据和真假难辨的民俗理据，探究民俗理据的难点在于对真假难辨的理据进行鉴别。

关键词： 民俗理据 鉴别 真实民俗理据 虚假民俗理据 真假难辨的民俗理据

一、民俗理据

汉语词汇中存在着许多源自民间风俗的词语，我们管它们叫民俗词语或文化词语。民俗词语有积极的一面，如反映人们的认知水平、审美情趣、理想追求、道德准则等；也有消极的一面，如反映当时的陈规陋习、愚昧迷信等。随着时光的流逝和社会的进步，许多民俗词语被淘汰，但是由它们造出的词语却好像一块块化石流传下来，忠实记载着历史上丰富的非物质的民俗词语内涵，所以探究民俗理据会为我们了解四方民俗风情、解读古今社会心理，带来非常有价值的资讯。例如：

喝墨水——南北朝时，北齐王朝规定，凡儒士考试"成绩滥劣者"，一律罚以喝墨水。梁武帝时规定，"差谬者罚饮墨汁一斗"。隋代规定，"秀才、孝廉等会试，若有文理疏略或书写潦草者，罚饮墨汁一升"。唐太宗早年亦有应试晋官之心，因畏惧喝墨水而放弃应试念头。他皇帝后，废除了这种荒唐的规定，但"喝墨水"一词却流传下来，成为这一恶劣现象的见证。

猩红——"猩"指猩猩血，"猩红"即像猩猩血那样的红色，此词记载了古人以猩猩血染织物的习惯。

枭首——传说母枭被幼枭啄食而死，死后仅留枭首空挂枝头。将犯人的头悬挂在木杆上示众有似于此，所以古代把斩头示众叫做"枭首"。枭即伯劳鸟，至今已经不多见了，而关于伯劳鸟的生活习性却成为珍贵资料。

吃茶——古代民间以茶为订亲礼。明陈耀文《天文记》："凡种茶树必下子，移植则不生。故聘妇必以茶为礼。"女子受聘，谓之吃茶，意在女不二嫁，犹如种茶不可移植。这里记载了给女人规定的道德规范。

有的词的理据不但记载着民俗民俗知识，而且内容生动有趣。例如：

蟋蟀草——一种草，何以名之？原来古人常把这种植物的结穗的茎劈成细丝状，用来逗蟋蟀玩，其生活情趣藏于词中。

肠断——极度悲伤。《世说新语·黜免》："桓公入蜀，至三峡中，部伍中有得猿子者，其母缘岸哀号，行百余里不去，遂跳上船，至便即绝。破视其腹中，肠皆寸寸断。"桓公：东晋桓温。母爱乃世上生物的共同本性，况母猿追子以至柔肠寸断，委实感人泪下。

孝顺竹——竹杆细长丛生，炎热时竹笋长在母杆丛中，秋凉时又长在母杆丛外，有如孝子随身。古人在对这种竹子进行长期的细致的观察之后，把它拟人化，反映出中华民族自古富有孝敬父母的美德。

有的词语的理据包含着许多科学道理。例如：

鼠目寸光——为什么用它形容人的眼光短浅？原来老鼠是天生的近视眼，只能在15厘米的距离内看到物体，而且只能看到模糊的轮廓，不能测得远近，食物主要靠嗅觉去寻觅。

乌合之众——为什么用它形容坏人聚集？原来乌鸦不但有群居组织，而且懂得解救同伴。假若有谁把一只乌鸦抓到手里，另一只乌鸦就会飞来叮啄他的手。假若猫头鹰在夜间把一只睡熟的乌鸦啄死或叼走，乌鸦同伴们就要在白天侦察，一旦发现目标，就跟踪追击，进行报复。又因乌鸦在汉语中赋有贬义色彩，所以把坏人聚集贬为"乌合之众"。

词语的理性意义是现实的，而词语的理据意义则往往是隐秘的，所以人们对理据的了解远远比不上对词语本身（词音、词义、词结构等）的了解。平常我们探究民俗理据，多数从资料中直接或间接得到，但是资料中对理据的介绍未必都是真实可信的。有两种常见的现象，一是"由因得果"，即先有故事（事实），后由这个故事产生出一个词语（例如"矛盾""推敲"都是由一个历史故事产生的）；一是"由果推因"，即由于人们不明白某词语的由来，便从词语的字面意义出发去推断乃至杜撰出一个理据。"由因得果"是一种正常的思想方法，所得出的理据是真实可信的，我们管它叫"真实理据"。而"由果推因"是一种逆向思维方式，所得出的理据虽然未必全不可信，但是其中多数是缺乏根据的，虚假不足信的。所以又可把这类理据细分为"虚假民俗理据"和"真假难辨的民俗理据"两类。对于真假难辨的理据需要做艰苦细致的鉴别真伪的工作，它往往是研究民俗理据中的难点。

二、真实民俗理据

真实的民俗理据是指最初的造词理据，我们把它们分为真实故事理据、虚构故事理据、错误认知理据和谎称理据四个小类。

1. 真实故事理据。这是指由真实故事产生的理据。如"结草"源自《左传·宣公十五年》，"和氏璧"源自《韩非子·和氏》，"梨园"源自《新唐书·礼乐志》。这类词语来源于真实的历史事实，都是有史书记载的，所以都是有案可稽的。

2. 虚构故事理据。有的词语产生于某个虚构的故事（古代神话、民间传说、寓言故事等）。虽然虚构的故事是不真实的，但是它们都是生成词语的直接动因，即由故事（尽管是虚构故事）产生了词语，因此这个虚构的故事就成了产生该词语的真实理据。例如"羊城"（广州）得名于一个美丽的传说：在很久以前，有五个仙人，他们穿着不同颜色的衣裳，骑着不同毛色的羊，带着每茎有六穗的谷子，来到珠江边。他们把五只羊和谷种留下来便驾云而去了，但是五只羊却变成了石羊。当地人们把谷种播种在土地里，结果年年丰收，人口也年年增多，终于成了人口稠密的城镇。因此，这个地方便称为"羊城""穗城"。

3. 错误认知理据。人对世界的认识，是一个渐进的过程。古人曾经由于历史局限，发生过许许多多认知错误，故而产生了建立于错误理解基础之上的错误理据解释。例如无花果——不开花而结果。日食——日被狗或蟾蜍所食。鲸鱼——鱼类。这些错误认识逐一被后人纠正。现代科学早已认识到了"无花果"并非不开花，而是花开在囊状总花托内不易被人觉察。"日食"绝非日被狗食，而是一种天体现象。鲸鱼不属于鱼类，而属于哺乳类。需要指出的是，这类理据虽然出于错误的认识，但是作为理据却不是凭空捏造的，而是有根据的，所以理应归于真实理据。认识是错误的，理据是真实的。

4. 谎称理据。语言中存在少数由谎称故事或谎称情节而造出的词语，其理据叫做"谎称理据"。例如：

> 哈密瓜——《哈密地区农业志》："康熙 37 年，康熙皇帝在圣诞节的宴会上用哈密加格达甜瓜赐宴群臣，问及群臣品尝甜瓜味道时，群臣众口称好。当又问及叫什么瓜名时，大家耳目以待，在旁管理贡品的官员忙说，这是哈密王进贡来的，康熙皇帝便说，那就叫它哈密瓜。"这一谎称却成为哈密瓜的真实的得名由来。原子笔——本称"油溶笔"，为英国驻匈牙利记者莱兹·比洛所创。后被美国冒险家密顿·雷诺在芝加哥非法生产并大量出售，为逃避国际专利法的追究，他谎称此笔是用原子能制造的，永远写不完，"原子笔"之名广为传播。英语 tank（坦克），原意是"古代一种容器——水箱"，英国人在最初制造坦克期间，为了保密，对外谎称坦克为"水箱"。

三、虚假民俗理据

许多词语由于历时久长，其理据已经被历史的长河淹没，人们便忽而杜撰，忽而讹误，忽而夸张，忽而附会，忽而嫁接，把语言学文学化，演义出各色各样的生动有趣却荒诞不经的所谓"理据"。例如：

> 玛瑙——《拾遗记》解释为"鬼血所化"。
>
> 杜十姨——唐代大诗人杜甫的官号"杜拾遗"之讹。"姨"自然是女的，所以有的地方在给杜甫建立祠庙时竟把这位"神"塑成为女像。
>
> 莫干山——相传吴王阖闾命干将在此铸箭，可是炼炉中总是不出铁水，干将之妻莫邪舍身跳入炉中，铁水始出，终于铸成两柄宝剑，雄剑

叫做干将，雌剑叫做命莫邪，后把此山叫做莫干山。

狗腿子——从前有一恶霸地主跌断了腿，郎中要把他的腿锯掉，不然就会瘫痪。恶霸却要锯下管家的腿给自己换上，管家甚惧，便说他的腿比不上家养黄狗的腿好使，请主子换黄狗的腿。主子大怒，命将管家的腿给自己换上，将黄狗的腿给管家换上，再给黄狗按上一条泥腿。从此，人们管仗势欺人的人叫狗腿子。

琥珀——初作"虎魄"，突厥语 xupix 的汉语音译。但是《本草纲目·木部》："虎死则精魄入地化为石，此物状似之，故谓之琥珀。俗文从玉，以其类玉也。"唐陈藏器《本草拾遗》："凡虎夜视，一目放光，一目看物。猎人候而射之，弩箭才及，目光即堕入地，得之如白石者是也。"

顶缸——"顶缺"之讹。顾学颉《元曲释词》："顶缸，当时谚语，有顶替、顶缺、代人受过等意。缸乃缺字之讹，讥认别字者，呼缸为缺，或以缸为缺，后遂相沿成为讹语。"但是世传关于"顶缺"的故事。明张存绅《雅俗稽言》卷三十六："金陵江岸善崩，或言猪婆龙为祟。第嫌其猪同国姓也，遂托言为鼋。上命捕之。适钓一鼋，引之不能出，或言此鼋爪抓土耳，因取沙缸穿其底，以钓纶投下笼罩鼋面，鼋用前爪推缸，爪不及土，一引即出，时乃谣曰：猪婆龙为殃，癞头鼋顶缸。

跋扈——连绵词，又作拔扈、畔援、畔换。又，"跋扈"即"暴横"。朱骏声："跋暴双声，扈横双声。"但是《雅俗稽言》卷二十一："按《尔雅》山卑而大曰扈。跋扈者，言强梁之人，行不由正路，山卑而大，且欲跋而踰之也。"《谈徵·名部》："跋扈，犹言强梁也。颜师古曰，扈，竹篱也。水居者于水未至先作竹篱候鱼之入，水退小鱼独留，大鱼跳跋扈篱而出，故言跋扈也。"

守宫（壁虎）——唐·苏恭《唐本草》："蝘蜓又名蝎虎，以其常在屋壁，故名守宫。宫，宫室，指房屋的通称"清·郝懿行《证俗文》卷十二："守宫之名见于尔雅，推究其义，盖以此虫喜缘屋壁以穴以居，出入不离，似为人守，故曰守宫。至于丹砂点体，乃近房中之术，妄诞不经。"但是《汉书·东方朔传》颜师古注："以器养之，食以丹砂，满七斤，捣治万杵，以点女人体，终身不灭，若有房室之事，即灭矣。言可以防闲淫逸，故谓之守宫也。"陶弘景《名医别录》:"干末以女人身,有交接事便脱,不尔汝赤志,故名守宫。"

对于这类虚假理据,其中一部分早已被历代学者所否定,并揭示出其真实理据。当然,仍有一部分词语至今无人做出正确解释,解决之尚有待时日。

四、真假难辨理据的鉴别

1. 真假难辨的民俗理据

经常可以看到这样的现象,一个词语的理据分别被做出几种不同的解释,我们认为它们不可能全是真的(正确的),其中必然有真亦有假,或者简直全是假的(错误的)。对于它们,需要进行认真细致的分析和鉴别。

有一些虚假理据(如称杜甫为杜十姨),其虚假性是比较容易识别的,但是我们却经常面临这样的情形:有的词不但同时具有几种不同的理据解释,而且这些解释说得似乎都有一定的道理,都有一定的说服力,我们却缺乏第一手资料作为有力根据去判定其中孰真孰假,这便是鉴别真假理据最为困难的地方。例如《本草纲目》对"覆盆子"(一落叶灌木)的理据同时提供了两种解释。《本草纲目·草部·覆盆子》:"子似覆盆之形,故名之。宗奭曰:益肾脏,缩小便,服之当覆其溺器,如此取名也。"这两种解释中,一着眼形状,一着眼药效。到底孰真孰伪,尚需研究。再如:

蚕豆——(1)其豆荚之形有如老蚕。(2)此植物成熟之时正当春蚕上蔟时,故名。

蝎子草:(1)人被蝎子蜇伤,可用其茎叶之汁治疗。(2)茎叶上有白色细毛,人接触后,有刺痛感,如同被蝎子蜇了一般。

伏天——(1)古人在三伏天要杀狗祭祀,叫做"伏祭",亦称"副祭"。"伏"通"副"。《说文》:"副,判也。"意即用刀剖开。(2)隐伏起来躲避盛暑。张岱《夜航船》:"立春、立夏、立冬皆以相生而代。至于立秋,以金代火。金畏火,故至庚日必伏。"

结发——(1)古代新婚仪式:男女各剪下一绺头发,绾在一起作为信物。(2)结发即束发,古代男童长到十五岁就要结发为髻,表示初成年。"结发夫妻"意即年轻时结成的夫妻。

张飞鸟：⑴鲁迅《从百草园到三味书屋》："也有白颊的'张飞鸟'，性子很躁，养不过夜的。"言此鸟性情急躁有如猛张飞。⑵此鸟头圆而黑，额纯白，有似舞台上的张飞的脸谱。

买单——⑴过去在粤语地区的饭馆里，顾客餐后店员来结账。店员送来结账单时，为避免顾客尴尬，将账单"埋"在餐具下或扣着放下，让顾客翻起来慢慢视之，故曰"埋单"。"埋单"一词传到北方，讹为"买单"。⑵埋单：执埋和开单。过去粤语地区的茶楼酒店习惯先用餐后付款。店里的碗碟分各种类别，象征着所盛食品的价格。顾客餐后店员过来将碗碟分类叠放好，这叫做"执埋"。埋，粤方言中有"聚合"义。服务员清点数量，算出金额，用笔写在专用的小单据上，这叫做"开单"。客人持单到服务台付款。

三种或三种以上解释的如：

"相声"有三解——⑴此曲艺形式有两种基本段子，一是"学四相"：学大姑娘、老太太、哑巴和聋子四种人的动作；一是"学四声"：学山东、山西、北京城内和北京城外四种方言。"相声"一词由"学四相""学四声"而生。⑵相声源自先秦的俳优，唐代的参军戏，宋代的"说诨话"。到南宋，一个名叫"纽元子"的民间艺人，极善口技，摹拟各种声音惟妙惟肖，人们把这种技艺叫做"像生""相生"。宋代艺人还在"像生"的基础上，杂以插科打诨，令人捧腹，叫做"乔像生"。明清时，"像生""相生"讹作"像声""相声"。⑶英敛之《也是集续编》："其登场献技，并无长篇大论之正文，不过随意将社会中之情态摭拾一二，或形象，或声音摹拟仿效，加以讥评。"相：形象；声：声音。《通俗编·卷三十一》："今有相声伎，以一人作十余人捷辨，而音不少杂，亦其类也。"

"倒霉"有四解——⑴本作"倒楣"或"倒眉"。清·顾公燮《消夏闲记摘抄》卷上："明季科举甚难得，取者，门首竖旗杆一根，不中则撤去，谓之倒楣。今吴俗讥事不成者谓之倒楣，想即本此。"⑵本作"倒楣"。楣：栋两侧的二梁，或指当门的前梁（门楣）。江淮人迷信认为，建屋时梁塌下是人亡之兆，所以要在上梁时燃放鞭炮以驱邪避恶。⑶本作"倒眉"，意即蹙眉头、聚缩眉头。清·顾公燮《消夏闲记摘抄》

卷上："或谓吴语称遇意外事或处事不顺利为蹙眉头，蹙眉即愁眉苦脸的意思。楣、眉音同，倒楣当作倒眉。"(4)长江中下游地区黄梅季节有长有短，若持续时间长，就会发生涝灾，叫做"倒黄梅"，亦作"倒黄霉"，简称"倒霉"。

另外，"黎民"有五解，"二百五"有六解，"王八"有七解，英语"鸡尾酒"(cocktail)有十解，等等，篇幅所限，不一一赘叙。

2. 真假难辨理据的鉴别

鉴别民俗理据真伪的工作是一个十分现实而又存在很大的难度的问题。俞敏先生在《古汉语里的俚俗语源》里说得好："您要问为什么叫'蹦蹦儿'，自然没人知道，反正是那么一种戏就是了。可是土圣人知道。一位土圣人说该是'半班儿'，因为一个整皮簧班儿是'生旦净末丑'都有，可是蹦蹦儿戏光有生、旦、丑三行，文场也不全。又有一位土圣人说该是'碰板儿'，因为这种戏词儿的句子长短不齐，行腔儿又邪魔外道，没个准板眼，多咱碰到板上就算一句。到了儿谁对？天知道！"这里的"天知道"，是强调鉴别真伪的极大难度，然而到头来仍需后人去克服，把"天知道"变成"人知道"。

鉴别民俗理据的真伪的工作还是一个重要的理论问题。一个词语在最初产生的时候，会不会同时存在两种真实理据呢？我们持否认的态度。一个词语如果同时具有几种理据解释，那么其中只能有一种是词语的最初的因而是真正的得名由来，其余的解释哪怕从表面上看有所道理，甚至比最初的得名由来还来得头头是道，但它们却不是词语的地道的得名由来，而是属于后起的，因而是杜撰的和虚假的。例如：

古代西域地名"高昌"，《魏书》卷一百一同时提供了两种理据解释：一是"其地高敞，人庶昌盛，因云高昌。"一是"亦云其地有汉时高昌壁，故以为国名。"

那么是因为此地叫高昌，所以此壁叫高昌壁呢；还是因为此壁叫高昌壁，所以此地叫高昌呢？据学者考察证明，事实上是先有高昌，后有高昌壁，第一种解释是正确的，第二种解释则是错误的。[1]

人们对于民俗词语的不同理据解释孰真孰假，需要做艰辛的考究工作。

迄今为止，人们已经在这方面做了大量的研究工作。我们常常看到，关于某一个词语的流传很广的理据解释被后来的学者所否认，而且做出新的解释。这些解释有的虽然仍需继续研究，但是它们作为新的研究成果一般被看作是比较有说服力的。例如：

老鸨——明代朱权《丹丘先生论曲》："妓女之老者曰鸨。鸨似雁而大，无后趾，虎文，喜淫而无厌，诸鸟求之即就，俗呼为独豹。"《庶物异名疏》《通俗编》《西游记·六》等亦承此说。但是杨琳（1996）则以此说为臆断，他认为"鸨"本字应作"駂"，为毛色黑白相杂的马，其依据是：《诗·郑风·大叔于田》"叔于田，乘乘鸨"毛传"骊白杂毛曰鸨。"《释文》"鸨，依字作駂。"陈奂《毛诗传疏》"骊白杂毛，谓黑马发白色而间有杂毛者，是曰鸨马。色如鸨，故以鸟名马也。"至于为何以马喻女，杨琳认为，马为阴物，女与同类。

蝴蝶——《本草纲目》："蝶美于须，蛾美于眉，故又名蝴蝶，俗谓须为胡也。"然而严修鸿（2002）认为："胡"在早期并无"胡须"义，而为"大"义；"蝶"为"扁薄"义。"胡蝶"即"有阔大而扁平翅膀的虫子"。

款冬——《急就篇》颜师古注："款东即款冬，亦曰'款冻'，以其凌寒扣冰而生，故为词名也。"颜注以为"款冬"即"扣冬"——扣开冬天的门。然而任继昉（1992）却认为这是"望文生训"不可信，事实上款冬于春天发芽。他认为"款冬"是联绵词，念 kwolung，属于"＊kl—词族，表圆形义。款冬的花骨朵儿是呈长圆的小球"。

峨眉山——郦道元《水经注》："峨眉山去成都千里，然秋日清澄，望见两山对峙，如蛾眉焉。"对此，有学者指出，峨眉山海拔三千米，周围无一山能与之对峙，故郦言不确。"峨眉山"本作"渼湄山"。此山坐落于大渡河边，大渡河古称"渼水"；"湄"有水边义，"渼湄山"意即渼水边的山，后写作"峨眉山"。

甚至有的词语的几种流传很广的解释全是错误的。例如：

"吃醋"有四种解释——⑴相传唐代贞观年间，国势鼎盛，大臣们纷纷买田纳妾，只有魏征旧屋发妻。唐太宗要给他纳妾，魏征拒绝，太宗色愠，魏征忙说："即使我尊旨，夫人也绝不会允许我纳妾的。"太宗宣魏征夫人上殿，她果然表示不同意魏征纳妾。太宗大怒，遂令饮毒酒赐死。魏征夫人喝完酒便问："这酒为何是酸的？"太宗笑了。此时她才猛醒太宗并不真的要杀她，而是以醋代酒，让她"吃醋"。(2)古时有个姓张号穆庵的人，人称张都转，实际上是盐运使，负责盐务方面的行政管理官员。有一次他来到某地，既不骑马，也不坐轿，人们不知道他是什么官儿。有个老妇人跑来告状说："我家老头子纳了妾。"这个官员却说："我是卖盐之官，不管人家吃醋之事。"(3)《在阁知心录》："世以妒妇化狮子。"《续文献通考》说："狮子日食醋酪各一瓶。"(4)王有光《吴下谚语·卷一》："妻妾相妒，谓之吃醋。盖人家醋瓮不可有二，有二必坏其一，两不相容之意。"然而张绍麒（1992）认为，"吃醋"是"忌妒的叠韵音转"，《诗·召南·小星》：无妒忌之行。"笺云："以色曰妒，以行曰忌。"

考究词语理据，不但需要考察大量的文献资料，有时还需要做实地的田野作业。例如毛竹——毛笋，一曰竹由毛笋长成，故名毛竹；一曰毛竹之笋，故名毛笋。这两个解释落入了循环论证之中，要真正解决问题，除了深入实际调查之外没有别的出路。

民俗理据考证中的证实和证伪的工作，对于词汇学、词典学、理据学、训诂学、语义学等都具有非常重要的价值，可惜的是这样的工作我们做得还相当不够。我们不应该在真假难辨理据之处止步不前，而是要掀掉它们的面纱去求得真实理据。

关于语言符号的任意性和理据性

摘　要： 在语言理据研究中，存在若干有待商榷的问题，主要有：（1）任意性的构件是什么？在目前的研究中时而称"声音和意义"，时而称"名称和事物"等等，这影响着有关研究的科学性。（2）如何正确对待索绪尔的任意说？人们往往认为索绪尔在强调任意性的同时否认了理据性，其实不然。（3）单纯符号有无理据性？回答是肯定的，单纯符号没有内部形式，但不等于没有理据。（4）任意性和理据性在语言中的地位如何，它们不是水火不容，而是辩证统一。

关键词： 任意性　理据性　象似性　内部形式　理据制约

一、问题的提出

结构语言学注重对语言的描写，追求"知其然"，而理据语言学注重对语言的解释，追求"知其所以然"。语言研究经历了两千多年，但是人们对语言内部的奥秘所知尚少，对语言的解释力也十分有限，其根本原因，就是人们对语言的"所以然"了解得不够。

探求语言理据，其内容非常复杂，但是其中最基本的则是语言符号的音义之间的关系问题。正如徐通锵先生（2001）所说："音义结合是语言符号的一种最基本的性质，也正由于此，语言符号中的音义关系也就成为语言研究的一个最基本、最重要、但也是最复杂的问题。"

语言符号是音义的结合物，那么这音和义是如何结合在一起的呢？这是一个既古老又新颖的话题。从古中国、古希腊哲学家关于唯名论和唯实论的辩论，到现代语言学家关于任意性和可论证性的争论，其间虽然不断演绎引

75

申，但是语言符号的音义之间的关系问题始终是儒者所争的核心问题。古今中外学术界基本有两派意见，一派是任意论，认为音义之间没有必然的联系，不可论证；另一派是理据论，认为音义之间有必然的联系，可以论证。观点分歧了两千多年，至今没有取得共识，但任意性（arbitraire）和理据性（motivated）仍然是当代语言学中的两个核心问题。

19世纪初，普通语言学的奠基人威廉·冯·洪堡特极力主张理据说，他在《论人类语言结构的差异及其对人类精神的影响》中对语言的理据性质做过精辟的论述，他说："语言结构的规律与自然界的规律相似，语言通过其结构激发人的最高级、最合乎人性的力量投入活动，从而帮助人们深入认识自然界的形式特征。"

瑞士著名语言学家费尔迪南·德·索绪尔一方面继承了当时社会心理学派的哲学观点，一方面受瑞士正统经济学派华尔拉斯等人的影响，由经济学中的"劳动"和"工资"的任意关系得到启发，把经济学关于研究价值科学的方法运用于语言学，提出语言符号的"能指"和"所指"的任意关系。任意性是语言符号的"头等重要的"原则，是语言符号的不变性和可变性产生的根源。这一理论产生了巨大的影响，并引发了长达半个多世纪的关于语言符号任意性问题的论争。在这场论争中，尽管有人持反对意见，但由于作为结构语言学的奠基人的索绪尔的巨大影响，未能打破任意说支配整个语言学的一统天下。

20世纪后半叶以来，随着功能主义和认知科学的发展，有不少语言学家对语言符号的音义关系有了新的认识，理据性再度引起人们的注意，尤其是对自然语言的象似性赋予了高度重视，索绪尔的任意说遭到了空前的非难。迄今，已经分别在美国、意大利和瑞士举行了三次象似性国际研讨会。乌尔曼、海曼、Slobin 等一批语言学家认为，自然语言的象似性具有遍布性，在语言中占有支配地位，从此将任意性视为语言符号的头等重要的原则的观点开始受到全面的挑战。

受欧美学术潮流的冲击，在我国的英语学界，象似性的理论也逐渐成为热门话题。许国璋（1988）、王寅（2001）、沈家煊（1993）、胡壮麟（1994）、朱永生（2002）、严辰松（2000）等先生已有重要著述。而在国内的汉语学界，也有一些学者如石安石（1989）、徐通锵（1997）、徐德江（1999）、李葆嘉（1994）等先生，对任意性理论提出了质疑和新见。但是大体而言，目前学术界尚基本停留在对任意性的肯定或否定上面，而未能抓住这一历史契机，对汉语的理据性进行正面的深入的研究，因而未能在这个问题上产生重大突破。从全局看，目前为止基本处于任意说支配整个语言学的一统天下。

"象似性"是英语 iconicity 的汉语对译，有学者管它叫"临摹性"、"拟象性"、"相似性"等，亦有学者径把它叫作理据性。象似性和理据性未尝不可被同时用来作为任意性的对立物，强调语言符号的能指和所指的关系的可论证性。不过从严格意义上讲，理据性的作用范围大于象似性，这是因为，理据性重在指出一切类型的语言符号发生、发展的自组织动因，而象似性重在指出语言的句段结构同人所经验的外部世界或人的认知结构之间存在着相似关系，因此象似性的研究成果都可成为支持理据性的证据。目前为止的象似性研究基本限于句法平面，个别文章也注意到词平面，但只限于句段词（合成符号），例如"早晚"映照着时间先后顺序，"天地"映照着空间上下顺序（卢卫中，2002），其实质仍然属于句法平面。对于揭示单纯符号的理据，象似说就往往显得束手无策。

由于兴趣所驱，笔者对汉语理据做了一些探索工作。大致分两个阶段：80 年代主要研究句法理据，提出了关于汉语成句的理论。1990 年到 1997 年主要研究汉语语词理据，试释了近万条汉语复合词理据，代表作是《汉语理据词典》（北京语言学院出版社，1995）。在此大量实践的基础上，从 1997 年开始，转入了对理据理论的探索，代表作是《语言理据研究》（二人合作，中国社会科学出版社，2002）。

总览国内外理据（象似）研究方兴未艾，成果丰硕，但是我们认为在一些比较重要的方面存在有待商榷的问题，兹扼要分阐如下。

二、任意性的构件是什么

索绪尔在《普通语言学教程》中指出："语音符号连接的不是事物和名称，而是概念和音响形象。"他指出概念和音响形象都是心理的，"因此语言符号是一种两面的心理实体"（101 页）。他同时还创造了两个特色术语"能指"（signifiant）和"所指"（signifie），分别表示音响形象和概念。他指出："能指和所指的联系是任意的。"（102 页）

然而在长期以来关于任意性的研讨中，"能指"和"所指"常为别的术语所替代，许国璋（1988）将此概括为："实证主义语言学家称之为音和义之间的关系；语言学家称之为能指与所指的关系；现代分析哲学家称之为词与物的关系。"

在语言研究中，人们又往往加以不同的阐发，使任意性的构件已与索绪尔所规定的大不相同。这表现为：把相当于能指的分别指称为"声音、语音、音、符号、名称、名、命名、词……"，把相当于所指的分别指称为"意义、语义、义、事物、现象、客体、客观事物、外界事物、现实现象、物、事、思想……"，而且双双随意对应，呈现出狗牙交错的局面，比如称"声音和意义"、"名称和事物"、"符号和事物"、"声音和事物"、"词与事物"等等。

由于对构件的指称各不相同，所以造成了关于任意性（理据性）表述当中的许多混乱。

首先，"声音"和"音响形象"是不是等同关系？声音是物理的，音响形象是心理的，二者当然不能等同。外界事物和概念是不是等同关系？概念是人的认识的概括，是一种思维形式，它当然就不能等同于外界事物。声音和外界事物之间的关系是不是任意的，有待研究，但是不能拿对声音与外界事物的关系的理解替代索绪尔对能指与所指的关系的理解，因为这样做，会使关于任意性原则的讨论因偷换概念而失去应有的意义。

又如《语言学纲要》（叶蜚声、徐通锵，2000）说，语言符号的音义之间没有必然的联系，是任意的；同时又说，符号和自己所代表的事物之间没有必然的联系，是任意的（28页）。那么，这两个任意关系是一回事还是两回事？如果是一回事，是为什么？如果是两回事，又是为什么？所憾这些问题书中未能交代。

通常人们以语言单位之间的理据性反对索绪尔关于能指与所指之间的任意性，或者以符号与客体之间的任意性支持索绪尔关于能指与所指之间的任意性，其结果未能对科学研究起到实质性的推动作用。意识不到明确任意性构件的重要性在学术界带有普遍性，不断变换任意性构件所带来的理论上的漏洞，在学术界也带有普遍性。

其次，人们经常把符号同意义割裂开来，说，音和现实现象之间没有直接的联系，意义是联系现实现象和音之间的桥梁。这样的说法表面上似乎可以设立一个完整的游戏规则，而实际上是经不住推敲的：既然音义结合成的符号在整体上同外界事物的关系是任意的，那么这个符号中的构成成员之一的"义"，又怎么能去给与自己结合在一起的"音"同外界事物搭桥呢？谁都知道，语言符号是由音义不可分割地联系在一起的整体，如果说音和现实之间的关系是任意的，那么就得承认整个符号和现实之间的关系也是任意的；如果说"义"和现实之间是有联系（非任意）的，那么就得承认以整个符号和现实之间的关系也是有联系（非任意）的。我们认为符号不能是声音的等义词，正如索绪尔所说："我们把概念和音响形象的结合叫做符号，但是在日常使用上，这个术语一般只指音响形象，例如指词（arbord 等等）。人们容易忘记，arbord 之所以被称为符号，只是因为它带有"树"的概念，结果让感觉部分的观念包含了整体的观念。"（102 页）

有的著作甚至认为"意义不是语言符号所固有的"，只有把语言符号与特定的客观对象联系起来的时候，语言符号才获得意义。这样的提法是十分令人费解的，试问在与特定的客观对象联系起来之前的"符号"，或者说在获得意义之前的"符号"是什么？难道存在没有意义的语言符号吗？

至于有人以"符号与符号之间的联系是可以论证的，有理据的"为由反对索绪尔的任意性观点，更是没有说服力的，这不但是因为索绪尔只说过符号的"构成要素"本身是任意的而没有说过符号与符号（构成要素之间）的联系是不可论证的，而且也是因为把任意性的构件理解成符号与符号是对任意性原则的极大曲解。

我们认为，不同的人对任意性构件有不同理解或不同确定，这也许是允许的，但是在或言"能指所指"、或言"音义"、或言"名实"等等的时候，第一必须明确它们的概念内涵，第二必须在同一种著述中一贯到底，以避免偷换概念。非如此不能改变目前为止在有关问题上的混乱局面。

三、如何正确对待索绪尔的任意说

索绪尔在《普通语言学教程》中阐扬了符号任意性原则，这在语言学界产生了巨大的影响。但是他一方面认定"语言符号是任意的"（102 页），任意性是语言的"头等重要"的原则（103 页）；一方面却又在"绝对任意性和相对任意性"一节中（181 页）说："只有一部分符号是绝对任意的；别的符号中却有一种现象可以使我们看到任意性虽不能取消，却有程度的差别：符号可能是相对地可以论证的。"在同一本书中，交叉出现了"绝对任

79

意性"、"相对任意性"、"相对论证性"等术语，而且没有给它们以明确的界定，这未免给人们的理解带来困难。那么语言中的哪类符号属于绝对任意的，哪类符号属于相对任意的呢？书中没有明确告诉读者。在如此"剪不断理还乱"的表述面前，我们可以替索绪尔一语道破他屡言而未明的奥秘：单纯符号是绝对任意的，而合成符号是相对任意或相对可论证的。理由是：

第一，索绪尔在论述绝对任意性时所举的法语例子有"二十"、"梨子"、"牧童"……它们在法语都是单纯词；而在论述相对任意性时所举的法语例子则有"十九"、"梨树"、"放牛人"……它们在法语里都是合成词。

第二，索绪尔认为，"相对地可以论证的概念包括：[1]把某一要素加以分析，从而得出一种句段关系；[2]唤起一个或几个别的要素，从而得出一种联想关系"。他举例说："法语的 dix－neuf'十九'在联想方面跟 dix－huit'十八'，soixante'七十'等有连带关系，在句段方面又跟它的要素 dix'十'和 neuf'九'有连带关系。"（183 页）可见，他说的句段关系就是组合关系，联想关系就是聚合关系，而且聚合关系也是句段词的聚合。这里告诉读者，只有句段词（合成词）才有相对可论证性，它的结构要素之间的句段关系和联想关系给人们提供了可以论证的依据和线索。

第三，索绪尔认为虽然有的符号是"相对地可以论证的"，但是"可以论证的符号的各个要素本身是任意的"（183 页）。请注意，这里所谓"有的符号"指的是什么符号呢？是合成符号，是由"各个要素"组成的合成符号！而"各个要素"即单纯符号。

第四，索绪尔认为，"同拉丁语相比，法语的一个最明显的特征就是任意性大为增加：拉丁语的 inimicus'敌人'还会使人想起 in－'非'和 amicus'朋友'，并可以用它们来加以论证，而法语的 ennemi'敌人'却无从论证；它已恢复到作为语言符号主要条件的绝对任意性。我们在数以百计的例子里可以看到这种转移……"（185 页）不难看出，所谓"转移"，指的就是由拉丁语的合成词，转移为法语的单纯词，从而使符号由可论证转移到不可论证。

就以上四点可以清楚地看出，索绪尔认为只有单纯符号才是绝对任意的，而合成符号是"可论证"的。通常人们习惯拿合成符号的可论证性来批评索绪尔的任意说，这显然是不正确的。一个值得注意的细节是，索绪尔在对符号任意性原则的论述中，已经孕育了符号理据性的思想萌芽。正是索绪尔本人在提出任意性的同时提出了"可论证性"这一重要概念。他明确指出："各种语言常包含两类要素——根本上任意的和相对地可以论证的"（184页），"语言不是完全任意的，而是里面有相对的道理"（110页），"符号的特征之一是非完全任意性"，"符号不是空的，因为在能指与所指之间存在着一点自然联系的残余。"接着他以天平符号象征司法公正为例，指出无法以马车替换天平，因为马车与司法公正之间没有任何自然联系。虽然由于索绪尔似乎没有来得及对理据性进行深入的研究，所以在书中未能把任意性符号和可论证性符号明确区分开来，还处于比较模糊的认识状态，但是这已经在朦胧之中语涉关键，在模糊之中辞达要领。从这一意义上说，后来人们不断发现和强调语言符号的理据性（象似性）的重要性，与其说是对索绪尔任意说的挑战和补充，不如说是对索绪尔任意说的继承和发展。

当然，毋庸讳言，索绪尔虽然提出了"可论证性"的概念，但是始终把任意性原则看作是语言符号的"头等重要"的原则，他认为，合成符号虽然具有可论证的一面，但是构成它的每个子符号——单纯符号却是不可论证的，所以他把合成符号的理据性轻描淡写地说成是"相对地可以论证"，又进而把"相对地可以论证"归结为"相对任意性"。这就是为什么索绪尔同时使用了"相对任意性"、"相对论证性"这些在表面上自相矛盾的术语的根本原因。不难看出，索绪尔在不经意之中把任意性和理据性对立了起来，而且在这二者必居其一的选择面前，自然而然地取了任意性而舍了理据性。其实，在把任意性和理据性当作对立物的同时又把"相对论证性"附庸于甚至等同于"任意性"的做法是非常不妥当的，它必然包含着理论上的困惑和矛盾。

四、单纯符号有无理据性

受索绪尔上述思想的影响，迄今为止语言学界普遍地存在着一种偏见：认为只有合成符号才是"相对可论证性"的，而单纯符号是"绝对任意的"；单纯符号只存在任意性，不存在理据性。国内语言学界则普遍地将理据（motivation）和内部形式（inner form）等同起来。如有的学者提出语言符号和客体之间没有理据，只有语言单位之间才有理据；有的学者认为，只有新的音义结合体跟原有的音义结合体之间的联系才有理据，而符号的音义之间只有任意性，没有理据性。毋庸讳言，在许多学者的论著里，"单个符号

（简单符号）的音义关系是完全任意的"几乎成了一句口头禅。造成这一偏见的根本原因，就是没有把合成符号的理据与内部形式区分开来，没有把内部形式符号和零内部形式符号区分开来，误认为单纯符号因为没有内部形式所以没有理据。如《简明语言学词典》（1984）、《中国语言学大辞典》（1991）等就公开声称："词的理据又称词的内部形式。""词的理据也叫'内部形式'、'词源结构'、'词的命名义'。"我们认为这是一个极大的理论误区。从理据语言学角度看，单纯符号和合成符号是两类性质完全不同的符号，它们的理据内涵、理据种类以及探究方法都是不相同的，所以谈论理据，必须首先将这两种符号区别对待，这是一个极其重要的立论前提。

那么，理据和内部形式在单纯符号和合成符号里的分布情况各是怎样的呢？

内部形式是语词的语法结构和语义结构的总和，所以只有具备了语法结构和语义结构的语言符号才有内部形式可言。那么什么样的符号才具有语法语义的"结构"呢？回答这个问题首先要明确什么是"结构"。《现代汉语词典》对"结构"的解释是"各个组成部分的搭配和排列"，从这一定义可知，"结构"必须具备两个或两个以上的"组成部分"，结构的本质在于组成部分相互作用而形成某种关系体系。据此可以推断：语言中的单纯符号是独体性符号，无法分为"各个组成部分"，不存在内部形式，称之为"零内部形式符号"，例如"山、骨碌"等。正如马真（1980）在谈到单纯词时所言："只有一个词素，当然不存在内部的结构问题。"合成符号因为它是由两个或两个以上的语素构成的，而且语素之间的关系是可以论证的，所以句段关系就成为它最重要的结构特征。毫无疑问，合成符号具有内部形式，称之为"内部形式符号"。例如"天河"的语法结构是偏正式，语义结构大致是"天上的河流"；"公主"的语法结构是主谓式，语义结构大致是"公侯主婚"。

这一观点可以用意译词得以佐证。意译是人们十分熟悉的一种接受外语词的方法，但人们却不大注意这样的事实：意译词的"意"并不是指词义，而是指词的内部形式。例如"软件"是英语 soft（软）＋ware（零件）的意译，"超级市场"是英语 super（超，超级）＋market（市场）的意译。同样，hard fruit 是汉语"坚果"的意译，easy－open can 是汉语"易拉罐"的意译。外语中的单纯词如英语 nut、coin、sun 等由于没有内部形式，所以无法用汉语意译。单纯词无法意译的事实有力地证明了单纯词不存在内部形式。

而"理据"则是指语言符号发生、发展的动因，它与内部形式有着根本的区别。既然理据是创造一切语言符号的动因，那么它必然也是造成合成符号内部形式的动因。所以理据与内部形式的关系是因果关系，理据是因，内部形式是果。例如"伊面"，其理据的语言表述是：清代福建汀州的府尹伊秉绶一次大张宴席，大司厨在忙乱中竟把鸡蛋面条下到油锅里成了"炸面"，他急中生智，给"炸面"加入高汤煮，然后带汤装碗，端上筵席。无料客人们尝后赞不绝口。此后伊秉绶每逢张宴，必以此食待客，人称"伊府面"，简称"伊面"。在这一理据的促动下，产生了"伊面"一词的内部形式：偏正/伊府之面食。作为果，内部形式是形式和内容结合的实体；作为因，理据既非形式又非内容，它是形式和内容结合的动因。

所以从有无理据的角度看，合成符号作为内部形式符号，其理据的存在自不待言。单纯符号作为零内部形式符号有没有理据可言呢？回答是肯定的。

语言是一个历时的体系。单就汉语词汇而言，其发生和发展大致经历了原生、派生和句段等三个阶段。这三个阶段造出的词分别叫做原生词、派生词和句段词。由于它们的造词原理和方式不同，所以各自的造词理据也不同。

索绪尔的任意说的要旨在于能指和所指之间没有生理、物理等方面的自然联系，单纯符号（原生词、派生词）虽然没有语素"组合"的内部形式特征，但却有其自身的音义结合的语源学特征，而且我们认为其音义之间非自然的人文的联系是可以论证的。这种从词的整体上探究单纯符号理据的方法叫做"单体历时式考证法"。它又可分为直接考证方法和间接考证方法。原生词的理据探究是采用直接考证方法，即从叫喊、摹声等自然得音着手，以所指的特征去说明能指被确定的因由，例如"火"即火炽之摹声，"鸭"即鸭叫之摹声。派生词的理据探究则采用间接考证方法，即依据"音近义通"的原则，抓住派生孳乳的造词模式，说明同一义类中的新的能指所以被确定的因由，例如"二"由"耳"孳乳产生（耳，二生），"乌"（黑色），由"乌"（乌鸦）孳乳而产生，等等，这些都是它们各自的理据所在。洪堡特曾对单纯符号的音义联系的理据有过明确的论述，他认为单纯符号的理据至少可以归结为三种方式：a. 写生式的直接的模仿，b. 象征式的非直接模仿，

c. 通过所表达概念的类似性而形成的语音相似。他认为单纯符号的理据表现了"一种语言在语音系统方面的优点",它的存在是"可以肯定的",尽管它"往往只能为人猜测到,而在更多的场合甚至根本不为人知"。这一见解是非常中肯的。人们往往以极多的单纯符号的理据被历史湮没为由从而否认它的存在,这显然是违反逻辑的。理据研究难度很大,需要人们探幽析微,深入考察,力戒因表面现象的误导而产生片面认识。

古代汉语训诂学的基本方法是"因声求义"、"以形求义",为什么能够通过形和音去求得义呢?就是由于音义之间和形义之间存在理据。在我国,历代学者如墨子、惠施、公孙龙、荀子、韩非子、许慎、扬雄、刘熙、刘勰、刘师培、段玉裁、王念孙、黄侃、陈澧等等,都非常关心古代汉语单音词的理据性,并对名实或音义关系问题作出过各种论述。中国古代宏富的训诂学成就是汉语理据的深刻展示。如果单纯符号的音义之间真的什么联系都没有,那么古代训诂学就不可能产生,人们对语言的起因、发展也就永远处于茫然之中了。所以应该努力寻找究竟是什么力量把音义或名实联系在一起,抓住了这个联系,就等于抓住了包括单纯符号之内的一切语言符号的理据。

合成符号的情况比起单纯符号来要复杂得多,因为任何合成符号都必然包含两个或两个以上的单纯符号,它们通过一定的语法关系组合在一起,形成了某种"句段关系"。句段关系的形成意味着内部形式的产生,句段关系的本质就内部形式。正因为合成符号具有单纯符号所没有的内部形式,所以探究它的理据,就必须采用先分解、后综合的步骤进行,这一方法可称为"分解综合式考证法"。说它"分解",是指第一步考证词中每个语素的理据(原子理据);说他"综合",是指第二步考证合成词整体上的音义理据(分子理据)。

单纯符号和合成符号的理据体系概貌图示如下(设 A、B 分别为两个单纯符号,AB 为一个合成符号;理据[1]为原子理据,理据[2]为分子理据):

单纯符号	合成符号
音 A: │→理据[1] 义 音 B: │→理据[1] 义	音 AB: │→理据[2] 义

我们经常看到，同样是强调任意性或理据性（象似性），有人着眼于单纯符号，有人着眼于合成符号，有人则着于眼语句符号，得出的结论就都不可避免带有片面性。只有对语言进行全方位的综合的考察而得出的结论，才称得上是比较完整的理论。过去人们在谈论语言符号理据性和任意性问题时，不以区分单纯符号和合成符号为前提，因而无法把讨论引向深入。后来有少数人发现了这一症结，开始将二者分而论之，这本来是难能可贵的，然而他们却总是在强调单纯符号任意性的同时否认或忽视了它的理据性，又在强调合成符号理据性的同时，否认或忽视了它的任意性。这便使"单纯符号没有理据、合成符号没有任意性"的观点几乎成了一种错误的共识。前进一步即可接近真理，而这一步却始终未能迈得开。我们相信，随着日后理据研究的不断深入，人们将逐渐克服过去认识上的片面性，全面地去认识单纯符号和合成符号各自的任意性和理据性，进而全面地去认识贯穿整个语言符号的任意性和理据性各自的作用和地位。

从索绪尔到当代学者，沿袭着一个共同的习惯做法，那就是在论述语言符号的"可论证性"时，都举合成符号的例子，而在论述"任意性"时，都举单纯符号的例子。这一做法再次暗示人们：合成符号是可论证的因而是有理据的，单纯符号是绝对任意的因而是无理据的。那么仔细推敲他们在合成符号里看到的和在单纯符号里看不到的"可论证性"究竟是什么呢？不是别的，正是内部形式！他们否认单纯符号的可论证性，实际上否认的是它的内部形式，承认合成符号的可论证性，也只是承认它的内部形式。

对于合成符号，人们比较容易发现它的内部形式，因而比较容易从内部形式发现一部分可论证的线索。借助内部形式探索合成符号的理据，这是很自然的，但是这样做却很容易使人把内部形式和理据混为一谈，以其内部形式的有无确定理据的有无。现在看来，说单纯符号没有理据，就像说水而无源、木而无本一样不可思议。可以肯定，单纯符号和合成符号并不是区分任意性和理据性的根据与标准，把分属不同角度的两对概念对应起来，必然使关于理据性和任意性的讨论陷入如同从前那样的顾此失彼的被动局面之中。

五、任意性和理据性在语言中的地位及二者关系

在语言学界，将理据性和任意性对立起来，肯定一个从而否定另外一个（尤其是以任意性否定理据性）的观点迄今似乎已形成一种势头。索绪尔提

出著名的任意说以来，得到多数语言学家的赞同。以索绪尔的弟子、法国语言学家梅耶（A. Meillet）为代表的语言学家对任意性原则极其推崇，他们过分强调任意性，认为它是"支配着整个语言的语言学"的"第一个原则"，采取了以任意性否认理据性的极端态度。

美国语言学家霍凯特、萨丕尔、布龙菲尔德、乔姆斯基等也都认为任意性是语言符号的最重要的原则。

在国内，通常人们在谈及这个问题时（例如通行的《语言学概论》、《现代汉语》等），也往往停留在"没有必然联系"、"约定俗成"之类的成说上面。

相反，有的语言学家却采取全盘否认任意性原则的态度。前苏联语言学家布达哥夫是一位反对索绪尔任意性原则的代表人物。他在《语言学概论》（中译本，1965）及《符号—意义—事物（现象）》一文（中译，1988）中声称索绪尔的语言符号任意性原则是"虚构的原则"。他认为"语言符号不能是任意的，这是因为语言符号仅仅存在于'符号—意义—事物（现象）'这个序列之中。在这个序列里，符号与语言外部现实相互关联。每个单独的符号，既是单独的，同时又与语言中别的符号发生接触，借助别的符号，每个单独的符号又与说话人或写作者所面对的听者或读者相互作用。语言符号的这种三重制约赋予它全面的可理解性。这样，起初认为是无可争辩的语言符号的任意性原则实际上便是虚构的原则。"国内也有个别学者撰文提出类似的观点，指出索绪尔的语言符号任意性原则是"严重的失误"。两派观点竞相争胜，旷日持久。

最近几十年来在国外及国内英语学界，掀起了象似性讨论热潮，许多学者认为象似性在自然语言中具有遍布性，是语言的基本特征或主要特征。提出"关系象似"、"成分象似"以及"数量象似"、"顺序象似"、"距离象似"等原则，这使语言研究引向深入。但王德春（2001）提出担忧，认为"刻意把语言符号与客体及其概念一一联系，就会使语言丧失其抽象性和概括性，失去语言体系表达一切客观的有效机制"。我们认为对象似性持不同的见解是极其正常的，但确有学者夸大语言符号与客体的象似性，提出象似性是语言符号的本质，在语言中占有支配地位、统治地位、显赫地位，甚至以象似性全盘否认任意性，公开声称象似性是任意性的替代物。如果说在这个讨论热潮出现了对象似性估计过当的猛烈势头，那么"唯数量论"、"唯时间论"

则算得上是这一势头的代表性理论。

"唯数量论"认为,任意性和象似性的关系是量的关系——后者在量上大大超过前者,声称"象似性是压倒多数的现象"(Givon,1994),"语言中的象似性多于任意性"(Lakoff,1999),英语中只有9%的词汇才是完全任意的(Householder,1998),提出语言符号的能指和所指之间的主要关系是象似关系,而不是任意关系。"唯时间论"则认为,象似性具有本源性特征,随着语言的发展,任意性慢慢潜行进入语言,使原本象似性极高的语言不断受到"扭曲"和"腐蚀",有些象似性被任意性掩盖(Slobin,1985;Haiman,1985);语言中之所以还残存某些任意现象,仅仅是因为语言学家们的研究不足而造成的(Dixon,1982)。国内有些学者也分别提出:任意性只是在语言象似性无法"高保真"的情况下形成的一些丧失理据的表达方式,因而是偶然的和少量的;有的字词是任意的,有的是有象似性理据的;任意性在语言中所占的比例要比理据性高。有的学者则认为,语言中本来遍布象似性,人们发现之是逐渐进行的,是时间问题;现在人们已经发现了语言中的大部分象似性,剩余的有待日后去发现,而随着象似性的逐渐发现,任意性就逐渐减少。

我们则认为只能就任意性、象似性二者的地位和作用加以宏观的辩证的比较,而无法进行量的比较。王寅(2001)认为:"语言符号的能指与所指之间关系的任意性与象似性是互补的,有的字词是任意的,有的是有象似性理据的。"指出任意性和象似性的互补关系是可贵的,然而把它们仅仅看作是机械的量的互补,我们认为是值得商榷的。

那么语言符号的任意性和理据性的关系是怎样的呢?

任意性从表面上看似乎具有无穷的解释力。许多人往往不能摆脱传统理念的束缚,以为语言符号音义的结合都是在人的不经意之中盲目进行的或随心所欲的,如某物为什么汉语称"桌子",英语称 table,俄语称 стол,没有道理,没有根据,甚至以为可以用任何语音形式表达任何客体,这就未免把人类造词的复杂创举简单化了。其实,任意性并不是孤立存在着的,语言也不只是受到任意性原则的单向支配的。任意性只能在理据性所规定的范围内运作,离开了这一理据制约,任意性将变得毫无价值。例如"风"这个词作为"风动之声"的摹声,充其量只能是在以"blum(飞廉)"之声为代表的理据聚合群内选择的某一类似声音而已,所以"风"绝不可能会是蛙鸣鳌泣、书声歌声之类。古代汉语里管四岁的牛叫"牭";因为四岁,所以叫四(在字面上加牛旁),这就是它的无法否认的理据。可能有人会问,难道四岁牛只能叫"牭"而不能叫其他名称吗?当然可以!任意性决定了包括四岁牛在内的任何事物都可以有许许多多的名称,但是这些名称一定与所指物有着外形、颜色、习性等以及由此产生的相似联想相关联,不可能也不可以叫做与这些毫无关联的名称,比如把四岁牛叫做"写"、叫做"铝"。英语之所以把笔叫做 pen,是因为 pen 原先是羽毛,当时以羽毛为书写工具。pen 可以有其他名称,但不会叫做 computer,不会叫做 porridge。李白有"小时不识月,呼作白玉盘,又疑瑶台镜,飞在青云端"的诗篇(《古朗月行》),小李白之所以把月亮呼作白玉盘、瑶台镜,就是因为月亮(圆月)同白玉盘、瑶台镜之间存在着圆和白洁光亮的相似性,这一相似性所发挥的潜在作用表现为理据性对任意性的强力制约,最终使任意性的活动范围局限在一个圆圈内。任何语言符号的任意性,不论什么时候都不会超越理据性给予它的制约范围,任意性总要归属到这一范围之内。我们把这一原理叫做任意性的理据制约。

洪堡特(中译本,1996)说:"语言及其形式的规律性,决定着语言对人的影响,而决定着人对语言的反作用的是一种自由性原则。……另一方面,虽然自由性本身是无法确定、不可解释的,但在它们独享的一定活动范围内,我们也许有可能发见它的界限。语言研究者必须承认和尊重这种自由性原则的作用,同时也要细致地探索其界限。"索绪尔在《普通语言学教程》里也有这样的论述:"我们深信,凡是跟作为系统的语言有关的一切,都要求我们从这个很少引起语言学家注意的观点,即任意性的限制去加以研究。"(183 页)在谈到"系统的要素"的句段关系和联想关系时说:"正是这些关系限制着任意性。"(183 页)洪堡特和索绪尔分别被人们看作是理据说和任意说的典型代表人物,但是有趣的是他们都发现和强调理据性对任意性的"界限"和"限制",这是十分值得注意、值得深思的。

长久以来人们习惯以"约定俗成"对语言符号的音义联系一言蔽之,其实质是用"约定俗成"否认理据的存在。这里有两个问题值得注意:

第一,什么是"约定俗成"?人们习惯把"约定俗成"理解为社会成员长期形成的社会习惯,这实际上把约定俗成看成了任意性的同义词。李葆嘉(1986)却指出,荀子《正名》篇提出的"约定俗成"的实际含义是"王者制名，其民相效，而不是'人们（或社会）的共同意向决定'"。我们认为就约定俗成的本义而言，李葆嘉的解释是正确的，但是很难一下扭转人们对它的"社会习惯"的通行理解，因为关于"约定俗成"的理解也已经约定俗成了。

第二，即使把约定俗成理解为社会习惯，也不能把约定俗成与任意性等同起来，因为数量上不可计数、地理上山河阻隔的广大社会成员能够达成许多共同认识、形成许多共同习惯，这绝不会是偶然的，在其背后必然存在一个无形的动因起着巨大的促动和激发作用。而且我们认为这一社会习惯、社会共识在多数情况下是社会成员"不约而同"的默契，那种先由一个人给某一事物命名（王者制名），尔后一传十、十传百地传开来的事情也许是有的，但那毕竟是个别的。不可设想，即使在"王者制名"的时代，汉语里偌大的词汇竟由一人（或少数人）"发明"。那么为什么会有"不约而同"的默契呢？譬如为什么许多语言在叙述事件时不约而同地遵守着时间顺序原则？为什么会在非亲属语言中不约而同地出现许多十分相似的形式意义匹配关系？为什么几乎所有的语言都是以具体的空间喻指抽象的时间？……其中必然存在由客观事物的相似性信息与人类的认知心理之间所建立的更加宽广的自组织规律的巨大制约作用，否则"约定俗成"的结果为什么会是这样而不是那样？譬如汉语"葵花"有"向日葵、向阳花、朝阳转、转头莲"等二十多个名称，但总与"唯有葵花向日倾"（司马光《客中初夏》）等自然特征有关。可见"约定俗成"与任意性不是一回事。许国璋（1997）说得好："我觉得'任意性'和'约定俗成'不是同义词。……'约'意味着一个群体的存在，意味着说话人和受话人的存在；所谓'约'即是我上文所说的'社会制约'的'约'。受社会制约的东西，是社会共议（consensus）的结果，决不是任意的创造。"照此说来，"约定俗成"不是任意性的同义词，而是理据性的同义词。

承认理据性原则的重要性，丝毫无损任意性原则的重要性，因为任意性虽然无时不受到理据性的制约，但是理据性却是以任意性为其生存条件的。有了任意性，才使语言符号的理据生成具备了广阔的选择余地，才使语言不断丰富、不断发展。

任意性和理据性并不是冰炭不容、你死我活的，恰恰相反，它们是协同共存、相反相成的。以任意性否认理据性是保守的，以理据性否认任意性是过犹不及的，承认二者共存却又视之为量的关系是机械的。索绪尔说过："一切都是不能论证的语言是不存在的；一切都可以论证的语言，在定义上也是不能设想的。"（184 页）石安石（1994）说得更明确："语言符号的任意性普遍存在，可论证性大量存在，都是事实。只是各有各的内容和范围，并行不悖。承认语言符号的任意性，并不以牺牲对方为代价。"在它们的关系问题上持或左或右的看法都是不可取的。

语言发展的历史如同物质世界发展的历史一样，经历了一个不断从外界吸收负熵和废弃旧物的工作，从而由无序走向有序的自组织运行过程。在此过程中，不同的语言在各自不同的省力原则同羡余成分相互矛盾中达到动态平衡，而语言的省力原则总是把语言的羡余信息制约在一个恰到好处的范围之内。所以语言既不能没有任意性，也不能没有理据性。任意性是一个贯穿始终的变量，它的存在支持着语言的变异性、选择性和多样性；理据性是一个普遍潜在的动因，它的存在支持着语言的有序性、机制性和可证性。理据性和任意性的互动关系决定了它们共同成为支配语言的同等重要的自组织原则。

参考文献：

[1] 洪堡特．论人类语言结构的差异及其对人类精神的影响（中译本）［M］．北京：商务印书馆，1997。

[2] 索绪尔．普通语言学教程（中译本）［M］．北京：商务印书馆，1996。

[3] 王寅．语义理论与语言教学［M］．上海：上海外语教育出版社，2001。

[4] 严辰松．语言理据探究［J］．解放军外国语学院学报，2000，（6）。

[5] 王艾录、司富珍．语言理据研究［M］．北京：中国社会科学出版社，2002。

入词语素义蠡测

摘　要：从语义学角度来看，现代汉语语素可以分为生字语素、熟字语素和义项不对号语素三类。造成入词语素义在辞书上不对号的原因是辞书未能指出它的古僻义项、意义支点、通假字、音译、义项变体等，然而只有据此才可以找出对号的线索和对策，探寻理据奥秘。

关键词：义项不对号语素　意义支点　义项变体　语义干涉

一、语素义的分类

语素好比语言的细胞，掌握语素对研究语言至关重要。汉语中有几千个语素，由这几千个语素构成几万个合成词（据载，《现代汉语词典》中的语素同词的比例是 1：6）。人们往往以为，通过查阅辞书就可以掌握全部入词语素的意义，其实问题并非如此简单。倘若提出这样的问题："海报"之"海"、"狐步"之"狐"、"耳麦"之"麦"，原来"之"原"、"倒霉"之"霉"、 "痛楚"之"楚"、 "不速之客"之"速"、 "再接再厉"之"厉"……在词中是什么意思？在辞书里找不到满意的答案。

入词语素从被认识的难易度上可分为生字语素、熟字语素和义项不对号语素三类。其中熟字语素又分为熟字熟义语素、熟字生义语素。

1. 生字语素

汉语的一个语素，写出来就是一个字（联绵词除外）。生字语素就是压根儿就不认识的语素。如果对复合词中的某个（或多个）语素（字），就谈不上理解词的各种意义。

2. 熟字语素

熟字语素又分"熟字熟义语素"和"熟字生义语素"。

（1）熟字熟义语素

熟字熟义语素是指那些人们熟知的语素，这个字的形、音、义都是人们常用的、熟悉的，例如人民"、"毛笔"、"吃饭"等词中的诸语素。

（2）熟字生义语素

熟字生义语素是指有的语素它的音节你能随口读出，它的今义你能随口说出，这个字你能认出和写出，但是，你却未必能说出它的所有的义项，你也未必能说出它在某一复合词当中具体使用了哪个义项。所以往往可以发现这样的现象：有的复合词的意义人人明白，但词中某语素的意义却往往不明白。如"草菅人命"谁都知道它是"把人命看得和野草一样"，但其中的"菅"是什么意思，则未必谁都知道。"刚愎自用"，谁都知道它是"倔强固执"的意思，但其中的"愎"取何义，则未必谁都知道。有的语素你可能在这个词中认识，而在那个词中却不认识。例如"许"，在"允许、许可"中一般都认识（答应），在"许多"中就恐怕有不少人不认识了（表程度），而在"何许人"中就为多数人不认识（处，地方）。这是一种普遍的现象。造成这种现象的主要原因是，这类语素虽为熟字语素，却在词中使用了某一古僻的、特殊的义项。

提到现代汉语复合词，人们往往只注意到它的现代性，而忽视了它的古代性。事实上，大量的现代汉语复合词中的语素所使用的意义，不一定全是一目了然的今义，其中有相当数量的古义，甚至是现在基本不用的冷僻义。正如王宁（1996）所说："就现代汉语来说，这种含有先秦古义的双音词，因为其中有一个不自由语素，而且又用的是古义，结合得自然非常紧密，成为一个统一的使用单位，使用者不会再去追究一个一个的语素义——特别是造词时的语素义了，古义也就被淹没了。"即使是最常见、最普通的现代汉语复合词也往往有这种情形，例如："落成"之"落"——祭祀，"寻常"之"寻"——八尺，"荐饥"之"荐"——连岁不熟，"失声"之"失"——纵，"枪试"之"枪"——替，"丁忧"之"丁"——遭遇，"陆续"之"陆"——跳跃，"趁钱"之"趁"——富有。由此可见，探究现代汉语复合词的语素，往往需要用古代汉语的眼光来看待，以古释今、寻求本义，而不能以今释古、望文生义。

（3）熟字多义语素

是指熟字而有两个或两个以上义项的语素。如"彩"在"彩云"中为"颜色"义，在"剪彩"中为"彩绸"义，在"喝彩"中为"称赞夸奖的欢呼声"义，在"丰富多彩"中为"花样"义，在"彩票"中为"赌博或某种游戏中给得胜者的东西"义，在"火彩"中为"戏剧或魔术里采用的一种特殊技术"义，在"挂彩"中为"负伤流血"义。由多义语素构成的语词有时会由于它的两个义项在字面上都能说得通，所以往往造成歧解。如毛泽东《忆秦娥·娄山关》中有"雄关漫道真如铁，而今迈步从头越"的句子，"漫道"的正确解释是"不要说"，但许多人把它理解为"漫长的道路"，其原因就是因为"漫"是个多义语素，其中"莫、不要"和"漫长"两个义项在字面上都说得通。成语"不以为然"的意思是不认为正确，但不少人把它理解为"漫不经心、不当一回事"，其原因仍是误取了"然"的另外一个义项——词尾，表示状态。再如文言文注释也常常会遇到这样的情况。《非攻》："孰能有余以奉天下？唯有道者。"对"道"字，王力《古代汉语》（中华书局，1980）释为"道德"，而萧泰芳等《古代汉语注释商榷》（山西古籍出版社，1999）则释为"客观规律"。《诗经·氓》："自我徂尔，三岁食贫。"对"三"字，王力释为数词三，而萧泰芳释为多数义。与此相关的是在通假字的影响下也不免造成字义歧解，例如《秦晋鞍之战》中"余姑翦灭此而朝食"，其中"翦"王力释为"剪除"，而萧泰芳释为"歼"的借字。学者们常因多义语素造成的歧解而引起争论。

3. 义项不对号语素

某复合词中的某语素在辞书上找不出它的对号的义项，或者说义项不能落实，其原因是辞书上未列出它的相应的义项。

《现代汉语词典》等通行词典的编排体例通常是这样的：首先是语素（单字）领头，接着在该语素的右下方排列出它的义项（单字的义项），然后在下面分列出以该语素为首语素的复合词和其他多音词以及它们各自的释文（复合词的义项）。这一编排格局极容易给词典读者造成一种误解：以为每一复合词词条的首语素在词中所使用的意义，都可以在其上语素诸义项中找到对号的一项，从而使语素义落到实处。但是实际情况却每每叫人失望，许许多多的复合词的首语素找不到对号的义项。例如"品红"：

品红：比大红略浅的红色。（《现代汉语词典》，1996，下同）

再看"品"的义项分别是：

品：①物品。②等级。③封建时代官吏的级别，共分九品。④种类。⑤品质。⑥辨别好坏，品评。⑦吹。⑧姓。

"品"共有八个义项，但"品红"中的"品"都对不上号。

复合词中第二个语素不对号的如"安详"：

安详：从容不迫，稳重。

再看"详"的义项是：

详：①详细。②说明；细说。③（事情）清楚。

"安详"中的"详"在以上3个义项中都对不上号。

非但《现代汉语词典》中语素不对号的例子俯拾即是，其他词典也明显地存在着同样的问题。由于人们无法借助辞书了解不对号语素的入词义项，因此不对号语素成为揭示复合词内部形式（inner form）最为困难的一类语素。

复合词内部形式的理解难度很不一致。人们常常把依据复合词的词义以及词内诸语素的语法关系而意会内部形式当做一种现成的方法，例如："牛刀"一般可被认为是"杀牛用的刀"，"米黄"可被认为是"像小米那样的黄色"，"猎虎"可被认为是"捕猎老虎"，"草纸"可被认为是"用草制的纸"。这一推测应该说是有一定道理的，这种意会方法要受到理据（motivation）理解难度的制约，复合词内部形式的理解难度增大到一定的程度，意会之法就难以进行，更不用说意会本身算不上是科学的方法了。例如"马刀"绝非"杀马用的刀"，而是"骑马冲锋时用的刀"；"牛黄"绝非"像牛那样的黄色"，而是"病牛体内的胆汁结块，呈黄色"；"猎狗"绝非"捕猎狗"，而是"帮助人捕猎的狗"；"草犀"绝非"用草制的犀角或吃草的犀牛"，而是"某草的药效比得上犀角"。我们不能以"牛刀"组去推导"马刀"组，因为它们的表层结构虽然一样，但是它们的深层结构却大相径庭。

依据辞书释文进行推测和臆想，不仅靠不注，而且还会引起误解。例如"马路"、"绷带"，《现代汉语词典》分别解释为："城市或近郊的供车马行走的宽阔平坦的道路"、"包扎伤口或患处用的纱布带"，这些解释固然是正确的，但极易让人将此二词的内部形式臆断为"马走之路"、"绷于患处的带子"（这样的解释是错误的）。

二、语素义不对号的原因

造成语素义在辞书上不对号的原因，通常表现在以下几个方面。

1. 未列古僻义项

现代通行辞书（如《现代汉语词典》、《辞海》等）限于各自的编排目的和性质，一般不给出语素的古老的、生僻的义项。这时候如果遇到一个复合词，其中一个语素恰巧使用的是古僻义，就必然产生义项不对号的现象。例如《现代汉语词典》对下列复合词的括号以外的语素就没有给出右边的义项：

（使）节：符节。贸（然）：蒙昧不明貌。灌（木）：丛生的树木。（折）冲：车。昆（虫）：众。绰（号）：多。荐（饥）：接连，屡次。艾（貑）：老。

遇到这种情况，词典读者就不必在词典所列诸义项中去"硬"对号，或者想当然地给它"安"上个义项。比如《现代汉语词典》给"齿"列出的义项是：

齿：①牙齿。②物体上齿形的部分。③带齿的。④年龄。⑤说到；提及。

若将"齿列"理解为"牙齿排列"什么的，就成笑话了。

《辞海》给语素列出的义项要比《现代汉语词典》多得多，然而尽管如此，《辞海》中仍不乏未列语素古僻义项的例子。

2. 未列意义支点

有些复合词（AB）中的某语素（A 或 B），并未使用它的自身的意义（所有的义项里的某一项），而是使用了以它为构成成员的另外一个复合词（AX、XA、BX、XB）的词义，此时 A、B 就成为 AX、XA、BX、XB 的"意义支点"。

例如"燕菜"，《现代汉语词典》给"燕"列出的义项分别是：

燕[1]：①鸟类的一科……，常见的有家燕。

燕[2]：①同"宴"①②。②同"宴"③。

以上总共有 3 个义项，但是"燕菜（AB）"一词中的"燕（A）"不可能是其中任何一项。"燕菜"即"燕窝之菜"，"燕"实际代表的意义是"燕窝（AX）"，所以"燕菜（AB）"的构成格式不是 AB＝A＋B，而是 AB＝

AX＋B。可以肯定地认为，通行辞书都不可能交代出语素所代表的意义支点的原出处（AX、XA、BX、XB），换言之，在通行辞书里无法找到意义支点它的对号义项。

3. 通假字

有的复合词中的某语素，在书面上舍弃了本字，代之以借字，这就是古代汉语中的通假字现象。遇到这种现象，自然不可能在词典上找到它的对号义项。

对于现代汉语复合词中的通假字，由于人们不大习惯以古代汉语的眼光看待之，所以往往表现得麻木不仁，甚至以误为正。例如"螺丝"是个最常见的词，许多人以为这个词本来就应该这样写，殊不知"丝"本作"蛳"，后来将"螺蛳"误作"螺丝"，沿用至今，习非成是。再如：淡菜（淡通蜑），梯己（梯通体），征兆（征通朕），赌博（博通簙），便秘（秘通闭），提防（提通堤），牟取（牟通蛑），纠集（纠通鸠），刻苦（刻通恔），藏象（藏通脏），爪袖（爪通绍），里瘠（里通吕），辜负（辜通孤），检阅（检通简），精彩（精通睛）。

在多数情况下，二字的通假关系是容易看得出来的。例如"翔实"，本作"详实"，意为详细而确实。"翔"即"盘旋地飞"，这证明"翔实"与"翔"毫无关系。大约是为了给读者提供方便，或者是由于约定俗成，辞书有时不揭示通假现象，而是张冠李戴地给借字注上本字的意义，这实际上给借字增加了新义项。例如"请柬"，"柬"通"简"。"简"即竹简，古代无纸，以竹简作请帖。"柬"即古"拣"字，意为挑选，而无"请帖"义。但是，《现代汉语词典》把"柬"字解释为"信件、名片、帖子等的统称"。"昭雪"，"雪"通"刷"，但《现代汉语词典》在"雪"字下给出了"洗掉"的义项。这一做法，出于给读者提供方便也许是可以的，但是从严格的意义上讲是不可以的，因为它极容易叫人把借字当作本字。

二字通假由于直接受到字形和字义的干扰，极容易引起理解上的误会。例如有一种小吃叫做"烧麦"，其实这两个字都写成了别字。它本作"梢梅"，所以斯称，是因为这一食物的外形好像小蒸包，上面中央部分有突出的环形褶子，犹如一朵梅花盛开。后由于音近之故讹作"烧麦"、"烧卖"、"稍麦"、"稍梅"等。又如乘坐的士（taxi）最初广州人叫做"搭的士"，又简称为"搭的"（"搭"为入声），由于北京话没有入声，所以到了北京人嘴里便成为"da 的",于是在书面上也就出现了"打的",如果不了解这一变动,而就字面解释"打",是断然行不通的。

另外因历史上的避讳的缘故,把复合词中某语素改换成它的同音字或音近字,这在本质上与通假字无异,因而造成语素义不对号的现象。例如"原来"本作"元来",因明朝时讳"元"(朱元璋推翻元朝,说"元来"有让元朝复辟之嫌,故讳说"元来"、"元官"、"元主"、"元粮"等),所以改"元"为"原"。"端午"本作"端五",因唐朝时讳"五"(唐玄宗的生日为阴历八月五日,公讳"五"),所以改"五"为"午"。"黄瓜"本作"胡瓜",因十六国时的后赵石勒讳"胡"(石勒是羯人,羯族旧称匈奴别部。据载,石勒后来取襄国、幽州等地而占有地盘后,自称"国人",不许汉人称己为"胡"),所以改"胡瓜"为"黄瓜"。

4. 音译

有一些复合词,词中某语素实为外语词的音译,却经常被人们误作汉语语素对待,所以在词典上找不到对号的义项。又分以下三种类型:

(1)汉语词中某音节(字)是外语词中的某音节或某音素的对译(多居词首)。例如"菠菜"的"菠"为尼泊尔语 palinga(菠陵,即今尼泊尔)的音译词的首音节。唐刘禹锡《嘉话录》:"波生西国中,有自彼将其子来,如苜蓿、葡萄因张骞而至也。本是颇陵国将来,语讹尔,时多不知也。""苹果"的"苹"为梵语 bimbara、Bimba 的音译词的首音节。"马路"的"马"为英语人名"约翰·马卡丹"中的一个音节。有的学者在其著述中误把"菠菜"、"苹果"、"菠"、"苹"当做土生土长的汉语语素,这也说明复合词中的音译用字是有很大的迷惑性的。如果照这样的误解到词典上去找对号的义项,那自然就是缘木求鱼了。

(2)一个音译词后面或前面(多在后面)另加一个表示类属的汉语语素。例如"迷你裙":"迷你"为英语 mini 的音译,"迷你裙"即 mini+裙,意即超短裙。同类如:八担杏:"八担"为波斯语 badam 的音译词。车站:"站"为蒙语 jam 的音译词。寒武纪:"寒武"为威尔士 cambria 的拉丁语。来亨鸡:"来亨"为意大利语 livorno。没药:"没"为阿拉伯语 murr 的音译词。

(3)汉语的语素、音节、汉字基本一致,所以"见字知义"、"听音知义"成为汉人的一种普遍的语言认知心理。汉人极不喜欢无意义的音节,所以他们在吸收外来词的时候，往往要尽可能地选择那些与原词意义有点瓜葛的字，使词带上理据色彩。这一做法给理解词义带来一些便利，但因所选字与整个词义具有一定的联想关系，所以很容易造成误解。例如狐步：一种交际舞，由美国舞蹈演员哈利·福克斯首创造，福克斯英语为 Fox，意译为狐狸，这就极易叫人误认为此舞与狐狸有有关系。由于汉字字义的参与，使人误把不对号语素当做对号语素。牡丹江：松花江的支流，位于黑龙江省。这一名称容易使人联想起牡丹花，其实它是满语"穆丹"的音转。补骨脂：一种药用植物，有滋阳作用。但它绝不是"补骨的脂膏"之类，而是梵语 vākuci 的音译。阿芙蓉：即鸦片，绝非"芙蓉"，它是阿拉伯语 afyūm 的音译。据说清人曾惊讶"葡萄牙"为葡萄长了牙齿。

5. 义项变体

一般地讲，复合词中的每一个语素，在古代汉语中是词。人们知道，词义具有高度的概括性，它把特殊的、复杂的事物和现象变成为一般的、简单的东西。但是另一方面，语素一旦进入复合词这一句段环境（动态环境）之中，有时就会在语义网络的制约下与具体的、特殊的事物和现象建立联系，因而使在概况过程中已经被舍弃的一些特征有可能重新出现，这时，它就会产生存在于这一环境（复合词）中的义项变体。而这一仅仅存在于复合词中的语素的义项变体，在辞书上是不可能体现出来的。例如"板鸭"之"鸭"，其实际含义是死鸭、食品鸭。而《新华字典》对"鸭"的解释是："水鸟名，通常指家鸭，嘴扁腿短，趾间有蹼，善游泳，不能高飞。"从严格意义上讲，"板鸭"之"鸭"是对不上号的。

语素入词所发生的义项的个性化变异的情况比较复杂，常见的有：

（1）入词而生下位义。例如"月"为上位义，"月饼"之"月"（圆月）、"月琴"之"月"（扁圆月）、"月眉"之"月"（弯月）为下位义。

（2）入词而生区别义。例如单数、复数的区别（钢针——梅花针），静态、动态的区别（蝴蝶斑——蝴蝶阀），施事、受事的区别（猎狗——猎虎），本体、喻体的区别（牛皮纸——羊皮纸）。

（3）入词而生蜕变义

随着社会的进步和人的思维的深化，语言中会不断出现超越常规、违反逻辑的"语义异常组合"。从表面上看，这种组合是不能为社会所承认的，例如"结了婚的单身汉"、"吃石头"等，但是这种错误组合有的竟被社会所接受，例如"未婚妻"，"未婚"与"妻"发生水火不相容的矛盾。"妻"的义素式子可简要描写成：

妻＝〔＋女性＋男子的人生伴侣＋结婚〕

把这个式子代入"未婚妻"后，要产生语义干涉和义素脱落的动程：

未婚妻＝未婚＋〔＋女性＋男子的人生伴侣＋结婚〕

　　　　＝未婚＋〔＋女性＋男子的人生伴侣＋结婚↓〕

　　　　＝未婚＋〔＋女性＋男子的人生伴侣－结婚〕

结果是"妻"因受"未婚"的"语义干涉"，它的一个核心义素〔＋结婚〕发生脱落（用↓号表示），整个语素义发生变异。于是"妻"的实际意义变成了〔＋女性＋男子的人生伴侣－结婚〕。"妻"而未婚，这便是这一语素在入词后产生的蜕变义。"未婚"对"妻"所起的作用不是通常语法书上讲的修饰、限制，而是通过"干涉"而使某一义素脱落。既然"妻"已经不是词典上给出的通常的意义，那么"未婚妻"这一偏正结构的内部语法关系也必然不会是通常语法书上讲的那样，修饰成分对中心成分起到修饰或限制作用，其内部语义关系也无法用通常情况下的"语义溢出"的观念看待之。就是说，"未婚"对"妻"所起的作用不是修饰、限制，而是通过"干涉"而脱落它的某一义素（内涵）。修饰、限制同干涉的作用是截然不同的，修饰可使中心成分形象化，限制可使中心成分的概念外延缩小，而干涉却可使中心成分的一个义素脱落，进而使整个词义发生蜕变。

又如"干洗"：

洗＝〔＋用水＋去污〕

干洗＝干＋〔＋用水＋去污〕

　　　＝干＋〔＋用水↓＋去污〕

　　　＝干＋〔－用水＋去污〕

由语义干涉引起义素脱落是汉语里的一种繁衍性造词方式。例如中国古代没有玻璃，镜子都是铜制的。所以这时完全没有必要把镜子叫做"铜镜"，正如现在完全没有必要把地球叫做"太阳系地球"一样。自从从西方引进玻璃和生产出玻璃镜以后，人们便把它叫做"玻璃镜"，以突出这一新生事物的非同一般的质料特点。这时"镜"（铜镜）和"玻璃镜"同时存在，形成一对并列概念。为了与玻璃镜区别，人们把原来的"镜"新名为"铜镜"。这时"铜镜"和"玻璃镜"形成了一对并列概念。由于二名长期共存，"镜"

和"铜镜"的同位关系在人们的心目中逐渐淡漠，久而久之，"铜镜"和"玻璃镜"就共同成了"镜"的两个下位词（属种概念）。

在语义干涉造词中，存在一种时间流语义临摹（iconicity）结构，即由词中各成分所代表的时间段相互构造一个时间连续体。又有"过去时"和"将来时"两种。前者如"下台总统"，其时间流临摹结构是：过去是总统，现在已经下台，现在已经不是总统。后者如"未婚妻"，其时间临摹流结构是：将来是（某的）妻子，现在还没有结婚登记，还不是（某的）妻子。

以上我们讨论了入词语素义项不对号的种种原因。到此我们清楚地看到，事情并非人们平时想像的那样，语素尽可以在辞书里找到对号的义项。唯其如此，才给复合词内部形式和理据的探究带来诸多的不便。我们只有善于发现这样一系列的微妙现象，探赜索隐，进而找出相应的对号线索和对策，然后才能够去窥探语言背后的理据奥秘。

关于语词的内部形式

摘　要：内部形式是合成符号的语法结构和语义结构之和，理据则是语言符号发生、发展的动因，二者应该区分开来。内部形式的生成是一个历时的现象，它在词汇发展史上具有划时代的意义。现代汉语是一种内部形式非常发达的语言。

关键词：内部形式　理据　单纯符号　合成符号　句段词

一、什么是内部形式

1.1 "内部形式"（inner form）这个概念在 18 世纪末 19 世纪初的哲学界已经流行。作为语言学的专门术语，则是由 19 世纪德国著名语言学家洪堡特在其代表作《论爪哇岛上的卡维语》的导论《论人类语言结构的差异及其对人类精神的影响》提出来的。他认为"语言内部形式"是指与"语言形式"相对的"语言内在的、智力的部分"，是指语言创造过程中"概念的构成"和"言语结合的规律"。

洪堡特"语言形式"与"语言内部形式"是一般与个别的关系，是普遍性与个体化的关系。"语言内部形式""绝不仅是所谓的语法形式"，它已"远远超出了词语组合的规则，甚至也超越了造词的规则"，而成为语言自组织过程中的"概念的构成"——即一种"心智的形式"，一种"语言创造活动在发明词语的某一时刻所作出的理解"。通俗地说来，内部形式就是语法结构和语义结构的总和，即

内部形式＝语法结构＋语义结构

例如汉语"吹牛"的内部形式为"动宾/吹＋牛皮筏"。英语 miniskirt

（迷你裙）的内部形式为"偏正/mini＋skirt（微形＋裙子）"，俄语 чёрныйчай（黑茶）的内部形式为"偏正/чёрный＋чай（黑色的＋茶）"。法语的 dix－neuf（十九）是由 dix（十）和 neuf（九）组成，内部形式是 19＝10＋9。德语 Schlittschuh（溜冰鞋）是由 Schlitt 和 schuh 组成，内部形式是"偏正/当作雪橇的鞋"。

洪堡特的学术观点对 19 世纪和 20 世纪的语言学理论产生了多方面的影响。俄国语言学界心理学派的奠基人波铁布尼亚在多方面都是洪堡特的追随者。当代新洪堡特学派的代表人物，原西德语言学家莱奥·魏斯格贝尔也继承了洪堡特的内部形式的观点。

前苏联语言学家 P. A. 布达哥夫沿用了"内部形式"的术语，但他从词的意义与词的语音形式之间的关系入手讨论词的内部形式。他认为，词的产生总是有根据的，这种根据有时可以从字面推知，有时却须对它进行历史的分析才能显示出来。这种根据就是词的内部形式。他给内部形式下的定义是："用词表达概念的方式，词的声音外壳及其最初意义之间联系的性质就叫做词的内部形式。"他认为，词的内部形式就是词的音义结合的理由和根据，它用来解释和说明事物的"得名之由"。[2] 非常明显，在这里他把词的内部形式看作是词的理据。据此，他强烈反对索绪尔的符号任意性原则，认为这个原则是"虚构的原则"。可以看出，布达哥夫的内部形式所指的内容已与洪堡特的内部形式有了很大的区别。

1.2 据我们所知，国内语言学界在内部形式和理据关系的认识上，由于直接受到布达哥夫的内部形式理论的影响，几乎倾向性地将内部形式和理据等同起来。例如：《简明语言学词典》（1984）："词的理据又称词的内部形式。"《中国语言学大辞典》（1991）："词的理据也叫'内部形式'、'词源结构'、'词的命名义'。"张永言（1981）："所谓词的内部形式，又叫词的词源结构或词的理据，指的是某一语音表达某一意义的理由或根据。"许光烈（1994）："所谓词的理据，或称词的'内部形式'、'词源结构'、'词的命名义'，指的是词义形成的可释性，也就是某一语音形式表示某一意义内容的原因或根据。"伍铁平（1994）："至于用'长庚'、'启明'、'爱和美的女神'表示'金星'，则是构词的理据，也就是命名的根据，或者用德国著名语言学家、普通语言学的创始人洪堡特的术语，叫做'内部形式'（inner-form）。"马清华（2000）：理据"又叫语源结构或词的内部形式"。

以上诸例都无一例外地把内部形式解释为事物获得名称的依据，以理据的概念去解释内部形式，但是我们认为这种认识是值得商榷的。

二、内部形式和理据

我们认为，内部形式和理据所指称的对象是完全不同的两个东西，所以把二者完全等同起来的观点是不正确的，把二者区分开来也不是简单的术语之争。

2.1 把内部形式和理据视为一体，其症结主要在于立论时严重忽视了语言的单纯符号和合成符号分类。从理据学观点看来，这是两类性质完全不同的符号，它们所包含的理据内涵和理据种类以及探究方法都有着明显的不同，所以谈论内部形式和理据的关系时，这两种符号的区分成为一个极其重要的前提条件。失去了这样的前提条件，内部形式和理据的区分将成为空谈。

如前所述，内部形式是语词的语法结构和语义结构的总和，我们可以据此推断：只有具备了语法结构和语义结构的语言符号才有内部形式可言。那么什么样的符号具有语法的或语义的"结构"呢？回答这个问题之前需要明确一下到底什么是"结构"。《现代汉语词典》（1996）对"结构"的解释是"各个组成部分的搭配和排列"，从这一定义可知，凡是"结构"必须具备两个或两个以上的"组成部分"（直接组成成分），结构的本质在于组成部分相互作用形成某种关系体系。这一体系经常存在层级观念，比如分子以原子为组成部分，原子以电子、原子核为组成部分，在分子这一层级上，电子、原子核绝不是它的直接组成成分。所以只有一个原子形成的分子谈不上分子层级上的"结构"，它呈零结构状态。据此我们可以推断：语言中的单纯符号既是一种无句段（组合）关系，因而是不可分割的独体性符号，那么它就不可能存在语法结构及语义结构，因而无内部形式可言，可称之为"零内部形式符号"，例如"山、骨碌"等。正如马真（1988）在谈到单纯词时所言："只有一个词素，当然不存在内部的结构问题。"

合成符号因为它是两个或两个以上的语素构成的，而且语素之间的关系不是任意的，而是可以论证的（索绪尔和布达哥夫在各自的论述中都承认内部形式是可以论证的），所以句段关系就成为它的最重要的结构特征。毫无疑问，语言中的合成符号具有语法结构及语义结构，所以它具有内部形式，可称之为"内部形式符号"。例如,复合词"天河"的语法结构是偏正式,语义结构大致是"天上的河流"。复合词"公主"的语法结构是主谓式,语义结构大致是"公侯主婚"。词的内部形式既被语义结构所表现,又被语法结构所负载。

以上观点可以在汉语意译外语词的过程中得到佐证。意译是人们十分熟悉的一种接受外语词的方式,但人们却不太注意这样的事实:汉语意译词的"意"并不是指词义,而是指词的内部形式。例如"软件"是英语 soft(软)+ware(零件)的对译,"热狗"是英语 hot(热)+dog(狗)的对译,"超级市场"是英语 super(超,超级)+market(市场)的对译。反之,hardfruit 是汉语"坚果"的意译,easy—opencan 是汉语"易拉罐"的意译。外语中的单纯词由于它没有内部形式,所以无法意译,例如英语 nut、coin、sun 等词是无法意译的。至于在汉语里找出与某一外语单纯词相应的词,即通常意义上的"翻译",例如 sun——太阳,coin——硬币,谁都知道这已与意译完全是两码事了。单纯词无法意译的现象有力地证明了单纯词不存在内部形式。

内部形式符号在人类语言里具有普遍性。与汉语无异,印欧语里的复合词也都属于内部形式符号。例如英语的 Frigidaire(电冰箱)是由形容词 frigid(寒冷的)和名词 air(空气)组合成的,意为"寒冷的空气"。泰语的 mwfambaan(看门猫)是由 mw(猫)fam(看管)和 baan(房子)组合而成。特威语的"王子"是由 ba(孩子)和 hene(首领)组合而成。

2.2 "理据"则是指语言符号发生、发展的最根本动因。"自组织"理论表明,一个远离平衡的开放系统,在外界条件达到一定的阈值时,就会从原有的混乱无序的混沌状态,逐渐变为一种在时间上、空间上或功能上的有序状态。语言发展的历史如同物质世界发展的历史一样,经历了一个由无序到有序的自组织过程。在这一过程中,每一个促动和激发语言符号生成、变化和发展的动因,我们都把它称之为理据(motivation)。理据是语言的基因。

既然理据是创造一切语言符号的动因,那么无论是单纯符号还是合成符号,都必然地具有各自的理据,这是毫无疑义的。正如世界上没有无源之水、无本之木一样,语言符号不可能没有理据。说语言符号没有理据(比如说单纯符号没有理据)是不可思议的。

对于合成符号,人们比较容易发现它的内部形式,因而比较容易从它的内部形式发现一部分可论证（理据）的线索，例如"电灯"大约是"以电为能源的照明工具"，"牛刀"大约是"杀牛用的刀"。借助内部形式顺藤摸瓜探索合成符号的理据，这是很正常的，但是这样做却使人们产生了像布达哥夫那样的错误认识：以为内部形式就是理据，进而以为语言中只有合成符号才有理据可言，而单纯符号因其没有内部形式所以也就没有理据。

单纯符号作为零内部形式符号有没有理据呢？回答是肯定的。因为任何语言符号都不可能脱离理据而发生和发展。单纯符号虽然没有语素"组合"的内部形式特征，但却有其自身的音义"结合"的语源学特征，而且我们认为其音义之间的人文的、非自然的联系是可以论证的（索绪尔的任意性是指语言符号的音义之间没有自然的联系）。例如原生词"火"即火炽之摹声，"鸭"即鸭鸣之摹声。又如派生词"二"，由"耳"孳乳产生（耳，二生）；"乌"（黑色义），由"乌"（黑色乌鸦义）孳乳而产生，等等，这都是它们各自的理据所在。宏富的中国古代训诂学研究成果有力地支持着我们的这一观点。古代汉语训诂学的基本方法是"因声求义"、"以形求义"，为什么能够通过形和音去求得义呢？就是由于音义之间和形义之间存在理据。如果语言符号的音义之间真的什么联系都没有，是绝对任意的，那么古代训诂学就不可能产生，人们对语言的起因、发展也就永远处于茫然之中了。洪堡特认为，人起初给事物命名并不是漫不经心地授予事物标签，而是"事物在心灵中造成的图像的反映"，是人"在发明词语的某个特定时刻对一个事物所作的理解"。可见任何语词的创造，都必然地不同程度地记录了这里所说的"图像"、"理解"。我们应该到"自然联系"的外面去寻找究竟是什么力量把音义或名实匹配在了一起——抓住了这个联系，就等于抓住了语言符号的理据。

至于有人以许多单纯符号的理据被历史湮没因而难以探究而否认其存在，这种在认识上和逻辑上的错误是显而易见的：难以探究不能说明其不存在。洪堡特曾对单纯符号的音义联系的"原因"（理据）有过明确的论述，他认为单纯符号的理据至少可以归结为三种方式：a. 写生式的直接的模仿，b. 象征式的非直接模仿，c. 通过所表达概念的类似性而形成的语音相似。他认为单纯符号的理据表现了"一种语言在语音系统方面的优点"，它的存在是"可以肯定的"，尽管它"往往只能为人猜测到，而在更多的场合甚至根本不为人知"。这一见解是非常中肯的。

不难看出，内部形式和理据是既有密切关系又有根本不同的一对术语。

内部形式和理据的关系是因果关系，理据是因，内部形式是果。看一个例子："肉松"一词的理据（分子理据）的语言表述大致是：晚清太仓人倪鸿顺在江苏常熟当厨师，一次在烧肉时不慎把汤汁烧干，使肉肥瘦分离，他把肥肉取开，再把瘦肉煮搅成松绒毛状，尝之别有风味。在这一理据的促动下，产生了"肉松"一词的内部形式：主谓/肉如松绒毛。作为果，内部形式是存在于语言之中的结构实体——既为结构实体，它就必然是形式和意义（语法结构和语义结构）的结合物；而作为因，理据既非形式又非内容，它只是形式和内容结合的动因。内部形式像化石，像年轮，直接地或间接地蕴藏着合成符号理据的全部信息。

由此说来，从语词理据发展的历史线索的古今两头看，一头联系着古代语根语源，一头联系着现代合成符号的内部形式，这一历史线索可以为语词理据的研究提供重要依据。

从索绪尔[3]到当代学者，沿袭着一个共同的习惯做法，那就是在论述语言符号的"可论证性"（理据性）时，都举合成符号的例子，而在论述"任意性"时，都举单纯符号的例子。这是长期以来人们认为合成符号可以论证、单纯符号不可论证的观点的集中体现。那么仔细推敲他们在合成符号里看到的和在单纯符号里看不到的"可论证性"究竟是什么呢？是内部形式！他们否认单纯符号的论证性，实际上否认的是它的内部形式，承认合成符号的可论证性，也只是承认它的内部形式。毋庸讳言，不把单纯符号、合成符号同理据、内部形式这两组截然不同的概念的关系梳理清楚和严格区分开来，就不会真正把内部形式和理据区分看来，从而走出理论上的误区，将理据研究引向深入。

三、内部形式的生成

3.1 语言的发生和发展是一个历时的系统。单就汉语词汇而言，其发生和发展大致经历了原生、派生和句段等三个阶段。这三个阶段造出的词分别叫做原生词、派生词和句段词。

我们的祖先曾经经历了以单音词（原生词和派生词）表示概念的极其漫长的岁月。之后随着人类认识水平的提高，人们头脑中的新概念与日俱增，以单音词表示层出不穷的新概念便显得应接不暇。所谓"单不足以喻则兼"

（荀子），便是古代确有过"单不足以喻"的困惑的证明。非平衡是有序之源。人们为了摆脱同音词和词的义项的大量产生给交际带来的危机，就在原有的基础上，利用语言中大量的单音词，组合成构造比较复杂的比单音词大一级的语言单位——词组，来表示新的概念。这些词组在后来长期的使用中，逐渐形成一种凝固的结构，这就是后来的句段词（合成词）。关于句段词的生成，王力（1980）指出："至于仂语的凝固化，就是说，仂语在发展过程中凝固起来，成为单词，如上古的'天子'，中古的'欢喜'等，在汉语构词法中是主要的。"

在先秦时代，汉语句段词就开始出现并且稳步发展。到两汉以后直至唐代，单音节词的能产性日益滑坡，句段造词逐渐取代了派生造词，升而成为汉语造词发展史上的一种主要手段。在这一规律的运行中，以有限的单字词组合成了无限的双字词或多字词，这样做既不会增加已经饱和的原生词、派生词的数量，也为句段词开辟了巨大的词的生成资源，这体现了汉语造词编码中的省力原则和经久原则。

句段词的产生和发展，替代了单音词（原生词、派生词）可能产生的超负荷的新义项，所以汉语单音多义词大于句段多义词，而且单音多义词的义项数大于句段多义词的义项数。有的单音多义词的义项多达几十个甚至上百个，例如"打"，《现代汉语词典》给出的义项有25个之多。一个词具有这么多的义项，这在句段词里是找不出的。

相比较而言，从原生词、派生词到句段词所负载的信息量呈正比例发展，句段词尤其是包含意义支点的句段词，所负载的信息量最大。出于信息密集化、认知便利化的语用要求，使得现代汉语中复合词在能产度上雄居第一。实践证明，以现有语素为材料构成句段词表示新概念，比新造单音词无论在方法上还是在效果上都要优越得多。从单音词发展到双音词，意味着语词从非线性的单纯符号转向了线性的合成符号，从初级形式的阶段跨越到了高级形式的阶段，从而给语言史无前例地平添了内部形式，使语言符号在迈向理据化的道路上经历了一场质的飞跃。人们通过这种超越常规的语言创造活动，给自己迎来了一个崭新的价值世界。

3.2 内部形式同复合词与生俱来，所以，古人在最初创造"词组"的时候，多数"词组"（外中心结构除外）的理性意义和内部形式是相同的或者极其接近的，例如"天子"，起初的理性意义和内部形式都是"天的儿子"。

只是发展到后来，随着社会的进步和人的认识的发展，许多（不是全部）词组的原有的理性意义逐渐被新的理性意义替代。这时，原有的理性意义同新的理性意义分了家，降而成为词的内部形式。

词义随着人的认识的发展而发展。人的认识在不断发展，所以词义的变化是绝对的，不变是相对的。但是内部形式一旦产生，便根深蒂固地积淀于词义的内核，它像生物细胞核内的染色体，决定了语词的本质，也像"语言化石"永远被传承下去，所以内部形式的不变是绝对的，变化是相对的。内部形式的变化永远滞后于词义的发展。

所以，复合词的内部形式与词义有相同和不相同两类：

一是内部形式与词义基本相同。这类词是指那些理性意义未曾发生过明显变化的复合词。例如"欢喜"、"太后"、"乌鸦"、"逃逸"、"隶书"、"道路"……举不胜举。既然理性意义未曾发生明显的变化，那么他们的内部形式与词义就未曾分家。

一是内部形式与词义不同。这类词包括：

甲、理性意义曾经发生过明显变化的复合词。例如"篮球"：往篮子里投的球——篮球运动使用的球。

乙、外中心结构。又有二：

（1）有的复合词的词义不是从语素义和内部形式综合出来的，比如"绑腿"、"理事"并不是指内部形式本身表现出来的相关的动作（绑住腿、管理事务），而是指静态的物和人；"梨园"、"黑马"并不是指内部形式本身表现出来的事物（梨树园、黑色马），而是表示另外的事物；"敲竹杠"、"炒鱿鱼"并不是指内部形式本身表现出来的动作行为，而是表示另外的动作行为；等等。

（2）一是外中心结构的相似造词，其特点是以词中语素组合成的直接的语义结构（内部形式）作为喻体，去比喻词外的事物（本体）。这与"内中心结构"是截然不同的。例如"佛手"：内部形式（喻体）是"佛陀的手"，词义（本体）是"一种常绿小乔木或其果实"。"猫眼"：内部形式（喻体）是"猫的眼镜"，词义（本体）是"门镜"。

从总体上看，复合词的全部意义应分两个层次：一是词义（理性意义，包括附加色彩），一是内部形式意义。例如"球鞋"的词义是"一种帆布帮儿、橡胶底的鞋"（《现代汉语词典》），其内部形式意义则是"打球时穿的鞋"。

就多数情况看，由于思维的相通性，人类语言中表示同一客观事物的语词符号的理性意义应该是等义的（例如英语的 book＝俄语的 книга＝汉语的"书"），但它们的内部形式和理据却呈现出纷繁的差异。在平常的语言交际中，人们总是把注意力放在词义上面，而不大注意词的内部形式，这是因为直接参与交际的是词义而不是内部形式和理据。词义处在词的意义结构的外壳，这是用词造句时所直接使用的意义，因而成为最被人关心，最被人注意，最被人熟悉的东西。而词的内部形式则处于词义结构的内核，它不是用词造句时所直接使用的意义，因而往往鲜为人知。词义是今天的使用者所关心的，内部形式是起初的创造者所关心的，从这一意义上说，词义是一种"产品思维"，它关心的是物品的使用功能，内部形式是一种"车间思维"，它关心的是物品的内在组织结构。

句段词的发生和发展在世界各种语言中具有普遍性。但是，汉语比起印欧系语来是一种内部形式更为发达的语言。据统计，英语中 60％以上是单纯词，尤其是动词更以单纯词为主。而现代汉语词汇则是双音的合成词尤其是复合词占优势。可以认为，现代汉语是世界上内部形式最丰富、最发达的语言之一。

参考文献：

[1] 洪堡特. 论人类语言结构的差异及其对人类精神的影响（中译本）［M］. 北京：商务印书馆，1997。

[2] 布达哥夫. 语言学概论（中译本）［M］. 北京：时代出版社，1965。

[3] 索绪尔. 普通语言学教程（中译本）［M］. 北京：商务印书馆，1996。

意义支点词刍议

摘　要：现代汉语中有些复合词的某语素并未使用它自身的语素义，而是使用了以之为构成成员的另外一个复合词的词义，这类复合词可叫做"意义支点词"。研究意义支点词的造词特色要注意以下三个方面：与简称的区别，与通常语素义的区别，与通常汉语造词法的区别。

关键词：意义支点　意义支点词　代表性原则　源复合词　选取和还原

一、意义支点和意义支点词

了解现代汉语复合词里的语素的意义，可以以辞书为工具。但有些复合词（AB）中的某语素（A 或 B），并未使用它的自身的意义（所有的义项里的某一项），而是使用了以它为构成成员的另外一个复合词即源复合词（AX、XA、BX、XB）的词义，此时，A、B 就成为 AX、XA、BX、XB 的"意义支点"。例如"面的"，《现代汉语词典》给"面"的两个同音字列出的义项分别是：

面^1：①头的前部。②向着；朝着。③物体的表面。④当面。⑤东西露在外面的那一层或纺织品的正面。⑥几何学上指一条线移动所构成的图形。⑦部位或方面。⑧方位词后缀。⑨连词。

面^2：①粮食磨成的粉。②粉末。③面条。④指某些食物的纤维少而柔软。

以上总共有 13 个义项，但是"面的"一词中的"面"不可能是其中任何一项。"面的"即"面包车的士"，"面"实际代表的意义是"面包车"，所以"面的（AB）"的语义格式不是 AB＝A＋B，而是 AB＝AX＋B。

可以肯定地认为，通行辞书都不可能交代出语素所代表的"意义支点"的原出处（AX、XA、BX、XB），换言之，在通行辞书里无法找到它的对号义项，这就给理解该类复合词带来不小的困难。以意义支点构成的复合词主要有以下几种格式（含举例）：

a. AB＝AX＋B   b. AB＝XA＋B

燕菜＝燕窝＋菜   丹皮＝牡丹＋皮

狼烟＝狼粪＋烟   耳农＝木耳＋农

猩红＝猩猩血＋红   翅席＝鱼翅＋席

c. AB＝A＋BX   d. AB＝A＋XB

檐马＝檐＋马铃   报命＝报＋使命

剪彩＝剪＋彩带   川军＝川＋将军

e. AB＝AX＋BX   f. AB＝AX＋XB

祁红＝祁门县＋红茶   彩管＝彩电＋显像管

拖驳＝拖轮＋驳船   乳细＝乳钵＋研细

彩电＝彩色＋电视

除此之外还有其他一些格式，从略。

选取意义支点可以丰富词汇，使语言经济。

二、意义支点词与简称

意义支点词与简称（缩略词）没有截然的界线。从历时的角度看，意义支点词和简称有着相同的来源范围，所以二者可以看作是同一个东西；但是从共时的角度看，意义支点词在外延上要大于简称，即意义支点词涵盖了简称。这时候，凡简称都是意义支点词，而意义支点词不一定是简称。我们暂且把意义支点词除简称之外的那部分称作"特殊简称"。

从整体上讲，意义支点词可分两类。一类以"人大"为代表，其特点是：它是全称的临时替代物，所以二者共时并存。如"人大"与"人民代表大会"并存，"家电"与"家用电器"并存，"奥运会"与"奥林匹克运动会"并存。这类就是通行现代汉语教材上所说的"简称"。一类以"耳农"为代表，其特点是：不存在与它共时并存的全称。如"耳农"不存在"栽种和采集木耳的农民或以生产木耳为职业的农民"的全称，"狼烟"不存在"点燃狼粪生出来的烟"的全称，"檐马"不存在"檐下像风铃的马铃"的全称。值得指出的是，"栽种和采集木耳的农民"、"点燃狼粪生出来的烟"之类只是对词义的语言表述，而不是较有固定形式的"称"。在通行教科书上所说的"简称"是不包括这类词的。总之，"人大"类（简称）脱胎于现成的全称，"木耳"类（特殊简称）脱胎于词义的释文。简称和特殊简称统称意义支点词。

三、意义支点词与通常语素义

意义支点义与通常情况下的语素自身所具有的意义（下称"通常语素义"）存在以下两点不同。在多数情况下，通常语素义是比较直观的，而意义支点义则是绕弯儿的，所以识记意义支点义要比通常语素义困难得多。例如"九秋"并非九个秋天，而是秋天九十天，这里的"九"是"九十"的意义支点（用"九←九十"的方式表示，下同）；"彩口"并非彩色之口，而是挂了彩的伤口（口←伤口）；"死友"并非死亡之友，而是至死不变的朋友（死←至死不变）；"留头"并非留头不杀，而留着头发不剃（头←头发）；"胸像"并非胸脯的照相或画像，而是腰部以上的半身像（胸←含胸）；"瓜片"并非瓜皮或切成片状的瓜，而是形如瓜子壳的荷地（瓜←瓜子壳）；"江西"并非长江之西，而是江南西道（西← 西道）……更有甚者，有少数词的字面意义竟与词义相反。例如"荔枝"（本作"离枝"）并非离枝而存，而是不能离枝而存（此果只能连枝剪下，不能单独剪下，"若离本枝，一日色变，三日味变"〔白居易语〕）；"高血压日"并非患高血压之日，而是防治高血压之日；"傻瓜相机"并非变傻的相机或傻瓜使用的相机，而是防傻的相机（"傻瓜相机"是英语 Foolproof〔防傻相机〕的意译词）。以上诸词把扭曲现实的内部形式呈现在人们面前，这真可谓是"危险的组合"（吕叔湘语）！

通常语素义具有能产性，即某一语素可分别与其他不同语素组成许许多多的复合词，如以语素"耳"可构成"耳背、耳机、耳边风、耳濡目染、木耳、帽耳"等几十个复合词。但意义支点多数是孤例，谈不上能产性，如"耳"的意义支点义"木耳"只存在于"耳农"一词中，"燕"的"燕窝"义只存在于"燕菜"一词中，"毛"的"毛竹"义只存在于"毛笋"一词中，等等。

只有极少数的意义支点代表两个相关的意义。如"民"在"民行"里代表"人民"，在"民乐"里代表"民族"，在"民工"里代表"农民"。"国"在"国有"里代表"国家"，在"国标舞"里代表"国际"，在"国办"里代表"国务院"。有时候意义支点呈现连锁关系，如"邮"在"集邮"里代表"邮票"，在"邮友"里代表"集邮"：

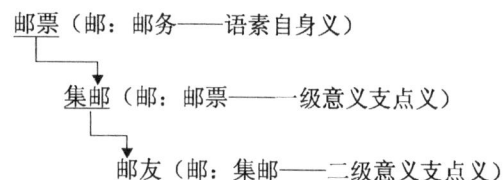

邮票（邮：邮务——语素自身义）

集邮（邮：邮票——一级意义支点义）

邮友（邮：集邮——二级意义支点义）

再如"彩"在"彩电"里代表"彩色"，在"彩霸"里代表"彩电"。"奥"在"奥运会"里代表"奥林匹克"，在"北京奥申委"里代表"奥运会"。

有时一个意义支点在两个复合词中代表的两个意思竟是相反的，如"寒"在"寒衣"、"寒腿"里分别代表"御寒"、"畏寒"义。

四、意义支点的选取和还原

1. 意义支点的选取。从源复合词中选取哪一个语素作为意义支点，取决于社会成员的约定俗成，其中的规律性不很强。从意义上看，无论是选取第一个还是第二个语素（为行文方便，暂不论三语素以上的复合词，但原则不变），总是遵从"代表性"的原则进行的。所谓"代表性"原则，是指被选语素在表义上最具代表复合词词义的资格，从而把令人误解的可能性降低到最低限度。譬如"翅席"（翅←鱼翅），应该说让"翅"代表"鱼翅"是合理的，假如选用"鱼"作代表，把"翅席"称作"鱼席"，那就很容易被误解为"鱼肉之席"了，而这与复合词的原义大相径庭。在意义支点的选取中，意义的"代表性"原则大于结构的向心性原则，不能认为向心结构的复合词的中心成分一定是该复合词的意义支点。譬如"冰茶"（冰←冰糖），依照向心结构的理论，中心成分"糖"最有资格代表"冰糖"，但是社会成员却选取了"冰"，舍弃了"糖"，因为倘若把"冰茶"称作"糖茶"，就未免让人误解为茶水中加上糖，这就失去了"冰茶"这一最具广告功能、最能反映"冰糖"的疗效的作用。正好相反，在较多情况下复合词的偏语素比正语素更有资格出任意义支点，这是因为偏语素具有区别性作用，而正语素则只表示事物的基本类属。如"集＋邮票"，称"集邮"不称"集票"，因为"邮"最具区别作用，它能够把"邮票"与"车票、戏票、股票、电影票"等区别开来。倘若把"集邮"改称为"集票"，那就让人不知所云了。同理：称"石化"不称"油化"，称"狼烟"不称"粪烟"，称"燕菜"不称"窝菜"。只有在选取正语素而不被误解，选取偏语素反被误解时，才选取正语素，如"木耳＋农"，不称"木农"称"耳农"，"鱼翅＋席"，不称"鱼席"称"翅席"。

有时，对源复合词里意义支点的确定，要进行一番并存竞争过程。例如"西＋服装"，既可以称"西服"，也可以称"西装"；"铁＋道路"，既可以称"铁道"，也可以称"铁路"；"社＋评论"，内地称"社论"，香港称"社评"，二者在现实生活中并存着。电脑或 VCD 机等上使用的影视圆片有好几种名称：影碟、光碟、光盘、视盘、碟盘、碟片等，曰"碟"者以碟喻之，曰"盘"者以盘喻之。然而它们孰留孰汰，似乎尚需更长时间的竞争。我国从 1980 年开始实行信件邮政编码制度后的一些年中，人们把"邮政编码"简称为"邮编"和"邮码"，经过一段并存后，社会成员业已选取了"邮编"，舍弃了"邮码"。

社会对新生的意义支点词需要一个接受和认可过程。例如"甲肝"、"乙脑"、"关爱"、"农转非"等，曾几何时人们闻之愕然，而今却已习以为常。但社会对某一意义支点词一旦接受和认可，就会产生巨大的规定性，它强制语言使用者只能这样而不能那样。例如"地方＋□"，在"地方税务"里取"地"（地税），在"地方语言"里取"方"（方言），而绝不可叫做"方税"、"地言"。同类如离休——退休，入网——上网。

不对称是意义支点造词中表现出来的一种普遍现象。例如：中师——幼师，"中"来自"中等"，而"幼"来自"幼儿"；"中师"指的是师范学校的等级（中等），而"幼师"则是指师范学校培养的对象（幼儿教师）。油印——铅印，"油印"指出印刷的颜料，"铅印"指出印刷的字模的质料；其实油印也需有字模，铅印也需有油墨。同类如：牛刀——马刀，内人——外人，车票——月票，猎虎——猎狗，网球——排球，徒弟——徒孙。

有时，语词所选取的意义支点不见得合理。例如"檐马"，意为挂在屋檐下的风铃。"马"何以能代表"风铃"？原来，"马"是来自"马铃"的意义支点，而又以"马铃"去喻指风铃。至此才发现，"檐马"是拐了偌大的弯儿才造出来的：檐下风铃好像马铃。按说，"檐马"应作"檐铃"，前者字面不明，令人茫然，后者字面较明，令人昭然；但是，汉语却选取了"檐马"，摒弃了"檐铃"。

意义支点的选取往往不是一次完成、一次到位的，在意义支点词的形成中，表现出很强的层次性。例如"人民代表大会"→人大会议→人大，非典型性肺炎→非典型肺炎→非典型→非典。

2. 意义支点的还原。把意义支点回归于源复合词，叫做意义支点的还原。比如集邮（邮→邮票），檐马（马→马铃）。这一还原在多数情况下可以凭借一定的依据或经验进行，但有时也会发生误解或歧解，例如："反思"初为德语 nachdenken、英语 reflection 的汉语意译词。这是个哲学术语，旧哲学从唯心主义角度指人的思想活动，黑格尔用它指反复思索。可见"反"是"反复"的意义支点。但是现在国内绝大多数人把"反思"一词理解为"反过头来对过去的事情进行思索"。《现代汉语词典》就作了如是的解释："思考过去的事情，从中总结经验教训。"这一解释把"反"理解为"返"，这就曲解了它的来源。中医管糖尿病叫"消渴症"，"消渴"是"消瘦和口渴"的意义支点（消瘦和口渴是糖尿病的两大症状）。但是不少人（包括中医界的人）把"消渴"想当然地理解为"消除口渴"，于是乎在治疗糖尿病的药物的说明书或广告中就出现了"消渴降糖"之类提法，这就把意义支点"消"错误地还原于"消除"了。

理据三问
——与黎良军先生商榷

　　摘　要：本文针对黎良军《加强理据研究，探讨词内世界》一文涉及的几个关于理据的问题提出质疑，主要讨论了"什么是理据"、"理据和内部形式的关系"及"理据研究的意义"等有关的若干理论问题，认为理据研究应该区分理据和词义、理据和内部形式及理据的内部研究和外部研究等几个概念，将理据研究放置在自组织的框架下，可以建立一种理据驱动的语言观。

　　关键词：理据　词义　内部形式　自组织

　　《辞书研究》（2000.4）刊载的黎良军《加强理据研究，探讨词内世界》一文，主要对《汉语理据词典》的若干词条的解释予以纠正，我们认为其中多数是中肯的，也有少数仍需商榷，但这里且不讨论，本文打算就黎文提及的几个理论问题进行讨论。

　　我们欣喜地发现，目前理据研究已经开始受到人们的关注，但这一全新课题毕竟处于初创阶段，有不少重要的理论问题，如什么是理据，理据与内部形式的关系如何，理据与词义的关系如何等等，需要进一步澄清。深入研究这些问题，既利于强化理据的理论建设，也利于理据词典编纂的进一步完善。

一、理据是"得名之由"还是"得义之由"？

　　进行理据研究，首先要弄明白的是什么是理据。"理据"这个词比较偏僻，《现代汉语词典》、《辞海》、《辞源》等均未收入。理据不是新造词，至少在南北朝时期就已经使用。南朝齐僧岩《重与刘刺史书》和《南齐书·礼志上》中都有"理据"一词，意为论据、道理。现在，很多学者用"理据"来同英语的 motivation 相对译。理据有广义狭义之分。广义理据包括语言自组织过程中每一个促动和激发语言符号生成、变化和发展的动因，狭义理据指语言各个层面上的理据，如语词理据、句法理据等。

　　黎文说词的理据就是词的"得义之由"，我们认为，"得名之由"的说法优于"得义之由"。大家知道，语词理据主要研究音义结合的动因，它作为联系音义的纽带分别同音义的距离是相等的，然而其中认知顺序却成了问题的关键：先有对事物的理性认识而后为它寻找名称（得名），还是先有名称而后再去寻找事物的理性认识（得义）？这个问题不仅与语词形成的认知研究相关，而且涉及理据探究的方法和程序。从语词发生角度看，总是先有对事物的认识（哪怕是肤浅的甚至是错误的认识），而后才谈得上为之命名。在名称与事物的互向关系中，矛盾的主要方面是事物而不是名称。是事物选择了名称，而不是名称选择了事物。碰到一个新词时，人们首先关心的是"某物何以叫做此名"，而不是"此名何以指称某义"，所以人们最关心的是物的得名之由，而不是名的得义之由。这如同姓名之于人一样，尽管任意性的原则在 zhāngsān 与张三其人的音义互向上同具解释力，但是人们首先想到的或者说更感兴趣的是张三其人为何叫"张三"，而不是 zhāngsān 的语音为何有张三的指称意义。我们管这一现象叫名称、事物联系中的"物本位"。汉语里有个成语叫做"名副其实"，是说事物的名称副于事物本身，强调事物是第一位的，名称是第二位的，这个成语所说的正是"物本位"的道理。摹声说的代表人物赫尔德曾经这样构想人类语词的最早获得："羊羔站在人面前，就像它促动人的感官时一样。白色的、温顺的、毛绒绒的——人的心智正在其意识活动中寻找着羊的特征……咩咩叫的声音，由于被人以这种方式理解为羊的特征，从而在反思的媒介作用下成了羊的名称。"赫尔德形象地构想了人类获得语词的过程，展示了这样一个普遍的认知过程：总是先有对事物的理性认识（意义），然后为它寻找合适的名称，而促动人们选择这个名称而不是别的名称的原由就是语词的理据，简言之，语词的理据即事物或词语"得名之由"。

二、理据是词的"内部世界"还是"外部世界"?

黎文认为,词的理据是词义的"内部世界",我们觉得这一提法欠妥。将词的理据看作词的内部世界,究其原因是混淆了理据和内部形式这两个不同的概念。

前苏联语言学家布达哥夫沿用了"内部形式"的术语,但赋予其完全不同的内涵。他认为:"用词表达概念的方式,词的声音外壳及其最初意义之间联系的性质就叫做词的内部形式。"很明显,他在词的内部形式和词的理据之间划上了等号。我国语言学界几乎全盘接受了布达哥夫的观点,"词的理据也叫词的内部形式"几乎成了一句口头禅。有的文章尽管没有提及"理据"一词,但把内部形式解释为事物获得名称的依据,这实际上是把内部形式当作理据了。

内部形式作为一个语言学专门术语,是19世纪德国语言学家洪堡特提出的,在我国又有人译为"内在语言形式"、"内蕴语言形式"、"内蕴形式"等。按照洪堡特的观点,内部形式指的是语言的语法结构和语义结构。《语言和语言学词典》(1982)对内部形式所作的定义进一步阐明了这一看法。

那么,理据和内部形式是什么关系呢?我们认为,语词的内部形式和理据是两个既相区别又相联系的概念。为直观起见,将二者关系简示如下:

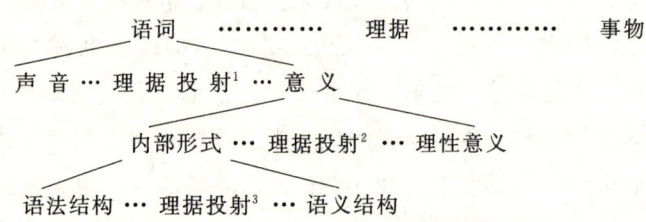

上面树形图中每个节点的左分枝是形式,右分枝是内容。词的内部形式居于理据投射[2]的左分枝,是词的语法结构和语义结构之和,是词的理性意义所依托的实体形式,无疑属于词的内部世界。而词的理据是联系语词声音和意义、内部形式和理性意义、语法结构和语义结构的纽带,是形式和内容结合的动因,它理应属于词的外部世界。例如,"打春"一词的理据的语言表述是:旧时府县官吏在立春前一天把用泥土做的春牛放在衙门前,立春之日用红绿鞭抽打之,表示迎春。这一理据发生在"打春"这个语词产生之前，是"立春"的理性意义的外部世界。理据和内部形式是因果关系，因而是内外关系：理据是因（外），内部形式是果（内）。作为果（内），内部形式是形式和内容的结合体，作为因（外），理据既非形式也非内容，它是居于词外的形式与内容结合的动因。

三、为什么要研究理据？

黎文提出"揭示理据的目的在准确把握词义"，将理据研究视为词义研究的附庸，我们不敢苟同。

现代语言学以乔姆斯基革命为标志，发生了解释的转向。就是说，人们已不再满足于观察和描写语言事实，而是将解释的充分性作为语言研究的目标。所谓解释的充分性说到底就是探讨语言现象背后潜在的理据，以使人不仅知其然，也知其所以然。在这种学术背景之下，理据的研究实质上已成为当代语言学的主要课题。理据的研究必须放置在一个开放的系统环境中，因而使得这门学问具有了跨学科的性质。理据研究的更深远的意义和更大的价值在于通过对语词理据的研究，揭示理据与内部形式、理据和词义、理据和词的语素义等的复杂关系，从而首先从词汇的角度把握自组织运作的规律，进而将词汇研究与语音语义语法的研究结合起来，将语言的研究和认知、文化的研究结合起来，从而建立起理据驱动的语言观和理据解释的语言学。也正因为如此，理据研究的价值和意义也就不限于语词研究本身，更不会只以理解词义作为其终极目的了。

长期以来，词汇教学中始终存在着只重视词义而忽视理据的倾向，把理解词义当做词义学的唯一目的。比如许多现代汉语教材和词汇学著作中，经常倡导人们了解词义要排除内部形式和理据的干扰，例如经常说"白菜"不是"白的菜"，"白的菜"不就是"白菜"。其实这句话只说对一半，说"白的菜不就是白菜"是对的（白萝卜是白的菜，但不是白菜），但说"白菜不是白的菜"就错了，因为事实上白菜的得名由来就是"白的菜"：本名菘，有许多变种，色白者曰白菜，色微青者曰黄芽菜。上述做法直接影响到了对理据的探究。

诚然，在许多情况下了解理据对理解词义是有所裨益的，但是"揭示理据的目的在准确把握词义"的观点未免把理据研究的意义看得过分狭隘，究其原因仍与上述"白菜"说同出一辙：把理解词义当做词义学的惟一目的。

事实上，探知理据未必一定对理解词义有直接的帮助，因为词义是现成的理性意义（概念意义），它代表的是现代人对事物的高度理性化了的认识，而理据则是原始的造词动因或由来，前者是共时的显性的，后者是历时的隐性的，理据与内部形式有因果关系，而与词义没有因果关系。例如知道了白菜是"白色菘菜"，这并不能加深人们对"白菜"的词义"二年生草本植物，叶子大，花淡黄色，品种很多……"（《现代汉语词典》）的认识。事实上人们并不会因为不了解语词的理据而使对词义的理解变得肤浅或模糊，反之，他们也并不会因为了解词的理据而使原来对词义的理解变得更加深刻。要深入准确地把握词义，只能主要地依靠对客观事物的反复实践和认识，而不是依靠揭示词的理据。（此文二人合作）

关于复合词内部形式的质疑

——与刘叔新先生商榷

摘　要： 对于刘叔新先生的《汉语复合词内部形式的特点和类别》一文第 4 个自然段对内部形式的解释，提出六点商榷意见。

关键词： 内部形式　古代的　现代的

"内部形式"（inner from）是由 19 世纪德国著名语言学家洪堡特提出来的。国内对于语词的内部形式的研究非常薄弱，因此这方面的资料不多见。刘叔新先生的《汉语复合词内部形式的特点和类别》一文（《中国语文》总第 186 期）对汉语复合词内部形式的特点和类别进行了有益的探讨。所憾文首 4 个自然段（可看作是文章的简略前言）对内部形式的解释多有令人困惑不解之处，今不揣冒昧，提出来商榷，为的是引起人们对长期被冷落了的内部形式问题的兴趣。

第一，文章第一段认为，"词的内部形式是词义最初形成时反映事物对象的特点所采取的方式"，可是第四段却说，现代复合词内部形式"无须通过历史的考查而意识到"。这两句话似乎是矛盾的。内部形式既是"最初"采取的方式，那一定是属于古代的和过去的东西，探究之就必然需要历史溯源的途径才能求得，怎么能够"无须通过历史的考查而意识到"呢？

第二，文章第三段说，"逍遥"、"跋扈"等词，"今天一般人已经不能从'逍遥'一词中意识到，这说明它业已消失，只存在于古代"；所以，"现代汉语的复合词并不存在内部形式"，就是说"逍遥"等词在现代汉语中不存在内部形式。如此说来的结论是："逍遥"等词具有古代的内部形式，而不存在现代的内部形式。——内部形式而分古代的和现代的，这是十分令人费解的。事实上，要给复合词划上一条"古代内部形式"和"现代内部形式"的界线，恐怕是做不到的。

第三，文章认为，因为"逍遥"、"跋扈"等词的"存在古代"的内部形式"今天一般人已不能意识到"，所以在第四段中说，"推敲"、"涂乙"等"列入共时分析的范围"的"现代复合词的内部形式"就该是"今天一般人""无须通过历史的考查而意识到"。但是在本段中却说，这类词"须是文化较高的人才能意识到"的。这似乎又是自相矛盾的。

第四，文章第四段果然结合古代的内部形式和现代的内部形式作了界定——把复合词的内部形式分为"应列入共时分析的范畴"和"只存在于古代"因而"可以排除出去，划归词源学研究范围"的两大类。兹将第四段原文照抄如下：

这里，存在一个界限问题，有的复合词，须是文化较高的人才能意识到或迅速推知其内部形式，如"推敲、涂乙、滥觞、泰斗、春晖、刀笔"之类。它们的内部形式只为一些人所知晓。但因该承认是现代语言系统中的语义事实，因为它无须通过历史的考查而意识到。因此，凡内部形式能被相当一部分人所知晓的复合词，应列入共时分析的范围；而凡内部形式须作历史的探察才能得知，仅为很少专业的人员所明了的，可以排除出去，划归词源学研究范围。这样一种界限，可能比较符合实际。

这里有两个问题：A. 现代的内部形式界定为：能被"某一部分人"、"相当一部分人员"、"文化较高的人"所知晓的。我们认为所谓这三种人并不能给人以统一的概念，"某一部分人"明显少于"相当一部分人员"，至于"文化较高的人"则是一个模糊的概念，不知作者当把他们归于"某一部分人"，还是归于"相当一部分人员"。其次，不宜用对内部形式知晓的人数——而且是相当模糊的人数——的多寡来作为定义学术语的标准，因为这样做已经完全偏离了科学的范围。B. 这里对古代的内部形式的界定是清楚的，所举的词例（在第3段），它们是："逍遥、跋扈、磊落、踯躅、陆离、当归、蟾蜍、鹌鹑、蝙蝠、蝼蛄"。它们有什么形式上的标准？文中没有交代，但从这些例词看，它们基本属于通常人们认为的"联绵词"，而作者则当作是复合词，我们暂且不论它。我们要说的是："逍遥"类词在古代汉语中本来就属少数，沿用到现代汉语中的就更少了。把它们排除出去，而得出

122

"现代汉语复合词并不都存在内部形式"的结论是欠妥的，我们认为作者在这里与其说"现代汉语复合词并不都存在内部形式"，不如说现代汉语复合词绝大部分存在内部形式更为贴切。

第五，文章认为"推敲、涂乙、滥觞、泰斗、春晖、刀笔"之类的内部形式"无须通过历史的考查"而被"迅速推知"，这恐怕不符合事实。例如"推敲"，其语义结构不仅仅是"推和敲"所表示的两个简单的动作，而须向前推至唐代诗人贾岛作《赠李凝幽居》一诗的故事，非如此怎么能够体现出该词的内部形式呢？"滥觞"何以用来喻指"事物的起源"呢？回答这一问题，必须用历史溯源的方法去了解古人的造词心理和造词理据：河流发源处的水很浅，不能浮起重物，只能浮起酒杯（滥：泛滥，引申为浮起；觞：酒杯）。"刀笔"则须要了解古代是用什么样的书写工具，然后才可能知道该词何以指代写状子的事：古代在造纸术发明之前，在竹简上记事，若需删改文字，就用刀子刮去，本此。至于"涂乙"，据我所知，许多人连它的词义（删改文章）都不明，更谈不上"意识到或迅速推知其内部形式"了。

第六，本来，文章给"内部形式"所下的定义是正确的，所以理应就此定义出发坚持认为内部形式是属于"最初的"因而是古代的东西，但刘文却硬把"现代复合词内部形式"当做现代的东西。诚如　件古玩，它的内部形式既从古代与物俱生，又在现代呈现于世一样，词的内部形式产生于古代而传承于现在，所以从表面上看，它似乎是"现代语言系统中的语义事实"，但是从本质上看，却必定属于历史的范畴。这是因为语言永远属于历史的产物，正如索绪尔所言："在任何时代，哪怕是追溯到最古的时代，语言看来都是前一时代的遗产。"

123

外来词的内部形式化倾向

摘　要：外来词可分纯音译词、半音译半意译词、纯音译词＋汉语语素等 5 类。其中只有部分纯音译词是单纯词，其余大部分是复合词，所以大部分外来词具有内部形式。

关键词：外来词　内部形式化倾向　消失　附会　残存　羡余

§1. 人们知道，从外国语言或本国其他民族语言翻译过来的词包括音译词和音译词两类。汉语音译词亦称借词，它是指以汉语音节对译他语语词的一类词，例如"沙发"是英语 sofa 的音译，"哈达"是藏语［kha taʔ］的音译。意译词亦称"译词"，它是指仿造他语语词的内部形式用汉语的语素和结构方式创作的新词，例如"蜜月"是英语 honeymoon 的意译，"热狗"是英语 hotdog 的意译。

许多人认为音译词都是单纯词，我们则认为音译词不都是单纯词，所以音译词有的没有内部形式，有的具有内部形式。意译词是复合词，所以具有内部形式。所谓内部形式，它是合成词的语法结构和语义结构的总和，譬如一种用瘦肉制成的松绒状或碎末状食品叫"肉松"，汉语采用了偏正（肉制的松绒）的内部形式，从质料和形状方面表现该食物的特点。"公主"的内部形式是主谓（帝王嫁女，公侯主婚），从帝王嫁女时的主婚角色来反映人物的特点。

§2. 由于原语言和汉语的差异以及使用者认知习惯、文化背景、思维特点等的不同，外来词（原词为无内部形式的单纯词不论，下同）在由一个共时系统转移到另一个共时系统的音译过程中，内部形式发生了消失、附会、残存、残存＋附会、羡余等现象，它们情况有别，但是呈现出了一个总趋势，即它们都向着内部形式化靠拢。

（1）纯音译词（a）：外来词内部形式的消失

由于纯音译词采用了只取其音、不取其义的翻译方法，所以原词（原语言词的简称）的内部形式在从原语言到汉语言的翻译过程中丧失殆尽，成为一种无内部形式词。例如镭射、泰坦尼克、布洛芬、芬必得等，我们无法对之作语法结构和语义结构的切分，也就是说我们已无法从形式上看到它们起初的概念的构成和其内部的言语组合规律（洪堡特语）。

（2）纯音译词（b）：外来词内部形式的附会

汉人有时习惯以顾名思义的方式去发觉词义，可是无内部形式词不能满足这一需求，于是在吸收外来词时，他们总是力求使原来的内部形式有所保留，即使是纯音译词也力求这样。具体做法是，在原内部形式随共时系统的转换而消失的同时，借原语与汉语某些音节的相似处，掺合汉语使用者对所指事物的认识、评价和审美情趣等，尽可能地选取那些与原词意义有点瓜葛的字，有意拼凑从而附会出一种内部形式，使译词带上生动的内部形式色彩（此所谓美义音译词）。我们把这种与原语言的内部形式无直接关系的内部形式称之为虚拟内部形式。

例如英语 bye-bye，汉语习惯译作"拜拜"，其实译作"白白"更接近bye-bye 的读音，然而汉人挑选了拜拜，因为拜拜可使人联系到拜谢、拜别。"奔驰"是一种国际名牌小轿车，原文本为 Benz，汉人却为之挑选了与之音近而又表示奔腾驰骋义的奔驰来对译。"黑客"借自英语的 hacker，在英语里本指那些利用电子计算机网络胡乱编程来做游戏或暗暗进行技术比赛的人，后来指那些专门利用网络进行制造传播病毒或编辑解密程序等非法活动的人。在译为汉语时，原语言中的内部形式 hack（乱劈乱砍）＋er（的人）随音译而消失、中断，但新的共时系统又给它以新的认知印迹：在计算机领域从事秘密的非法编程等（黑）活动的人（客），于是一种虚拟内部形式随音而产生了：黑客。"伟哥"借自英语的 Viagra，指一种治疗男性性病的特效药，翻译者有意给它虚拟了内部形式使哥们儿英伟，收到了很好的广告效果。"舒肤佳"（香皂）借自英语 safeguard，给人一种使皮肤舒服佳美的联想。"可口可乐"借自英语的 cocacola，却给人以可口美味饮而生乐的印象。"马拉松"借自英语 marathon，会使人联想到像马拉着松树，长途跋涉。"的确良（凉）"借自英语 dacron，会使人产生的确优良（凉快）的感觉。"托福"借自英语 TOEFL，会使人产生托福外语考试取得成功而交好运的感觉。"俱乐部"借自俄语 клуб，给人一种大家都（俱）快乐的印象。同类如：Yahoo——雅虎，cotec——科泰，boarding——宝典，totole——太太乐，maggi——美极，jumbo——真宝，pedigree——宝路，dipterex——敌百虫，shampoo——香波，fancier——发烧（友），Librillm——利眠宁，mango——芒果，tenant——佃农，cyclamen——仙客来，DDVP——敌敌畏，vitamin——维他命，vermouth——味美思，engine——引擎，dancinggirl——弹性女郎，sprite——雪碧，sumicidin——速灭杀丁，robust——乐百氏，canon——佳能。更有意思的是，同样一个外语词在不同的语用场合，汉人会给它选择不同的虚拟内部形式，例如 siemens 是德国一家国际知名的大公司的产品品牌名，到了汉语里却变成了两个名字，其床上用品的名称被拟作"席梦思"，因为这个名称可以使人产生"在此席上做美梦、放思绪"之类的联想；而其电子产品则被拟作"西门子"，因为这个带洋气的名称易使人朦胧地想到与西方先进科技学术相关的东西，这又迎合了人们在使用高科技产品时以洋为美的一种心理。

虚拟内部形式的音译词极易以假乱真，使人误认为是汉语词。譬如"绷带"，本来是英语 bandage 的纯音译词；可是依声附会出的虚拟内部形式——绷紧＋带子，使不少人把"绷带"误作汉语固有的词看待了。

给外来词附会内部形式，有助于词的形象化，从而有助于人们理解和记忆，但是附会内部形式一定要注意显豁，否则会令人莫名其妙，比如波斯语 Zumurud（绿宝石），汉语译词写作"祖母绿"三字，这使人绞尽脑汁也想不出这种绿同祖母（奶奶）有何关系。

时下在产品、商店等的定名上蔓延着洋货国名、国货洋名的现象。我们认为所谓洋货国名并非严格意义上的国名，它实际上就是外来词内部形式的附会。例如 canon——佳能，pentium——奔腾……本节所举的例子（敌百虫、芒果等）都属于此类。不少人对所谓洋货国名的现象持否认态度，其实它完全属于汉语音译词的一种常态。而所谓国货洋名是指给国货起一个外文名称，如中国化妆品美加净，另起英文名 Maxam；网站名新浪，另起名英文 Sina。

应该指出，为词语创造虚拟内部形式，并不为汉语社团所独有。这里举几个英语的例子：UFO，原内部形式为 undentified＋flying object，本指一种不明飞翔物，一些人却偏偏为它创造一个虚拟的内部形式 ugly＋female＋organization，意为丑女俱乐部，以示戏谑。MBA，原内部形式为 Master of Business Administration，指工商管理学硕士，人们却赋予其虚拟内部形式：Married but avaiable（字面义为已婚而可择偶的），来戏谑地称呼那些作风轻浮的已婚者。OICQ，是一种网络聊天的寻呼程序，人们给它一个有趣的虚拟内部形式：Oh＋I＋Seek＋you，意为我在寻找你。看起来，内部形式化可能是人们对语言的一种共同需求。

（3）半音译半意译词（a）：外来词内部形式的残存

这部分外来词中，将原词一分为二，一半音译，一半意译。音译的部分使对应的原词内部形式的结构元消失，而意译的部分则截取了原词内部形式的另一结构元，使原词的内部形式残存于汉语词当中。例如"德比蓝"源于英语 Derby blue（一种中等饱和、低等亮度的微红的蓝色），汉语把其中 Derby 音译为"德比"，而把的 blue 对译为"蓝"，人们可以通过这一残留的内部形式得知德比蓝是指一种蓝色。同类如：新几内亚：pabua＋新（new）＋guinea，剑桥：cam＋桥（brige），冰激凌：冰（ice）＋cream，呼拉圈：Hula＋圈（hoop），格式塔心理学：Gestalt＋心理学（psychology），二噁英：二（di）＋oxin。

（4）半音译半意译词（b）：外来词内部形式的残存＋附会

部分外来词，汉人有时不满足于内部形式的残存，而试图用自己独特的视角，修复原词内部形式中业已消失的那部分结构元。譬如 miniskirt 在英语中指一种长不及膝的超短裙，其内部形式为 mini＋skirt（微形＋裙子）。成为汉语借词后，其中一个结构元 skirt（裙子）因意译而保留下来，而另一个结构元 mini（微形的）则随音译而消失，但是汉人却用讹变的方法对它加以修改：将 mini 讹为迷你，意为迷惑你的。于是迷你裙就像变形了的进口工艺品一样展现在汉人面前：迷惑你的裙子。

当然，这种修改能否被汉人认可，还要受到心理因素、所指特点等的制约。比如，minibus 在英语中与 miniskirt 有一个相同的内部形式结构元 mini（微形的），汉语曾一度译为"迷你巴士"，最后被"小巴"取代。这是因为小型公共汽车缺乏如同超短裙那样的视角刺激性而被更通俗易懂的结构元所替代。

（5）纯音译词＋汉语语素：外来词内部形式的羡余

　　汉语外来词中还有一部分是在纯音译词后面或前面（绝大多数是在后面），配置一个表示该词所指类属、特征等的汉语语素而构成的。加上这一语素看上去似乎是多余的，却是汉人喜欢使用的一种翻译方法，因为它可使词形醒目，义类显豁。

　　例如汉语"扎啤"的第一个结构元是英语词 jar 的音译，原意本为一种盛酒的广口瓶，后用来指一杯酒，译为汉语时人们在音译的基础上又加上一个人们已经熟知的汉语语素"酒"，使其内部形式显豁。英语 cha－cha 译为"恰恰舞"，它的第一个结构元"恰恰"是英语原词 cha－cha 的全音译，第二个结构元"舞"则是另加的汉语语素（羡余成分）。这个外来词的内部形式为"恰恰＋舞蹈"。同类如：

　　因特网："因特"是英语 Internet 前两个音节的纯音译，"网"是汉语语素。

　　菠菜："菠"是尼泊尔语 palinga 首音节的纯音译，"菜"是汉语语素。

　　沙皇："沙"是俄语 даръ 的纯音译，"皇"是汉语语素。

　　酒吧："吧"是英语 bar 的纯音译，"酒"是汉语语素。

　　色拉油："色拉"是英语 salad 的纯音译，"油"是汉语语素。

　　霹雳舞："霹雳"是英语的纯音译，"舞"是汉语语素。

　　爱滋病："爱滋"是英语缩写 ALDS 的纯音译，"病"是汉语语素。

　　香槟酒："香槟"是法语 champagne 的纯音译，"酒"是汉语语素。

　　皮猴儿："猴"为是英语 cowl（有风帽的大衣）的纯音译，"皮"、"儿"是汉语语素。

　　加利福尼亚石："加利福尼亚"为英语 californite 的纯音译，"石"是汉语语素。

　　以上我们把全部汉语音译词分外 5 种类别，即纯音译词（a）（好莱坞）、纯音译词（b）（敌百虫）、半音译半意译词（a）（德比蓝）、半音译半意译词（b）（迷你裙）、纯音译词＋汉语语素（恰恰舞）。其中只有第 1 类（纯音译词（a））属于纯粹的因而是无内部形式的音译词，而剩下的 4 类全表现出内部形式化的倾向，只不过在程度上有异而已。通常认为外来词指音译词，音译词都是单纯词，我们则认为音译词不都是单纯词，因为音译词有的没有内部形式，有的具有内部形式。可以看出，汉语外来词从总体上呈现出一种内部形式化的倾向。

§3. 需要补充说明的是，即使是纯音译词，也发生内部形式化倾向。例如：

在一组同音（或近音）的音译词中，汉人又在文字上做文章——极力挑选那些最有利于引起联系的字眼。例如英语 cement 最初汉译为"水门汀"，后又改称为"士敏土"，一个"土"字使词顿生理据色彩，况且敏又能诱导人不免联想到此物在使用时能够迅速凝固的那种敏捷意。英语 sauna（一种芬兰式的蒸汽浴）汉语音译词分别写为"桑那、桑拿、桑娜"等，并用了一段时间后，"桑那"基本让位于"桑娜"，这是因为"娜"这个与女性有不解之缘的字眼可使人联想到服务女郎。后来"桑娜"又多写作"桑拿"，这又是因为"拿"可使人联想到推拿按摩。"狮子"初作"师"，是个西域音译词，后改作"狮"（后又加后缀子），加反犬旁标志着狮子属犬类动物。"魔"是梵语音译词，初作"磨、末"，魔者鬼也，所以南朝梁武帝将"磨"改作"魔"。同类如颇黎→玻璃，蒲陶→葡萄，目宿→苜蓿，空侯→箜篌，锁纳→唢呐，必栗→筚篥……

同（近）音异形的外来词，最后孰胜孰汰，看来主要地取决于其内部形式意义是否更加靠近于实物或社会交际兴趣。

"葡萄"是个外来词，源于古大宛语，相当丁伊朗语的 budāwa，开始译为"蒲陶"或"蒲桃"，宋元以来写作"蒲萄"或"葡萄"。不管如何写，它是古代外来词，没有内部形式，但是明代医学家李时珍在其《本草纲目》中却说葡萄酿酒味醇，人饮之则陶，这就给一个单纯词杜撰出了虚假的内部形式。

"八哥"初作"鸜鹆"，是阿拉伯语 babgha 或 babbagha 的音译，南唐后主李煜废"鸜鹆"，"立八哥"，沿用至今。我们已知"八哥"是音译词，无内部形式可言，但汉人却给它附会出：羽翼有白斑，飞时显露，呈八字形，善模仿人说话和唱歌（哥通歌）。

学习外语时，为了强记一个外语单词，有人依据该单词读音附会出一个虚拟内部形式来。例如俄语的 флаг（旗子），有人故意把它臆解为"忽啦个"——旗子在风中忽啦忽啦地响。英语 PH.D（哲学博士）有人故意臆为"屁也吃得"，Esperanto（世界语），有人臆为"S不难读"，atom bombs（原子弹），有人臆为"挨他妈一棒子"，Olympics（奥林匹克），有人臆为"我能比呀"，展示古希腊爱神臀部之美的雕像 kallipygs，有人臆为"佳丽屁股"。也有人从外语书写形式上找一些理性而以形带义，如有人为了设法记住英语 monopoly（垄断），他说这个词里有三个"O"，都被它垄断了。如此等等，一个单词竟在莞尔一笑中被强行记忆。

汉语具有音节、字、语素基本一致的特点，所以听音知义、见字知义成为长期以来汉人的一种普遍的语言认知心理。汉人具有名不正则言不顺的民族心理，他们极不喜欢那些与字义脱节的因而起不到任何听音知义、见字知义作用的无意义的非语素音节（字），所以在汉语中经常发生这样的现象：某外语词起初被汉语译为音译词，但后来被另外一个具有内部形式的新词所替代。例如：英语 telephone 起初被音译为"德律风"（其中"德"、"律"、"风"都是非语素音节），但后来改称为"电话"（其中"电、话"都是语素音节）。英语 laser，汉语意译为"莱塞"，后附会为"镭射"，近乎粒子放射之意，但是后来连附会也不要，干脆代之以汉语词"激光"。

同类如：cracker—克力架→饼干，grammar—葛朗玛—语法，engine—引擎→发动机，UFO—幽浮→飞碟，democracy—德谟克拉西→民主，fallacy—发拉屎→谬论，husband—黑漆板凳→丈夫，inflation—印发热凶→通货膨胀，president—伯理玺天德→总统。

对外来词内部形式化的现象我们应持一分为二的态度：一方面，虚拟内部形式是人们有意无意附会出来的，它完全不能反映出语词的真实理据；但是另一方面，这一虚拟内部形式里面映射着人们的造词心理，充斥着丰富的文化内涵，后人可以通过这些符合自己民族思维方式和浓郁民俗风情的故事逻辑内涵，强化语词的形式标志、形象色彩以及民族语感，并以此为门径和线索深化对词义的记忆和认识。（此文二人合作）

试论相似思维在语言创造中的地位

摘　要：本文依据著名的相似理论对相似思维在语言创造中的作用和地位进行阐述，对汉语复合词的相似造词原理进行具体的类析。

关键词：相似思维　相似造词　本体　喻体

§1. 在悠悠天地间，在茫茫宇宙中，无不充斥着形形色色的相似现象。这些普遍存在于自然、社会和语言等领域的相似现象反映到人类头脑里，生成了无数错综复杂、层次各异的"相似块"，产生了"相似思维"。"所谓相似思维，就是人们有意识或无意识地运用事物之间客观存在着的几何相似性、结构相似性、运动相似性和功能相似性导致新的认识的思维活动。"

语言作为维系人和世界的各种关系的基本纽带，它能事无巨细地反映一个民族的全部文化发展历史和思维发展历史。语言常常不可避免地与人类的社会行为、价值观、审美观融为一体，所以客观事物的相似性和思维中的相似机制，必然使自然语言从它一开始产生便与相似性结下不解之缘。

人们知道，语言起源于劳动。"摹声说"认为，原始人类听到了自然界的物体和动物的声音，就去摹仿它（"假自然之声"），后来这些声音就成了个别物体或动物的名称。这里的"摹声"，实质上是把某种声音形式与某一事物联系在了一起，从而在头脑中建立起"相似块"。"手势说"认为，人类最初没有有声语言，只是用手势和体态等表达思想感情。用手势比划之所以能达到一定的交际目的，就是因为比划所示的手势轨迹图形与所述事物相似，以此启发别人调动大脑中的"相似块"，由手势联想到事物，从而达到共识。尽管种种关于语言起源的假说都不免有其局限性，但是它们从另外的方面证明了先民已经具备了一定的分类能力和综合能力——相似思维的能力。

人类思维是不断朝着由具体到概括、由形象到抽象的总趋势发展。能否善于不断发现和认识事物之间的相似现象，直接影响到人的思维概括能力的提高，此所谓“智者察同，愚者察异”。从人类思维发展史看，古人的思维比较缺乏概括性，这可以从某些原始民族的语言略见一斑。澳大利亚的阿兰达语中，有至少九个表示各种“蜥蜴”的词，却没有一个概括它们的“上义词”。而在克拉马特语言中有十二个动词表示洗澡、十六个动词表示分开，却没有表示一般意义的“洗澡”、“分开”这两个动词。古代汉语中存在“猪、彘、豕、豜”等十几个词，却没有统称它们的“猪”。对于许多事物，古人往往把“注意价值”放在“变异”上，而现代人却往往放在“同”上。随着人类相似思维的发展，语言中产生越来越多的“上义词”。

再从个体发生角度看，人们具有一种普遍的心理现象：人们在认识某一新生事物时，总是将它与某一已知事物相比较，比较两物之间的同与异以及同中之异和异中之同，而后抓住两物的相似点，把已知的移植于未知的，或者依据已知的去推断未知的。这一现象往往在儿童身上表现得尤为显著。帕默尔的《语言学概论》一书中曾举了这样的例子：儿童最先知道“狗”的名称，于是后来见到牛等所有四条腿的动物，也都管它们叫“狗”。帕默尔认为“一切名称起初都是专名”。学习语言的过程，实际上也是认识世界的过程，相似思维发展的过程。孩于初次见了猫，听大人们说它叫 māo，在他脑子里就把 māo 这一音响形象和“猫”这一动物形象联系起来了。后来在别处见到了狗，仍称呼 māo，于是大人给予纠正，说这不是 māo，而是 gǒu。经过多次的纠正，启发孩子开始注意猫和狗的区别（同中之异），孩子在多次失误和修正中，掌握了一个词。接着，孩子在独词句的基础上又学会了两个词乃至若干词的组合。譬如借助单词认识了猫和狗以后，又听大人们说白猫、黑猫（同中有异），白猫、白狗（异中有同），他便按词的指示逐步认识了同类中的异，异类中的同，以至参与了“白猫、黑狗”这样的同异参差的复杂思维活动。

意大利思想家维科说：“最初的人民仿佛就是人类的儿童。”人类的祖先就像儿童一样，以已知的名称去称呼在某一点或某一方面与该名称所称呼的东西类似的东西。例如美洲的纳瓦霍人过去没有见过“马”，欧洲人入侵美洲后，纳瓦霍人便管马叫“狗”；我国的撒尼人把他们过去从未见过的自行车叫"铁马",把飞机叫做"铁鹰"。究其原因正是依据马和狗的相似点——四条腿,自行车和马的相似点——可骑,飞机和鹰的相似点——会飞,在头脑里建构了相似块而又通过语言折射出来。汉语管"罴"叫"人熊",为什么?《尔雅·释兽》曰:"罴如熊。"郝懿行义疏:"熊罴相类,俗人不识罴,故呼为人熊。"古书《牟子·理惑论》上讲了这样一个故事:一个见过麒麟的人讲给人们听,却始终讲不明白,后来他说麒麟是"獐身牛尾鹿蹄马背",人们便明白了。李白在《古朗月行》一诗中说:"小时不识月,呼作白玉盘,又疑瑶台镜,飞在青云端。""月"、"盘"、"镜"在几何形象上何其相似乃尔。现代人把拖拉机叫做"铁牛",把"水阀"叫做"龙头",把畸形人胸叫做"鸡胸",把墙壁下边的部分叫做"墙裙"。从心理角度看,则是"人类有把自己不知道的东西和知道的东西等同起来的普遍倾向";从语言的角度看,这是相似造词(比喻造词)的方法。

值得指出的是,尽管相似思维来源于客观现实,但是决不能据此认为二者是整齐对应的关系,即客观现实中有何相似物,反映在人脑中就一定会产生相应的相似块。这是因为人们严重地受着因时代、民族、文化等因素而异的认识水平和文化习俗的影响,使得人的思想和意识同客观事实之间形成各种各样的差异。例如在汉族人看来,衣服、被子和麻布是完全不同的三件东西,于是汉语中便分别造了如此三个名词,但在我国云南高黎贡山的俅子眼里,却以为它们是极其相似的东西,都叫 [dɕ io],语言里便没有必要造出三个词去表示。汉语中的伯父、叔父、舅父、姑父、姨父是不同的几个亲属称谓,但在俄语中却以 ДЯДЯ 一词"一言以蔽之"。在我们看来,大马小马、白马黑马全是"马",但在我国古代畜牧社会里,人们却给各色各样的马起了"骆、骠、骊、骝"等几十个名堂。

其次,客观世界中的相似现象纷纭繁杂,甲物既可以与乙物相似,也同时可以与丙物、丁物等相似;甲物从 A 角度与乙物相似,而从 B 角度又与丙物相似……诸如这般,不一而足。但是人们通过相似造词去描述或形容事物时,总是"抓住一点,不从其余"。例如"玉米"的许多方言词,反映了不同地域的人们给它选取相似物和相似点的兴趣和习惯不同:曰"玉米"者,以"玉"喻之(一说"玉"即"御");曰"棒子"者,以"棒"喻之;曰"珍珠米"者,以"珍珠"喻之。

古今中外的学者普遍认为,相似性是创造语言的最重要的原料之一。如果要在言语作品中找出与相似有关的东西，那是一件再容易不过的事情。不必说诗歌中的比兴手法，不必说修辞活动中的比喻、比拟、对比、对偶、摹状、仿词、拈连、通感、移情、迁想、双关等方式，就是语音方面的音位、音素、音变、异读、双声，叠韵、押韵、平仄等。词汇方面的同音词、同义词、多义词、熟语、语义场、义位的演变等，语法方面的结构、层次、歧义、成分、句型、规范、病句、词类等，也都无不与相似原理直接关联（语法规律本身就是对相似客体的归纳分类的结果）。即便是文字平面，汉字的象形、指事，会意、形声、转注、假借以及汉字应用中的别字、错字、草字、俗字、异体字、简化字等，也都是以"相似基因"为其生成根源的。

以下用"解剖麻雀"的方法，分析一个信手拈来的语言片段，看相似性对于语言是何等重要。

从槐树叶底，朝东细数着一丝一丝漏下来的日光，或在破壁腰中，静对着像喇叭似的牵牛花（朝荣）的蓝朵，自然而然地也能够感觉到十分的秋意。说到牵牛花，我以为蓝色或白色者为佳，紫黑色次之，淡红色最下。（郁达夫《故都的秋》）

在以上引文中"细"的基本义是"不粗"，在"细数"中用其比喻义"仔细"。"丝"即蚕丝，以蚕丝喻日光。"漏"本指液体从孔内或缝中滴下，比喻日光从槐树枝叶的隙缝中透射下。"腰"为人体胯上肋下的部分，而物体中间部分有似人腰，故曰"壁腰"。"像喇叭似的牵牛花"是个明喻，牵牛花的花冠与喇叭之形何等相似！"紫黑色"犹言近似于紫色的黑色。"淡"本指液体中所含某种成分少，"淡红色"则喻其中红的成分少。"下"是空间方位，喻指"下等"，"最下"即最下等。

我们可以用更多的实例说服读者，只因篇幅有限，只举一例。然而仅此寥寥数语，涉及相似（比喻）的就有八处之多。如果再从心理、社会、文化、应用等方面考察，则将会发现语言与相似有着更为广泛的联系。

§2. 目前对于语言的相似特质的研究还相当薄弱。下面只就汉语复合词加以定向讨论，以窥测当初人们的相似思维和造词心态。

1. 从相似原则方面看，相似造词可有如下一些基本类别，分述如下。

（1）静态相似和动态相似

静态相似指复合词用静态的喻体比喻静态的本体。如"蝴蝶衫"：袖口小而腋下大，形状有似蝴蝶。动态相似则是用动态喻体比喻动态本体。如

"蝴蝶阀"：阀板反复开闭之状有似蝴蝶扇动翅膀。

（2）个体相似和群体相似

个体相似又称单数相似，它指复合词中的喻体和本体都是个体（单数）。例如"月芽"：一弯新月有似一个芽。群体相似又称复数相似，它包括：a. 喻体是个体，本体是群体。如"梅花针"：三五枚小针集束而成，尖端横而形似一朵梅花。b. 喻体是群体，本体是个体，如"狼牙棒"：棒上嵌满铁钉，有似狼牙。c. 喻体和本体都是群体。如"鱼鳞坑"：在山坡上挖许多坑，有似鱼鳞。

（3）客观相似和想像相似

客观相似指喻体、本体所代表的都是客观事物。如"尘烟"：飞尘似烟。想像相似亦称主观相似，它指喻体或本体是一种假想。如"龙船"：船形似龙，龙在现实中不存在。

（4）整体相似和部分相似

整体相似指喻体和本体都是以整体出现的。如"扫帚星"：拖着长长的尾巴，形似一把扫帚。部分相似包括：a. 喻体取整体，本体取部分。如"帽舌"：帽檐似舌。b. 喻体取部分，本体取整体。如"燕领"：衣领顶角有分叉，有似燕尾。c. 喻体和本体都取部分。如"老虎钳"：钳口大，夹持工件有似虎口咬物。

（5）外形相似和质料相似

外形相似指喻体和本体在外部形状上相似。如"带鱼"：鱼体扁长有似带子。质料相似是专门从物体内部质料方面进行比喻。如"肉桂"：桂树叶革质，似肉。

（6）视觉相似和听觉相似

视觉相似与外形相似基本吻合，其数量之多，不胜枚举，听觉相似如"牛蛙"：此蛙叫声似牛。

（7）嗅觉相似和味觉相似

嗅觉相似如"茴鱼"：鱼肉味香，有似茴香。味觉相似如"香蕉苹果"：苹果味似香蕉。

（8）单一相似和合成相似

单一相似指一个本体与一个喻体相似。如"月饼"：饼圆似月。合成相似指同时以两个喻体比喻本体。如"墨斗鱼"：乌贼，身体椭圆而扁平，体内能放出黑色液体，有似墨斗；软体，生活水中，似鱼。

从相似原则方面给复合词分出的类别，经常呈现出参差交叉关系。首先是类别交叉，即一词兼属两类或几类。如"人潮"既属动态相似，又属集体相似；"人熊"则既属静态相似，又属个体相似。再如"带鱼"，既属视觉相似、外形相似，又属静态相似、整体相似。其次是在"合成相似"复合词内部的交叉。如"龙胆"包含的第一项即"叶似龙葵"，这属于外形相似和部分相似；第二项即"味苦似胆"，这又属于味觉相似，等等。

2. 从复合词的语义内容方面看，也可归纳出一些基本格式。

依据两类事物之间的相似性设置比喻，是构词中的重要语义手段之一。客观世界中的相似现象及人脑中的相似思维千差万别，五彩纷呈，因此在相似造词时，就不可能只是整齐划一地创造出诸如"甲像乙"、"乙像甲"这样的简单格式，而是分门别类，参差斑驳，时而明喻，时而借喻，时而整体喻，时而部分喻，我中有你，你中有我，以此构成了生动有趣的复杂的词义结构的微观世界。比如"脊梁——脊檩"二词形同实异：前者以梁喻脊，后者以脊喻檩；"脊梁"为前中心结构，"脊檩"为后中心结构。"砖茶——茶砖"则是形异实同：二词的本体都是"茶"，喻体都是"砖"，所不同的是在词中的先后位置相反，结果砖茶＝茶砖。又如"鱼美人——美人鱼"则是歧义的：它们既可以看作是同中心结构，也可以看作是异中心结构。当它们是同中心结构时，鱼美人＝美人鱼；当它们是异中心结构时，鱼美人≠美人鱼。另外，有的复合词的两个或几个语素仅仅是词的深层比喻意义的"意义支点"，据此，挖掘其深层意义时，往往需要用几句话或者一段话才能说得清楚。例如"米猪"——一种病猪，体内有囊虫，囊虫为黄豆大小的囊泡，内有白色头节，头节有似米粒。

汉语复合词的"相似语义格式"分类见下表：

汉语复合词相似语义格式分类表
壹、明喻式
（一）前中心结构

序 号	格 式	例 词	兑 解
1	甲似乙	泪雨	泪（甲）似雨（乙）
2	甲质似乙	茶砖	茶（甲）质似砖（乙）形
3	甲部分似乙	帽舌	帽（甲部分）似舌（乙）

（二）后中心结构

序　号	格　式	例　词	兑　解
4	乙似甲	月饼	饼（乙）似月（甲）
5	乙质似甲	砖茶	茶（乙）质似砖（甲）形
6	乙似甲$_{1+1}$	玫瑰糠疹	疹（乙）似玫瑰似糠（甲$_{1+1}$）
7	乙似甲部分	柳眉	眉（乙）似柳叶（甲部分）
8	乙部分似甲	齿轮	轮周小凸起（乙部分）似齿（甲）
9	乙部分似甲部分	狐蝠	蝙蝠头（乙部分）似孤狸头（甲部分）
10	明喻式＋后语素	针叶树	叶似针（明喻式）＋树
11	前语素＋明喻式	海蛾鱼	海＋鱼似蛾（明喻式）

贰、绕弯儿式

序　号	格　式	例　词	兑　解
12	（略）	米猪	猪体内有囊虫，囊虫为囊泡，泡内有白色小头节，头节似米

叁、借喻式

序　号	格　式	例　词	兑　解
13	（本体）似甲乙	龙头	（放水活门）似龙头（甲乙）
14	借喻式＋后语素	炒卖	（转手加价倒卖）似炒＋卖
15	前语素＋借喻式	壁虎	壁＋（蝎虎）似虎
16	（本体）似甲似乙	水银	（汞）似水（甲）似银（乙）
17	（本体）整体似甲，部分似乙部分	蛇蜥	（脆蛇）体形似蛇（甲），头部似蜥蜴头（乙部分）
18	（本体）部分似甲（或甲部分），整体似乙	羊驼	（动物）脸似羊脸（甲部分），体似骆驼
19	（本体）部分似甲乙	榔头	（大锤子）头部似狼头（甲乙）
20	（本体）部分似甲，另一部分似乙部分	旗枪	（一种绿茶）叶似旗（甲），芽似枪头（乙部分）
21	（本体）部分似乙部分	风车	（风力发动机械）的部分似车轮（乙部分）
22	（本体）部分是乙似甲	蜡嘴	（鸟）嘴似蜡（甲）

说明：

本文引文皆引自或转引自《相似论》。

1. "明喻式"指词中出现本体和喻体，但作为词不可能出现喻词。例如"泪雨"，"泪"为本体，"雨"为喻体。"借喻式"指词中只出现喻体，而不出现本体。例如"龙头"，整个词为喻体（龙的头），它所喻指的本体（放水活门）不出现。

2．"前中心结构"指"本体在前，喻体在后"。例如"泪雨"：泪如雨。"后中心结构"指本体在后，喻体在前，例如"月饼"：饼如月。"借喻"属于外中心结构（词内不出现本体）。

参考文献

[1] 张光鉴等著《相似论》，江苏科学技术出版社，1992年。

[2] [美]鲁道夫·阿恩海姆《视觉思维》，光明日报出版社，1987年。

[3] 邢福义主编《文化语言学》，湖北教育出版社，1990年。

[4] 王艾录《汉语相似造词语义类释》，山西教育出版杜，1999年。

字义不对号：一个词典编纂中
值得注意的问题

摘　要： 在通行词典里，许许多多的复合词的首字在单字诸义项中找不到对号的一项，所以要使首字字义与词义联系起来，需要进行文化考察。字义不对号主要有三方面的原因。目前需要编写理据词典。

关键词： 义项　不对号　理性意义　理据　理据词典

一

《现代汉语词典》等通行词典的编排体例通常是这样的：首先是单字领头，接着在单字的右下方排列出它的义项（字的义项），然后在下面分列出以该字为首字的若干多字词[1]及其各自的释文（多字词的义项）。这一编排格局极容易给词典读者造成一种误解：以为每一复合词词条的首字（语素）所使用的意义，都可以在其上单字的诸义项中找到对号的一项，从而使字义落到实处。但是实际情况却每每叫人失望：许许多多的复合词的首字在单字诸义项中找不到或不易找到对号的一项，这时候理解词义就只能是照搬释文，而无法在字义的提示一下进行。

例如《现代汉语词典》对"鞠躬"这一复合词的解释是：

鞠躬[1]：弯身行礼。

鞠躬[2]：小心谨慎的样子。

那么能否认为"鞠"有"弯身"、"行礼"、"小心谨慎"等义项呢：类似这种复合词的释文揣摩其首字字义的做法是不科学的，较好的方法是到词典中找答案。试看《现代汉语词典》给"鞠"的两个同音字列出的义项分

139

别是：

鞠[1]：①抚养，养育。②姓。

鞠[2]：②古代的一种球。

"鞠躬"之"鞠"未取以上共 3 个义项中的任何一个。

再如《现代汉语词典》对"甬道"一词的解释是：

甬道：①大的院落或墓地中间对着厅堂、坟墓等主要建筑物的路，多用砖石砌成。也叫甬路。②走廊；过道。

看看该词典给"甬"字列出的两个义项是：

甬：①甬江，在浙江，流过宁波。②宁波的别称。

可以肯定地认为，"甬道"之"甬"与以上两个义项中的任何一项都是风马牛不相及的。

《现代汉语词典》中字义不对号的例子又如藏蓝、品红、贸然、错愕、潦草、膜拜、郑重、鸡柳……举不胜举。其他词典也不同程度地存在着同样的问题。

与字义不对号同时存在的另一种情形是字义"难对号"。所谓字义难对号，是指词典上虽然给出了复合词首字的相应义项（对号义项），但是由于义项古僻或者复合词的语义内容复杂，使得一股读者难以把字和其义项挂起钩来（对上号）。例如《现代汉语词典》给"毛"字列出的第五个义项是"小"，"毛驴"之"毛"便是使用了这个义项，"毛驴"即"小驴"，绝非"长毛之驴"。对此，恐怕许多人觉察不到。

复合词的理据理解和复合同首字的义项对号是两件相辅相成的工作。一方面，字义对号直接有利于词理据的理解，反之，字义不对号则必然会造成词理据理解的障碍。另一方面，了解词理据又是字义对号的重要前提条件，因为只有了解词的理据，字义的对号才能获得线索和依据。比如"火车"，首先明确它是"车"，而后才得知"火（火力发动）"是"车"的特征之一；"鸭舌帽"，首先明确它是"帽"，而后得知"鸭舌"是"帽"的特征之一（帽檐形似鸭舌）。

但是，汉语中有不少语义意蕴复杂的复合词，其首字字义与词义之间缺乏直接的和直观的联系，若要使二者挂起钩来，尚需涉及到词的俗词源和文化词源。例如"打春"即"立春"，但是"立春"何以称"打春"（与"打"有何瓜葛）？答案只能存在于词的理据来源之中：旧时府县官在立春前一日，把用泥土做的春牛置于衙门前，立春之日用红绿鞭抽打之，表示迎春。到此，我们才找到了"打"和"立春"之间的意义联系（间接联系），才得知"打春"之"打"不过是使用了它的基本义——"用手或器具撞击物体"（《现代汉语词典》）而已。同类例子又如：桥牌、钧瓷、垄断、匹夫、企鹅、胡说、蝉联、尺蠖、戒指、陛下、喝彩、毛病、府绸。

看起来，"不对号"主要是词典方面的问题，"难对号"主要是读者方面的问题——当然，词典编纂者日后应尽量考虑读者的利益。另外，"不对号"与"难对号"之间只能是一个大致的分界，事实上很难就某一部词典给二者加以穷尽的划界。比如"逼肖"，《现代汉语词典》给"逼"列出了四个义项：①逼迫；给人以威胁。②强迫索取。③靠近、接近。④狭窄。如果"逼肖"之"逼"一定可以对号的话，那么它的对号义项不可能是①②④，而只可能是③。做这样判断的一个现成理由是，该词典在"逼近"义项的释文中列举了"逼视、逼真"的例词，可见它们分别是"逼近而视"、"逼近真实"。据此，我们似乎可以推知"逼肖"当为"逼近相似（肖）"，即"逼肖"之"逼"的对号义项当为"逼近"了。但是这一推断正确不正确，应该说还缺少第一手的根据和可靠的把握。如果这一推断正确，该字便属于"难对号"，如果这一推断不正确，该字便属于"不对号"了。

二

造成通行词典字义不对号的现象，主要有以下几方面的原因：

一、通行词典限于各自的编排性质，没有给出单字的某些生僻的、古老的义项。例如《现代汉语词典》对下列各字就没有给出字的右面的义项：

彪（炳）：有文采貌　　　　贸（然）：蒙昧不明貌

灌（木）：丛生的树木　　　女（墙）：小

昆（虫）：众　　　　　　　绰（号）：多

荐（饥）：接连，屡次　　　艾（貌）：老

《辞海》给单字列出的义项，大大多于《现代汉语词典》，但是尽管如此，《辞海》仍不乏未列单字古僻义项的例子。比如以上一组例子中的"贸、女、绰、艾"，就没有分别给出"蒙昧不明貌、小、多、老"的义项。

二、有的复合词（A＋B）[2]的首字（A），并未使用词典上列出的或者没有列出的某一义项，而是使用了以该字为构成成分的某一个复台词（A＋

X）的词义，此时，A 成了 A+X 的意义支点。即：

A+B＝（A+X）+B

例如"毛笋"。《现代汉语词典》给"毛"的三个同音字列出的义项分别是：

毛[1]：①动植物的皮上所生的丝状物，鸟类的羽毛。②东西上长了霉。③粗糙，还没有加工的。④不纯净的。⑤小。⑥指货币贬值。⑦姓。

毛[2]：①做事粗心，不细致。②惊慌。③发怒，发火。

毛[3]：一圆的十分之一，角。

以上总共 11 个义项，但是"毛笋"一词中的"毛"，不可能是其中任何一项，它实际代表的意义是"毛竹"，"毛笋"即"毛竹之笋"，这一点是不会有异议的。

同类的例子再如：燕菜＝（燕+窝）+菜，鸭茅＝（鸭+脚）+茅，狼烟＝（狼+粪）+烟，解饱＝（解+饿）+饱，九秋＝（九+十）+秋，口马＝（口+北）+马，柳眉＝（柳+叶）+眉，火花＝（火+柴）+花，丹皮＝（牡+丹）+皮，耳农＝（木+耳）+农，寅谊＝（同+寅）+谊。

三、由于历史上的原因，有的复合词的首字舍弃了本字，代之以通假字的借字，故而造成了借字字义在词典上不对号的现象。例如"请柬"，本作"请简"，古以竹简作请帖。如果忽略"柬、简"通假之理，硬是在"柬"字的诸义项中寻找对号者，自然就是缘木求鱼了。同类如：码头（码通马）、占毕（占通觇）、绰约（绰通淖）、雪冤（雪通刷）、但马（但通诞）、幅员（员通圆）、弇并取（弇通蜉）、瓦蓝（瓦通蔚）、征兆（征通朕）、听事（听通厅）、翔实（翔通详）。

有少量复合词因历史上的避讳，其首字曾经改换为它的同音字或近音字，因而形成通假字，造成字义不对号的现象。例如"原来"本作"元来"，因明代讳"元"而改，造成"原"字不对号。"端午"本作"端五"，因唐代讳"五"而改（唐玄宗生日为八月五日），造成"午"字不对号。"黄瓜"本作"胡瓜"，因十六国时期的后赵石勒讳"胡"而改，造成"黄"字不对号。如果照字面意义去理解这些词，就必然造成词义的曲解和误解。

造成词典上字义不对号的现象还有其他方面的原因，此不赘述。

三

一般地讲，词典编纂的目的主要在于给词语释义，而读者查阅词典的目的也在于了解词语的意义。

　　汉语复合词的意义分两个层次，一是词的理性意义（有时包括附加色彩），这便是人们通常所说的"词义"；一是词的理据。所谓了解词（专指复合词，下同）的意义，不同的词典读者（或者出于不同的目的）有着不同的要求。在一般情况下，读者往往只停留于了解词的理性意义，但是语文工作者、科技工作者等读者，则有时不满足于对词的理性意义的囫囵吞枣般的了解，而是要求进一步了解词中诸字（语素）的字义、字义与词义的联系乃至整个词的理据，因为只有这样，才能知其然又知其所以然，从而更加深刻地把握词义。

　　但是迄今为止未闻有汉语复合词理据词典或汉语复合词词源词典之类问世，而依靠《现代汉语词典》等通行词典是基本不能解决复合词的理据问题的。谁都知道，《现代汉语词典》等通行词典是以解释词的理性意义（词义）为其主要目的的，唯其如此，它们都不可避免地存在以下两个问题，一是复合词词中某字字义与整个词义"不挂钩"。例如"小时"指时间单位，一个平均太阳日的二十四分之一（《现代汉语词典》），但这一理性意义的解释与"小时"之"小"没有任何联系。一是复合词中的某字与它在词典上的一个或几个义项"不对号"，例如"鞠躬"之"鞠"、"甬道"之"甬"。若是有人提出这样一类问题："一个平均太阳日的二十四分之一"为什么叫"小时"，而不叫"大时"？"鞠躬"之"鞠"是什么意思？对此，《现代汉语词典》等词义词典是无法回答的。鉴于这种被动局面，必然会给词典读者带来理据理解乃至词义理解上的诸多不便和障碍，而这一点恰与词典编纂者的初衷相悖。由此看来，目前十分需要编写一本"字义挂钩"和"字义对号"的工具书，以弥补通行词义词典在这方面的不足。

　　为着这一目的，我们近些年来试编了一本《汉语理据词典》[3]，专门解决字义"不挂钩"和字义"不对号"的问题。如此一来，譬如"小时"、"鞠躬"、"狼烟"、"装潢"、"肉松"、"老板"、"棉猴"、"伊面"、"胸径"、"清楚"等词何以斯称，在这本词典中可以略知分晓。

　　我们认为，一本理据词典即可与若干通行词义词典相对待，它的出版填补了词典上的一个类空白，而暂且不论它本身存在着哪些缺点和不足之处。我们希望理据词典与词义词典形成相辅相成、相得益彰之势，去开拓未来更加宽广的语义学天地。

附注：

[1] "多字词"是一种方便的说法，它包括复合词、派生词和多音节单纯词。

[2] 在原则上也适用于三个语素以上的复合词。

[3]《汉语理据词典》，王艾录编著，北京语言学院出版社，1995。

语素入词所发生的意义偏移现象

摘　要：拿现代汉语语素在字书上的"普通意义"同进入词结构后的"个性意义"加以对照，发现在有些情况下语素入词会发生意义的偏移，产生意义变体。意义变体表现为种种不同情形。

关键词：意义偏移　意义变体　普通意义　个性意义　语义干涉

词是由语素构成的，那么，语素在入词（构词）以前和入词以后其意义是否保持一致？如果不一致，它可曾发生了怎样的变化？这正是本文试图探讨的问题。

语素入词以前的意义，是指辞书上给它归纳出的一个或几个义项，可把它或它们称作"普遍意义"或"辞书意义"。语素入词以后所实际使用的意义，可把它称作"个性意义"或"具体意义"。语素的普遍意义是静态的意义，而其个性意义是动态的意义，二者是相互对应的。

语素在辞书上的普遍意义和它入词后的个性意义存在一致和不一致两种情形。

在较多的情况下，语素入词总是携带它的某一完整的义项一起进入词结构，这时语素在词中所使用的个性意义同它对应的普遍意义是一致的或基本一致的。例如"电灯"，其中的"灯"的个性意义和普遍意义都是"照明或利用光线达到某个目的的器具"（《新华字典》）。但是在较少的情况下语素入词后实际使用的个性意义同它对应的普遍意义不完全一致或完全不一致。例如"鸭"，《新华字典》对它的解释是"水鸟名，通常指家鸭，嘴扁腿短，趾间有蹼，善游泳，不能高飞"。但是这一义项与"板鸭"一词中的"鸭"的实际含义不相一致：前者指活鸭，后者指死鸭、食品鸭。人们知道语素义跟词义一样，它具有高度的概括性，它把个别的、复杂的事物或现象变成一般的、简单的东西。但是语素一旦进入"组合"这一动态语境，就常常与具体的、特殊的事物或现象建立联系，因而使在概括过程中已经被舍弃的一些特征有可能重新出现，扮演个性化的角色。换言之，语素在"组合"中发生了意义的偏移（量的变异），我们把这类发生了偏移的个性意义称作"意义变体"。

需要强调指出的是，虽然语素的"意义变体"同它对应的"普遍意义"有所差异，但它说到底是某一个义项在造词活动中所发生的临时性的"偏移"，这绝不能等同于因义项的引申和发展而产生的新义项；换言之，语素的"意义变体"通常同它的"普遍意义"处于一个"义位"。至于少数意义变体如何升格为新义项的问题，将在下面谈及。

语素入词所发生的意义偏移现象，本文初步归纳为七类，分述如次：

1. 入词而生比喻义

有的语素经常在词结构中处于喻体的位置，所以在长期的使用中产生了比喻的意义。例如"鼻"，《现代汉语词典》给它列出的两个义项是："①鼻子，②开创"。但是在"鞍鼻"、"门鼻儿"、"针鼻儿"等词中，"鼻"并未使用以上两个义项中的任何一个，而是使用了它在词结构中临时产生的比喻意义（意义变体），其含义是"鼻状物"（器物上突出且有孔的部分）。再如"星"，可以构成"福星"、"救星"、"寿星"、"笑星"、"明星"、"歌星"、"影星"等词，在这一系列的构词活动中它产生了"星状物"的意义变体，但是《新华字典》、《现代汉语词典》都没有给出这一义项。

语素入词所产生的这一比喻意义，起初只是一种临时的意义偏移，但是后来有的会升格为新的义项而被字书采纳。所以，语素的意义变体有时可以充实和扩大它在辞书上的义项的数量。现代汉语语素的义项数的历时增加，就是由于语素不断产生意义变体而部分的被吸收到辞书中的结果。例如语素"嘴"，较早的只有"嘴巴"的义项（"嘴"的词源义为"鸟喙"，此不论），只是后来在"豆嘴、斗嘴、蜡嘴、笼嘴、奶嘴、喷嘴、山嘴、锡嘴、烟嘴、鹤嘴镐"等词的构词活动中，才产生了"嘴状物"的意义变体，现代辞书（如《现代汉语词典》）才增列了这一义项。

语素入词所产生的意义变体，能否被辞书吸收为新义项，主要视其造词频率的大小和使用时间的长短。《现代汉语词典》等常见辞书，就是只吸收那些造词频率较大或使用时间较长的语素的意义变体作为新增义项，如"嘴"的"嘴状物"项，"板"的"板状物"项等；而对于有些造词并不频繁或使用时间较短的语素的意义变体则没有列出，如"鼻"的"鼻状物"义，"星"的"星状物"义等。可以预测，它们只要在日后逐渐取得上述两条标准之一，便完全有可能升格为新义项而被辞书采纳。

2. 入词而生色彩义

语素在辞书上的释义，是一种孤立的意义，它自身没有什么色彩可言。所谓色彩，是人在语言运用中赋予了语言爱憎倾向和语境风格，因而使语言在理性意义的基础上附加了一层意义特色，所以色彩说到底就是语言运用的产物。以语素为材料构造成词，是一种典型的语言运用行为，所以有的语素在造词活动中就会不可避免的获得一定的色彩，尤其是感情色彩。

例如"黄"，《新华字典》对它的基本义的解释是"像金子或向日葵花的颜色"。作为一个颜色语素，它本身没有颜色可言，但是在以它为语素构成的"黄金、黄土、黄灿灿、黄袍加身、炎黄子孙、黄道吉日"等词语中，就获得了褒义的色彩，而在"黄病、黄斑、黄癣、扫黄、黄脸婆、人老珠黄、面黄肌瘦、脸朝黄土背朝天"等词语中，则获得了贬义的色彩。再如"虎"，本指一种哺乳动物，它在"虎势、虎威、虎将、虎彪彪、虎头虎脑、虎背熊腰"等词语中显出了褒义，而在"虎狼、虎穴、虎疫、虎视眈眈"等词语中显出了贬义。

3. 入词而生蜕变义

所谓蜕变，这里指的是在构词活动中，某语素的"语义干涉"的作用（王艾录，1990），致使该语素义内部的某一个义素（semene）脱落，因而使整个语素义发生变异。例如"妻"，《新华字典》的释义是"男女两人结婚后，女子是男子的妻子"，由这两条释文可得出"妻"（妻子）的基本义素式子应是［＋女性＋结婚＋男子的配偶］。不必说，"妻"的一个核心义素是［＋结婚］，但是饶有兴味的是现代汉语里竟有"未婚妻"一词。在这一词结构中，修饰成分"未婚"与中心成分"妻"的核心义素［＋结婚］发生了矛盾。其结果是，在"未婚"的语义干涉下，"妻"的与之抵牾的义素［＋结婚］脱落，于是"妻"的义素式子变成了［＋女性－结婚＋男子的配偶］。"妻"而未婚，这便是这个语素在这一构词活动中所产生的蜕变义（意义变体）。文国艺《张太太的英语角》（《人民日报》海外版 1993 年 5 月 25 日）

中有这样一段文字："我满含同情地看看他说：我在湖北有一位秋水回转、亭亭玉立的未婚妻——'停停！'张太太打断道，'没有结婚的，不能称之为妻。'想不到英语还真有比中文更保守的地方。"

再如"干洗"这一词。依据字辞的释义，"洗"的基本义素式子是［＋用水＋去污］。通常的语法观念认为，修饰成分"干"对中心成分"洗"起着修饰或限制的作用，但这并不符合语言事实。事实是这样的，"干"对"洗"只是起着一种干涉作用，致使"洗"的一个义素［＋用水］脱落。这时候，"洗"的基本义素式子变成了［－用水＋去污］，"干洗"的实际含义便成为"用制剂去污"。由于"洗"的意义的蜕变，使得"干洗"与通常意义上的"洗"（水洗）首先在受事选择上有了明显的差别："干洗"的受事只限于织物，头发等，而"（水）洗"的受事既可以是织物，头发，也可以是食物、人体、器皿等。

同类的例子如（加点者为意义发生蜕变的语素）：哑铃、飞船、素鸡、豆奶、铝沙锅、固体潮、油彩粉笔、个人方言；冷烫、下浮、沙浴、干馏、无土栽培。

4. 入词生下位义

孤立的语素义具有高度的概括性，所以它不可能指陈某一个具体的、个别的事物。譬如"月"指月亮、月球；无论圆缺，无论古今，它统统称作"月"。但它作为一个语素去参加造词活动时，就会显示出在不同微观语境中的不同意义偏移，而这些偏移所产生的突出结果，就是产生了语素的普遍意义的下位义，使普遍意义与意义变体之间形成上位义和下位义的关系。例如：

上位义	下位义
月：月亮	月饼（月：圆月）
	月琴（月：扁圆月）
	月眉（月：弯月）
品：物品	商品（品：劳动产品）
	战利品（品：武器装备）
	艺术品（品：作品）
球：球形体育用品	削球（球：乒乓球）
	三分球（球：篮球）

任意球（球：足球）

勾手飘球（球：排球）

油：液态脂肪或碳氢化合物 油苗（油：石油）

油酥（油：食油）

油石（油：润滑油）

油鞋（油：桐油）

5. 入词而生区别义

语素入词而生的区别义，表现在它的两个或几个对照组上。就具体内容看，区别义往往表现得五花八门，生动有趣。例析于下：

"头雁"之"雁"一般是单数，有时也可以是复数；而"雁字"之"雁"一定是复数。同类如钢针——梅花针，水坑——鱼鳞坑，蜂鸣——蜂聚；每一对照组中的前者是单数或复数，后者是复数。

"蝴蝶结"和"蝴蝶阀"同是以"蝴蝶"为其喻体，但"蝴蝶结"之"蝴蝶"取其静态几何形象（结形似蝶），而"蝴蝶阀"之"蝴蝶"则取其动态形象（此阀工作时有如蝴蝶飞舞）。再如：云鬓——云手，箭猪——箭步，星火——星驰；每一对组中的前者为静态，后者为动态。

"老虎车"和"老虎摊"同是以"老虎"为其喻体的，但是"老虎车"之"老虎"取其外部形态，而"老虎摊"之"老虎"则取其内部本性（吃人）。

"香蕉苹果"和"香蕉座"同是以"香蕉"为其喻体，但"香蕉苹果"之"香蕉"取其气味而喻苹果，而"香蕉座"之"香蕉"则取其外形而喻其座具。

"牛皮纸"之"纸"是词中本体（以皮喻纸），而"羊皮纸"之"纸"则是词中喻体（以纸喻皮）。

"电池"之"电"指放电，而"电车"之"电"指耗电。

"猎虎"之"虎"为动词的受事格，而"猎狗"之"狗"为动词的施事格。

"杏红"之"杏"取其黄中之红，而"杏黄"之"杏"取其红中之黄。

6. 入词而生特殊义

有的语素在入词后所使用的个性意义，是通行辞书，如《新华字典》、《现代汉语词典》、《辞海》、《汉语大词典》等中的一部或几部里没有的义项。

149

这样的意义变体往往只出现在极个别的词结构中（多数是孤例）。

例如"昆虫"。《现代汉语词典》给"昆"列出的两个义项是"哥哥"和"孙子、后嗣"。可以肯定地认为"昆虫"之"昆"不可能是以上共两个义项中的任何一项，就是说，它使用了《现代汉语词典》以外的意义。

再如"艾猳"。《新华字典》、《现代汉语词典》、《辞海》、《辞源》四部字书给"艾"列出全部义项可归纳为七个：①植物名，②停止，③美好，④苍白色，⑤养育，⑥姓名，⑦报答。

《汉语大词典》给字列出的义项比上述四部字书都要多，这部字书给"艾"列出的义项除了以上七个之外，还有另外七个，即：⑧绿色，⑨年老的人，⑩经历，⑪大，⑫至，⑬古地名，⑭山名。

以上五部辞书给"艾"共列出 14 个义项，却都解释不了"艾猳"之"艾"取何义。

《辞海》、《辞源》都在"艾"的"苍白色（灰白色）"的义项下，做出了"对老年人的尊（敬）称"的说明，《汉语大词典》干脆给"艾"列出"年老的人"的义项，理由是，"艾"为"苍白色"，而人老发白，其色似艾。

但是尽管如此，"年老的人"仍不是"艾猳"之"艾"的意义。《汉语大词典》在"艾"的"年老的人"义项释文中，引用了《方言》以及《礼记》郑玄注的解释："艾，老也。"这里似乎要告诉人们，"艾"可以在"年老的人"的义项基础上再引申出"老"的义项。

根据以上分析，我们有理由认为"艾"在"艾猳"这一词中，使用的是特殊义。同类的例子如（词中加点者为特殊义）：藏蓝、品红、膜拜、老板、潦草。

7. 入词而生代表义

汉语中存在这么一种造词现象：有的语素（A 或 B）入词（A＋B）后，并非使用了它自身的语义素（语素的任何义项），而是使用了由它（A 或 B）同别的语素（X）构成的合成词的词义。在这种合成词中，A 代表了"A＋X"或"X＋A"的词义，B 代表了"B＋X"或"X＋B"的词义，所以我们称 A 或 B 在入词后实际使用的意义为"代表义"。

例如"彩电"（A＋B）。《现代汉语词典》给"电"的三个同音字列出的义项分别是：

电：①有电荷存在和电荷变化的现象。②触电。③电报。④打电报。

以上共 4 个义项，但是"彩电"一词中的"电"，不会是其中的任何一项。"电"（A）实际代表的意义是"电视"（A＋X），"彩电"即"彩色电视"。

下面依照几种最常见的造词形式，分别举例示意：

甲¹、A＋B＝（A＋X）＋B　甲²、A＋B＝（X＋A）＋B

　　柳眉＝（柳＋叶）＋眉　　　翅席＝（鱼＋翅）＋席

　　火花＝（火＋柴）＋花　　　丹皮＝（牡＋丹）＋皮

　　狼烟＝（狼＋粪）＋烟　　　寅谊＝（同＋寅）＋谊

乙、A＋B＝A＋（B＋X）　丙、A＋B＝（A＋X）＋（B＋X）

　　刁钻＝刁＋（钻＋营）　　　面的＝（面＋包）＋（的＋士）

　　卒中＝卒＋（中＋风）　　　关爱＝（关＋心）＋（爱＋护）

　　建牙＝建＋（牙＋旗）　　　交警＝（交＋通）＋（警＋察）

论偏正复词的内部形式特征

摘　要：对复合词词义的理解，往往需要借助其内部形式，而内部形式有直观的和"拐弯儿"的两种。"拐弯儿"又有较小、较大和最大三类。因此，借助其内部形式理解词义，需要分而治之。

关键词：信息量超载　拐弯儿　显性复词　隐性复词　类推

一

对复合词词义的理解，人们并不主要靠查阅词典，而常常是依据组成成分的意义及其结构关系而意会其义的，这一事实说明，这种现解词义的途径虽然说不上是科学的，但事实上人们却把它当作理解词义的一种现成方法。例如"干草"，一般人都可确认为"晒（晾）干的草"，"猪草"差不多是"供猪吃的草"，至于"龙须草"，有一定语言知识的人可基本猜测为"形状像龙须的草"。以上这些还可以在他人口中得到验证。但是"蝎子草"就不那么容易"顾名思义"了。首先它不会是"蝎子的草"、"供蝎子吃的草"，因为蝎子不吃草。那么它会不会是"形状像蝎子的草"？倘若缺乏有关的生活经验，是不易断定的。可见"意会"要受到理解难度的制约，复合词的理解难度加大到一定的程度，就需要借助词典或请教别人了：蝎子草——多年生草本植物。茎和叶子—正都有白色的毛，皮肤接触时，感到刺痛，像被蝎子蜇了一样（《现代汉语词典》）。

汉语语素有信息量超载的性质，要使某一复合词的深层意蕴全部释放出来，有时还颇费口舌，这是因为复合词的词义（内部形式意义）不是组成成分意义的简单相加，它们之间的意义关系"不是直来直往，好像拐了个弯儿"，"有时候，连这个弯儿是怎么拐的都说不清"。[1]

以上四词，"干草'拐的弯儿最小，"蝎子草"拐的弯儿最大。

根据拐的弯儿的大小给复合词分类是不容易的。陆志韦先生根据能否用"的"扩展，将汉语偏正复词分为两类："凡是不能用'的'扩展的例子是一类"，"凡是单说时能用'的'扩展的另是一类"。[2]我们借用这种分类方法，有利于给拐弯儿大小不一的复合词以形式化分类。比较：

A. 干草　　大刀　布鞋　春雨　男人　屋后　尼龙衫

B. 蝎子草　菜刀　雨鞋　透雨　男袜　酒后　蝙蝠衫

A 类能用"的"扩展，比如干草→干的草，组成成分之间的"修饰—被修饰"关系有着较为直观的和直接的联系，B 类不能用"的"扩展，比如"蝎子草"→＊蝎子的草，组成成分之间的"修饰—被修饰"关系缺乏直观的和直接的体现。同理：

大刀→大的刀　　　　　　菜刀→＊菜的刀

布鞋→布的鞋　　　　　　雨鞋→＊雨的鞋

春雨→春（天）的雨　　　透雨→＊透的雨

男人→男（性）的人　　　男袜→＊男（性）的袜

屋后→屋的后　　　　　　酒后→＊酒的后

尼龙衫→尼龙的衫　　　　蝙蝠衫→＊蝙蝠的衫

通过比较不难看出，AB 两类在内部组合性质上存在着一定的差异：A 类包括了"拐弯儿"较小的一类，B 类包括了"拐弯儿"较大和最大的一类。但是通常将二者用"偏正复词"一言以蔽之，这种行"行人止步"的做法不利于人们为揭示偏正复词的内部组合特征而进行深入研究，正是由于 A 类的组成成分之间有较为直接的语义关系，它才能够通过极其简短的"句法结构"释放其义（如布鞋→布的鞋→用布做的鞋），因而 A 类理解起来毫不费劲。B 类则不然，其组成成分之间缺乏直接的语义关系，必得拐上许多弯儿才能沟通成分之间的语义联系，所以在理解时需要凭长期使用汉语的经验填补出若干语义成分，才能使其语义深蕴解码，较为复杂的"句法结构"（如雨鞋→下雨天穿的不透水的鞋）。同样：

菜刀→切菜切肉用的刀

透雨→把田地干土湿透的雨

男袜→专供男人穿的袜

酒后→喝酒以后

蝙蝠衫→形状像蝙蝠的衣衫

有的偏正复词拐的弯儿更大（如蝎子草），两个组成成分看上去简直是风马牛不相及，可谓"意想不到的组合"。对于这些词语，意会不易，言传更难。如：

寒毛：人体皮肤上的细毛，平常不易看清，在遇到寒冷刺激时，皮肤上就会起"鸡皮疙瘩"，细毛也就会竖起来，这时才容易看清处。

锄头雨：锄地前下了一场及时雨，干裂的土地变得湿润松软，极利锄地。

五步蛇，一种毒蛇，人被咬后走不出五步之远，就会毒发身死。

至于"三晋"、"楚腰"、"芹意"、"结草"、"桃李"、"梨园"、"羹墙"、"贵妃竹"、"黄杨水梳"、"蝴蝶效应"、"马太效应"之类，释其义则几乎要讲述一个有关的完整故事。

格变语法的创始人菲尔墨（Fillmore）认为，语言里的语法关系有两类：一类是"组合关系"，它是用语法所具有的"直接支配关系"来组合的，另一类是"语义·句法关系"，是一种隐性的、凭经验能觉察到的关系。受此启发，我们把以上 A 类叫做显性关系的复词，把 B 类叫做隐性关系的复词。

二

我们曾经撰文认为，言语是一个多层面的立体结构，不同层次间的相互转换，"实质上是意义支点"的提取和还原。本着这条原则，我们认为复合词从深层"语义·句法结构"中选取出来的意义支点的重排序列，它是一种具有特定意义的凝固块。例如"雨鞋"是"下雨天穿的不透水的鞋"的意义支点序列。这正是汉语复合词性组合的本质特征。"句法结构"可以运用语序、虚词、分段、语气情态等手段对其语义内容进行从容而详尽的时序表述，但隐性复词（B 类）[3] 缺乏扩展的语法特征，组成成分之具有显著的语义断裂，表示概念只能靠意义支点暗示其义。正如吕叔湘先生所说："语言表达意义，一部分是显示，一部分是暗示，有点儿像打仗，占据一点，控制一片。"[4]

隐性复词作为一种句法结构的语义的凝固块，它具有一般词所共有的语音的固定性和意义的完整性。如前所述，隐性复词的内部形式意义并不是组成成分意义的简单相加。例如：男袜→男＋袜。但是不可忽视，隐性组合与其深层结构的语义信息量应该是相等的，如男袜＝男人穿的袜。这就决定了隐性复词是一种信息量超载的语言单位，它的信息量大大超过了组成成分本身信息之和。

显性复词（A 类）则不然，它的信息量一般为组成成分本身信息之和，如男人＝男＋人，干草＝干＋草。

所以，隐性复词一定大于相应的（指 AB 两类两两对应的例词，如大刀——菜刀，男人——男袜）显性复词的信息量。例如菜刀＞大刀，男袜＞男人。

隐性复词作为一种意义支点序列，它处于言语主体结构的最表层。它离开其深层结构的距离越大（中间间隔的层次越多），组合成分之间的语义断裂就越大，其隐性特征也就越显著，理解之需要"凭经验"而"觉察到"复词所潜伏的深层意蕴，使意义支点通过"还原"（解码）而"显化"，进而由"觉察"升华为理性综合。对于汉人来讲，尽管随着个人的语言知识、文化素养、年龄职业等因素的不同，解释隐性复词的能力也有不同，但是一般说来，汉人理解母语中的隐性复词往往是下意识的，凭经验能觉察到的。然而对于外国朋友来讲，对隐性复词的"破译"，则往往成了他们学习汉语的难点。

所以在对外汉语教学中，高明的教师总是特别注重汉语隐性复词这一重要特征，善于在解释词时挖掘语义深蕴，帮助外围朋友搭起思维理解的桥梁。

应该指出，常见汉语词典一般只停留在对复词义位的理性意义的解释上面，而对复合词的内部形式意义则未能正面照顾到。例如：

鸭舌帽：帽顶的前部和月牙形帽檐扣在一起的帽子。（《现代汉语词典》）

火车：一种重要的交通运输工具，由机车牵引若干节车在铁路上行驶。（同上）

然而"鸭舌帽"何以叫"鸭舌帽"（不叫"鸡舌帽"），"火车"何以叫"火车"（不叫"水车"），则不得而知。抑或此二词可以通过"顾名"而窥探端倪（鸭舌帽：大约是似鸭舌之帽，火车，大约与火力有关），可是遇上"拐弯儿"更大的词，比如"寒毛"、"线春"、"但书"、"蟋蟀草"，"锄头雨"、"贵妃竹"之类，一般就无措手脚了。鉴于目前还没有这方面的专门词典，这就给人们特别是给外国朋友学习汉语带来一定的不便。

外国朋友学汉语时也要充分注意识别隐性复词，并善于透过字面，捕捉语义真谛，而不能能搞"望文生义"，单就字面意义做简单的解释。否则，就难免产生"楚腰"是"楚人的腰"、"红学"是"红色的学问"、"寒衣"是"寒冷的衣服"、"感冒药"是"叫人感冒的药"之类的笑话。

其次应该意，隐性复词的构成，很大程度上取决于约定俗成。当人们采用词根复合法造新词的时候，往往用某个语素的意义象征性地（意义支点）反映所指的某一方面的特征（不一定是本质特征），来突出事物的形象性。这就不可避免地形成了造词心理过程当中的主观性和盲目性。这种主观性和盲目性表现在许多方面，其一就是往往照顾不到复合造词的对称性。

所谓"不对称性"是指外部形式对应的两个复合词在语义上并不对应。例如"公路—铁路"，"公路"指公共之路，但是"铁路"也是公共之路。"师范学校—师范学院"，前者指中等学校，后者指高等学校，但是"师范学院"也是学校。"亚运—奥运""亚"是亚洲，洲名，而"奥"是"奥林匹克"，不是洲名。"一对苹果——对夫妻"前者是"2×苹果"，后者是"2×夫妻"，因为"2×苹果"等于2个苹果，"2×夫妻"却等于4个人。"网球—排球"，"网球"指"打球时场上有网子"，但是打排球也照例离不开网子。以上诸例中的某一语素或某词，并未反映出所表示的事物的类别特征。

另一方面，有的复合词在外部形式上对应，在内部形式上不对应，所以不能类推。例如"牛皮纸—羊皮纸"，前者是以前喻后（像牛皮的纸），后者是以后喻前（像纸薄的羊皮），"牛肉—猫肉"，"牛肉"为"人吃之肉"，"猫肉"一般为"猫吃之肉"，"扒鸡—扒鱼"，"扒鸡"为鸡肉，"扒鱼"（又作"拨鱼"）为北方许多地区的一种面食。

第三还应该注意，复合词的内部形式意义具有很强的稳固性，并不随着词的理性意义的深化而变化。汉语中有许许多多的复合词，它的现代理性意义与内部形式意义相去甚远。例如"日食"指天体运行中发生的某种现象，而其内部形式意义则是"天狗吃日"。复合词的内部形式意义可以看作是历史概念在复合词里的积淀，所以复合词作为一种"语言化石"，真实地记载了不同历史时期对客观事物和现象的认知水平和造词心理。受历史的局限，部分复合词甚至反映了当时的一种错误认识。例如"鲸鱼"不是鱼类（哺乳类），"糖精"不是"糖中精华"（从煤中提炼），"铅笔"不是用铅所制（石墨制），"棉花"不是棉之花（棉之果），"无花果"并非不开花而结的果（花生在花托内，不易觉察），"盲肠炎"并非盲肠发炎（阑尾发炎），等等。

附注：

[1] 吕叔湘《"恢复疲劳"及其他》。

[2] 陆志韦《汉语的构词法》第 22 页。

[3] 隐性复词不限于偏正（定心）复词，比如"谢幕"（动宾复词），"璧还"（状心复词）等都是隐性复词。限于篇幅，本文只论"定心"复词。

[4] 吕叔湘《语文常谈》第 64 页。

再论偏正复词的内部形式特征

摘　要： 文章对不能加"的"进行扩展的拐弯儿复合词进行进一步的研究，将之分为句法词、语义词和句法·语义词三类。通常把这三类词统统收入"偏正式复合词"，这一做法失之笼统，因为其内部形式不都是修饰关系。

关键词： 扩展　句法词　语义词　句法·语义词

一、我们曾经撰文[1]把汉语中的偏正式复合词以其内部组合特征划分为A、B两大类：

A类词能够加"的"进行扩展（在意义上是允许的），例如：

鹅绒——鹅的绒　　木船——木的船　　大鼓——大的鼓

B：类词不能够加"的"扩展，例如：

雨鞋——＊雨的鞋　扶梯——＊扶的梯　风灯——＊风的灯

并且认为，B类词本身是自己在词典上的释文（深层语义结构）的意义支点序列。例如"雨鞋"是"下雨天穿的不透水的鞋"的意义支点序列。

在此基础上，本文试对B类词进行进一步的讨论。

拿B类词同其释文本身在语法结构形式上加以对照，又可分为"B甲"、"B乙"两小类。

B甲类偏正复词的释文本身也是偏正结构，即复合词同其释文在语法结构上保持一致。例如：

雨鞋——下雨天穿的不透水的鞋

菜刀——切菜切肉时用的刀

扶梯——有扶手的楼梯

风灯——一种手提或悬挂的能防风雨的油灯

以上四例中的前两例和后两例的情形又略有不同："雨鞋"、"菜刀"中，只有第一个语素是来自各自释文中的意义支点，第二个语素（鞋、刀）则只是照抄释文中的，这不能算作意义支点。但是"扶梯"、"风灯"的前后两个语素则都是来自各自释文的偏正两部分的意义支点。

从复合词词内的两个或几个语素的意义关系看，A 类词的语素之间具有直接的和直观的联系，而 B 类词的语素之间缺乏直接和直观的联系，如果想把它们联系起来，则需要填补出若干语义空白，即挖掘出它的深层语义结构。可见，B 类词的语素之间的意义关系"不是直来直往，好像拐了个弯儿"，有时候，连这个弯儿是怎么拐的都说不清"（吕叔湘《语文常谈》64 页）。这段话的后面一句，指的便是 B 类词中的第二个小类——B乙类。

B甲类复合词的语义结构（理据表述）比较简单，它是一个单语段（鹅绒——鹅的绒），而 B 乙类词的语义结构则比较复杂，它是一串"流水句"。例如：

尺蠖——尺蠖蛾的幼虫。前进时身体向上弯成弧形，然后再展开，如此不断重复，身体由此前移。这一动作有如人用大拇指和中指计量尺寸长短。

肉松———一种肉制食品。晚清太仓人倪鸿顺在常熟当厨师，一次在烧肉时不慎把汤汁烧开，使肥瘦肉分离，遂把肥肉取开，再把瘦肉煮搅成像松树上的绒毛般的形状，食之甚佳。

同类的例子再如：桥牌、首级、楷模、毛病、小时、黎民、五步蛇、和尚稻、香港脚。

我们把汉语复合词划分为 A、B甲、B乙总共三个类别。A 类以"鹅绒"为代表，语素之间有直接的语义联系，可以称之为"句法词"。B甲类和 B 乙类的语素之间缺乏直接的语义联系，其中 B甲类以"雨鞋"为代表，词和释文在语法结构上保持一致，可以称之为"句法·语义词"。B乙类以"尺蠖"为代表，词和释文在语法结构上不一致，理解词的理据需以文化词源为背景，可称之为"语义词"。这三类词的关系图示如下：

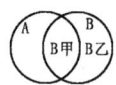

二、语法学界在词与非词（词组）的划分问题上，常常有棘手之处，其实问题主要出在 A 类词上面。而 B 类词（包括 B甲、B乙），人们一致认为

它们一定是词，不存在词与非词的划分问题。为什么关于词与非词的划界问题单独出在 A 类词上面呢？这主要是因为 A 类词作为"句法词"，它与二字词组具有相同的可以加"的"进行扩展的性能，这就必然给二者的区分造成很大的困难。

可以通过《现代汉语词典》来窥测这一区分问题给词典编撰乃至整个语法研究带来如何被动的局面。

a.《现代汉语词典》收了以下对照组中的 1 组，而未收 2 组：

1. 白菜　　铁路　　黑板

2. 白花　　铁锅　　黑布

以上 1 组中的三个例词是学术界公认的词，而 2 组中的三个例词则是学术界公认的词组。据我们对《现代汉语词典》所收条目的大量观察，发现凡与 2 组同类的，学术界基本公认的词组，该词典几乎全没有收录，这说明它事实上只收了词，不收录词组。至于该词典的"前言"中声称，"词典中所收条目，包括字、词、词组、熟语、成语等，共约五万六千余条"，其中提到"词组"，也不过是一种"万全之策"：万一发现了少量的有人认为是"词组"的，也尽在声明之中，并不能算作词典的漏洞。在目前词与非词难以区分的情况下，词典编撰者也许只能如此而已。

b.《现代汉语词典》只收了下面对照组中的 1 组，而未收录 2 组：

1. 鹅绒　　牛皮　　大蒜

2. 鹅毛　　羊皮　　大葱

以上二组中的对照例子（比如"鹅绒"和"鹅毛"），无论在意义类型上，还是在语法结构上，或者在扩展性能上，都居于完全平等的地位（比如"鹅绒"和"鹅毛"都是鹅的羽毛，都是偏正结构，都能加"的"进行扩展），所以如果说 1 组三例是词，2 组三例是词组，这显然是不公允的。唯其如此，词典理应要么全部收录，要么全部不收，然而词典并没有做到。

三、目前语法书上把"句法词"、"句法·语义词"和"语义词"统统收入"偏正式复合词"，这一做法虽不算错，却失之笼统。

最早给现代汉语复合词的基本结构类型定名的是赵元任先生的《北京口语语法》，此书在汉语学史上第一次把复合词划分为主谓、并列、主从（偏正）、动宾、动补共五类。该书出版于 1952 年，至今已经 50 多年了，但迄今人们对复合词类别的认识基本没有变化。这一方面反映出先贤在认识上的说服力是多么巨大，一方面却说明了后来人对这一问题的研究是多么不够。

语法学界通常认为，偏正结构（包括偏正复词和偏正词组）中的"偏"与"正"两个直接成分之间的关系，是修饰与被修饰、限制与被限制（或曰描写与被描写、限制与被限制）的关系。据我们了解，语言中的偏正结构比起其他一些结构来，是一种最复杂的结构：许许多多具体的语义关系，常常被"偏正"二字所掩盖。这至少有以下两方面的内容：

a. 现代汉语当中有一类用特殊的语义手段构成的偏正复词，其偏正之间往往宜用修饰或限制关系解释之。又有二：（1）深渊：《现代汉语词典》对"渊"的释义是"深水"，这说明"渊"本身包含着"深"的义素（se-mene），无需再用"深"去修饰。很明显，"深渊"之"深"是一个羡余成分，它在词中并不起到实质性的修饰或限制的作用。如果不考虑词音等方面的因素，则完全可以认为"深渊"等于"渊"。（2）"豆奶"：《现代汉语词典》对"奶"的释义是："乳汁的通称"。如果按照修饰或限制的观念看待，"豆奶"就应该能够回答"什么样的奶"之类的问题，但是问题出在了"豆奶"之"奶"不是奶（乳汁）上面。既然不是奶，"豆"对"奶"就不会起到通常意义上的修饰或限制作用。

b. 即使拿修饰或限制关系的偏正复词而论，其中偏正之间的语义关系也是五彩纷呈的，不宜停留在"修饰或限制"上面。比如，用同一个语素（偏）去修饰不同的语素（正），可以有种种不同的情况和角度，如"罗汉菜"指罗汉吃的菜，"罗汉钱"指把罗汉铜合金像熔化后铸制的钱币，"罗汉豆"则是豆圆有如罗汉的肚子。反之，同一个语素（正）被不同的语素（偏）修饰，也可以产生不同的语素义变体。如"角球"指足球，"削球"指乒乓球；"月饼"之"月"指圆月，"月眉"之"月"指弯月；"水坑"之"坑"为单数或复数，"鱼鳞坑"之"坑"为复数；"猎虎"之"虎"为动词的受事格，"猎狗"之"狗"为动词的施事格；"脊梁"是"脊像梁"，"脊檩"是"檩像脊"。

凡此种种，都不宜用"修饰或限制"一言以蔽之。偏正复词内部包含着极其生动复杂的语义世界。

附注：

[1] 见《论偏正复词的内部形式特征》。

定心结构里的语义干涉现象

摘　要：定语对中心词的语义干涉，可对中心词产生渲染和否定的作用。从历时角度看，先有逆向语义干涉，后有顺向语义干涉（甲阶段），后又变成了属概念下的一对种概念（乙阶段），有的又将逆向词语当作顺向词语（丙阶段）。

关键词：语义干涉　顺向语义干涉　逆向语义干涉

定语的基本功能是从不同方面对中心词进行修饰和限制，但是不论修饰还是限制，定语一般不会从语义方面涉及到中心词的词义（义位）的内部，即不会对中心词施加足以使其产生变化的显著影响。例如“青年人”，尽管整个结构比“人”的概念内涵有所增加，但中心词“人”所包涵的各个义素（aememe）——1）高等动物，2）能制造和使用工具等，并未因受定语“青年”的影响而有所改变。

本文提出和讨论另外一种与此相异的定心结构。[1]在这类结构里，定语对中心词的词义内部加以直接的干涉，即对中心词的某一义素加以重申或者否定。我们把这一现象称为定心结构里的“语义干涉现象”。

定语对中心词的语义干涉分为顺向语义干涉和逆向语义干涉两种情形，下面分别讨论。

§1. 顺向语义干涉

顺向语义干涉是指定语对中心词的某一义素加以重申，突出和渲染中心词词义的某一显著特征。这时候定语和中心词的语义指向是同向的。例如“白雪”：《现代汉语词典》把“雪”解释为“空气中降落的白色结晶……”，如果将"雪"简记为"白色结晶",代入"白雪"即为"白的白色结晶",这里定语"白"对中心词"雪"的某一义素(白色结晶)产生了顺向的语义干涉。同类如:

圆球 甘蔗 红血 活人 寒冬 炎夏 臭狗屎 地方方言 有声语言 无线电波 年轻姑娘 人的头发 柔软的海绵 坚硬的石头 辽阔的大海 成功的经验 失败的教训 转动着的地球 不必要的麻烦 父母双亡的孤儿 死了男人的寡妇 未开垦的处女地 生活在水里的鱼 肉眼看不见的细菌(为行文方便,以下将这类词语称作"顺向词语",将其中的定语称作"顺向定语"。)

表面上看,顺向定语与中心词在语义上发生重复,但不能认为这类定语纯属赘疣,这是因为顺向定语的产生是有其根源的:

第一,双音化的需要。为了适应现代汉语双音化的基本规律,单音节的中心词往往需要在前面加上一个单音节的定语来补足双音格式。例如"松柏苍翠,雪皑皑,相映成趣,好不迷人"一句,念起来未免别扭,若改为"松柏苍翠,白雪皑皑,相映成趣,好不迷人"就顺口多了。此所谓"偶语易安,奇字难适"。

第二,修辞的需要。顺向定语不会增加整个词语的概念内涵,但它可以起到一种"渲染"的修辞作用,使语言变得鲜明形象。试比较:

a. 电子显微镜可以把肉眼看不见的细菌放大几十万倍。

b. 电子显微镜可以把细菌放大几十万倍。

a句不仅言明了电子显微镜的放大作用,而且言明了细菌之微小,二者相反相成,修辞效果甚佳。b句由于没有突出细菌微小的特征,致使句子停留于一般化,其修辞效果比之a句大为逊色。

§2. 逆向语义干涉

2.1 逆向语义干涉是指定语和中心词的语义意向相反,二者相互矛盾,相互排斥,这时定语对中心词的某一义素加以否定,从而导致中心词词义的变化。例如"无声语言":"语言"指"以语音为物质外壳,由词汇和语法两部分组成的符号系统"(《新华词典》),"无声语言"则为"无声的以语音为物质外壳的……符号系统"。这里,定语"无声"对中心词的某一义素(以语音为物质外壳)进行了针锋相对的否定。这时,定语对中心词发生了逆向语义干涉。同类如：

白夜　早冰　飞船　裙裤　哑铃　人造毛　塑料布　宇宙人　机器人
植物人　意志力　无线电话　退伍军人　无籽西瓜　无针钟表　无梭纺机
人工牛黄　买方市场　个人方言　电话会议　无性繁殖　人工智能　无糖话
梅糖　父母双全的孤女（故事片）　没有鞋子的鞋店　不用电的电冰箱（以
下将这类词语称作"逆向词语"，将其中的定语称作"逆向定语"。）

在上面例子中，有一些是以否定词"无"字打头的（如"无声语言"、
"无籽西瓜"），其定语对中心词的逆向干涉从字面上看是"显性"的。而其
他词语（如"白夜"、"裙裤"）中的定语对中心词的逆向干涉则往往是"隐
性"的，所以有时需要仔细辨认。例如"塑料布"："布"为"用棉麻等织成
的，可以做衣服或其他物件的材料之一"（《现代汉语词典》），"布"的一个
重要义素是"用棉麻等织成的"。以"塑料"去修饰和限制"棉麻"，其语义
之相悖，显而易见。

2.2我们知道，社会的发展变化，必然首先反映到语言的词汇（一般词
汇）中来。在长期的历史发展过程中，新的科技发明和新生事物的出现，有
时有逆于人们的"先存知识"，这反映在语言中，便会相应地产生有逆于语
义搭配则的"特殊词语"，人们通过超越常规的语言创造，去表示新的观念。
因此所谓逆向词语，正是适应社会科学文化进步而应运而生的。例如"无影
灯"，一般说来，灯在物体挡光时一定生影，所以"有影灯"才符合人们的
思维习惯。但科学技术发展到近代，一种装有若干排成环形的灯泡产生了。
灯而无影，汉语中便造出了"无影灯"这一特殊词语。不难看出，逆向词语
的产生是社会和语言发展的必然，而且可以断言，随着人类社会的进步，这
类词语的产生必将与日俱增。正如池上嘉彦所说："语言本身潜藏着能够产
生新意义的能力，这种能力孕育着无限的可能性。只要遇到适当的时机，这
种能力就会以各种形态诱发而出，成为我们超越日常世界进行新的创造的阶
石。"[2]

这种"定心"逆反的语义结构模式，还是人们对新生事物命名的一种简
便易行的造词（语）手段。逆向词语简洁生动，含蓄意蕴，这完全符合汉语
构词法的特点。比如"未婚妻"，生动含蓄地反映出所指的本质特征和类别
特征。假使舍弃这一词语，那就大约只能把"她是我的未婚妻"说成"她是
我的和我定了亲而没有结婚的女人"了。语言而若此，谁人可以承受？

2.3 在逆向词语中既然中心词的词义内部受到逆向定语的严重干涉，就不可能不使该词从词义整体上受到严重的影响。我们认为，逆向定语具有使中心词的某一相关义素丧失殆尽的作用，因而能够使中心词的词义内涵产生明显的变异。

例如"电话会议"，"会议"指"有组织有领导地商议事情的集会"（《现代汉语词典》），不消说"会议"是以人的"集会"为前提的。但是"电话会议"中的"电话"却使"集会"这一重要义素产生脱落，因而使"会议"的词义只剩下"有组织有领导地商议事情"。那么，"电话会议"的最终语义内涵必然是"通过电话有组织有领导地商议事情"。

若将逆向定语的语义记为 B，中心词原义记为 Z，中心词中丧失的义素记为 S，逆向词语的最终语义记为 Y，那么由上分析得出：

$$Y = B + (Z - S)$$

试将"青年人"和"电话会议"加以对照，便不难发现二者之间的重要的不同。前者"定心"之间未曾发生语义干涉，"人"的词义内涵始终不变；而后者定语对中心词发生了语义干涉，致使"会议"一词的词义内涵产生显著的变异。我们认为，这种通过语义干涉而使词义产生变异的现象，是人类超越现有词义和概念的局限的一种认识上的革命，而新词语的产生又给社会增添了新的语言知识。

2.4 逆向词语多数为"单项定语＋中心词"这样的结构，语言中还存在少数含有双项定语的定心结构（定＋定＋心），其语义干涉情形又有二：

2.4.1 逆向定语^1＋逆向定语^2＋中心词

它的干涉程序是：两个逆向定语（B^1 和 B^2）分别取消中心词的一个义素，使中心词有两个义素（S^1 和 S^2）同时脱落。即：

$$Y = B^1 + B^2 + (Z - S^1 - S^2)$$

例如"塑料地板砖"：B^1＝塑料（质料），B^2＝地板（用途），Z＝砖。

"砖"的义素大致有：1）用土坯烧制，2）多为长方形或方形，3）供建筑使用，4）材料。

代入上式即：y＝塑料＋地板＋（砖－用土坯烧制－供建筑使用）＝塑料＋地板＋多为长方形或方形的材料。可见"塑料地板砖"是一种塑料制的铺地用的装潢材料。

2.4.2 逆向定语＋顺向定语＋中心词

它的干涉程序是：顺向定语（A）自行脱落，由逆向定语（B）直接对中心词产生逆向语义干涉。即：

Y＝B＋A×0＋（Z－S）

例如"白乌鸦"[3] B＝白，A＝乌（黑色），Z＝鸦。

"鸦"的义素大致有：1）鸟名，2）身体黑色，3）嘴大，4）翼长，5）脚有力。

代入上式即：y＝白＋乌×0＋（鸦－身体黑色）＝白＋（鸟名＋嘴大＋翼长＋脚有力）。由此得出"白乌鸦"一词的五个义项为：1）鸟名，2）白色，3）嘴大，4）翼长，5）脚有力。

§3. 顺、逆向定语的关系

有时，同一个中心词前面既可以加顺向定语也可以加逆向定语，但是它们并不一定是两两孪生的。从它们产生的社会历史原因看，孰先孰后，孰因孰果，孰存孰亡、孰有孰无，是一个较为复杂的问题，大致有以下六种情形。

3.1 先有某一逆向定语产生，而后才有与之相应的（同一个中心词的）顺向定语产生，二者有先因后果的关系。例如"语言"，其词义内涵规定了它从来就是有声的，所以起初没有人叫它和不必要叫它"有声语言"。但到后来，人们逐渐发现和意识到诸如"内部语言"、"体态语言"、"聋哑语言"之类，它们既和"语言"同样可以赖以进行思维和传递信息，却又不出声音，于是人们便管它们叫"无声语言"。为了区别，人们又把原来意义上的"语言"又名（不是更名）为"有声语言"。可见所谓"有声语言"不过是"语言"的别名而已。同类如：

逆向   顺向

宇宙人   地球人（＝人）

无籽西瓜 有籽西瓜（＝西瓜）

人工语言 自然语言（＝语言）

社会方言 地域方言（＝方言）

此类顺向定语只有在与逆向定语对举的情况下才出现，在一般情况下不必使用，只以光杆儿的中心词出现即可。比如在一般（非对举）的情况下，只说"我们要讲究语言美"，不说"我们要讲究有声语言美"，只说"他是好人"，不说"他是好的地球人"，只说"吃点西瓜解解渴"，不说"吃点有籽西瓜解解渴"。

应该注意的是，在对举的情况下，一对顺、逆向词语属于同一上义词之下的两个下义词，这时中心词同顺向词语之间的概念关系是属种关系。但是在一般的情况下，顺向词语同中心词之间的概念关系则是同一关系了（词语的这一历史发展阶段以下称作甲阶段）。即：

甲阶段

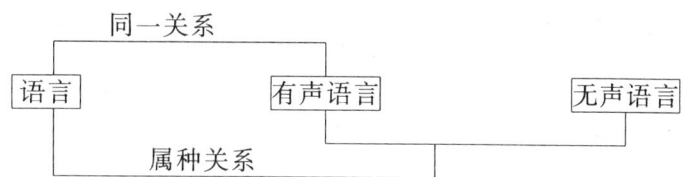

3.2 某些新生事物发展迅速，由"少见"发展为"普遍存在"，这些事物与社会生活的关系日益密切，表示这些事物的逆向词语也逐渐被社会成员共同理解和广泛地使用起来。这便使得那些与之相应的顺向词语也频繁地使用起来，以致在非对举的情况下也独立使用起来。久而久之，有的顺向词语逐渐失掉了作为中心词别名的资格，而与相应逆向词语一起变成了中心词之下的一对地道的种概念（词语的这一历史发展阶段，以下称作乙阶段）。

例如过去在彩色电视机尚不多见的情况下，一般认为"电视机"即"黑白电视机"，所以"彩色电视机"与"电视机"相对待。这说明"黑白电视机"尚处在甲阶段。而今，彩色电视机已经普遍起来，这就使"彩色电视机——黑白电视机"处于完全对举的时代。这时"黑白电视机"已经再不能是"电视机"的代名词，而是与"彩色电视机"一起成为"电视机"之下的一对种概念了。由此可见，只有发展到乙阶段，顺向词语才有广泛的使用价值。图示如下：

乙阶段

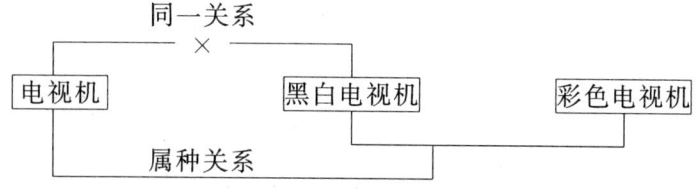

同类再如：煤（有烟煤、无烟煤），数（有理数、无理数）等等。

把§3.1和§3.2两节内容加以比较，可以看出甲阶段和乙阶段的主要不同是：第一，"有声语言"还限于在同"无声语言"对举的情况下使用，而"黑白电视机"已进入独立使用的阶段。第二，"有声语言"与"语言"划等号（同一关系），而"黑白电视机"已不能与"电视机"划等号（属种关系）。第三"无声语言"属于明显的逆向词语，而"彩色电视机"在人们眼里，似乎已经变得不属于逆向词语了。

每个词都有自己的历史。下面以"镜"为例，看看它曾经经历了怎样的"历史"。

在我国古代，长期使用铜镜，所以这个字用"金"（铜）作义符。直至清代中叶玻璃镜才在我国陆续出现[4]，语言中便造出了"玻璃镜"这样的新词——当时的逆向词语，随后又造出了"铜镜"这一相应的顺向词语。这个时候玻璃镜鲜为人知，所以"铜镜"一词只在与"玻璃镜"对举的情况下才偶然一用——甲阶段。后来，随着玻璃生产的急剧发展，"玻璃镜"由一般词转入了基本词，这时便出现了铜镜和玻璃镜并存的时期，"铜镜"和"玻璃镜"成为"镜"下面的一对种概念——乙阶段。

3.3 有的词语进入乙阶段后，继续随着社会的发展而发展，顺向词语所代表的事物被历史淘汰，久而久之，人们反而将相应的逆向词语误作顺向词语了（词语的这一历史发展阶段以下称作丙阶段）。

仍以"玻璃镜"—"铜镜"为例：当它们从乙阶段继续发展下去，铜镜这一事物最终被淘汰，"铜镜"这一顺向词语也随之被淘汰。从此以后一直到今天，人们都认为镜即玻璃镜——反而把"玻璃镜"当作顺向词语了。可见"玻璃镜"一词曾经经历了由逆向词语到顺向词语的历史变化过程。当逆向词语变成顺向词语之后，这一词语与其中心词的概念关系就由属种关系变成了同一关系（如"玻璃镜"＝"镜"）。即：

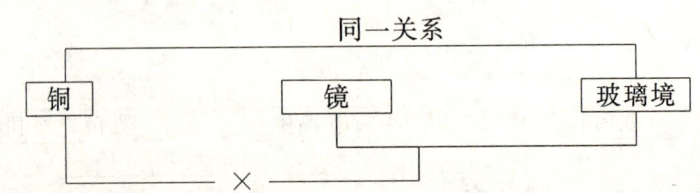

再如在我国古代，灯即油灯，笔即毛笔。"电灯"、"钢笔"想必一度时

期曾以逆向词语出现。到现在"油灯、电灯"、"毛笔、钢笔",已经分别成为"灯"、"笔"之下的一对种概念了,可以推测,假如将来"油灯"、"毛笔"被淘汰,那么"电灯"、"钢笔"也许会变成为顺向词语。

应该指出的是,甲、乙、丙三个阶段是有关的词语在发展过程中分别出现的三种总体情况,但是由甲阶段到乙阶段再到丙阶段并非每个相关词语发展的必由之路。

3.4 有些逆向词语所代表的新生事物虽然已经不属少见,有的甚至非常普遍,但是到底没有造出与之对应的顺向词语。这与§3.1的情形形成鲜明的对照。例如"无花果",称得上是一个逆向词语,但是至今没有造出相应的顺向词语"有花果"。其社会心理大约是这样的:起初,人们以为大凡世上植物,必然是经过开花繁殖而后结果(籽)的,这是天之常理,因此大可不必将植物的果实叫做"有花果",如同大可不必将人叫做"有头人"一样。然而不知此后什么时候人们发现了一种不见开花只见结果的植物,以为有必要给这一有违自然规律的特殊事物予以特殊称名,"无花果"这一有逆于一般语义规则的"怪词"便产生了。"无花果"作为一块"语言化石"纪录了当时对于"无花而结果"[5]这一现象的认知水平和造词心理。同类如:

逆向	顺向
飞船	*水船
未婚妻	*已婚妻
有光纸	*无光纸
无线电话	*有线电话
电话会议	*集会会议
人工智能	*自然智能
美籍华人	*中籍华人
无痛分娩	*有痛分娩

3.5 有的顺、逆向词语的产生不仅不是共时的,而且二者之间没有前因后果的关系。例如"枯井"和"水井",并不是因为有了"枯井",所以才把一般意义上的"井"又名为"水井",事实上,远在"枯井"一词造出之前,人们就将"井"又名为"水井"了。至于"油井"和"水井"之间的非因果关系,则更为明显:"油井"一词的产生要比"水井"晚,而且命名"油井"并非为了与"水井"对举。

3.6 顺向词语率先产生，但此后一直没有产生相应的逆向词语，而且就目前为止的社会发展水平看，在短时期内是不可能产生的。

这类顺向词语的产生，与社会的发展没有直接的联系，如前所述，它们只是为适应双音化和修辞的需要而产生的。例如：

顺向	逆向
白雪	*黑雪
圆球	*方球
无线电波	*有线电波
坚硬的石头	*柔软的石头
生活在水里的鱼	*生活在陆地的鱼

我们说目前不可能产生此类逆向词语，旨在不排除将来产生的可能性。"方球"、"生活在陆地的鱼"等不合逻辑的事物及其词语，现在说来是荒唐的，这正像从前人们想必认为"无针钟表"、"无梭纺织机"是荒唐的一样。

附注：

[1] "定心结构"包括定中词组和定中合成词。

[2]《符号学入门》（第 14 页），[日]池上嘉彦著，张晓云译，国际文化出版社，1985。

[3] 白乌鸦长满白色的羽毛，生活在泰国和我国台湾等地。

[4]《中国古代史常识》（第 356 页），中国青年出版社，1980。

[5] 无花果其实并非不开花，这不妨碍本文论述。

语义干涉和义素脱落

摘　要：义位间的语义干涉以及由此而引起的义素脱落现象是语言中超越常规的"语义异常组合"里的一种更为深刻的语义变异现象。使变干涉能够消除被干涉者的某一义素，使该义位发生意义蜕变。羡余干涉虽然未使被干涉者发生义素脱落，但可使之得以意义上的渲染和强化。这种语言创造活动预示着语言发展的新走向。

关键词：语义干涉　义素脱落　使变干涉　羡余干涉

一、解题

词的义位所反映的客观事物的对象、行为、性质等，都是高度抽象化了的孤立的观念，但义位一旦进入句法·语义组合（义丛·义句），就会在这个由语义结构的宏观控制和义位组合的微观制约所形成的语义网络中产生个性化的变异，而不管这一变异有时是多么的微妙。例如"吃"，《现代汉语词典》对它的基本义项的解释是："把食物等放到嘴里经过咀嚼咽下去。"这只限于一种词义的解释，一种抽象的概括，而没有与客观世界中的事物发生直接的联系，因此这是孤立的观念。"吃"义位进入组合后，便隐含了施事是动物，受事为其食物这样的要求（语义的溢出），而且只有满足了这一要求，"吃"才可以与其他义位或义丛建立"并置关系"。例如有"狼吃羊"，没有"人吃羊"，因为这里的"羊"不显示"熟羊肉"的个性特征，但可以有"人吃鸡"，因为鸡在这个组合中显示了"熟鸡肉"的个性特征（变元 argument），因而成为人的食物。这些都是义位在组合时的要求所规定的。所谓"语义的溢出"说到底是句法·语义结构中义位间的相互的影响力和渗透力。

171

正如汉语音节进入语流（音流）后有时要发生连读音变一样，义位进入语流（义流）后有时也要发生因相互间的影响而导致的变异。这些都属于人类语言中极为普遍的现象。

本文要提出的是语言中超越常规的"语义异常组合"里的一种更为深刻的语义变异现象：义位间的语义干涉以及由此而引起的义素脱落现象。

这里所谓"语义异常组合"是指那些违反逻辑和语义溢出的错误组合（非普通意义搭配，破格搭配）。例如：

① ＊ 他是个结了婚的单身汉。

② ＊ 这是一张白色的白纸。

①句中的修饰语"结了婚"与中心词"单身汉"在语义上存在不可调和的矛盾，造成意思上的荒唐。②句虽然不存在矛盾，但修辞语"白色"与"白"构成叠置而成为冗言。

问题在于语言作为一种社会产物，它的正误有时与科学意义上的正误的标准不尽一致。语义异常的组合固然在多数情况下不能成立，但有少部分竟可以成为被社会成员所接受的东西。例如"未婚妻"，其中"未婚"与"妻"（"妻"的一个义素是［＋结婚］）发生矛盾，再如"凯旋而归"，其中"凯旋"与"归"造成重复累赘（凯旋［＋唱凯歌＋归来］）。以上二例分别与①②两句同类，所不同的是①②两句不能成立，而此二例可以成立。可见凡是矛盾或有叠置的语义异常的组合不一定都不能成立。所谓语义干涉就是指语义异常的组合里，义位间发生的矛盾、叠置等现象以及由此而引起的组合的表意效果的变化。

在语义干涉这一强有力的作用下，在发生矛盾的组合（未婚妻）里，干涉者（甲义位）能够消除（erasure）被干涉者（乙义位）的某一义素（乙义位义素脱落），从而使该义位发生意义蜕变。我们管这一现象叫语义的使变干涉。其次，在发生叠置的组合（凯旋而归）里，虽然干涉者未使被干涉者发生义素脱落，但可使被干涉者得以意义上的渲染和强化，收到特殊的修辞效果。我们管这一现象叫语义的羡余干涉。

那些产生语义干涉的义位组合，一方面属于常规以外的错误组合，同时又取得了社会成员的认可，这就决定了这样的用例只能是封闭性的。从汉语的几种基本句法结构形式出发，我们发现偏正组合的例子较多，联合、动宾、主谓等组合的例子较少。

二、语义的使变干涉

2.1 偏正组合

2.1.1 状中组合

状中组合中的使变干涉表现为状语对中心词的干涉。例如"干洗",按照通常的语法观念,状语"干"应对中心词"洗"具有修饰或限制作用,但这并不合乎语言事实。本文认为,这里的"干"对"洗"产生了干涉作用,在这一作用下,"洗"义位的基本义素([＋用水＋去污])中的一个实质义素([＋用水])从该义位中脱落,致使"洗"的基本义素只剩下[＋去污],此时"干洗"实际指:用制剂([－用水])去掉衣服上的污物。这样,"干洗"与通常意义的"洗"(水洗)的语义选择限制有了显著的不同:"干洗"的受事格只能是衣物,而通常意义的"洗"(水洗)的受事格既可以是衣物,也可以是食物、人体、器具等。这一现象使"向心结构"的理论面临新的考验。

如果以 X、Y 表示前后两个义位,sh 表示 Y 义位中的一个实质义素,t 表示 y 义位中的特征义素,＞表示干涉关系(左边干涉右边),↓表示产生义素脱落,那么语义干涉和义素脱落即可用下面两个式了示意:

Ⅰ式:$y[+sh+t^1+t^2+\cdots]$

Ⅱ式:$x>y[+sh\downarrow+h+h+\cdots]=x>y(-sh+t^1+t^2+\cdots)$

把以上式子代入"干洗"、"冷烫"等组合即:

干洗

Ⅰ式:洗[＋用水＋去污]

Ⅱ式:干＞洗[＋用水↓＋去污]＝干＞洗(－用水＋去污)

冷烫

Ⅰ式:烫[＋用热能＋使另物外形变化]

Ⅱ式:冷＞烫[＋用热能↓＋使另物外形变化]＝冷＞烫[－用热能＋使另物外形变化]

森林浴

Ⅰ式:浴[＋用水＋浸染全身]

Ⅱ式:森林＞浴[＋用水↓＋浸染全身]＝森林＞浴[－用水＋浸染全身]

耳朵识字

Ⅰ式：识字［＋通过视觉＋掌握字的形音义］

Ⅱ式：耳朵＞识字［＋通过视觉↓＋掌握字的形音义］＝耳朵＞识字［－通过视觉＋掌握字的形音义］

同类如：冷焊，沙浴，干馏，日光浴，单相思，安乐死，无主栽培，家庭离婚，未遂政变，无性杂交，无哮型哮喘。

2.1.2 定中组合

定中组合里的使变干涉表现为双向干涉，一是定语对中心词的干涉，一是中心词对定语的干涉。定中组合里的正常语义指向应是"定语＋中心词"，据此，我们把定语对中心词的干涉看作正向干涉，把中心词对定语的干涉看作反向干涉。

2.1.2.1 正向使变干涉

在定中组合里，如果定语对中心词发生正向使变干涉，那么中心词就会因义素脱落而产生义位的蜕变。例如：

旱冰

Ⅰ式：冰［＋水为之＋固态＋坚硬光滑］

Ⅱ式：旱＞冰［＋水为之↓＋固态＋坚硬光滑］＝旱＞冰［－水为之＋固态＋坚硬光滑］

未婚妻

Ⅰ式：妻［＋结婚登记＋男子的人生伴侣＋女性］

Ⅱ式：未婚＞妻［＋结婚登记↓＋男子的人生伴侣＋女性］＝未婚＞妻［－结婚登记＋男子的人生伴侣＋女性］

同类如：哑铃，飞船，裙裤，女弟，男巫，素鸡，活塞，白夜，豆奶，平角，民兵，走禽，白煤，生祠，手袜，黑光，植物人，铝砂锅，无糖糖。

2.1.2.2 反向使变干涉

在定中组合里，如果中心词对定语发生反向使变干涉，那么定语（义位）就会因义素脱落而产生义位的蜕变。例如：

乞丐万元户

Ⅰ式：乞丐［＋穷＋靠讨饭要钱过活］

Ⅱ式：乞丐［＋穷↓＋靠讨饭要钱过活］＜万元户＝乞丐［－穷＋靠讨饭要钱过活］＜万元户

此类实例要比以上正向使变干涉少得多。

2.2 并列组合

并列组合里的各个义位之间从道理上讲应是并列或对立关系，但有一些语义异常的并列组合并非如此，组合中的某个义位与其他义位竟是下义词与上义词的关系，即逻辑学上的属种关系。在这类组合里，往往是上义词受到下义词的语义干涉而产生义素脱落。例如：

姑娘和少年

"少年"为上义词（属概念），"姑娘"为下义词（种概念），"少年"包括"姑娘"，但：

Ⅰ式：少年［＋男性－男性＋十岁左右到十五六岁］

Ⅱ式：姑娘和＞少年［＋男性－男性↓＋十岁左右至十五六岁］＝姑娘和＞少年［＋男性＋十岁左右到十五六岁］

专家和读者

"读者"为上义词，"专家"为下义词，"读者"包括"专家"，但：

Ⅰ式：读者［＋一般人－一般人＋阅读］

Ⅱ式：专家和＞读者［＋一般人－一般人↓＋阅读］＝专家和＞读者［＋一般人＋阅读］

并列组合的各项的顺序可以互换，如"姑娘"和"少年"可作"少年和姑娘""专家和读者可作"读者和专家"，二者只是干涉方向不同。

同类如：欧美，中港台，鸡鸭鱼肉，人和动物，党员和群众，党员和干部，教师和干部，教职员工，团员和青年，中国和世界，军队和人民，总书记和全体中央领导，裁判员、运动员和广大体育工作者。

2.3 动宾组合

在动宾组合里，语义干涉发生在动词和宾格之间，有正向使变干涉和反向使变干涉两种情形。

2.3.1 正向使变干涉：动词干涉宾格，宾格义素脱落。例如：

吃鸡（人吃鸡）

Ⅰ式：鸡（＋有生命＋家禽）

Ⅱ式：吃＞鸡［＋有生命↓＋家禽］＝吃＞鸡［－有生命＋家禽］（食品鸡）

同类如：吃鱼，煎药，骑车，救死（扶伤）。

2.3.2 反向使变干涉：宾格干涉动词，动词义素脱落。例如：

吃醋

Ⅰ式：吃［＋受事为食物＋入嘴＋经咀嚼＋下咽］

Ⅱ式：吃［＋受事为食物十入嘴十经咀嚼↓＋下咽］＜醋＝吃［＋受事为食物＋入嘴－经咀嚼＋下咽］＜醋喝西北风

Ⅰ式：喝［＋受事为液体或流体＋入嘴＋下咽］

Ⅱ式：喝（＋受事为液体或流体↓＋入嘴＋下咽）＜西北风＝喝（－受事为液体＋入嘴＋下咽）＜西北风

动词的基本义以外的另一义项有时就是这样产生的。

同类如：饮弹，饮恨，吃亏，吃茶，吃力，吃水，遛鸟，（忍气）吞声，炒地皮，炒股票，扭秧歌。

2.4 主谓组合

主谓组合是一种离心结构，它没有核心可言，所以主谓间的干涉方向无所谓正反，但是为了行文方便，姑且把谓词对主语（项）的干涉当作正向，把主语对谓词的干涉当作反向。

2.4.1 正向使变干涉：谓词干涉主语，主语（中心词）义素脱落。例如：

风干（浪静）

Ⅰ式：风［＋空气＋流动］

Ⅱ式：风［＋空气＋流动↓］＜平＝风［＋空气－流动］＜平

万籁俱寂

Ⅰ式：万籁［＋许多种＋声音］

Ⅱ式：万籁［＋许多种＋声音↓］＜俱寂＝万籁［＋许多种－声音］＜俱寂

2.4.2 反向使变干涉：主语干涉谓词，谓词义素脱落。例如；

眼馋

Ⅰ式：馋［＋看见＋想吃］

Ⅱ式：眼＞馋［＋看见＋想吃↓］＝眼＞馋［＋看见－想吃］

目语

Ⅰ式：语［＋利用有声语言＋传递信息］

Ⅱ式：目＞语［＋利用有声语言↓＋传递信息］＝目＞语［－利用有声

语言＋传递信息〕

　　同类如：心酸，腰酸，目击，耳食，心亮，鱼翔（浅底）。

三、语义的羡余干涉

　　语义的羡余干涉应与语义的冗余干涉区别开来。"白色的白纸"是冗余干涉，其中"白色"纯属冗言，这种组合为社会成员所摒弃。"白白浪费"则是羡余干涉，其中"白白"与"浪费"虽属叠置，但这一提法已为社会成员所接受。这是因为羡余干涉和羡余成分在语言应用中具有积极的作用：第一，如前所述，羡余成分可以对被它干涉的义位产生渲染和强化的作用，从而给人留下更为深刻的印象。

　　例如说"白白浪费"往往要比单说"浪费"更加突出"徒然"的意念，因而更加令人惋惜。第二，有时羡余成分起补足音节的作用，从而使某些单音词双音化，以适应现代汉语词语双音化总趋势。如果不考虑语音协调，以下两组例句中的"白"和"虫"是多余的，但实际语言中却是少不了的：

　　1a.　一眼望去，白雪皑皑，十分壮观。

　　1b.　＊一眼望去，雪皑皑，十分壮观。

　　2a.　孩子肚里生了蛔虫，定要及时治疗。

　　2b.　＊孩子肚里生了蛔，定要及时治疗。

　　以上 a 句念起来顺口，b 句念起来别扭：a 句可取，b 句不可取。

　　3.1　偏正组合

　　3.1.1　状中组合

　　状中组合里的羡余干涉表现为状语对中心词某义素的重申。例如：

　　白白浪费

　　Ⅰ式：浪费〔＋白白地＋付出〕

　　Ⅱ式：白白＞浪费〔＋白白地＋付出〕＝白白地白白地付出

　　公开见报

　　Ⅰ式：见报〔＋公开地＋印在报纸上〕

　　Ⅱ式：公开＞见报〔＋公开地＋印在报纸上〕＝公开地公开地印在报纸上

　　同类如：干号，冰镇，风靡，向前进，向后退，手招；努力奋斗，互相交流，用嘴吃饭，高声喧哗，非常溺爱。

3.1.2 定中组合

定中组合里的羡余干涉表现为定语对中心词的正向羡余干涉和中心词对定语的反向羡余干涉。

3.1.2.1 正向羡余干涉

白雪

Ⅰ式：雪〔＋白色的＋空气中降落的水蒸气结晶〕。

Ⅱ式：白＞雪〔＋白色的＋空气中降落的水蒸气结晶〕＝白色的白色的空气中降落的水蒸气结晶。

同类如，圆球，蓝天，大海，树枝，红血，别墅，盐枭，信笺，深渊，饼铛，高等学府，肮脏的苍蝇，伟大的人民。

3.1.2.2 反向羡余干涉

蛔虫

Ⅰ式：蛔〔＋寄生虫＋形如蚯蚓〕

Ⅱ式：蛔〔＋寄生虫＋形如蚯蚓〕＜虫＝形如蚯蚓的寄生虫，属虫

杜鹃

Ⅰ式：杜鹃〔＋鸟＋身体黑灰色〕

Ⅱ式：杜鹃〔＋鸟＋身体黑灰色〕＜鸟＝身体黑灰色的鸟，属鸟

此类多数是由古代汉语单音词后加一个表示类属的语素构成。

同类如：蝗虫，蛙虫，梨树，镔铁，旭日，驿站，桅杆，蕴草，牵牛花，杜鹃花。

3.2 动宾组合

动宾组合里的羡余干涉表现为动词对宾格的正向羡余干涉和宾格对动词的反向羡余干涉。

3.2.1 正向羡余干涉。例如：瞠目，钤印，烙烙饼，做作业，看电视。

3.2.2 反向羡余干涉。例如：

遛牲口

Ⅰ式：遛〔＋带牲口＋使慢行〕

Ⅱ式：遛〔＋带牲口＋使慢行〕＜牲口＝带牲口牲口使慢行

凫水

Ⅰ式：凫〔＋在水里＋游动〕

Ⅱ式：凫〔＋在水里＋游动〕＜水＝在水里水里游动

同类如：赧颜，枭首。

四、余论

社会发展是语言发展的基础。社会中的新生事物和新的科技产品不断产生，人脑里的新概念也随之不断产生，反映在自然语言里，便会有相应的新词语不断产生。新词语总是以旧的语素为材料，以语言中现有语法模式为构造方式创造的。比如人们曾经发明创造了飞机、电话，汉语便利用飞、机、电、话这些古老的语素和"偏正"语法模式创造出"飞机"、"电话"这两个新词。这一构造能力是无限的。因为它们是依据和遵守着常规的现象和常规的思维定势因而创造出符合常规的语义结构的词语。但是不能不看到，经常出现着一些悖于常规的新事物、新产品严重地冲破了人们的思维定势和认知传统，因而迫使人们创造出一些语义异常的词语去表示之。例如"电脑"、"干洗"等，就是随着思维革命而应运而生的。其中电、脑、干、洗虽属古老的语素，但它们之间的语义结构却与其语法模式发生冲突，形成了一种语义异常的组合，这种异常的组合在表现异常的思维时，正好派上了它们的用场。

看起来，语义异常的组合的出现是人们的一种语言创造活动。"人类最初有要求输入秩序的欲望，但却不能容忍长久地安居于一个完全被秩序封闭了的世界。迟早人类还是被创造行为所驱动，尝试部分地或全面地改组原有的秩序。……在这里，通过超越日常话语的语言创造，打开了一个新的价值世界。"（池上嘉彦，1985）本文所论的语义异常组合的现象，正与这一论断互为佐证。我们通过对那些语义异常的组合的研究，确实发现和得到了现有语言知识以外的东西。尤其是在那些发生使变干涉的组合里，被干涉者（词义或语素义）发生了某种特殊形式的扭曲和变异，这一变异的直接原因则是由于其义素脱落而造成了义位内涵的缩小，以及由此而引起的义位外延的扩大。汉语古今词义的演变，起初多是从义位义素的增减而引起的。我们认为现代汉语某些词（语素）的义位变异可能导致将来的意义的演变，本文的贡献正在于及时捕捉和描写了这一现代汉语词义演变的最初状态。

人们曾经认为，"飞船"是不可思议的，因为"船"是"水上的主要运输工具"（《现代汉语词典》），如何能飞？"电脑"也是不可思议的，因为"脑"是"人体中管全身知觉、运动和思维、记忆等活动的器官，是神经系统的主要部分"(《现代汉语词典》),与电何缘?再如人们曾经认为纺机必有梭,钟表必有针……但到后来一旦出现了相反的事物,"飞船"、"电脑"、"无梭纺机"、"无针钟表"等词语,便成为人们能够接受的东西了。西蒙说过,"假如我们找到了新的句法组合,我们就找到了整个世界。"现在看来,西蒙的这个"假如"是不必的了,因为我们时至如今已经反复地通过新的句法组合(语义异常的组合)获得了许多的新知识。随着新的科学技术的进步和发展,我们还将通过越来越多的"新的句法组合"找到更加绚丽多彩的新世界。我们甚至不能断言,一万年以后语言中不会有"红夜"、"活死尸"、"月亮陨落"、"吃字"、"陆地鱼"之类现代人看来不可思议的组合。

语义异常的组合的与日俱增,与时俱进,预示着语言发展的新走向。

说明:

1. 本文所说的"组合",包括同一语法关系的合成词和简单词组,本文论述不受此二者区分问题的限制。

2. 文中例词所列义素皆为与论题有关的,无关的义素全略去。

参考文献:

[1]《符号学入门》第 6 页,池上嘉彦著,张晓云译,国际文化出版社,1985。

探究复合词理据的基本途径

摘　要：探究复合词理据的基本途径大致有认识不对号语素、语素义与词义挂钩、内部形式与词义挂钩。

关键词：复合词　语素　词义　内部形式　理据　对号　挂钩

§1. 问题的提出

词分单音词（单纯词）和合成词。探究单音词的理据已由古今训诂学研究之，并且取得了巨大的成就，而探究现代汉语复合词的理据则是一个有待全面展开的新课题。

通行辞书的编撰目的主要是解释词的词义（理性意义），对于词的理据则未能正面照顾到，所以探究之目前尚缺乏现成的资料依据，得到之需要付出艰辛的努力。

探究复合词理据最基本的事实依据是词的语素义、词的内部形式（inner form）和词义。语素义和词义一般可以在辞书中查得，因此语素义和词义既是先决条件，也是已知条件。同时借助这两个条件，我们还可以求得一部分词的内部形式。

但是，依靠辞书所了解的语素义、词义以及内部形式，虽是大量的却毕竟是有限的。再则，依靠辞书获得的关于语素义、词义和内部形式的信息，在数量上也并不是等量齐观的。其中获得关于词义的信息最多，语素义信息次之，内部形式信息最少。从整体出发，我们面临的情形一般有下面六类：

第一类是词的语素义、词义、内部形式都一目了然。例如"人民"、"电灯"、"吃饭"。

第二类是词的语素义虽明，词义和内部形式都不明（这里所谓明和不明指最一般的情况）。如"线春"，"线"、"春"二语素都为人熟知，但什么是"线春"？"线春"的结构方式是怎样的？不明。同类如：丸熊、猫鱼、按揭、飞秒、金碳、峰会、冰石海、衣原体、暗物质、鸟嘌呤、贫铀弹、路由器、碳纳米管、黄肠题凑、有氧舞蹈。

周有光（1997）载：有一位教授让学生猜想"对红"的词义，答案竟有八个，而且全错：

a. 一对红色的春联（错）。

b. 对联，红底黑字（错）。

c. 对半分利息（错）。

d. 分红（错）。

e. 古时女子手工方面的事（错）。

f. 中国的一种民俗，近似男女对歌，互表爱意（错）。

g. 一种中草药品（错）。

h. 一种红颜色（错）。

（正确答案是：核对校样上的红笔修改处，如果没有错误，就上机印刷。）

这个例子生动说明，了解词的语素义同了解词义之间还有一段距离。

第三类是词的语素义不明（生字），这可以通过辞书解决。

第四类是词的语素义不明，而且辞书中没有它的对号义项。（§2（3）详下）

第五类是词的语素义、词义皆明，但是内部形式不明。这是由于词中几个语素的意义之间没有直观和直接的联系，理解时需要发挥联想。例如"话梅"，虽然"话"、"梅"以及"话梅"的意义妇孺皆知，但是不能把"话梅"的内部形式简单地理解为"会说话的梅子"什么的。同类如"燕麦"、"谢幕"、"罗汉钱"、"行李"、"桥牌"、"脚牛"、"牛柳"、"拔河"、"肉松"、"酒窝"、"柴油"、"伊面"、"大哥大"、"肥皂剧"、"夫妻肺片"、"鸵鸟政策"、"跳蚤商店"、"苹果电脑"等。

第六类是语素义、内部形式、词义全明，却不明词义何以用某一内部形式承载。例如"抱佛脚"是三个熟字熟义语素，内部形式明显是"抱住佛脚"，词义是事到临头才急于应付，但是事到临头才急于应付为什么是"抱住佛脚"，而不是"抱住僧臂"？同类如肠断、黑马、下海、马上、梨园、破鞋、足下、敲竹杠、太师椅、二百五、兔崽子、炒鱿鱼、戴绿帽子。

比较以上六类情形，其理据的探究工作的难易程度各不相同。第一类唯其语素义、词义皆为人明白，所以一般不作为理据探究的对象。第二、三类的问题关键在于不明词义和语素义，但是这些都可以通过查阅工具书或询问别人解决。例如可以通过查阅辞书得知"骃"为"壮马"义，知"侩"为"拉拢买卖从中谋利的人"义，而后可知"骃侩"应该是"马匹交易的经纪人"。揭示复合词理据的难点在于第四、五、六类。这三类词尽管有词义相佐，但是它的理据仍然暗昧不明，其症结就在于语素义不对号、语素义与词义不挂钩、内部形式与词义不挂钩，这便成为探究复合词理据的难点所在。唯其如此，认识不对号素义、语素义与词义挂钩、内部形式与词义挂钩，便成为探究复合词理据的三条主要途径。

§2. 途径之一：认识不对号语素

汉语中有几千个语素，由它们构成几万个合成词（据载，《现代汉语词典》中的语素同词的比例是 1∶6）。认识大量语素义，会给揭示复合词的理据奠定基础。如果对复合词中的某个（或多个）语素不认识，理据考究工作就不会展开。

如何掌握语素义？人们往往以为，通过查阅辞书就可以掌握几乎全部的语素的意义，其实问题并非如此简单，因为认识语素存在一个难易度。从这个难易度上可把语素分为生字语素、熟字语素和义项不对号语素三类。

（1）生字语素

生字语素即不认识的字，可以通过查阅辞书或者请教别人解决之。

（2）熟字语素

熟字语素又分"熟字熟义语素"、"熟字生义语素"和"熟字多义语素"。熟字熟义语素自不待言。

熟字生义语素是指人们对语素的基本义一般是熟悉的，但是，却未必知道它的更多的义项或所有的义项，也未必知道它在某一复合词中使用了哪个义项。所以我们往往可以发现这样的现象：有的语词的意义是人人明白的，但词中某语素的意义却往往是不明白的。如"清楚"是个妇孺皆知的常用词，但其中的"楚"取何义？"再接再厉"谁都知道它是"继续努力"的意思，但其中的"厉"是什么意思？这些未必为许多人知道。有的语素可能在这个词中容易认识，而在那个词中不容易认识。例如"左"，在"左边、左手"中一般都知道是"右"的反义，但在"左脾气"中取何义，就恐怕有不少人不知道，而在"山左"中取何义就为更多的人不知道了。造成这种情况的主要原因是，这类语素虽为熟字语素，却在词中使用了某一生僻的、特殊的义项。

提到现代汉语复合词，人们往往只注意到它的现代性，而忽视了它的古代性。事实上，词中语素所使用的意义，不一定全是一目了然的今义，而不免是古义或冷僻义。王宁（1996）认为："就现代汉语来说，这种含有先秦古义的双音词，因为其中有一个不自由语素，而且又用的是古义，结合得自然非常紧密，成为一个统一的使用单位，使用者不会再去追究一个一个的语素义——特别是造词时的语素义了，古义也就被淹没了。"所以我们常常会看到，即使是最常见、最普通的复合词也往往包含难识语素，例如：落（成）——祭祀，寻（常）——八尺，荐（饥）——连岁不熟，失（声）——纵，枪（试）——替，丁（忧）——遭遇，陆（续）——跳跃，（方）胜——首饰，用的都是古僻义。可见复合词中的熟字语素不一定是熟义语素。此其一。我们还经常发现有这样的情形：同一个语素，在此词中用的是今义，在彼词中用的是古义。例如语素"城"，在"城镇"中用的是今义——城市，在"长城"中用的是古义——城墙；语素"趁"，在"趁机"中用的是今义——利用，在"趁钱"中用的是古义——富有。此其二。

不难看出，探究这类复合词的理据，往往需要用古代汉语的眼光来看待现代汉语，因为有许多语素（古词）的古义残存在现代汉语的合成词里（王力，1965）。"现代汉语还有不少双音词，早在古代结合，结合的理据存于先秦，而在结合后又作为一个词的整体意义引申，遂使现代用意与构词的意图脱节，一旦寻其造词理据，分析结构方式，仍必须向上追寻。"（王宁，1996）所以我们应该以古释今、寻求本义，不应该以今释古、望文生义。

熟字多义语素就是熟字而有两个或两个以上义项的语素。如语素"齿"，在"齿龈"中为"牙齿"义，在"锯齿"中为"物体上齿形的部分"义，在"齿轮"中为"带齿的"义，在"齿列"中为"并列"义，在"序齿"中为"年龄"义，在"齿及"中为"说到"义，由多义语素构成的语词有时会由于它的两个义项在字面上都能说得通，所以往往造成歧解。如毛泽东《忆秦娥·娄山关》中有"雄关漫道真如铁，而今迈步从头越"的句子，"漫道"的正确解释是"不要说"，但许多人把它理解为"漫长的道路"。究其原因就是因为"漫"是个多义语素，其中的"莫、不要"和"漫长"两个义项在诗句中都说得通。文言文注释也常有这样的情况。《非攻》中"孰能有余以奉天下？唯有道者"的"道"字，王力《古代汉语》（中华书局，1980）释为"道德"，而萧泰芳等《古代汉语注释商榷》（山西古籍出版社，1999）则释为"客观规律"。

（3）义项不对号语素

义项不对号语素又分难对号语素和不对号语素两种情况。

a. 难对号语素。

难对号语素指的是，复合词中某语素尽管在辞书上已列出相应义项，但是由于这一义项为古僻义或者由于复合词的内部形式的语义蕴藉，使得一般读者难以在诸多义项中找出它的对号义项。

例如"经常"，《现代汉语词典》给"经"的两个同音字列出的义项分别是：

经^1：①织物上纵的方向的纱或线（跟"纬"相对）。②中医指人体内气血运行通路的主干。③经度。④经营，治理。⑤上吊。⑥历久不变的；正常。⑦经典。⑧月经。⑨姓。

经^2：①经过。②禁受。

以上一共11个义项，"经常"的"经"属于哪一项呢？这是一个棘手的问题。事实上，"经"的对号义项是经^{1}的第一项：织物上的纵线。经正而后纬成，先经而后纬，所以经是主要的，"经"由此引申出"正常"或"寻常"义。"经常"连文，表经久常行义。

同类如"马蜂"的"马"、"乌台"的"乌"、"瓦解"的"瓦"、"逼肖"的"逼"、"白啤酒"的"白"等等，对起号来都有一定的难度。

b. 不对号语素。

不对号语素指的是，由于辞书上未列出某语素的古僻义、意义支点义、通假字义、音译义、变体义、比喻义等义项，致使这类语素无法在辞书上落实。

《现代汉语词典》等通行词典的编排体例通常是这样的：首先是语素（单字）领头，接着在该语素的右方排列出它的义项，然后在下面分列出以这个语素为首语素的多音词及其释文。这一编排格局极容易给词典读者造成一种误解：以为每一复合词的首语素的意义，都可以在其上语素诸义项中找到对号的一项，从而使语素义落到实处。但是实际情况却每每叫人失望：许许多多的复合词的首语素在其上语素诸义项中找不到对号的一项。例如"打的"，《现代汉语词典》解释为：

打的：租用出租汽车；乘坐出租汽车。

再看"打"的义项分别是：

打¹：①用手或器具撞击物体。②器皿、蛋类因撞击而破碎。③殴打、攻击。④发生与人交涉的行为。⑤建造、修筑。⑥制造。⑦搅拌。⑧捆。⑨编织。⑩涂抹。⑪揭；凿开。⑫举；提⑬发射；发出。⑭付给或领取。⑮除去。⑯舀取。⑰买。⑱捉。⑲用割、砍等动作来收集。⑳定出；计算。㉑做；从事。㉒做某种游戏。㉓表示身体上的某些动作。㉔采取某种方式。

打²：介词，从。

"打"的两个同音词共 25 个义项，但"打的"中的"打"与它们都对不上号。

又如"自用"，《现代汉语词典》解释为：

自用：自以为是。

再看"用"的义项分别是：

用：①使用。②费用。③用处。④需要。⑤吃、喝。⑥因此；因。

"自用"中的"用"在以上 6 个义项中都对不上号。

倘若提出这样的问题："猩红"之"猩"、"海报"之"海"、"狐步"之"狐"、"匹夫"之"匹"、"满贯"之"贯"、"棠梨"之"棠"、"明白"之"白"、"物色"之"物"、"便秘"之"秘"、"痛楚"之"楚"……是什么意思？尽管这些个字是极其平常的字，但是这一连串的问题却每每叫人瞠目结舌。

以上三类语素的性质不同，所以探究由此构成的复合词的内部形式和理据的难易程度也不相同。具体表现为：

熟字熟义语素构成的复合词，除意义支点词以外的大部分词的理据基本可以"顾名思义"发现之。例如电灯：以电为能源的灯。

生字语素、熟字生义语素构成的复合词，虽然"生"而不识，但是可以通过查阅辞书解决之。例如借助辞书得知"雉"为城墙，"堞"为"城上女垣"，由是可知"雉堞"是"雉上之堞"（偏正结构）。"长城"之"城"为"城墙"义，由是可知"长城"是长长的城墙（偏正结构）。

相比之下，揭示内部形式和理据最为困难的是由义项不对号的语素构成的复合词，因为既然某语素不对号，就无法凭借辞书了解它在词中所取用的意义，因而使揭示复合词的内部形式和理据成为空谈。

问题已经十分明白，只有把不对号语素的义项通过更加深入更加细致的研究考证弄明白，词理据的探究才能成为可能。例如"甬道"，"甬"是不对号语素，它是什么意思呢？清代黄生所撰《义府》云："甬为钟至肩处，有级而稍高，甬道之义取此。"至此我们得知"甬道"一词是通过比喻手段造出来的："居于庭院或墓地中央，正对着主要建筑物的路"缓缓而上，犹如"钟至肩处，有级而稍高"。"付丙"，"丙"是不对号语素，经考察知"丙"是"丙丁"的意义支点，又知"丙丁"为火日，后以称火，至此方才明白"付丙"者付火烧掉也。"陬月"，《尔雅·释天》郝懿行义书："陬訾，星名，即营室东壁，正月日在营室，日月会于陬訾，故以孟陬为名。"至此，使人了解了"正月"何以叫做"陬訾"。"面的"，"面"在辞书上绝不会有"面包、面包车"的义项，所以必须首先了解"面"是"面包车"的意义支点，然后才可以求得"面的"是以面包车作的出租车。"牟取"，"牟"通"蛑"，据载蛑为食苗根之虫，据此求得"牟取"者，犹蛑贪食苗根也。"黄瓜"，"黄"通"胡"，后赵石勒讳"胡"而致。"苹果"，"苹"是梵语音译。"未婚妻"，"妻"的"登记"义素脱落，故"未婚妻"非"妻而未婚"。"球"在"篮板球"、"擦边球"中实际使用的是"球"的不同意义变体，即篮球、乒乓球。

§3. 途径之二：语素义同词义挂钩

对号法使探究词理据闯过第一关，但是对号法并不能解决全部的问题。有一类复合词，词中语素都是对号语素，但是依据语素义和词义仍不能酝酿或推导出词的理据，其原因是语素义和词义缺乏直接的或直观的联系。这时候，探究词理据又面临第二道难关。例如"女墙"，《现代汉语词典》解释为：

女墙：①城墙上面呈凹凸形的短墙。也叫女儿墙。

而"女"《现代汉语词典》解释为：

女：①女性。②女儿。③二十八宿之一。

到此我们已经占有"女墙"的词义和"女"的语素义，但是仍然看不出这种短墙何以称"女墙"而不称"男墙"，"女墙"和"女"到底有何瓜葛。同理，"河"和"拔河"有何瓜葛？"柳"和"鸡柳"有何瓜葛？"板"和"老板"有何瓜葛？"马"和"檐马"有何瓜葛？"燕"和"燕麦"有何瓜葛？"食"和"食指"有何瓜葛？"柴"和"柴油"有何瓜葛？"话"和"话梅"有何瓜葛？"鸡尾"和"鸡尾酒"有何瓜葛？"苹果"和"苹果电脑"有何瓜葛？

笔者经常与人请教这样的一类问题："酒窝"何以称"酒窝"而不叫做"醋窝"？小时何以称"小时"而不称"大时"？母马何以称"草马"而不称"木马"？一种娱乐牌何以称"桥牌"而不称"路牌"？一种短电视剧何以称"肥皂剧"而不称"洗衣粉剧"……这些词的词义和构成语素是为人熟知的，然而这一连串的问题却经常叫人颇费思索。与此同时，在对外汉语教学中，不时会有外国学生提出类似的问题，而使教师受窘。问题的症结就在于词中一个（或几个）语素义与词义"不挂钩"。

也有两个语素都不挂钩的，如"枝梧"、"物色"、"翘楚"、"缙绅"、"荒诞"等，例子较少。

问题已经十分清楚，攻克这类词的理据难关的唯一出路只能是把语素义同词义挂起钩来，非如此词理据的探究将会无法进行下去。

语言中包含着极其丰富的文化内涵，而语词对文化的反映比语言的其他方面来得更为广泛、更为直接、更为迅速，语词里既有历史的积淀，又有现实的表象。所以只对语词进行内部的语文理据探究是不够的，我们还要善于对语词进行外部的文化理据的考察。举例如下（词条下面第一项是不挂钩语素的释义，第二项是复合词释义，第三项（加△）是挂钩后的文化理据的语言表达）：

海报

海：大海。

海报：戏剧、电影等演出或球赛等活动的招贴。

△旧时，人们把职业性的戏剧表演称作"海"，把非职业演员转为职业演员称作"下海"，所以把戏剧演出广告的张贴物称作"海报"。

马路

马：马匹。

马路：城市的大路，公路。

△18世纪第一次工业革命在英国爆发后，英格兰人约翰·马卡丹设计了一种全新的筑路方法：以碎石铺路，路两边建造排水沟。为纪念这一筑路史上的革命，便把新发明的路以发明者的名字命名为“马卡丹路”，简称马路。

淡菜

淡：浓的反面。

淡菜：贻贝，一种生活在浅海岩石上的软体动物。

△淡通蜑。清阮葵生笔记《茶余客话》卷十二：“淡菜即蚌肉也，始蜑户多食之，遂讹为淡。”《说文解字·新附》：“蜑，南方夷也。从虫，延声。”可知，蚌肉最初多为蜑人所食，故称蜑菜；又因蜑读若淡（延属喻母四等，归定母），讹为淡菜。

右旋糖

右旋：向右旋转。

右旋糖：葡萄糖。

△葡萄糖水溶液的旋光向右。

羊毛疔

羊毛：羊的毛。

羊毛疔：中医指状似伤寒的一种病。

△患者胸部、背部出现红点，用针挑破能取出有如羊毛的东西。

罗汉钱

罗汉：佛教所说的没有嗜欲和烦恼的僧人。

罗汉钱：一种金铜合铸的钱，本身价值超过面值。

△清代康熙年间，伊犁河流域的准噶尔部叛乱，皇帝派骑兵平叛，不料军饷用尽，便向当地寺庙求援。喇嘛慷慨捐出寺殿中的铜像和十八尊金罗汉，让军方熔化铸钱，以备军用。因钱中含有罗汉真金，故称。

肥皂

肥：瘦的反面。

肥皂：去污的块状化学制品。

△：古以皂荚树上结的荚果——皂荚助洗衣物。因皂荚长得肥厚，故称

"肥皂荚"，简称"肥皂"。当洋碱从海外传入我国后，仍以"肥皂"称之。

酒窝

酒：一种用粮食等为原料经过发酵制成的含乙醇的饮料。

酒窝：笑时颊上现出的小圆窝。

△旧时一种性启蒙方式。旧时实行早婚，男女结婚时需要给以适当的性启蒙教育，所以民间习惯在结婚典礼仪式上，让新娘卧倒或将头部仰起，给她脸上的小圆窝（或假设小圆窝）内倒满酒，再让新郎去喝新郎脸上小圆窝内的酒，以促使他们做出亲吻的动作。

老板

板：木板。

老板：私营工商业的财产所有者；组织戏班的演员或著名戏曲演员。

△古汉语中的"百姓"一词被蒙古语借用，读〔paixing〕，意为土房子，又引申为店铺。后来，汉语又把它从蒙语中返借回来，叫做"闆生"，简称"闆"，仍为"店铺"义。这样，店铺的主人自然就是"老闆"了。"闆"50年代简化为"板"。

§4. 途径之三：内部形式同词义挂钩

探究复合词理据的基本程序之一在于揭示其内部形式，因为内部形式的被揭示会使词理据的探究工作增加观察的窗口、过河的踏板。

现代汉语复合词来源于古代汉语中的词组。我们的祖先自从超越常规地创造了"词组"这一语言的高级表达形式后，便给语言史无前例地平添了内部形式，从而使语言符号的理据性为之大大增强。

内部形式同复合词与生俱来，所以，古人在最初创造"词组"的时候，多数"词组"的理性意义和内部形式是相同的或者极其接近的，例如"天子"，起初的理性意义和内部形式都是"天的儿子"。只是发展到后来，许多（不是全部）词组的原有的理性意义逐渐被新的理性意义所更替。这时，原有的理性意义同新的理性意义分了家，降而成为词的内部形式。见以下一组例子：

	内部形式	理性意义
天子	天的儿子	皇帝或国王
举人	被举荐之人	乡试及第者
篮球	往篮子里投的球	篮球运动使用的球
棉花	棉开的花	棉桃（果实）

词义随着人的认识的发展而发展，但是内部形式一旦产生，便根深蒂固地积淀于词义的内核，它像生物细胞核内的染色体，决定着语言符号的本质。此所谓"兴于其用而不改其旧"（刘熙语）

从总体上看，复合词的意义分两个层次：一是词义（理性意义，包括附加色彩），一是内部形式意义。就多数情况而言，由于人类思维的相通性，不同语言中的不同语词可以表示相同的词义，例如英语的 comrade＝俄语的товарищ＝汉语的同志，但是这些同义词却可以有各种不同的内部形式。

在平常的语言交际中，人们总是下意识地把注意力放在词义上面，而不大注意词的内部形式，这是因为直接参与交际活动的是词义而不是内部形式。词义处在词义结构的外壳，这是用词造句时所直接使用的意义，因而成为最被人关心、最被人注意、最被人熟悉的东西。而词的内部形式则处于词义结构的内核，它不是用词造句时所直接使用的意义，因而它往往鲜为人知。词义是今天的使用者所关心的，内部形式是起初的创造者所关心的，从这一意义上说，词义是一种"商品思维"，它关心的是物流功用；内部形式是一种"车间思维"，它关心的是物品的内在结构。

与语词的内部形式直接有关的是语词的词形（字形），有以下三种情形：

一是几个语词的词形不同，内部形式不同，词义相同。这就是汉语中大量的等义词，例如太阳——日头，知识产权（大陆）——智慧财产权（台湾）。二是几个语词的词形相同，内部形式与理性义都不同。这就是汉语中不少的同音同形词，例如制服[1]（名词）是"特制的服装"，制服[2]（动词）是"制而使驯服"；姨侄[1]指姨兄、姨弟、姨姐、姨妹的儿子，姨侄[2]指大姨、小姨的儿子。三是几个语词的词形和内部形式都相同，理性义不同。又分共时和历时。共时的如"班房"，大陆指监牢，香港指教室；"蚊子"，多数地方指通常意义上的蚊子，湖北襄樊、宜昌等地兼指苍蝇。历时的如"女强人"，古代指"女强盗"，现在指"杰出的妇女"；"老伴"，古代指太监，现在指老年的配偶。

复合词内部形式的理解难度参差不齐。人们常常把依据复合词内诸语素之间的语法关系和意义关系去意会内部形式当做一种现成的方法。例如"牛刀"一般可被认为是"杀牛用的刀","米黄"可被认为是"像小米那样的黄色","猎虎"可被认为是"捕猎老虎","草纸"可被认为是"用草制的纸"。可是复合词内部形式的理解难度增大到一定的程度,意会就难以进行,更不用说意会本身算不上是科学的方法了。例如"马刀"绝非"杀马用的刀",而是"骑马冲锋时用的刀";"牛黄"绝非"像牛那样的黄色",而是"病牛体内的胆汁结块,呈黄色";"猎狗"绝非"捕猎狗",而是"帮助人捕猎的狗";"草犀"绝非"用草制的犀角或吃草的犀牛",而是"某草的药效比得上犀角"。这说明我们不能以"牛刀"组去推导"马刀"组。

依据辞书释文进行推测和臆想内部形式,不仅靠不注,而且还会引起误解。例如"马路"、"绷带",《现代汉语词典》分别解释为:

马路:城市或近郊的供车马行走的宽阔平坦的道路。

绷带:包扎伤口或患处用的纱布带。

以上二词的词义解释固然是正确的,但极易使人把它们的内部形式臆断为"马走之路"、"绷于患处的带子"(这样的理解是错误的)。英语中"鸡"与"鸡蛋"都是单纯词(hen、egg),而汉语的"鸡蛋"则是复合词,一个英国留学生认为既然蛋是鸡下的,那么鸡就是蛋的妈妈了,结果生出了他在中国副食店买"鸡蛋的妈妈"的笑话。

反之,依据内部形式臆测词义,也是靠不住的。例如进入 2000 年之际的电脑"千年虫"一词,就曾有人因为不懂词义而钻了内部形式的牛角尖。卖耗子药的说:不管是什么虫子,用我的药一次见效。古董贩子说:真的有一千年吗?那玩艺儿可就值钱啦。绿党成员说:这肯定是一种非常宝贵的珍稀动物,值得我们重点保护。"纳米"许多人不知何物,于是有人猜测是吃的米,并问是大米还是小米。有人猜测是给大米打上蜡,冒充袁隆平杂交水稻大米。有人以为是一种洗衣机的品牌,因为目前流传着一种新产品叫纳米洗衣机。再如《汉英新词语汇编》(北京语言学院出版社,1989)把"共产风"误译成"共产主义风格"(communist style),等等。

有一类复合词,即所谓"外中心结构",其内部形式一般容易认识,但是依据内部形式和词义仍不能酝酿或推导出词的理据,其原因是内部形式和词义缺乏直接的联系。这时候，探究词理据又面临第三次夭折，所以我们还应该善于沟通内部形式同词义的关系。

我们经常会遇到这样的一种情形：某复合词的词义是明白的，内部形式也是明白的，但是二者却挂不起钩来，因而使词理据的探究发生中断。例如谁都知道"敲竹杠"是敲诈勒索的意思，内部形式是"敲打竹杠（动宾）"，但是敲诈勒索为什么叫做"敲竹杠"而不叫做"敲木杠"？同类如极度悲伤为什么叫"肠断"而不叫"食管断"？国家等领导人为什么叫"领袖"而不叫"衣襟"？解雇职员为什么叫"炒鱿鱼"而不叫做"炒鲤鱼"？某詈词为什么叫"兔崽子"而不叫"狐崽子"？

由上可知，了解了词的内部形式和词义，给探究词理据带来极大的便利，但是从整体上讲，了解了词的内部形式和词义不等于了解了词的理据，这时探究词理据又面临第三道难关。

对于这类词，唯一出路就是设法把内部形式同词义挂起钩来，尽管有时并非容易之事，但是它毫无疑问是探究词理据的重要途径之一。

内部形式同词义不挂钩的语词与前面"语素义与词义不挂钩"的语词一样，解决问题既不能完全依靠语素义，也不能完全依靠词义和内部形式，有效的方法仍然是参考语素义、内部形式和词义，以文化溯源的方法加以考究，以便让内部形式同词义的联系"众里寻他千百度，蓦然回首，那人却在灯火阑珊处"。例如（词中打/的为内部形式意义，不打/的为词义，打△的为文化理据的语言表达）。

混帐（账）

混/帐：混入帐内

混帐：言语行为无理无耻。

△从前蒙古族人住蒙古包，过着游牧生活。小伙子经常混进姑娘的帐篷，这时看守帐篷的老者便斥逐他说："你混帐！""混帐东西，快滚开！"本此。

虎口

虎/口：老虎的口。

虎口：大拇指和食指相连处。

△初作"蒦口"或"尺口"。蒦，古度量，即尺。《汉书·律历志上》："尺者，蒦也。"张开拇指和食指约古代一尺。"蒦口"后讹为"虎口"。

湖广

湖/广：湖北湖南和广东广西。

湖广：湖北省和湖南省。

△元代"湖广"包括湖北、湖南、广东、广西。明代把两广划出，只余两湖，沿用至今。

吃茶

吃/茶：吃茶叶，吃茶水。

吃茶：定亲礼。

△明陈耀文《天文记》："凡种茶树必下子，移植则不生。故聘妇必以茶为礼。"明郎英《七星类稿》（四六）："种茶下子，不可移植，移植则复不生也。故女子受聘，谓之吃茶。"

烧卖

烧/卖：?

烧麦：一种小吃。

△食物外形有似小蒸包，上面顶端部分有突出的环形褶子，极似一朵梅花盛开。因方音相近讹为"烧麦"、"烧卖"或"稍卖"等。

喝墨水

喝/墨水：喝下墨水。

喝墨水：刻苦学习，掌握知识。

△南北朝时，北齐王朝规定，凡儒士考试"成绩滥劣者"，一律罚以喝墨水。梁武帝时规定，"差谬者罚饮墨水一斗"。隋时规定，秀才、孝廉等会试，若有文理疏略或书写潦草者，罚饮墨水一升。唐太宗早年亦有应试晋官之心，因畏惧喝墨水而放弃之。后当皇帝后，废除此规定，然"喝墨水"一词却流传下来。

泰山

泰/山：山名。

泰山：丈人，岳父。

△泰山中有峰曰"丈人峰"，故称丈人为"泰山"、"岳父"。

拍马屁

拍/马屁：拍马的屁股。

拍马屁：对别人阿谀奉承。

△我国西北地区草原辽阔，人们以养马为主。谁家养了骏马，人们总要拍拍马的屁股，摸摸马的腰骠，赞叹道"好马，好马"。久而久之，拍马屁成了一种寒喧方式。

兔崽子

兔/崽子：兔子生的幼崽。

兔崽子：骂人之辞。

△元末清初陶宗仪《辍耕录》卷28所收《废家子孙诗》曰："宅眷皆为撑目兔，舍人总作缩头龟。"民间传说兔子望月而孕。诗中"撑目兔"即指无丈夫而怀孕的女子。又，《论衡·奇怪》："兔吮毫而怀子，及其子生，从口而出。"无论是"望月而孕，"还是"吮毫而怀子"，"从口而出"，在古人看来都是败坏风俗的，故"兔崽子"成为骂人之辞。

需要指出的是，现代汉语中有个别词，由于它们来源于谎称和误译，所以它们具有了特殊的内部形式，挂钩时需反其义而为之。例如：

"原子笔"：本称"油溶笔"，为英国驻匈牙利记者莱兹·比洛所创造，后被美国冒险家密顿·雷诺在芝加哥非法生产并大量出售。为逃避国际专利法的追究，他谎称此笔是利用原子能制造的，永远写不完，从此"原子笔"之名广为流传。"哈密瓜"：清康熙年间，新疆哈密王将其管辖下的鄯善出产的甜瓜作为贡品进贡朝廷。乾隆皇帝品尝后问此为何瓜，大臣们知道它为哈密王所献，便随口说这是"哈密瓜"，此瓜由此得名。以上二例是由谎称造成的特殊内部形式。

"干葡萄酒"："干"译自英语的 dry，它有两个义项，一是不甜的、没有果味的，一是湿的反面。原词的意思是不甜的、没有果味的葡萄酒，但是在最初翻译的时候，没有取译第一个正确义项，却误取了第二个义项，称作"干葡萄酒"。傻瓜相机：译自英语 Fool－proof，应译为"防傻相机"，但是在最初翻译时却误译为"傻瓜相机"，归宿词与原词的意思正好相反。以上二例是由误译造成的特殊内部形式。

参考文献：

[1] 王艾录、司富珍. 汉语的语词理据，商务印书馆，2001。

第二章 方 言

祁县方言动词结果体的内部屈折

摘　要：祁县方言里，"V十上（下）"表示动词的"结果体"，其中的"上（下）"在口头上失去独立的音节，而是与 V 融为一体，使 V 产生种种内部屈折。

关键词：V 十上（下）　内部屈折　替代法　嵌入法　渗透法　变调法

本文的方言材料来源于山西祁县城关、古县、西六支三个乡镇的中老年人，特别是老年人。笔者世居祁县，并对本县方言做过较详细的调查和整理；在写作本文时，又进行过发音和用例的实地核实。

祁县方言里，多数动词可以后附"上"或"下"，构成"V＋上（下）"的格式，表示动作行为达到了应有的目的，产生了应有的结果，可称为动词的"结果体"（resultative）。

动词结果体"V＋上（下）"不同于动词完成体"V＋了"。结果体的注意价值（value of attention）在于动作行为的受事——受事是否得到、出现、移位、建立、达到、制成等等。而完成体的注意价值在于动作行为本身——动作行为是否完成。例如某人持甲物到屋外与商贩换取乙物，有二：第一，目的在于得到乙物（以何物换取是不重要的）。回屋后，家里人会这样问他："换上了没有？"他回答："换上了。"（或"没有换上。"）问答双方的兴趣都在乙物上。第二，目的在于处理掉甲物（换取何物是不重要的，因为随便换得点什么，总比扔掉甲物强）。回屋后，家里人会这样问他："换了没有？"他回答："换了。"（或"没换了。"）在以上两组对话中，前者使用的是结果体，后者使用的是完成体，二者的区别是明显的。再如：

"撮上了"指用簸箕撮取了有用的东西（谷子），"撮了"指用簸箕倒掉无用的废物（垃圾）。"赢上了"指赢得某物（现钱），"赢了"指战胜了对方，不见得赌得财物。"放下了"指把东西搁置某处，"放了"指把人或动物放走了或指"放学了"、"放假了"、"放工了"等。"上上了"指把某物安装到某处，"上了"指"上去了"、"上学了"、"上工了"等。

祁县方言里，"上、下"附着于动词后面所表示的语法意义与普通话基本一致：在有上、下方向的动词后面，"上"表示由低处向高处（如"爬上山顶"），"下"表示由高处向低处（如"跳下土坑"）；同时，它们都兼表结果体。但是在更多的情况下，"上、下"用在没有上下方向性的动词后面，就只表动词的结果体，上下方向的概念模糊化甚至完全消失。例如"取上（书）"未必是由低处向高处，而"学上（本领）"而绝无上下方向的意味，"学上（本领）"亦可说成"学下（本领）"。

在读音方面，祁县方言读"上"为 $[sa^{35}]$，读"下"为 $[xa^{35}]$，同时也可以通读为 $[a]$。即：

1. V＋sa（上）：

他借 $[t\varepsilon i^{35}]$ 上 $[sa^{51}]$ 书了。

V＋xa（下）：

他把书放 $[xu^{34}]$ 下 $[xa^{51}]$ 了。

2. V＋a（上、下）：

他借 $[t\varepsilon i^{35}]$ 上 $[a^{51}]$ 书了。

他把书放 $[xu^{34}]$ 下 $[a^{51}]$[1] 了。

但是，在实际口语中，三乡的中老年人更喜欢下面一种经济的读法：

3. V 的屈折形式：

他借上 $[t\varepsilon iai^{51}]$ 书了。

本文专门讨论第三种情况。

V 的屈折形式包括元音屈折和声调屈折。元音屈折有替代法、嵌入法和渗透法；声调屈折包括去声、入声以及后附字"了"。分述如下。

一、替代法

替代法是由元音 a 替代动词音节[2]中的韵腹。

1. 复韵母音节-ei、-uei、-ou、-iou，由 a 替代它们的韵腹 e、o，变为-

ai、-uai、-au、-iau。

例词：liou^{33}（留）+a（下）→liau^{33}（留下）

例句：你把东西留下［liau^{33}］吧！

（1）ei→ai

配 p'ei^{35}→p'ai^{51}　　　　埋$^{[3]}$ mei^{33}→mai^{33}

戴 tei^{35}→tai^{51}　　　　　开 k'ei^{33}→k'ai^{33}

栽 tsei^{33}→tsai^{33}　　　　采 ts'ei^{213}→ts'ai^{213}

（2）uei→uai

堆 tuei^{33}→tuai^{33}　　　　推 t'uei^{33}→t'uai^{33}

亏 k'uei^{33}→k'uai^{33}　　　缀 tsuei^{35}→tsuai^{31}

吹 ts'uei^{33}→ts'uai^{33}　　睡 suai^{35}→suai^{51}

（3）ou→au

抖 tou^{214}→tau^{213}　　　　偷 tou^{33}→tau^{33}

漏 lou^{35}→lau^{51}　　　　　勾 kou^{33}→kau^{33}

扣 k'ou^{35}→k'au^{51}　　　　沤 ŋou^{33}→ŋau^{51}

（4）iou→iau

绣 ɕiou^{35}→ɕiau^{51}　　　　油 iou^{33}→iau^{33}

就 tɕiou^{35} tɕiau^{51}

求 tɕ'iou^{33}→tɕ'iau^{33}

2. 鼻化韵音节-ɯ̃、-ə̃、-iẽ、-iə̃、-um̃、-yẽ、-um、-yum，由 a 替代它们的韵腹，而且保留鼻化。

例词：tɕ'iẽ^{33}（签）+a（上）→tɕ'iã̃^{33}（签上）

例句：他已经在文件上签上［tɕ'iã̃^{33}］字了。

（1）ɯ̃、ə̃→ã̃

搬 pɯ̃^{33}→pã̃^{33}　　　　　焊 xɯ̃^{35}→xã̃^{51}

占 tsɯ̃^{35}→tsã̃^{51}　　　　缠 ts'ɯ̃^{33}→ts'ã̃^{33}

苦 sɯ̃^{35}→sã̃^{51}　　　　　染 z̩ɯ̃^{213}→z̩ã̃^{213}

碰 pə̃^{35}→pã̃^{51}　　　　　焖 mə̃^{33}→mã̃^{33}

腾 tə̃³³ → tɑ̃³³　　　　　跟 kə̃³³ → kɑ̃³³

挣 tsə̃³⁵ → tsɑ̃⁵¹　　　　省 sə̃²¹³ → sɑ̃²¹³

（2）iẽ、iə̃ → iɑ̃

编 piẽ³³ → piɑ̃³³　　　　　填 tiẽ³³ → tiɑ̃³³

添 t'iẽ³³ → t'iɑ̃³³　　　　练 liẽ³⁵ → liɑ̃⁵¹

煎 tɕiẽ³³ → tɕiɑ̃³³　　　　腌 iẽ³³ → iɑ̃³³

评 p'iə̃³⁵ → p'iɑ̃⁵¹　　　　拧 ȵiə̃²¹³ → ȵiɑ̃²¹³

领 liə̃²¹³ → liɑ̃²¹³　　　　印 iə̃³⁵ → uɑ̃⁵¹

请 tɕ'iə̃²¹³ → tɕ'iɑ̃²¹³　　　寻 ɕiə̃³³ → ɕiɑ̃³³

（3）uɯ̃ → uɑ̃

短 tuɯ̃²¹³ → tuɑ̃²¹³　　　灌 kuɯ̃³⁵ → kuɑ̃⁵¹

唤 xuɯ̃³⁵ → xuɑ̃⁵¹　　　　钻 tsuɯ̃³³ → tsuɑ̃³³

穿 ts'uɯ̃³³ → ts'uɑ̃³³　　　剜 uɯ̃³³ → uɑ̃³³

（4）yẽ → yɑ̃

选 ɕyẽ²¹³ → ɕyɑ̃²¹³　　　碹 ɕyẽ³⁵ → ɕyɑ̃⁵¹

卷 tɕyẽ²¹³ → tɕyɑ̃²¹³　　　圈 tɕ'yẽ²¹³ → tɕ'yɑ̃²¹³

（5）um → uɑ̃

分 xum³³ → xuɑ̃³³　　　　冻 tum³⁵ → tuɑ̃⁵¹

种 tsum³⁵ → tsuɑ̃⁵¹　　　存 ts'um³⁵ → ts'uɑ̃³³

送 sum³⁵ → suɑ̃⁵¹　　　　问 um³⁵ → uɑ̃⁵¹

（6）yum → yuɑ̃

熏 yum³³ → ɕyuɑ̃³³

3. 入声音节 −aʔ、−əʔ、−iaʔ、−iəʔ、−uaʔ、−uəʔ、−yaʔ、−yəʔ，由 *a* 替代其中的 *a*ʔ、əʔ 变成 −a、−ia、−ua、−ya（喉塞尾 ʔ 脱落，入声变舒声）。

例词：tiəʔ³³（得）＋a（上）→ tia³³（得上）

例句：这次比赛你<u>得上</u>[tia³³]奖了没有？

（1）aʔ、əʔ→a

剥 paʔ³³→pa³³　　　　答 taʔ³³→ta³³

割 kaʔ³³→ka³³　　　　喝 xaʔ³³→xa³³

热 ẓaʔ³³→ẓa³³　　　　纳 naʔ³³→na³³

刻 kʻəʔ³³→kʻa³³　　　摘 tsəʔ²¹³→tsa²¹³

拾 səʔ²¹³→sa²¹³　　　吃 tsʻəʔ³³→tsʻa³³

（2）iaʔ、iəʔ→ia

迭 tiaʔ²¹³→tia²¹³　　　贴 tʻiaʔ³³→tʻia³³

捏 n̠iaʔ³³→n̠ia³³　　　接 tɕiaʔ³³→tɕia³³

切 tɕʻiaʔ³³→tɕʻia³³　　学 ɕiaʔ²¹³→ɕia²¹³

别 piəʔ²¹³→pia²¹³　　　劈 pʻiəʔ³³→pʻia³³

剔 tʻiəʔ³³→tʻia³³　　　立 liəʔ³³→lia³³

积 tɕiəʔ³³→tɕia³³　　　漆 tɕʻiəʔ³³→tɕʻia³³

（3）uaʔ、uəʔ→ua

夺 tuaʔ²¹³→tua²¹³　　　脱 tʻuaʔ³³→tʻua³³

捉 tsuaʔ³³→tsua³³　　　撮 tsʻuaʔ³³→tsʻua³³

说 suaʔ³³→sua³³　　　　握 uaʔ³³→ua³³

服 xuəʔ²¹³→xuaʔ²¹³　　做 tsuəʔ³³→tsua³³

出 tsʻuəʔ³³→tsʻua³³　　束 suəʔ³³→sua³³

入 ẓuəʔ³³→ẓua³³　　　　语 uəʔ³³→ua³³

（4）yaʔ、yəʔ→ya

崛 tɕyaʔ²¹³→tɕyaᵉ¹³　　缺 tɕʻyaʔ³³→tɕʻya³³

掬 tɕyəʔ³³→tɕya³³　　　削 ɕyəʔ³³→ɕya³³

4. ɯ 和 ʅ 的屈折变化比较特殊：由 a 替代 ɯ 和 ʅ 后，还要后附一个韵尾 -i；或者径看作由 ai 替代 ɯ 和 ʅ。

例词：tsʻɯ²¹³（扯）+a（上）——⁺ⁱ→tsʻai²¹³（扯上）

例句：这是我上街<u>扯上</u>[tsʻai²¹³]的花布。

（1）ɯ、ʅ→ai

簸 pɯ²¹³→pai²¹³　　　　磨 mɯ³⁵→mai⁵¹

遮 tsɯ³³→tsai³³   错 ts'ɯ³⁵→ts'ai⁵¹

赊 sɯ³³→sai³³   惹 ʐɯ²¹³→ʐai²¹³

支 tsʅ³³→tsai³³   撕 sʅ³³→sai³³

蒸 tsʅ³³→tsai³³

二、嵌入法

二合复韵母音节－iu、－yuᵝ、－ia、－ua，由 a 嵌入二音素中间，构成以 a 为韵腹的新的三合复韵母音节－iau、－yau（β 脱落）、－iaa、－uaa（aa 溶合为一个长元音 a:）。

例词：iu²¹³（訬）+a（上）→iau²¹³（訬上）

例句：你给他訬上［iau²¹³］上一碗水。

（1）iu→iau

裱 piu²¹³→piau²¹³   描 miu³³→miau³³

调 tiu³⁵→tiau⁵¹   挑 t'iu³³→tiau³⁵

尿 ȵiu³⁵→ȵiau⁵¹   浇 tɕiu³³→tɕiau³³

（2）yuᵝ→yau

锯 tɕyuᵝ³⁵→tɕyau⁵¹   取 tɕ'yuᵝ²¹³→tɕ'yau²¹³

絮 ɕyuᵝ³⁵→ɕyau⁵¹   余 yuᵝ³³→yau³³

（3）ia→ia:

压 ȵia³⁵→ȵia:⁵¹   晾 lia³⁵→lia:⁵¹

镶 ɕia³⁵→ɕia:⁵¹   养 ia²¹³→ia:²¹³

（4）ua→ua:

抓 tsua³³→tsua:³³   挂 kua³⁵→kua:⁵¹

画 xua³⁵→xua:⁵¹   挖 ua³³→ua:³³

－ia、－ua 和它的屈折形式－ia:、－ua:，在三乡人的实际口语中，由于音色相同，往往不易觉察，但二者还有其他方面的重要区别：

第一，由－ia、－ua 变到－ia:、－ua:，其去声字无一例外地由原调 35 变为 51[4]。比较：

甲：他喜欢画［xua³⁵］老虎。

乙：请你给我画上〔xua：⁵¹〕个老虎。

甲句里的"画"为动词的一般用法，读原调35。乙句里的"画上"为动词结果体的屈折形式，读变调51。

第二，由－ia、－ua变到－ia：、－ua：，非去声字不变调，但其后附字"了"^[5]却发生变调。比较：

a. 非去声动词为一般用法时，其后附字"了"读升调35。如：

坏人被抓〔tsua³³〕了〔li³⁵〕。

东西被坏人抢〔tɕ'ia²¹³〕了〔li³⁵〕。

这下他们对你可算服〔xuəʔ²¹³〕了〔li³⁵〕。

b. 非去声动词为结果体屈折用法时，其后附字"子"读降调31。如：

草药我已经抓上〔tsua³³〕了〔li³¹〕。

喜糖你抢上〔tɕ'ia：²¹³〕了〔li³¹〕没有？

药我已经服上〔xua：²¹³〕了〔li³¹〕。

三、渗透法

单韵母音节－i、－u、－uβ、－a，由a渗入它们的音延的中断处，构成以a为韵腹而韵头、韵属相同的三合复韵母音节－iai、－uau、－uau（β脱落）、－aaa（溶合为－a：）。

例词：ɕi³⁵（卸）+a（下）→ɕiai⁵¹（卸下）

例句：他们把货物从车上卸下〔ɕiai⁵¹〕来了。

（1）i→iai

借 tɕi³⁵→tɕiai⁵¹　　　　写 ɕi²¹³→ɕiai²¹³

泻 ɕi³⁵→ɕiai⁵¹　　　　　耕 tɕi³³→tɕiai³³

闭 pʅ³⁵→piai⁵¹　　　　提 t'ʅ³⁵→t'iai³³

听 t'ʅ³⁵→t'iai³³　　　　赢 ʅ³³→iai³³

记 tsʅ³⁵→tɕiai⁵¹　　　　气 ts'ʅ³⁵→tɕ'iai⁵¹

洗 sʅ²¹⁴→ɕiai²¹³

以上"闭"组字和"记"组字，三乡人单念普－ʅ，但屈折后并非读－ʅaʅ，而是读－iai。尤其需要注意的是，在元音屈折的同时，"记"组字的声母也发生了变化：ts→tɕ，ts'→tɕ'，s→ɕ。这一现象有力地印证了徐通锵、王洪君先生的一个重要论断：祁县三乡方言曾经发生过由 tɕi、tɕ'i、ɕi 到 tsɿ、ts'ɿ、sɿ 的音值变异过程[6]。据此，我们可以推论出以下两个基本观点：

a. 祁县方言动词结果体屈折形式的形成，远在 tɕi、tɕ'i、ɕi 到 tsɿ、ts'ɿ、sɿ 的变异之前。那时，"闭"组字和"记"组字全读-i，它们的屈折按常规进行（-i→-iai）。现在这两组字单念为-ɿ，但原先的屈折式（-iai）却在语言的底层中保留下来，直至现在，例如"洗"：

过去　洗 ɕi^{213}→ɕiai^{213}

现在　洗 sɿ^{213}→（ɕi^{213}）→ɕiai^{213}

b. 三乡以外的周围区域，"闭"组字和"记"组字仍读-i，这是由于周围区域受邻县方言的干扰，在祁县方言自身发展道路上，速度比三乡缓慢。但是另一方面，自从建国以来，尤其是近十几年来，由于受普通话的极大影响，三乡（特别是城关镇）的知识界，许多人把"闭"、"记"两组字改读为-i，这是一种"返祖"现象。而且这种现象在继续蔓延着，祁县方言自身的发展演变规律面临夭折。

（2）u、uβ→uau

靠 k'u^{35}→k'uau^{51}　　　　放 xu^{35}→xuau^{51}

装 tsu^{33}→tsuau^{33}　　　　锉 ts'u^{35}→ts'uau^{51}

锁 su^{213}→suau^{213}　　　　熬 ŋu^{33}→ŋuau^{33}

铺 p'uβ^{33}→puau^{33}　　　　吐 t'u^{213}→t'uau^{213}

箍 kuβ^{33}→kuau^{33}　　　　糊 xuβ^{33}→xuau^{33}

煮 tsuβ^{213}→tsuau^{213}　　　数 suβ^{213}→suau^{213}

（3）a→a:

耙 pa^{35}→pa:^{51}　　　　扛 k'a^{213}→k'a:^{213}

下 xa^{35}→xa:^{51}　　　　搭 tsa^{33}→tsa:^{33}

差 ts'a^{35}→ts'a:^{51}　　　上 sa^{35}→sa:^{51}

四、变调法[7]

由上看出，动词结果体不但有元音屈折，而且有部分声调屈折，总结如下：

　　1. 去声字的调值由 34 变为 51。例如：配 p'ei³⁴ → p'ai³⁴。

　　2. 非去声字的调值不变，但其后附字"了"发生相应的变调（见 §二）。

　　3. 入声变舒声，入声音节屈折后，ʔ尾脱落，阴入、阳入分别与平声、上声合流，例如：得 tiəʔ³³ → tia³³，拾 səʔ²¹³ → sa²¹³。

附注：

［1］sa⁵¹、xa⁵¹、a⁵¹ 为连读变调。

［2］动词如为多音节词，则指最后一个音节。

［3］下加横线表示白读音。

［4］51 为屈折变化所产生的调值，它与连读所产生的一种变调重合。

［5］祁县方言里，动态助词"了"读 lau；句末语气词"了"读 li，其调值在平声、上声、阳入后面读 li³⁴，在去声、阴入后面读 li³¹。参见《祁县方言连读变调》。

［6］见徐通锵、王洪君《说变异——山西祁县方言音系的特点及其对音变理论研究的启示》，载《语言研究》1986 年第 1 期。徐通锵《山西祁县方言的新韵尾-m与-β》，载《语文研究》1984 年第 3 期。

［7］祁县方言有平声、上声、去声、阴入、阳入五个调类，根据笔者考察，它们的调值分别为：平声和阴入都是 33，上声和阳入都是 213，去声是 35。

祁县方音辨正

摘　要：文章帮助本地人找出祁县话与普通话在声母、韵母、声调等方面的对应关系。

关键词：声母辨正　　韵母辨正　　声调辨正

一、祁县话的语音特色

祁县位于山西省晋中中部，祁县话语音上的主要特点有：

（1）说话时口腔肌肉比较松弛，鼻韵母全读为鼻化音，声调紧紧围绕中音"3"，这就造成了祁县话"软绵"的特色。（2）有入声，并分阴入、阳入两个调类。（3）没有唇齿声母 f，基本没有翘舌声母 zhi、chi、shi。（4）连读变调复杂。（5）儿尾词多。

祁县话虽然在整体上保持着一致性，但各乡（镇）的话也不尽相同。其中较显著的区别是：周围区各乡（峪口乡，东观乡、晓义乡、贾令乡、城赵乡部分），能分开 ji、qi、xi 和 zi、ci、si，而中心各乡（城关乡、西六支乡、古县乡、任村乡、来远乡、里村乡、城赵乡），将 ji、qi、xi 读成了 zi、ci、si。中心区的话本县人管它叫"老祁县话"。

为了让读者顺顺当当读下去，本文在叙述时尽量使用汉语拼音符号，只是在必要时才使用国际音标符号（国际音标加〔　〕号以与汉语拼音区别）。声母全部用汉语拼音表示，韵母在进行音类描写时也用相应的汉语拼音表示，只在涉及音值的时候或者没有表示某音的汉语拼音符号时，才记以国际音标。

二、声母辨正

2.1 祁县话的声母

祁县话声母包括零声母一共19个：

b［p］巴般　　　p［p']怕平　　　m［m］麻民

d［t］打冬　　　t［t']他听　　　n［n］拿牛　　　l［l］拦兰

g［k］哥共　　　k［k']课筐　　　ng［ŋ］我俺　　　h［x］和风

z［ts］杂针　　　c［ts']擦昌　　　s［s］沙丧　　　r［ʐ］日人

j［tɕ］居精　　　q［tɕ']区权　　　x［ɕ］许乡

［θ］夜元（零声母）

祁县话声母与普通话声母比较

祁县话声母19个，普通话声母22个，前者比后者少了f、zh，ch、sh，多了一个ng。见下表：

祁县话	普通话	例字
b	b	巴波逼补般
p	p	怕破批铺平
m	m	麻没米母民
d	d	打地独丢冬
t	t	他梯土胎听
n	n	拿耐泥牛难
l	I	拉离卢驴兰
g	g	哥姑该高共
k	k	课哭开考筐
h	h	和呼海吼荒
	f	法府否反冯
j	j	居加阶今精
q	q	洽区敲欠权
x	x	侠许消休乡
z	z	杂租子灾宗
	zh	遮哲招州针
c	c	擦才仓从寸

	ch	车池抽称昌
s	s	洒塑私扫桑
	sh	傻蛇收少伤
r	r	惹柔日人让
ng	θ	我爱恶恩俺
θ	θ	夜无鱼羊元

2.2 分辨 h 和 f

祁县话没有唇齿音声母 f，普通话里的 f 在祁县话里读舌根音声母 h（f 与 h 合流）。例如祁县话把"平方（fang）"说成"平荒（huag）"，把"刮风（feng）"说成"刮红（hong）"。所以祁县人学习普通话，需要把 h 分流为 h 和 f，也就是说，要把 f 从 h 里分流出来。例如：

           huang   荒黄谎晃

huang

           fang   方防纺放

h 和 f 的发音方法相同，都是"清擦音"。h 和 f 的发音部位不同，h 是舌根音，f 是唇齿音。

祁县人发 f 时要注意，发音前先将下唇和上齿接近，让气流从唇齿的窄缝中摩擦挤出，克服先开唇后发音的老习惯。晋中片的太谷、榆次、清徐等县有 f 声母，祁县人可以模仿之。

2.3 分辨 z、c、s 和 zh、ch、sh

z、c、s 叫做平舌音，zh、ch、sh 叫做翘舌音，二者在普通话里分得一清二楚，但在祁县话里二者不分，即多数祁县人把翘舌音读为平舌音。例如把"树枝（zhī）"读为树资（zī）"，把"办事（shì）"读为"办四（sì）"。所以祁县人学习普通话，应该把 z、c、s 分流为平舌音和翘舌音。例如：

        zī 资   cí 瓷   sī 思

zī(资 = 枝)   cí(瓷 = 迟)   sī(思 = 诗)

        zhī 枝   chí 迟   shī 诗

z、c、s 和 zh、ch、sh 的发音方法相同：z、zh 都是不送气清塞擦音，c、ch 都是送气清塞擦音，s、sh 都是清擦音。二组声母的不同点在于发音部位：z、c、s 是舌尖前音，发音时舌尖抵住或接近上齿背，zh、ch、sh 是舌尖后音，发音时舌尖上翘，抵住或接近硬腭前部。祁县人发平舌音是没有问题的，关键在于要学会翘舌音的发音。

祁县人分辨 z、c、s 和 zh、ch、sh 可参考以下方法。

（1）利用汉字的声旁类推

记住一些常见的声旁的平翘舌读音，就可以类推出相应的一批同声母字。例如记住"子"是 z 声母，由此推知以"子"为声旁的字，如"仔孜仔籽字"等都属 z 声母。再如记住"朱"是 zh 声母，可以推知"珠蛛株殊侏铢"等都属于 zh 声母（也有个别例外，如"才""材""财"读 c 声母，而"豺"读 ch 声母）。同类如：

甲、z—zh

踪棕综腙鬃粽椶

中——忠盅钟衷肿种仲

乙、c—ch

此——雌疵髭龇茈呲

昌 ——菖猖娼鲳唱倡

丙、s—sh

叟——嫂溲搜嗖艘飕锼（例外瘦 shou）

少——沙莎纱砂痧裟鲨挲

（2）借助声韵拼合规律辨别

普通话合口呼韵母里的 uo、uai、uang 三个韵母只拼 zh、ch、sh，不拼 z、c、s，所以凡是－ua、－uai、－uang 三个音节的字，都读 zh－。例如：

zh：抓爪拽跩庄桩妆装壮状撞幢僮

ch：揣搋啜踹窗疮床闯创怆

sh：刷唰耍衰摔甩帅率婶双霜孀爽

祁县人要把这三个音节的字由平舌音改读为翘舌音。

普通话里平舌音声母与 en 相拼的字极少，只有"怎参岑森"等几个字。其余都读翘舌音，例如：

zhen：贞侦祯针珍真榛斟诊疹枕圳阵振震镇

chen：臣晨辰尘忱沉陈橙衬称趁

shen：申伸呻绅身参深神沈审婶肾甚渗慎

所以对于－en 音节的字可以采取"记少不记多"的方法：除了"怎参岑森"几个字，其余就可大胆地读为翘舌音了。

（3）借助音韵发展规律识别 d、t 和 zh，ch，sh 两组声母有瓜葛，这与古代汉语中的"舌头音"和"舌上音"有瓜葛分不开。

在现代汉语里，以 d、t 为声母的字作声旁的形声字，有 d−、t−和 zh−、ch−、sh−两组字，例如：定（d）〔淀（d）——绽（zh）〕，兑（d）〔脱（t）——税（sh）〕，堂（t）〔膛（t）——瞠（ch）〕。反之，以 zh、ch、sh 为声母的字作声旁的形声字，也有同样的现象，例如：占（zh）〔战（zh）——砧（d）〕，召（zh）〔招（zh）——笤（t）〕。

由此可以得出：在 z、c、s 与 zh、ch、sh 相对照的范围内，凡声旁读 d、t 的字，大都属于 zh−、ch−、sh−。例如：滞（带）橙（登）侈（多）阐（单）说（兑）碡（毒）终（冬）祇（氏）（以上各字的声母从 d），治始笞（台）胨纯（屯）社（土）撞幢瞳（堂）蛇（它）绥（妥）（以上各字声母从 t）

其次，有一部分字的声旁虽然不读 d−、t−，却与 d、t 有瓜葛，这类字也大都读翘舌音。例如：

寺（特待等）——痔（zh）持（ch）诗恃侍峙（sh）

也（地他拖）——池驰弛（ch）施（sh）

隹（堆推）——稚雉椎锥雅翟准（zh）谁（sh）

敦——谆（zh）淳鹑醇（ch）

耽眈——枕鸩（zh）忱（ch）沈（sh）

滴镝嫡嫡——摘谪（zh）

端湍——惴（zh）揣瑞喘 ˙（ch）

独——烛（zh）触（ch）蜀（sh）

（4）祁县话−eng，−ing 音节的字常有文白异读现象：文读为−eng、−ing，白读为〔−ɿ〕。例如"绳"文读 seng，白读〔sɿ〕；"井"文读 jing，白读 zi。凡祁县话的这类文白异读字，在普通话里都读翘舌音声母。利用这一规律，可以解决一些翘舌字。

2.4 分辨不送气声母和送气声母

根据发音时口腔呼出的气流的强弱，汉语声母中的塞音、塞擦音分为不送气音和送气音两类。普通话里的 6 个不送音气和 6 个送气音是两两相对的，即：b−p，d−t，g−k，j−q，zh−ch，z−c。以上每对声母的发音部位和阻碍方式都相同，只是发音时气流强弱有别。

普通话里的一部分送气声母字，祁县话读成了不送气声母字。具体讲，祁县话把普通话里的 p—、t—、q—、c（ch）—这几个音节的阳平字，读成了 b—、d—、j—、z—。例如：把"婆、疼、钱、虫"读成了"玻，登、尖、中"。祁县人学习普通话，需要把一部分送气声母字从不送气声母字里分流出来。例如：

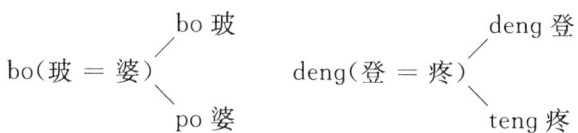

　　分辨不送气声母和送气声母可参照以下基本方法。

　　（1）依据文白异读规律识别

　　祁县话把 p—、t—、q—、c（ch）—说成 b—、d—、j—、z—，只限于口头语。有一定文化程度的人特别是中小学师生，他们在读书时又将 b—、d—、j—、z—读为与普通话一致的 p—、t—、q—、c—。这种现象叫做"文白异读"，其中文读总是靠近普通话的。依据这一规律，我们将凡有这类文白异读的字，由不送气改读为送气就行了。例如"钱"，在祁县话里白读为 j—，文读为 q—，即可判断它在普通话里一定属于 q 声母字。

　　（2）借助声调的"平分阴阳"规律识别

　　祁县话把送气声母字说成不送气声母字，只限于平声字。如上所述，祁县话的这类文白异读字，在普通话里都属阳平字。所以只要掌握了普通话的阴阳平，反过来又可以帮助区分送气不送气。例如祁县话里"尖钱"同音（都为 j—），但在普通话里"尖"为阴平，"钱"为阳平，由此可以断定"钱"属于送气声母字。

　　（3）祁县话里此类文白异读字的常用字

白读	文读	常用字
b—	p—	爬婆盆蒲萄葡盘葡排赔皮刨
d—	t—	条调头甜田填弹疼铜蹄笤团突提桃葡童台驮饨淘
j—	q—	墙乔养茄渠瞿钱前穷脐齐勤强骑
z—	c—	稠虫重长肠场迟搓触锤橡厨惩缠（以上普通话读 ch—）
		瓷槽蚕磁慈（以上普通话读 c—）

　　2.5 分辨擦音声母和塞擦音声母

　　（1）概况

普通话里的一部分 c（ch）声母字，祁县话读成了 s 声母字，例如把"锄、愁、祠"读为"苏、搜、司"。祁县人学习普通话需要把部分 c 声母字从 s 声母字中分流出来。例如：

$$su（书 = 锄） \nearrow shu 书 \searrow chu 锄$$

$$si（丝 = 祠） \nearrow si 丝 \searrow ci 祠$$

（2）依据文白异读规律辨认

祁县话里凡把 c 声母字读为 s 声母字者，只限于口头语，读书时则读为 c 声母；可以依据这一文白异读规律将 c—从 s—中分流出来。这类常见字见下表。

白读　文读　　　常见字

s—　　c—　　碴尝偿茬权窗愁馋城盛柴锄阐超碜揣唇炒磋喘疮吹（以上普通话读 ch—）祠词辞（以上普通话读 c—）

这类字在祁县话里并不多，所以也可以采取记少不记多的办法，将它们从 s—中分流出来。

2.6 分辨 zi、ci、si 和 ji、qi、xi

（1）概况

祁县中心区分不开 zi、ci、si 和 ji、qi、xi，即把普通话的 ji、qi、xi 三个音节读为 zi、ci、si。例如把"技术"说成"字术"，把"祁县"说成"疵县"，把"西瓜"说成"斯瓜"等等。这便是祁县话的一个特点。祁县人学习普通话，需要从 zi、ci、si 中分流出 ji、qi、xi 来。例如：

$$zi（资 = 鸡） \nearrow zi 鸡 \searrow ji 鸡$$

$$ci（次 = 气） \nearrow ci 次 \searrow qi 气$$

$$si（死 = 洗） \nearrow si 死 \searrow xi 洗$$

（2）辨音

a. 记少不记多

以上对照组在普通话里，读 ji、qi、xi 的字多，读 zi、ci、si 的字少。只要记住这个少数，其余的全改读为 ji、qi、xi 就行了。

普通话里读 zi、ci、si 的常用字只有 40 多个，它们是：

zi：孜咨姿资兹滋淄孳子仔籽梓姊滓字自恣

ci：疵词祠雌磁瓷磁辞慈此次饲刺赐

si：私司丝思斯撕死巳祀四寺似饲肆

b．利用汉字声旁类推

在多数情况下，形声字的声旁如果是 ji、qi、xi，该字也读 ji、qi、xi。例如几—讥、饥、机、肌，其—棋、祺、麒、旗，希—稀、烯、唏、浠、郗。同理，声旁如果 zi、ci、si（zhi、chi、shi），该字也读 zi、ci、si（zhi、chi、shi）。例如兹—滋、嵫、孳，止—址、芷、趾，此—疵、雌、呲、瓷，虫—嗤、媸，斯—嘶、撕、厮，式—试、拭，弑。

c．借用合音词声母辨认

祁县话里有许多"合音词"。在语流中，把两个相连的音节合读为一个音节，例如"不知道"读为"不招"，"记下"读为 jiɑi。这一现象可以帮助我们准确无误地把 ji、qi、xi 从 zi、ci、si 中分流出来。

我们知道，普通话的 ji（记）qi（起）xi（洗），祁县话全读为 zi、ci、si，但是这类字（记、起、洗）与后面任何字组成的"合音词"，祁县话反而读成 ji—、qi—、xi—，这似乎是一种"还原"现象。我们可以从抓住这一现象，将组成合音词的前字确认为 ji—、qi—、xi—。例如：

例字	祁县话单念	祁县话合音词	确认普通话声母
记	zi	记下 jiɑi	j
起	ci	起来 qiei	q
洗	si	洗下 xiɑi	x

2.7 辨认零声母

（1）概况

普通话里的　部分零声母字，祁县话读成了 n 声母和 ng 声母。例如普通话的"银、砚、咬"祁县话读成了"宁、念、鸟"，普通话的"爱、傲"祁县话读成了"ngài、ngào"。对于这类字，祁县人应该去掉 n、ng 声母，读准通普话霉声母。

（2）辨音

甲、ng 声母改读零声母

可以利用方言与普通话的对应规律辨认。祁县话里的 ng 声母字，绝大多数是普通话零声母开口字，此类普通话常用字见下表：

祁县话	普通话	常用字
ng—		

ai	哀挨捱皑癌矮爱艾碍隘
an	安氨鞍庵鹌俺掩岸按案黯
ang	肮昂盎
ao	凹熬邀翱袄拗傲懊澳奥
ou	讴沤欧殴鸥呕偶藕
e	屙讹俄峨娥鹅蛾额恶扼饿愕
en	恩嗯

乙、n 声母改读零声母

n 声母的问题要比 ng 声母的问题复杂一些。一方面，祁县话把普通话的部分齐齿呼零声母字读为 n 声母字，例如普通话的"业、眼、硬"。但是另一方面，普通话的齐齿呼字也有相当数量本来读 n 声母，例如"捏 nie、粘 niau、宁 ning、鸟 niao、牛 niu、娘 niang"。我们又不可把这类字矫枉过正地读为零声母。因此解决 n 声母和零声母的辨认问题，不能象解决 ng 声母那样，一刀切地去掉声母了事，这就给我们带来一定的困难。但是依据以下几条规律，困难是可以克服的。

a. 从数量上看，祁县话把普通话零声母字读为 n 声母字的并不多。常见的有：压牙芽蚜崖研颜眼砚雁酽仰咬业宜谊疑银硬。记住这些少数字，并把它们改读为零声母（去掉 n 声母），问题即可基本解决。

b. "you、yong"两个音节，例如"油、用"，祁县话与普通话一样，读零声母，辨别时可以把它们撇开。

c. "ia"在普通话里只有零声母音节，没有 n 声母音节，所以凡祁县话读 nia 的字，如"压牙蚜崖"，都可以大胆地去掉 n 声母，读为零声母。

d. 祁县人学习普通话，有时会有"矫枉过正"的现象，即把普通话的 n 声母字，也错读成零声母字，例如把"聂"错读为"业"。解决这一问题首先需要明白，在 n 声母和零声母对照的两组字内，零声母字多，n 声母字少，而且 n 声母字多数集中苗以"尼、兄、占、鸟、聂、孽"等为声旁的字。注意这些情况是非常有用的。

三、韵母辨正

3.1 祁县话韵母

祁县话韵母共有 40 个。为了便于论述，姑且把它们分为一般韵母、鼻化韵母、入声韵母三大类。一般韵母与相应的普通话韵母相同或相近，鼻化韵母相当于普通话的鼻音尾韵母，入声韵母以其喉塞音韵尾［ʔ］为标志，普通话没有入声韵母。

韵母表

一般韵母	开口呼	齐呼齿	合口呼	撮口呼
		i 姐写	u 过放	üi 靴笙
	ɑ 他钢	iɑ 家垂	uɑ 瓜花	
	iu 桥窑			
		(iU) 鱼虚	[U] 布猪	
	[ɯ] 哥蛇			
	[ㄓ] 资鸡			
	ai 败海	uai 怀怪		
	ei 杯贼	iei 介蟹	uei 推飞	
	ao 宝抄	iao 交巧		
	[əo] 头奴牛旧			
鼻化韵母	[ɑ̃] 盘占	[ĩ] 尖先	[uɑ̃] 端官	[yɑ̃] 宣元
	ang 班商	iang 肩阳	uang 弯玩	
	[ə̃] 闷增	[iə̃] 品庆	[əm] 村翁工	
	[im] 云穷			
入声韵母	[ɑʔ] 测割	[iɑʔ] 夹白	[uɑʔ] 捉活	[yɑʔ] 雪穴
	[əʔ] 不直	[iəʔ] 积习	[uəʔ] 谷伏	[yəʔ] 足续

3.2 祁县话韵母与普通话韵母的比较

一般韵母

祁县话	普通话	例字	例外字普通话
ɑ	a	怕打拉查	哑鸦 ia
ɑ	ang	钢糠张杨	
[ɯ]	o	波波磨	
	uo	多拖挪罗	
	e	哥河遮扯	

[ɿ]	[ɿ]	资次思	蒸绳剩 eng 青 ing
	[ʅ]	知迟诗	眉被备 ei
	i	鸡妻西	
i	ie	爹姐谢	耕 eng 杏 iong
u	uo	锅火锁朵	
	e	戈科和	
			高靠照潮烧 ao
			绑忙房 ang
			王庄黄忘 uang
[U]	u	布肚姑祖	某谋否 ou 抱 ao
ei	ai	摆牌买	
ei	ei	碑媒贼	埋歹栽猜 ai 妈 a
ao	ao	宝跑早嫂	
[o]	ou	头楼狗吼	奴努路 u
ia	ia	家霞	墙枪香养 iang
iu	iao	票庙叫小	
[iU]		巨去虚鱼	垒泪 ei 随嘴 uei 兄 iong
ao	ao	瓜夸花抓	
[yi]	üe	靴	斜 ie
iei	ie	街懈	揩 ai
iao	iao	交巧校	
io	iou	九求秀油	
uai	uai	怪快坏甩	
uei	uei	规亏回追	
[!]	er	儿耳二	

鼻化韵母

祁县话	普通话	例字	例外字普通话
[ũ]	an	般看占善	暖 uan 碾 ian 仗 ang

祁县话	普通话	例字	
[ĩ]	ian	边面天线	且 ie
[uũ]	uan	端乱官川	恋联 ian
[yẽ]	an	卷全选元	
ang	ang	帮挡纲昌	办单暂 an
iang	iang	江向	拣铅馅 ian
uang	uang	广旷床	关环赚拴 uan
[ẽ]	en	本门珍申	
	eng	朋孟争生	
[iẽ]	in	民今侵心	仑轮伦沦论 un
	ing	明井庆星	
[əm][1]	uen	墩尊村孙	
	ong	东通工红	
	ueng	翁	
[im]	un	军群训云	
	iong	穷雄用	棕颂 ong

入声韵母

祁县话	普通话	例字
[aʔ]	a	答塔辣杀
	o	驳泼没
	e	革喝彻
	u	扑仆朴
	uo	作昨烁
	ao	凿着
[iaʔ]	ia	甲洽侠
	ie	憋撇灭叶
	e	略鹊学约
	o	伯追魄
	ai	白拍麦
[uaʔ]	ua	刷刮滑袜
	uo	夺桌说握

		ao	看（着火）
[yaʔ]		ue	决缺血越
		iao	角觉
		u	恤
[əʔ]	[ʅ]		质吃拾日
	u		不木陆祝
	o		薄脖坡破
	e		特圪刻这
	ao		薄郝
	uo		托
	ai		窄摘
	ei		黑肋
[iəʔ]	i		笔匹蜜急
	o		墨默
	e		德得
	ei		北焙
[uəʔ]	u		独突出屋
	uo		国郭或
	ou		粥轴
	ao		勺
[yəʔ]	iao		药钥削
	ü		律局屈育
	u		足肃俗

由上表可以看出，祁县话韵母与普通话韵母的对应关系大致有三：

第一，祁县话的一个韵母相当于普通话的一个韵母（一对一）。祁县话里的这类韵母共 24 个，它们是：（破折号后面是相应的普通话韵母，下同）

i——ie	[U]——u	ai——ai
ei——el	ao——ao	[əo]——ou
ia——ia	iu——iao	[iU]——ü
ua——ua	[yi]——üe	iei——ie
iao——iao	iou——iou	uai——uai

220

uei——uei　　[l̩]——er　　　[ɯ̃]——an

[ĩ]——ian [uɯ̃]——uan　[ỹẽ]——üan

ang——ang　iang——iang　　uang——uang

对于以上 24 个韵母，祁县人要改念和念准相应的普通话韵母。

第二，祁县话的一个韵母相当于普通话的几个韵母（一对几）。此类祁县话韵母共 16 个，它们是：

a——a、ang　　　　　　[ɯ]——əo、uo、e

[ʅ]——[ʅ]、[ɿ]、i　　u——uo、e

[ə̃]——en、eng　　　　[iə̃]——in、ing

[əm]——uen、ong、ueng [im]——ün、iong

对于以上列出的 8 个韵母（另外 8 个入声韵母详看第四章第四节"入声字表"），祁县人需要将一个韵母分流为几个韵母，然后念准分流后的每一普通话读音。其规律大致有：

1. 关于－a

祁县话的唇音声母音节 ba、pa、ma，普通话也读同音，如"巴怕马"。而祁县话的其他声母的－a 音节，在普通话里有－a、－ang 分流的问题；对此可以利用文白异读规律，将白读－a 一律改念为－ang。

2. 关于－ɯ

祁县话的 dɯ、tɯ、nɯ、lɯ，普通话读 duo，tuo，nuo，luo，如"多拖挪罗"。祁县话的 gɯ、kɯ、hɯ、zɯ、cɯ、sɯ，普通话读 ge、ke、he、zhe、che、she，如"哥苛河遮车舍"（左、佐、搓、错四字读－uo）。

3. 关于－u

祁县话的－u，普通话多数读－uo，如"朵唾锅坐挫锁窝"；少数读－e，如"科和"。至于－u 在普通话读－ao 和－ang、－uang 的字，属于文白异读，各读它们的文读音就是了，如"告靠照潮少方庄黄"。

4. 关于－[ʅ]

祁县话的[ʅ]，普通话分流为 i、[ʅ]、[ɿ]。其中 i 专拼 j、q、x，[ʅ] 专拼 z、c，s，[ɿ] 专拼 zh、ch、sh。

5. 关于－ei

祁县话的 bei，pei、mei 中的唇音声母，普通话读同音，如"背裴每"。而其他声母的字，普通话读－ai，如"待胎耐该开害栽猜腮"。

6. 关于－uei

祁县话的 luei，普通话读 lei，如"雷垒类"。祁县话的 huei，普通话分别读－ei 和－uei，这决定于声母 h 的分流：与 f 相拼读 ei，与 h 相拼读 uei。前者如"飞非费"，后者如"灰回会"。祁县话的其余声母字，普通话读同音，如"堆推锥锤水为"。

7. 关于－ou

祁县话的 nou，普通话读 nu，如"奴努怒"。祁县话的 lou，普通话分别读 lu 和 lou，前者如"炉庐路"，后者如"楼篓陋"。祁县话的其余声母字与普通话同，都读－ou，如"斗头沟扣候走凑叟周臭收肉"。

8. 关于鼻化韵母

祁县话的鼻化韵母在普通话里都有前后鼻音分别的问题。即：

鼻化（尾）韵母的分流，须分两步走：第一步进行音类分流，第二步分别念准普通话前后鼻音尾韵母。

第三，祁县话的几个韵母相当于普通话的一个韵母（几对一）。这类祁县话韵母的合流情况是：

a、[ã]〔aʔ〕——a

[ɯ]、[aʔ]、[iaʔ]、[əʔ]、[iəʔ]——o

[ɯ]、u、[aʔ]、[əʔ]、[iəʔ]——e

[ㄣ]、[iəʔ]——i

[V]、[əʔ]、[uəʔ]、[yəʔ]——u

[iV]、[yaʔ]、[yəʔ]——ü

[ㄣ]、[əʔ]——[ʅ]

[ai]、[iaʔ]、[əʔ]——ai

ei、[əʔ]——ei

ao、[aʔ]、[uaʔ]、[əʔ]、[uəʔ]——ao

[əo]、[uəʔ]——ou

ia、[iaʔ]——ia

i、iei、[iaʔ]——ie

ua、[uaʔ] ——ua

uo、u、[aʔ]、[uaʔ]、[əʔ]、[uəʔ] ——uo

[yi]、[iaʔ]、[yaʔ] ——üe

iu、iao、[yaʔ]、[yəʔ] ——iao

[ɯ̃]、[ɑ̃] ——an

[iẽ]、[ɑ̃] ——ian

[uɯ̃]、[uɑ̃] ——uan

[a]、[ɑ̃] ——ang

[ia]、[iɑ̃] ——iang

综上所述，以上前两类情况，祁县人需要分别进行对等、分流的工作，至于第三类合流的舯问题，由于它已经包含在第二类分流里面，初学普通话的人可暂时不细究。

3.3 分辨 en——eng、in——ing、un——ong、ün——iong

1. 概况

把祁县话的鼻化韵母改读为相应的普通话鼻韵母，包含两方面的内容。第一是"改读"：把鼻化韵母改读为普通话鼻音尾韵母，第二是"分流"：把每个鼻化韵母分为普通话的前鼻尾韵和后鼻尾韵，即：

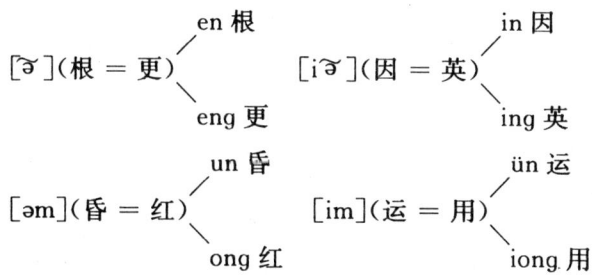

2. 分辨普通话的前后鼻尾字

（1）借助声韵拼合规律辨别

普通话里，d，t，n、l 一般不与 en 相拼（有 den、嫩 nen 等极个别例外字），只与 eng 相拼。而且，这类常见字只有十几个：

　　deng：登灯等邓瞪澄

　　neng：能

　　leng：棱冷楞

另外，普通话里，d、t、n 不与 in 相拼（只有"您 nin"一个例外），只与 ing 相拼。这类常见字也只有十几个：

ding：丁钉盯鼎顶定订锭

ting：听厅亭廷庭蜓艇挺

ning：宁柠咛狞泞凝拧佞

（2）利用文白异读规律辨认

祁县话里的—eng、—ing 两音节的字常常有文白异读现象，例如"绳"文读〔sə̃〕，白读〔s⅂〕。凡祁县话里的这类文白异读字，在普通话里都属后鼻尾韵母字（如"绳"读 sheng，不读 shen）。利用这一规律，可以解决一部分前后鼻尾韵母的辨认问题。

3.4 分辨 an——ang、ian——iang、uan——uang

1. 概况

普通话的三个前鼻尾韵 an、ian、uan，祁县话都有一分为二的读音，见下表：

普通话	an 般＝班	ian 千＝铅	uan 完＝玩
祁县话	〔ũ〕ang 般　班	〔iə̃〕iang 千　铅	〔uũ〕uang 完　玩

"般、千，完"的问题比较单一，祁县人只要它们改读为相应的普通话—an、—ian、—uan 就行了，其改读规律是相当整齐的。

但是，"班、铅、玩"的问题比较复杂。这是因为，"班、铅、玩"祁县话读—〔ɑ̃〕、—〔iɑ̃〕—〔uɑ̃〕这就相当于把前鼻尾韵读成后鼻尾韵，这就与祁县话中本来读—ang（帮）、—iang（枪）、—uang（王）的音节合流在一起，给祁县人增添了分流 ang、iong、uang 的一道手续：

```
                    an 班
                   ╱
   ang(班 ＝ 帮)
                   ╲
                    ang 帮
```

```
                    ian 铅
                   ╱
   iang(铅 ＝ 枪)
                   ╲
                    iang 枪
```

```
                    uan 玩
                   ╱
   uang(玩 ＝ 王)
                   ╲
                    uang 王
```

可将上述"改读"和"分流"两方面的情况汇于以下一表：

普　通　话	an 般　班	ang 帮	ian 千　铅	iang 枪	uan 完　玩	uang 王
祁　县　话	[ɯ̃] 般	ang 班帮	[iə̃] 千	iang 铅枪	[uɯ̃] 完	uang 玩王

2. 辨音

本小节介绍几种分流 ang、iang、uang 的方法：

（1）利用汉字声旁类推

记住一些常见的－an、－an、－uan 的字，就可推断出以它为声旁的字，也属前鼻尾韵字，例如记住"反"为 an 组韵母字，可知"叛返板饭"等字也属同同类字。an 组韵母的常见声旁有：

　　　　an：反单旦册（删）曼番山甘炎难阑

　　　　ian：咸监（馅）金（俭）建千

　　　　uan：免（晚）专官寰（寰）免宛

（2）利用声韵拼合规律辨别。

四、声调辨正

4．1 声调

祁县话有五个调类，它们及其调值分别是：平声 33，上声 213，去声 34，阴入 33，阳入 213。

祁县话保留了古调类。与普通话相比，祁县话多了阴入、阳入两个调类。又因为祁县话平声不分阴阳，所以比普通话少了一个阳平调。如下表：

	祁　县　话	普通　话		例　　字
平　　声	33	阴平	55	春天花开
		阳平	35	牛羊成群
上　　声	213	214		理想美好
去　　声	34	51		创造世界
阳入	33			克甲袜血目笔突足
阳入	213			脖学活绝拾敌熟悉俗

4.2 平分阴阳

1. 概况

大约公元 14 世纪以前，北京及其他许多方言浊声母发生清化，绝大多数浊声母消失，平声随之分化为阴平阳平。但是祁县方言与许多晋中方言一样，在浊声母消失的时候，二者合流，延续至今。由于平声不分阴阳，这就给祁县人学习普通话带来一定的困难。例如"天田"、"渊源"，"花华"、"厅亭"、"烟盐"，普通话分得很清楚，祁县话却读为一个调（平声 33）。祁县人学习普通话，需要将平声分为阴平、阳平。下面介绍几种辨别阴阳平的方法。

2. 辨别

（1）利用声韵拼合规律辨别阴阳平

甲、凡声母是 b、d、g、j、z、zh 等不送气声母的平声字，在普通话里一定是阴平。例如：

b：巴播碑杯包标般班奔帮绷编鞭宾斌冰兵

d：低都呆刀刁丢多堆单当登东颠丁钉端敦

g：歌姑孤该高沟瓜锅乖归干根纲工官关光

j：基鸡驹加家阶街交佳纠娇揪奸斤江京均

z：租资滋吱灾栽遭糟邹脏藏曾憎宗钻遵尊

zh：渣遮朱猪之支斋招朝州周抓追毡针争庄

乙、凡 m，n、l、r 声母的平声字，在普通话里一定是阳平字。例如：

m：麻迷模眉梅媒毛谋苗门忙檬棉眠民明（例外：妈猫）

n：拿尼泥奴饶挠牛挪南男难能农年娘宁拧

l：离梨厘卢炉驴来雷劳牢娄流兰狼棱隆（例外：拉垃）

r：如茹饶柔揉糅然燃人仁任瓤容荣茸戎溶

（2）利用文白异读现象识别阳平

祁县话里，有的声母白读为不送气音，文读为送气音，如：婆 b—p，头 d—t，墙 j—q，虫 z—c。凡属这类文白异读的平音字，都归普通话的阳平字。

（3）借助叠字式或子尾、儿尾的变调区别阴阳平

祁县话里平声虽然在单念时不分阴阳，但是在连读变调，特别是在叠字式或带子尾、儿尾的连读变调中，随着前字阴阳归属的不同，后字有着截然

不同的变调（这可能是古祁县话清浊声母在现代祁县话里的遗绪）。分述如下：

甲、叠字式

平声字的叠字式，凡后字由原调（33）变为升调（34）的，该字属于普通话阴平字。例如猪33猪33—34（短横线前为原调，后为变调）。同类如：

刀刀　　鸡鸡　　锥锥　　葱葱　　锅锅　　盅盅　　灯灯

灰灰　　钉钉　　包包　　单单　　姑姑　　妈妈　　针针

所以，凡叠字式后字读为升调的，就可以大胆读为普通话阳平（55）。

平声字的叠字式，凡后字的调值保持不变（仍为33）的，该字属于普通话阳平字。例如：羊33羊33，同类如：

虫虫　　毛毛　　苗苗　　胡胡　　牛牛　　红红　　瓶瓶

篮篮　　人人　　棚棚　　亭亭　　姨姨　　爷爷　　芽芽

所以，凡叠字式后字仍读平调的，就可以大胆地读为普通话阳平（35）。

乙、子尾儿尾

祁县话子尾和儿尾的连读变调，也可鉴别前字的阴阳归属。具体是：

字尾、儿尾读升调（34）的，前字属于普通话阴平字，例如：包33子33—34，猪33儿33—34。同类如：

珠子　　麸子　　茭子　　根子　　毡子　　梯子　　杯子

鸡儿　　猫儿　　车儿　　瓜儿　　刀儿　　官儿　　麓儿

子尾、儿尾读平调（33）的，前字属于普通话的阳平字，例如：儿33子33，羊33儿33。同类如：

盘子　　孩子　　门子　　房了　　蝇子　　蚊子　　林子

墙儿　　牛儿　　鱼儿　　盆儿　　男儿　　环儿　　梨儿

4.3 入派四声

1. 概况

用祁县话读下面两行字：

剥泼灭脱觉不木击七入骨哭物律足肃药

脖杂舌白杰学拾鼻笛习浊熟佛俗

上面两行字的调值不同，第一行为33，叫做"阴入"；第二行为213，叫做"阳入"。祁县话入声的喉塞尾已经变得很轻，而且从调值看，阴入与平声合流（33），阳入与上声合流（213）。

普通话没有入声，祁县话的入声在普通话里分别派入阴平、阳平、上声、去声中去。所以祁县人学习普通话，需要去掉入声腔，把它们分别读为普通话的四声。

2. 对应规律

"入派四声"的问题既与韵母有关，也与声调有联。

首先从韵母方面看。

祁县话有两套入声韵母，一种以 a 为主要元音，一种以 [ə] 为主要元音。如下：

　　　　[aʔ] 答砸　　[iaʔ] 夹学　　[uaʔ] 捉活　　[yaʔ] 缺决

　　　　[əʔ] 木实　　[iəʔ] 立习　　[uəʔ] 做伏　　[yəʔ] 屈俗

两行发音特点是低元音 a 的音末或央元音 [　] 的音末有一个喉部阻塞的动作。祁县人学习普通话要把入声字的这个喉部阻塞动作去掉，拖长音节，变促声为舒声。

祁县话的入声韵母共有 8 个，其中每个又分别相当于普通话的好几个韵母。

其次，从声调方面看。

祁县人去掉入声腔的关键在于弄明白祁县话入声调与普通话四声的对应关系，从而把入声派入四声，最后读准相应的普通话声调。

甲、阴入字分别派入普通话四声，其对应关系见下。

祁县话	普通话	例字
阴入	阴平	八发跌捏疙七摘出入约屋
阴入	阳平	膜福答格国及夹媳竹足额
阴入	上声	笔法塔铁骨郝甲雪窄尺索
阴入	去声	必麦特聂略各酷恰血质赤

乙、阳入字分别派入普通话的阳平和去声，其对应关系见下。

祁县话	普通话	例字
阳入	阳平	白佛笛夺合局轴舌泽杂俗
阳入	去声	复鹤惑旭腹触室仄续

3. 辨认

由上可知，祁县话阴入分别派入普通话四声，而阳入只派入普通话阳平、去声之中。从整体上看，入派四声的问题比较复杂，学习时可参阅"入声字表"。除此之外，下面提供几条大致的规律：

（1）量化分析

祁县话里常用的入声字有 500 多个。其中派入普通话去声的最多，有 200 多个，约占入声字的 40%；派入阳平的占第二，有 160 多个，约占入声字的 31%；派入阴平的占第三，有 110 多个，约占 22%，派入上声的最少，有 40 多个，约占入声字的 7%。

另外，在祁县话入声字中，阴入字多，阳入字少，其比例约为 12：1。其次，在阳入字中，归阳平的多，归去声的少（大约只有十几个，见上）。

（2）凡声母是 m、n、l、r 和零声母的字，普通话一般读去声（有少数例外字）。例如：

m：末沬抹茉漠墨没寞密蜜秘木目睦苜麦脉灭蔑

n：纳钠捺呐匿溺逆聂镊蹑镊蘖诺虐疟

l：乐力立拉笠栗沥历砾鹿辘录碌禄绿陆率律氧肋烙酪列烈裂猎腊劣六洛落络骆略掠

r：热褥入日肉弱若

θ：亦役疫益逸译绎抑物勿育域浴欲狱页叶钥袜捏沃悦阅越粤月乐岳业扼鄂额恶遏鳄

4.4 防止声调误读

1. 防止声调"传染"

祁县话里有一种为人习焉不察的声调"传染"现象，由于二字的声母和韵母方言读音相同，就把两个声调不同的字读为一个音节，即把甲音节误读为乙音节。例如把"畅"读为"常"，把"吴"读为"武"。更严重的是，祁县人学说普通话时，往往把甲、乙二音节当同调字归入普通话一个音类中去。例如把"畅"、"常'都读为普通话阳平（chang）。这就给祁县人学习普通话带来一定的干扰，需要另加注意。

克服这类声调"传染'现象，最主要的方法是"转移环境法"。声调之所以容易"传染"，就是因为甲字乙字在长期的对比环境中使用或因字形相似而造成，例如"畅、常"经常处于姓氏对比环境使用，如老畅、老常，畅老师、常老师。结果把"畅"读为"常"。其实在一般情况下，如说"心情舒畅"，"畅"本来读原调去声（34），而不读常（平声33）。通过"转移环境法"读准了祁县话的声调，然后再改读为普通话的正确声调

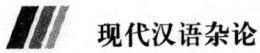
祁县话常见的声调"传染"字及其普通话正确读音，例见下表（表中各栏内上面的字的为受传染的误读字）。

例 字	正读调查	误读调值	普通话调值
（老）畅	34	33	51
（老）常	33		35
（老）吴	33	213	35
（老）武	213		214
（老）徐	33	213	35
（老）许	213		214
（老）孙	33	34	55
（老）宋	34		51
（老）龚	33	213	55
（老）巩	213		214
晋（剧）	34	33	51
京（剧）	33		55
（王）黎	33	34	35
（王）利	34		51
仲	35	33	51
中	33		55
啸	34	33	51
肖	33		55
羔（羊）	33	213	55
搞	213		214
惨	213	33	214
残	33		35
仪	33	34	35
义	34		51
（瞄）中	34	213	51
准	213		214
（郭）辉	33	34	55
（郭）惠	34		51
疚	34	213	51
久	213		214
廖	34	33	51
寥	33		35
靳	34	33	51
荆	33		55
夫（人）	33	35	55
妇（人）	35		51

2. 在声调方面，祁县话里有一个较为明显的现象是：人们常常把一些去声字读成了平声或上声调。例如"恋"是去声字，在祁县话中本应读34，但实际上却念成了33，"稻"本应读34，但实际上却读成了213。祁县人学习普通话，还要注意克服这种"串调"现象。

祁县话把去声字读成平声调（33）的常见字有：

耙傍蔡灿蹭岔诧颤畅怠惮蒂缔扼遏鄂岔

愤奉讣赣构购捍耗浩靳竟郡亢框眶旷溃

荔廖蔓曼泞萨邵绍嗜饲噘塑遂隧态蔚慰

坞戊羡肖漾晕酝肇仲贮伫

把去声字读成上声调（213）的常见字有：

稻悼渐抗胯倔沛韧纫诉亚讶酿载震振纵惩潜复

3. 防止入声字调值的潜入

上节谈到"入派四声"时，指出祁县话入声要去掉喉塞尾，同时派入普通话的四声中去。但初学普通话的祁县人，往往在变入声为舒声时，只是注意了把该入声韵改读为普通话相应的韵母，而忽略了声调的改变，于是把入声的调值"潜入"到舒声里。例入"蜡"，祁县话读 [laʔ（33）]，学说普通话时往往读成 la（33），实际上应读为 la（51）。再如，"笛"，祁县话读 [tiəʔ（213）]，学说普通话时往往读成 di（213），实际上应读为 di（35）。

入声的这一调值"潜入"现象，是祁县人在学普通话时常易忽略的，所以应参考"祁县话入声字普通话读音表"，确实做到"入派四声"，避免一味把阴入字读成阴平调，把阳入字读成上声调。

附注：

[l] [əm] 亦可读为 [um]。

参考文献：

[1] 王艾录、张柱：《祁县方音辨正》，山西人民出版社，1992。

祁县方言连读变调

摘　要：本文从前字变调、后字变调、三字连读变调和重叠式连读变调四个方面分析祁县方言连读变调情况。

关键词：前字变调　后字变调　三字连读变调　重叠式连读变调

一、概说

（一）连读变调举例

1. "茶水"、"冷水"、"热水"中的"水"字，北京话始终读水 214，而祁县方言分别读：茶水（原调）213 冷水 213—35 热水 213—51。

2. 称呼语"×老师"中的"老师"二字，北京话始终读×老214—21师 55，而祁县方言则随着×的字调的不同产生多种变调：

单念（原调）：老 213 师 33

连读（变调）：

王老 213—21 师 33—35

李老 213—35 师 33—51

段老 213—51 师 33—1

3. "葛书记去里村公社视察"一句十字，北京话只有一个字变调"里 214—21"，祁县话则有六个字变调：

葛书 213—35　记 35—51　去　里 213—21　村 33—35　公 33—51

社 35—1　视察 33—51

（二）连读变调特点

1. 频率高

北京话连读变调只限于上声字和"一"、"不"等，而祁县方言除动宾关系的几字不变调外，其余任何调类的几字连读差不多都要变调，可见该方言连读变调的频率要比北京话高的多。据初步统计，该方言连读变调的频率高达百分之六、七十（即平均一句话中的变调字数一般要占句子总字数的百分之六、七十）。所以，即使把祁县方言的每一个字音记的滚瓜烂熟，也读不出该方言。

2. 范围大

北京话的二字连读，是前字变调，后字不变（手 214—35 表 214），而祁县方言则有前变后不变、前不变后变和前后都变三种情况。分别举例如次：

a. 前变后不变：运 35—33 动 35　五 213—21 丈 35

b. 前不变后变：飞 33 机 33—35　部 35 长 213—51

c. 前后都变：手 213—21 表 213—35

（三）前后变调的条件

a. 前字变调

凡两个去声字连读者；

凡前字为上声者；

凡前字为阳入者。

b. 后字变调

绝大多数情况下是后字变调，后字变调是祁县方言连读变调的主要内容。例外：凡后字为去声者，后字不变调。

下面分别讨论。

二、前字变调规律

（一）去声＋去声，前字一律由原来的升调 35 变成平调 33（后字不变调）。例如：

a. 清去＋去声：变 35—33 化

b. 浊去＋去声：命 35—33 令

c. 全浊去＋去声：大 35—33 树

d. 全浊上＋去声：罪 35—33 犯

（二）上声＋χ[2]，前字一律由原调 213 变成半上 21。

1. 清上＋清平、次浊平、全浊平、清上、次浊上、清去、次浊去、全浊去、全读上、清入、次浊入、全浊入，依次举例如下：

火 213—21 车　　可 213—21 怜　　请 213—21 求

保 213—21 守　　苦 213—21 恼　　打 213—21 扮

姐 213—21 妹　　子 213—21 弹　　主 213—21 动

改 213—21 革　　体 213—21 育　　普 213—21 及

2. 浊上＋清平、次浊平、全浊平、清上、次浊上、清去、次浊去、全浊去、全浊上、清上、次浊入、全浊入：

老 213—21 师　　羽 213—21 毛　　雨 213—21 鞋

冷 213—21 水　　五 213—21 里　　友 213—21 爱

礼 213—21 貌　　远 213—21 大　　远 213—21 近

了 213—21 结　　眼 213—21 药　　美 213—21 术

（三）阳入＋×，有二：

1. 阳入＋上声、阳入，前字一样由原调 213 变成平调 33

a. 阳入＋清上、次浊上：石 213—33 板　合 213—33 理

b. 阳入＋全浊入：直 213—33 达

2. 阳入＋非上声、非阳入，前字一律由原调 213 变成半上 21

a. 阳入＋清平、次浊平、全浊平：熟 213—21 人　毒 213—21 蛇

b. 阳入＋清入、次浊入：白 213—21 铁　独 213—21 立

三、后字变调规律

后字除去声之外，其余平声、上声、阴入、阳入都有发生变调。

后字变调的情况比较复杂，但总的来说，后字变调时产生怎样的调值变化，取决于前字的古调类。分述如下：

（一）上声＋X，X 一律由各原调变成升调 35。

1a. 清上＋清平、次浊平、全浊平、清入、次浊入[3]：

火车 33—35　党员 33—35　火柴 33—35

祖国 33—35　小麦 33—35

1b. 清上＋清上、次浊上、全浊入：

保守 213—35　本领 213—35　选择 213—35

2a. 次浊上＋清平、次浊平、全浊平、清入、次浊入：

雨衣 33—35　　演员 33—35　　旅行 33—35　　礼节 33—35

冷热 33—35

2b. 次浊上＋清上、次浊上、全浊入：

老虎 213—35　　玛瑙 213—35　　老实 213—35

（二）去声＋X，X 一律由各原调变成降调 51。

1a. 清去＋清平、次浊平、全浊平、清入、次浊入：

教师 33—51　　带鱼 33—51　　戏台 33—51　　正式 33—51

炸药 33—51

1b. 清去＋清上、次浊上、全浊入[4]：

报纸 213—51　　战友 213—51　　汉族 213—51

2a. 次浊去＋清平、次浊平、全浊平、清入、次浊入：

路灯 33—51　　难民 33—51　　预防 33—51　　样式 33—51

嫩叶 33—51

2b. 次浊去＋清上、次浊上、全浊入：

外表 213—51　　料理 213—51　　练习 213—51

3a. 全浊去＋清平、次浊平、全浊平、清入、次浊入：

大衣 33—51　　坏人 33—51　　共同 33—51　　大雪 33—51

事业 33—51

3b. 全浊去＋清上、次浊上、全浊入：

袖口 213—51　　大米 213—51　　附属 213—51

4a. 全浊上＋清平、次浊平、全浊平、清入、次浊入：

杏花 33—51　　后门 33—51　　象棋 33—51　　善恶 33—51

堕落 33—51

4b. 全浊上＋清上、次浊上、全浊入：

部长 213—51　　父母 213—51　　淡薄 213—51

（三）平声＋X，只限于清平＋平声、入声，此时后字一样由各原调变
成升调 35。

1. 清平＋清平、次浊平、全浊平、清入、次浊入：

飞机 33—35　　青年 33—35　　天堂 33—35　　工作 33—35

蜂蜜 33—35

2. 清平＋全浊入：生活 213—35

除此之外，其余情况不变调，如下：

a. 清平＋上声：工厂 213

b. 次浊平＋X：农村 33　棉袄 213　邮票 35　油漆 33　零食 213

c. 全浊平＋X：平安 33　红马 213　蚕豆 35　潮湿 33　同学 213

（四）入声＋X，只限于阴入（清入、次浊入）＋上声、阳入（全浊入），和入声＋阴入。

1. 阴入＋上声、阳入，后字一律由各原调变成降调 51。

a. 清入＋清上、次浊、全浊入：

铁板 213—51　谷雨 213—51　确实 213—51

b. 次浊入＋清上、次浊上、全浊入：

热水 213—51　木马 213—33　阅读 213—51

2. 入声＋阴入，后字一律由原调变成升调 35

a. 清入＋清入、次浊入：

剥削 33—35　激烈 33—35

b. 浊入＋清入、次浊入：

笔墨 33—35　六日 33—35[5]

（五）全浊入＋清入、次浊入：

及格 33＝35　毒药 33—35

除此之外，其余情况不变调，如：

a. 阳入＋上声、阳入：

石板 213　学习 213

b. 入声＋平声：

雪花 33

§4. 三字连读变调规律

所谓三字连读，是指结构紧密的三字格词语。如："王老师"、"后门儿"等等。

在三字格中，第二字的连读变调取决于第一字的声调，第三字的连读变调又取决于第二字的声调，形成了连锁的方式。

需要注意，第三字的变调是以第二字的声调为前提条件的——如§1 所述，第二字有变调与不变调两种可能。如果不变，固然以原调为前提；如果变调，则以变化后的声调为前提。

同理，第三字也有变调与不变调的两种可能。

（一）凡第二字不变调者，第三字有以下两种情况：

a. 第三字亦不变。例如：

羊毛 33 衫 33

按二字变调规律，"羊"为次浊平，第二字"毛"不变调（次浊平＋X，不变调，见§3（三），"羊毛"读羊 33 毛 33。再说"毛衫"，"毛"为次浊平，"衫"仍不变调：羊 33 毛 33 衫 33）。

b. 第三字变调。例如：

蚕豆 33 花 33—51

第二字"豆"因属去声，不变调。"豆花"按二字连读变调规律（去声＋X。X 变为 51，见§3 二）"花"由原调变为降调，"豆花"读"豆 35 花 33—51"。

三字格中第二字不变调是少数，而且它所引起的第三字的变调规律完全属于二字连读的后字变调规律，下面着重讨论这种情况。

（二）凡第二字变调者，第三字一定变调。

由§3 看出，二字连读变调的后字最终变为以下两种调值（调型）：

甲、35，升调

乙、51，降调

既然第二字有这么两种变调（下称甲类变调、乙类变调），那么，第三字也一定只能有两条变调规律，分述如下：

1. 第二字如属甲类变调，第三字一律由各原调变为降调 51。

例如"李老师"，"李"为上声，按照后字变调规律（上声＋X，X 变为 35，见§3（一）），老变为 35。

李老 213—35 师

"老"为甲类变调，所以"师"变为 51：

李老 213 师 33—51

同类例子如：

李书 33—35 记 35—51　　酒瓶 33—35 子 213—51

植物 33—35 学 213—51　　结束 33—35 了 213—51

腊月 33—35 里 213—51　老实 213—35 人 33—51

下面是几种与此相关的情况：

a. 三字格的第二字如是去声，如前文所述，一律不变（仍读原调 35），这正好与甲类变调吻合，这时第三字的变调与以上（1）相同，即第三字变为 51 例如：

司令 35 员 33—51　　蓝布 35 儿 33—51

承认 35 了 213—51　　解放 35 军 33—51

便利 35 些 213—51　　实用 35 点 213—51

b. 如果第二字是去声，第三字也是去声，则按常规进行：前字变平调 33 后字不变调（见 §2（一））例如：

公路 35—33 上 35　　文化 35—33 部 35

野兔 35—33 肉 35　　权利 35—33 大 35

力量 35—33 大 35　　杂志 35—33 社 35

c. 如果第二字、第三字是去声，第一个字也是去声，其变调按二字连读的规律进行：第一字、第二字变平调 33，第三字不变调。例如：

进 35—33 化 35—33 论 35　　过 35—33 渡 35—33 段 35

现 35—33 代 35—33 化 35　　重 35—33 要 35—33 性 35

2. 第二字如属乙类变调，第三字一律由各原调变为短低调 1。

例如"段老师"，"段"为去声，按照后字变调规律（去声＋χ，χ 变为 51，见 §3（二）），"老"变为 51。

段老 213—51 师

"老"为乙类变调，所以"师"变短低调 1：

段老 213—51 师 33—1

同类例子如：

正式 33—51 工 33—1　练习 213—51 题 33—1

事业 33—51 心 33—1　后门 33—51 儿 33—1

铁锁 213—51 子 213—1　阅读 213—51 课 35—1

总上所述，祁县方言三字连读的第三字最终变为以下两种调值（调型）：

丙、51，降调

丁、1，短低调

将甲、乙、丙、丁归在一起，即三字格的二、三字变调总规律，用下图表示：

	第二字	第三字
变调	35（甲）	51（丙）
	51（乙）	1（丁）

五、重叠式连读变调规律

祁县方言重叠式有 AA、AAB、ABB 三种基本格式。

（一）AA 式

AA 式一般与二字连读变调规律同，但 A 为去声字时不属于特殊规律。非重叠的两个去声连接，是前字变平调 33，后字不变（35）（见§2）。重叠的两个去声字（AA）连读则是：前字不变（35），后字由本调 35 变降调 51。例如：

爸 35 爸 35—51　　兔 35 兔 35—51

弟 35 弟 35—51　　泡 35 泡 35—51

（二）AAB、ABB 式

AAB、ABB 式的连读变调与一般的三字连读变调相同——它们各有甲丙式变调和乙丁式变调。

1. 甲丙式变调

1a. AAB：

花花 33—35 袄 213—51　娃娃 33—35 鱼 33—51　勾勾 33—35 秤 35—51

1b. ABB：

火炉 33—35 炉 33—51　手套 35 套 35—51　猪蹄 33—35 蹄 35—51

2. 乙丁式变调

2a. AAB：

碰碰 35—51 车 35—1

面面 35—51 糖 33—1

2b. ABB：

后门 35—51 门 33—1　　　袖口 213—51 口 213—1

四舅 35—51 舅 35—1　　　豆角 33—51 角 33—1

附注：

[1] 祁县方言有五个调类，它们及其调住分别是：平声 33（不分阴阳），上声 213，去声 35，阴入 33，阳入 213；平声包括中古清平、次浊平、全浊平；上声包括清上、次浊上（全浊上归去）；去声包括清去，次浊去、全浊去和全浊上；阴入包括清入、次浊入；阳入包括全浊入。

[2] ×表示除去声字以外的任何字。

[3][4] 阴入的调值与平声同，皆为 33，放到一起论之；阳入的调值与上声同，皆为 213，亦放到一起论之，以省篇幅。

[5] "六"字白读为入声，读［luəʔ］，"六日"读［luəʔzˌəʔ］。"六"字文读为舒声，读［lio］，"六日"读［liozˌəʔ］。二者读音不同，变调亦不同——凡文白异读字的连读变调皆与此同。

[6] AA 式只限于名词，北京话单音节动词的重叠式祁县方言说成"动词＋乖"。比如：看看（北京话）——看乖（祁县话）。参见拙作《祁县方言语助词》，载《晋中论坛》1983 年第 2 期。

"东观"读音辨正

摘 要：观镇位于山西省祁县境内，"东观"的"观"在社会上普通话读为阴平调，这是错误的，应该读为去声。

关键词：东观 阴平 去声 庙宇

"东观"是山西省祁县境内的一个大镇，是南同蒲铁路线上的一个站点。"东观"的"观"祁县话读去声，但是包括祁县人在内的人讲普通话时将"观"读作阴平（"东观"读做 dōngguān）。列车上的广播里，列车员的口头上，电台的广播中，都无不如此。

"东观"的正确读音应该是 dōngguàn，理由如次：

1. 祁县方言里，"东观"读作［tuɯ³³］［kuɯ³⁵］，"观"读去声。

祁县方言的去声字的调值是 35，它在调值上与普通话的对应关系是：祁县方言读中升调 35，普通话读为全降调 51。"（东）观"祁县方言读［kuɯ³⁵］，普通话读 guàn。

2. "观"字在古代有平声、去声两个读音（《广韵》：观，视也，又音灌）。读平声的时侯为古丸切，见母，桓韵，观望的意思（《说文》：观，谛视也）。读去声的时侯为古玩切，见母，换韵，指高大的建筑物或道教的庙宇（《广韵》：观，楼观）。

在现代汉语里，"观"字也有两个读音，大多数情况读阴平（guān），表示"看、认识"等义，例如"观点"、"世界观"等。读去声（guàn）的用例较少，只用于姓氏和庙宇的名称。例如现在北京市有"白云观"，江苏省苏州市有"玄妙观"等等，这里的"观"就读 guàn，不读 guān。这说明读平声跟读去声所表示的意义是不相同的。

"观"的两个不同读音表示两个不同意义，祁县方言里的情况也完全如此。"参观"、"世界观"的"观"都读平声 [kuɯ³³]，"白云观"、"玄妙观"的"观"读 [kuɯ³⁵]。那么，为什么"东观"的"观"偏偏读去声 [kuɯ³⁵] 呢？

3. 据我们初步调查，"东观"得名与这个自然村庙宇林立的现象是分开的。东观镇在历史上曾有许多庙宇楼阁，如"大寺"、"三义庙"、"菩萨庙"、"真武庙"、"洞宾阁"、"过道楼"、"门楼"等 20 多个，这在祁县历史上是罕见的。抑或可能这里曾有一庙宇叫"东观"亦未可知。虽然，这一点由缺乏历史记载和缺乏深入调查，只是一个测度，但是，根据"（东）观"读去声这一语音化石，我们则可以确认"东观"是由于庙宇而得名的。

参考文献：

[1] 杨述祖、王艾录《祁县方言志》，《语文研究》增刊（8），1984。

太原清徐人如何识别阳平

摘　要： 太原清徐方言的平声不分阴阳，所以清徐人学普通话需要将阳平从平声中分流出来。

关键词： 阴平　阳平　古平声　古入声

一、清徐县是太原市管辖的一个县，处于太原市西南边。清徐方言的声调有平声、上声、去声、阴入、阳入五个调类。其中平声不分阴阳，其调值为低平 11。清徐人学普通话需要将平声分为阴平、阳平两类。对于阴平，只需将其调值由低平 11 提高到高平 55 即可。虽然二者调值不同，但是调型都是平调。初学普通话的人即使将阴平仍旧读作低平也无大关系，因为北京话阴平 55、中平 33 和低平 11 都属同一个声调音位，没有区别意义的作用，可见，识别阳平就成为清徐人区别阴阳平的关键。

我们知道，北京话的阳平来源于：（一）古入声全浊声纽字的全部，（二）少数古入声清声纽字，（三）古平声浊声纽字的全部。在了解阳平来源的基础上，可以找出古今语音对应规律及清徐方音与北京语音的对应规律，从而识别阳。

二、识别来源于古入声的阳平字，对于没有入声的地区的人来说是较困难的，但是对于太原人来说是容易的，因为太原方言里保留了中古入声调类。太原清徐的入声是以喉塞音（[ʔ]）为标志的。有阴入和阳入两类。阴入调值为 2，阳入调值为 54。

清徐方言入声调类与北京话调类的对应规律，同古入声调类与现代北京话调类的对应规律一样，即：全浊入归阳平[1]，次浊入归去声，清音入声归阴阳上去四声。只要我们能够认识清除方言里的阳入字，就可以识别来自入声的阳平字的绝大部分。

清徐人识别自己方言里的入声字是非常容易的。前面说过，清徐方言阳入字的调值为54，调子打得较高。例如"白"读[piaʔ]，这与当地上声调值相同。阳入字的另一个特点是以喉塞音为韵尾，这就更加容易认识了。即使对于不大懂这方面知识的人来说，只要细加认读，阳入字是不难认识的。常见的清徐阳入字如：[并母]白薄勃渤别拔，[奉母]佛伏服罚伐乏，[定母]笛狄敌独读毒达碟蝶叠迭夺锋，[从母]疾嚼集籍辑杂昨捷睫截，[邪母]习席袭俗，[澄母]蛰蛭秩浊宜值逐辙着泽，[崇母]镯闸铡，[船母]实食蚀赎舌，[禅母]十什拾勺芍殖植石熟热，[群母]局杰桀竭，[匣母]合盒鹤滑活峡狎协学。

至于来源于清音入声的阳平字是很少的，这些字需要记忆，但是根据汉字偏旁特别是同声符的小规律，也不必一个一个地死记。比如"福"是古清声纽非母字，今为阳平，可以推知"幅辐蝠"也为阳平。同理以"息"推知"媳熄"，以"菊"推知"掬鞠"，以"决"推知"抉诀"。

三、现在再来讨论来源于古平声浊声纽字的阳平字的识别。

太原方言的平声不分阴阳是自古而然的。在14世纪以前，北京方言同其他方言一样，浊声纽发生清化，绝大部分浊纽消失，随之平声分化为阴平和阳平。虽然古浊纽消失了，但是作为表现古清浊系统的阴平、阳平却保留下来。但是，包括太原方言在内的山西大部分地区的方言，在十四世纪以前古浊纽消失的时候，平声却未曾发生分化（分化为阴平、阳平），而是作为一个调类（平声）保留下来，因而太原方言的平声一直没有阴阳之分，这就给太原人学普通话带来较大的困难。

显然，要识别此类阳平字，需要知道中古浊音系统。

《广韵》浊声纽分全浊、次浊，下面分头讨论。

识别来源于古全浊声纽的阳平字

全浊有并母、奉母、定母、从母、邪母、澄母、崇母、船母、禅母、群母、匣母。它们发展到现代汉语的平声里，并母今读[p']，奉母今读[f]，定母今读[t']，从母在今洪音前读[ts']，在今细音前读[tɕ']，邪母在今洪音前读[ts']、[s]，在今细音前读[tɕ']、[ɕ]，澄母今读[tʂ']，崇母今读[tʂ']，少数读[ts']，船母今读[tʂ'][ʂ]，禅母今读[tʂ']、[ʂ]，群母在今洪音前读［kʻ］，在今细音前读［tɕʻ］，匣母在今洪音前读［×］在今细音前读［ɕ］（这些声母下称A类声母）。

是不是凡是A类声母的平声字都是北京话的阳平呢？不一定是。因为古清声纽里也有这些今读音。比如全清非母今读［f］，次清滂母今读［pʻ］，等等。清徐方言里的这类声母字，哪些是从古浊纽变来的，哪些是从古清纽变来的呢？除查韵书外，这里提供一个分辨清浊的简便方法。

凡是从古清浊变来的A类声母字，在清徐方言里没有文白异读的现象；反之，凡是从古浊纽变来的A类声母字则大多数有文白异读现象。例如清徐读“桃”为［tʻau］，又读［tau］。有下面几种情况。

a. 并定从群澄母字，文读为送气塞音、塞擦音［pʻ］、［tʻ］、［tɕʻ］、［tsʻ］（包括北京话［ʂʻ］），白读为不送气塞音、塞擦音［p］、［t］、［tɕ］、［ts］、（［ʂ］）。

例如：

例字	文读	白读
皮	pʻi	pi 皮头（耳光）
葡	pʻu	pu 葡萄
头	tʻɐɤ	tɐɤ 前头
田	tʻiɛ	tiɛ 巡田
钱	tɕʻiɛ	tɕiɛ 有钱
墙	tɕʻiɒ	tɕiɒ 墙儿
瓷	tsʻɿ	tsɿ 洋瓷碗
虫	tsʻuʌ̃	tsʻuʌ̃ 虫儿

同类的字再如：并母排赔陪脯盆刨爬婆钯盘旁（以上文读pʻ，白读p）；定母提蹄同童铜弹覃条调笞疼腾台饨团淘甜填（以上文读tʻ，白读t）：从母群母前泉骑脐渠强茄乔荞勤穷（以上文读tɕʻ，白读tɕ）慈才槽（以上文读tsʻ，白读ts）；澄母除厨长肠场缠椽稠沉迟重（以上文读tsʻ，白读ts）。

b. 邪崇船禅母字，文读为送气塞擦音［tsʻ］（包括北京话［ʂʻ］），白读为擦音［s］（［ʂ］）。例如：

例字	文读	白读
尝	tsʻɒ	sɒ 尝一下

祠	tsʻ̩	s̩	晋祠
锄	tsʻu	su	锄地
愁	tsʻɤʌ	sɤʌ	发愁
柴	tsʻai	sai	片柴
唇	tsʻũ	sũ	嘴唇
茬	tsʻɒ	sɒ	回茬
馋	tsʻɛ	sɛ	馋嘴

c. 剩余的奉匣以及邪船禅群母的又音 [f]、[x]、[s]（[ʂ]）[ɕ]、[kʻ]，此类声母的阳平字数量很少（有的极少），识别它们除利用声旁规律类推外，还可以参考下面的方法。

这个变调规律，适用于其他任何声母的字。

四、最后讨论来源于古次浊声纽的阳平字的识别。

次浊声纽有明微泥来自疑云以八母，这类声纽包括鼻音、边音和零声母。鼻音边音在清徐方言里仍为 m、n、l，我们可以断定，凡是以 m、n、l 为声母的清徐平声字，一般是北京话的阳平字。[2]

[m] 来源于明母。常见字有：魔磨摩馍麻痳蟆模摸埋迷梅枚玫媒縻眉毛茅猫[3]苗描谋矛蛮绵棉眠馒谩民门忙芒茫盲萌鸣明盟名铭蒙。

[n] 来源泥（娘）母，常见字有：挪拿奴尼泥呢铙挠南男粘年难囊娘能宁农脓浓。有几个与今齐齿呼、撮口呼相拼的 [n] 来源于疑母。有：牛倪霓凝等。

[l] 来源于来母。常见字有：罗箩锣骡卢炉芦来黎雷离璃篱梨狸劳捞牢唠燎聊辽撩寥楼搂蝼流刘留榴硫琉蓝篮廉镰帘林淋临兰拦栏连联怜莲鸾邻鳞燐论仑伦沦抡郎廊狼朗良凉量粮梁粱楞陵凌菱灵零铃笼聋隆龙。

次浊声纽的日云以三母一部分今读 [z̩]，而 z̩ 母只限于次浊纽，所以凡清徐方言中以 z̩ 起头的平声字皆为阳平。常见字有：日母如饶柔揉任然燃人仁瓤仍戎绒茸。同时，日母还有少数字（止摄开口三等字）清徐方言读作 [ɚ]，只有儿而等几个平声字——平声字都读阳平，没有阳平。云母和以母只有"荣融容蓉镕"等几个字。

如此，次浊声纽的阳平字只剩下一些零声母字了。这类零声母来源于微日疑云以五母，它们与来源于清组影母的零声母相混。区别这五浊一清可以利用同声符小规律，也可利用子尾、儿尾和重迭变调规律。

五、在清徐方言里，阴平阳字后面的"子""儿"等后缀以及重迭后字的连续变调是有整齐规律的。这就是：阴平字后面的后缀和叠字读短调 1，阳平字后面的后缀和叠字读长调 33。例如：

阴　平			阳　平		
鞭子 Piɛ	tsʌʔ˩		蚊子 vʌ̃	tsʌʔ˧	
孙子 suʌ̃	tsʌʔ˩		房子 fɒ	tsʌʔ˧	
梯子 t'i	tsʌʔ˩		瓶子 p'ĩ	tsʌʔ˧	
鸡儿 ɕi	ɚ˩		梨儿 li	ɚ˧	
猪儿 tsu	ɚ˩		鱼儿 y	ɚ˧	
花儿 xuɒ	ɚ˩		墙儿 tɕiɒ	ɚ˧	
刀刀 tɔ	tɔ˩		盆盆 pʌ̃	pʌ̃˧	
公公 kuʌ̃	kuʌ̃˩		胡胡（二胡）xu	xu˧	
腰腰（背心）iɔ	iɔ˩		绳绳 sɿ	sɿ˧	

附注：

[1] [2] 有极少数例外字。

[3] "猫"是古次浊纽明母字，应读阳平，但北京话读阴平，这是北京话读错了。不过"猫腰"的"猫"仍读阳平。

参考文献：

[1] 王力《汉语史稿》上册，中华书局，1980。

[2] 陈复华《汉语音韵学基础》，中国人民大学出版社，1983。

第三章 语法

语用标准：句子正误的终极标准

摘　　要：对语法偏误的研究是语法研究的重要方面。针对目前评判病句标准混乱的状况，本文对现代汉语病句从句法、语义和语用三个平面进行了理论推导，分别对正面的唯句法句、唯语义句、唯语用句和反面的句法病句、语义病句、语用病句进行了归纳分析，指出句法标准、语义标准只是句子成立的基本标准，而语用标准才是句子成立的终极标准。

关键词：唯句法句　唯语义句　唯语用句　句法病句　语义病句　语用病句

一、语言应用的历史就是不断在克服偏差和失误从而日臻规范的历史

语法学建立的根本目的之一，就是指给人们如何说（写）正确，如何说（写）不正确，进而指导人们正确地使用语言。如果语言中根本没有产生偏误的可能，那么各色各样的语法学说都将失去其应有的价值和意义。事实上，几乎所有的语法教材都有关于修改病句（非句）的章节或内容。对于病句的研究，可使正面的语法研究更加深刻。语法的反面研究应该是也必然是语法的正面研究的一个重要方面。然而目前评判病句的标准很不一致，所以，在修改病句时人们往往遇到以下几方面的问题。

1. 有的句子语法学家认为是病句，事实上却并不是不能说出或写出的。例如 20 世纪 50 年代出版的《语法修辞讲话》（吕叔湘、朱德熙著）一书认为："只能说'当……时候'，不能说'当……之前'和'当……之后'。"实际上这样的用例在 20 世纪 50 年代为止的现代白话著作中就可以找到许多的。例如：

（1）尚未用拉丁写法之前，我们不识字的人们，原没有用汉字互通声

251

气，所以新添的坏处是一点也没有的。（鲁迅《门外文谈》）

（2）当人民推翻了帝国主义、封建主义、官僚资本主义的统治之后，中国要向哪里去？（毛泽东《关于正确处理人民内部矛盾的问题》）

60年代到70年代，语法工作者对"恢复疲劳"、"打扫卫生"、"提出质疑"、"凯旋而归"、"白白浪费"、"普通党员"之类的提法提出批评，然而此类提法并未因之而有所收敛，反而蔓延开来，沿用至今。

80年代以来，有人对"中国队发挥了最好水平"提出批评，以为犯了"成分搭配不当"的毛病。然而这一提法在社会上特别是影视界，简直是"不绝于耳"。又有人拿"王老师的话讲得很条理，很清楚"这样的所谓病句让学生修改，甚至把它写进语法教材和印在高考卷子上。他们认为，"条理"是名词，不能与程度副词"很"组合，必得将原句改为"王老师的话讲得很有条理，很清楚"或"王老师的话讲得有条理，很清楚"。改的结果却使句子在结构上和语感上都失去平衡。事实上，"很条理"的提法已为人们所接受。

2. 有的句子在句法上无懈可击，却在口头上不能说出，它们实际上是作者编出来的畸型句子。例如：

（1）阿宝满头大汗，心都急得跳出来。（李国文《危楼记事》）

（2）一种已经被人遗忘的淡淡的伤感萦绕在了她的心怀。（张廷竹《五十四号墙门》）

这两个句子都是十分别扭的。应在（1）句句末加"了"；把（2）句中的"了"去掉。再如通行语法教材中常见的"人来"、"太阳红""红旗飘扬"、"人民建设祖国"之类，它们在通常情况下是不能独立成句的。

1.3 有的句子介于"是"与"非"之间，对于它们，往往仁者见仁智者见智。例如。

（1）我们要实行计划生育。

（2）瑞典女子足球队获得发角球。

这两句算不算"宾语残缺"？

（3）产量超过了历史最高水平，而且质量也有所改善。

（4）经过群众反复讨论，一致同意搞个简易车间来生产钢筋制品。

（5）幕后传来阵阵女民兵的歌声。

以上三句是摘自一本修改病句的专著。该书认为，（3）句中的"改善"

应改为"提高";（4）句中的"经过"应去掉；（5）句中的"阵阵"应置于"女民兵"之后。这样的改动固然是正确的，然而原句已被社会广泛使用，这样的改动是否有必要？

1.4 有的病句是杜撰的，事实上产生这样的病句的可能是极小的。例如：

（1）这是一个多么感动的场面啊！

（2）自己有双聪明能干的手，什么都能造出来。

（3）老一辈科学家心里充沛着可贵的革命激情。

（4）今天中午他吃了二个馒头。

以上是摘自通行语法教材的病句句例。这样的病句除非一两岁的孩子可能偶然说出外，绝大多数情况下是不会产生的。把它们当作教学中的一个"样品"也许可以，然而拿到课堂上让本族学生修改，就显得过于浅薄和多余。

二、从以上几方面的情况看，人们在确定和评判病句时，似乎缺乏明确的、客观的标准

什么是病句？回答是极其容易的：不合乎语法的句子就是病句。然而什么是合乎语法和不合乎语法？"我喝饭"合不合语法？回答这样的问题却是饶费口舌的。

人们知道，汉语是非形态语言，汉语语法不可能是西方语言里的那种"形式语法"（Forma grammar）。事实上，人们心目中的汉语语法（句法）从一开始便是一种兼容语义因素、语用因素的混合物了。例如"我喝饭"如果有毛病的话，那么毛病主要地出在语义上。多数语法教材把此类病句归入"成分搭配不当"的语法病句之列，须知，所谓"成分搭配不当"绝不是单纯的句法形式问题。

通行语法教材还说，能说"处理得不正确"，不能说"处理得错误"。按说，"不正确"就是"错误"，二者又都是形容词性质，它们充当"处理"的补语，无论从句法上还是从语义上，都挑不出什么毛病来。然而一个基本事实是："处理得错误"谁也说不出口。在这一矛盾面前，语法教材只好说，这句话人们不习惯说。这就证明，语法里面包含有语用的成分了。

可见，目前汉语语法经常指的是一种兼容语义因素、语用因素的广义的

语法。

与语义、语用相对待，"句法"只能是"形式语法"。谁都知道，汉语中可做形式标志的东西太少了，"句法"一旦与语义、语用分了家，其具体内容必将所剩无几，这种狭义的"语法"（形式语法）将是相当萎缩的。唯其如此，有人（王希杰，1989）才感慨道："脱口而出就是合乎语法的句子，努力造出不合乎语法的句子但结果还是合乎语法的。这证明一个怪事儿。造出病句比造出合法的句子更要难。"这种现象有力地证明，汉语中的狭义句法对句子的控制力是相当薄弱的。

三、平常人们所使用的千千万万个具体的句子，都要分别受到句法选择规则、语义选择规则和语用选择规则的制约

所谓病句，必然是违背其中一项、两项或三项规则的语符串。这些情况想必是十分参差复杂的。为了简明起见，我们先从只符合和只违反其中一项规则的六种极端的情况入手，由此考察产生病句的根本原因。

如果一个句了只符合一项规则，或者只违反一项规则，将分别会有以下各种情形。

1. 只符合一项规则

（1）只符合句法规则，而不符合语义规则和语用规则的句子，可称为"唯句法句"。例如："我喝饭"，这个句子的成分搭配正确，语序正常，从句法平面上无懈可击。但是句中的动词"喝"和受事"饭"不能建立起语义联系，这就违反了语义规则；同时人们一般不使用这样的语符串，即不符合语用规则。同类如："所有的石头都死了"，"小王吃拖拉机"，"拿起狗打石头"。

（2）只符合语义规则，而不符合句法规则和语用规则的句子，可称为"唯语义句"。例如"他吃了二个馒头"，这个句子语义搭配合理，句意顺乎逻辑事理，符合语用规则。但是它违反了句法规则（违反了普通话中数词"二"的使用规则），因而也就不被广大社会成员使用。

（3）只符合语用规则，而不符合句法规则和语义规则的句子，可称为"唯语用句"。例如"你去洗个澡吧"，这是一个说者上口听者中听的行得通的句子，因而是符合语用规则的合格句。但是它不符合句法规则和语义规则："洗澡"是联合结构（澡：洗），不能兑入动宾框架。

3.2 只违反一项规则

（1）只违反句法规则，而不违反语义规则和语用规则的句子，可称为"句法病句"。

这类病句在道理上是存在的，然而在实际上却不容易找出甚至不容易编出满意的例句，因为一个句法有误（语序混乱、错用虚词等）的语符串，必然在语义上也是混乱和荒谬的。这从一个侧面又一次证明了汉语狭义句法的薄弱性。

（2）只违反语义规则，而不违反句法规则和语用规则的句子，可称为"语义病句"。例如"这里四季如春"这个句子不合事理：春为四季之一，"四季如春"岂非包括"春季如春"？不过这个句子句法结构正确，而且是社会成员已经承认的习惯说法。同类如："大楼一片漆黑，只有李老师的灯还先着"，"如果打不下粮食，就只能喝西北风了"，"中国队发挥了最好水平"。

（3）只违反用用规则，而不违反句法规则和语义规则的句子，可称为"语用病句"。例如"他处理得错误"这个句子在句法上和语义上都无可挑剔，只是因为尚未被人们接受和使用而没有取得合格地位。同类如："鸟飞"，"他有一双眼睛"，"这个孩子聪明"。

以上正反两方面的情况可用下表总示：

句别	句法	语义	语用	相当于	例句
唯句法句		×	×	语义病句、语用病句	他喝饭。
唯语义句	×		×	句法病句、语用病句	他吃了二个馒头。
唯语用句	×		×	句法病句、语义病句	你去洗个澡吧！

以上是从句法、语义、语用三个平面对病句所做的类析，但这只是理论上的推导。在语言实际中，单纯的句法病句、语义病句、语用病句都是比较少的，常见病句往往兼属两类或三类。例如"语文对他很感兴趣"既是病义病句，也是语用病句；"从历史的陈迹中，给予人们有益的经验教训"既是句法病句（主语残缺），也是语义病句（施事残缺），又是语用病句（话题残缺或不合习惯）。所以在分析病句的时候，既要从各个平面剖析，又要综合起来考察，从而得出比较完整的结论。

四、句子作为基本交际单位，是以传达意义为根本目的的，所以任何句子都是以语义为基础的

一般认为，语义是句子的意义，句法是句子的形式；离开语义的制约，句法只能变成一个毫无用处的空模式，这对于缺乏形态的汉语来说更是如此。例如 $N^1 + V + N^2$，这是汉语的一种基本句法模式，但是如果不顾语义，那就只能承认"我喝饭"、"草吃牛"也算是正确的句子了。在汉语中，所谓搭配，所谓结构，说到底是语义的搭配，语义的结构。通行语法教材谈及的病句句例，也多数属于语义病句。

我们认为，词语搭配至少要满足以下三方面的要求：

1. 满足语义选择规则的要求（语义的溢出），即两个词语（义位）之间至少要有一对义素相互搭配。例如动词"吃"的语义特征要求施事格包含义素［＋动物］，受事格包含义素［＋施事的食物］，才能组成一个正确的语义结构。如"小明吃饭"、"牛吃草"都满足了这一要求。但是"草吃牛"违反了这一要求，因而是地道的语义病句。"牛吃饭"也不能成立，因为"饭"虽是"食物"，但不是"牛"的食物。

2. 词语间一般不能发生"语义干涉"。例如："哑巴会讲话"是病句，因为"哑巴"一词本已包含有［－会讲话］，这与句中的"会讲话"（项与谓词）发生了"使变干涉"。"哑巴不会讲话"也是病句（废话），因为项与谓词发生了"羡余干涉"。

3. 词语搭配除了从结构内部考察外，还可以从结构的外部考察。所谓"外部考察"是指语义结构的整体意义是否与客观世界相符，即语义结构作为命题是否具有"真值"。例如"星期十"、"他一顿吃了一百个馒头"、"孙悟空偷了电视机"，由于这类结构缺乏真值而表现为特殊意义的语义病句。语法学家一般不关心这类现象。

五、在通常情况下，一个正确的句子要分别符合句法规则、语义规则和语用规则的要求，然而这三项规则对句子的限制并不是平行的

在多数情况下，一个句子违反了句法规则或（和）语义规则是不能成立的，但是也有相反的情形：不少句子可以超越句法规则、语义规则的限制，直接达到语用标准而取得合格地位（唯语用句）。例如"他洗了个热水澡"、

"这里四季如春"、"中国队发挥了最好水平",它们虽然违反了句法规则和语义规则,然而由于它们已经成为社会成员的习惯说法,便跃而成为社会成员接受的合格句。

唯语用句何止可以成立,有的还能成为供人欣赏的艺术性语言(修辞搭配)。例如"我将深味这非人间的浓黑的悲凉"、"你的笑声点燃了我"、"青山默读着这凝固的静"……对于它们,除了得到一种美的享受外,还有谁去指责其语义上的荒唐呢?

反之,一个句子即使在句法上、语义上循规蹈矩,只要它未能达到语用标准,照例是不能成立的(语用病句)。例如"鸟飞"、"他有高鼻梁"、"他处理得错误",从句法、语义上找不出什么毛病来,然而必得说成"他有一个高鼻梁"、"他处理得不正确",才能通得过。

外国朋友初学汉语时不免造出"约翰游泳"、"他不唱得好"、"我要把录音带听"之类的句子(语用病句),这些在汉人听来是相当别扭的。究其缘由,就是因为外国人忽视了汉语句子所必需的"语用因素"。要把这类病句改正过来,需要对它们进行一番语用改造。

如果说,句法标准、语义标准是句了成立的基本标准,那么说,语用标准是句子成立的终极标准。唯句法句和唯语义句不一定能够全部成立,而唯语用句则一定成立。

从反面看,句法病句、语义病句和语用病句似乎都在病句之列,其实不然。句法病句、语义病句不一定全部不成立,而只有语用病句才是绝对的病句。

由于"语用病句"完全符合句法标准和语义标准,这常常使语法工作者们为之大伤脑筋。以下 A、B 两相对照的句子的句法结构和语义结构都是等同的,决定它正确(合格)与否的唯一标准只能是语用标准:

A. 正确句

他看得清楚。

那所房子卖了。

我了解他。

这把椅子有人。

大家都来救火!

打不下粮食就只能喝西北风。

B. 语用病句

他看得模糊。

那所房子买了。

我了解这。

这把扇子有人。

大家都来救水!

打不下粮食就只能喝东南风。

以上 B 组为什么站不住,目前不易从句法、语义上找到满意的解释。但是将它们归入"语用病句",问题似乎可以得到比较好的解释。

词组和句子

　　摘　要：全文分四节。第一节对汉语句子是"单项实现式"（"词组本位"论）提出异议，指出目前忽视"了"在句中的作用和地位的倾向，提出区分汉语句子的词组成分和句子成分的主张，批评目前只见句法不见句子，把词组成分当句子成分的错误，否认从词组到句子是"实现关系"的观点。第二节论证汉语句子"以至少一个词组为其直接成分"，认为汉语句子必然是"多项组合式"。第三节认为"单项实现"论有一点说服力的原因，在于它只适用于 S＝P＋P、S＝W＋P 两类句式中的少部分实例，因而它不具有理论上的一般性原则。第四节归纳词组与句子在四个方面的不同性质。

　　关键词：词组　句子　词组成分　句子成分　单项实现式　多项组合式

　　曾几何时，语法学界流行着一种"词组本位"论，认为词组加上语调就成为句子，从词组到句子，不是组成关系，而是实现关系（realization），句子成分实际上就是词组成分。以下暂时撇开"独词句"，围绕词组和句子的关系问题作一点探讨。

一

　　1.1 所谓"句子是由词组构成的"，是一个相当笼统的提法。"构成"云者必然包括"多项组合"和"单项实现"两种情形。如果用 P 表示一个词组（简单词组或者复杂词组），用 W 表示一个单词，用 S 表示一个句子，那么：

　　　(1) $P+W{\rightarrow}S^1$

　　　(2) $P{\rightarrow}S^2$

S^1 为多项组合式，它由至少两个结构项组合而成；S^2 为单项实现式，它由一个结构项（词组）单独充当。

那么汉语句子是属于多项组合式，还是属于单项实现式？目前看法尚不一致。

一种意见认为汉语句子是多项组合式，即句子在结构上大于词组。譬如高名凯、石安石主编的《语言学概论》（第 169 页）认为，"词组是句子内部的结构单位"。叶蜚声、徐通锵编著的《语言学纲要》（第 91 页）认为，"一个句子里的词组必须属于句子的一个分段"。这些论述至少在理论上承认：句子是由两个或两个以上的"内部结构单位"或"分段"组合而成的。

另一种意见认为汉语句子是单项实现式，即句子在结构上等于词组（即使一个句子包含着若干词组，也可以看作是由它们结合成的一个更大的词组）。例如"他弟弟去北京"，是由"他弟弟"和"去北京"结合成更大的词组——主谓词组。朱德熙著的《语法答问》（第 76 页）指出，"所有的句子都看成是由词组形成的"。邢福义主编的《现代汉语》（第 351 页）也认为，"短语和句子只有着眼点的不同，并不存在量的区别"。

这种"单项实现"的观点是目前颇为流行的观点。甚至，即使主张"多项组合"观点的一些著作，也往往只是停留在理论上，书中诸如"我买书"之类的由一个词组单独实现的"句子"却不乏其例。这说明他们并未把"多项组合"的观点坚持到底。

1.2 据我们了解，"单项实现"论主要有以下四方面的持论理由，然而我们认为这些都在可商榷之列。分述如下。

1.2.1 持论者经常拿"红旗飘扬"、"鸟飞了"之类的例子证明"单项实现"。

先看"红旗飘扬"。此类语符串一般只能做句子的"分段"作业，而不能单独成句。要想成句，就必须说成"祖国大地红旗飘扬"、"鲜花盛开，红旗飘扬"等。同类如"一起床大家就忙开了，洒水的洒水，扫地的扫地""我吃了饭才走""飞进来苍蝇就打"等。句中加点部分都无法单独成句。陆俭明（1988）认为它们是"粘着的句法结构"，"它们只能处于被包含的地位"。所以"红旗飘扬"之类是一个不能单独说出因而事实上并不存在的"假句子"，它不能成为"单项实现"论的事实依据。

一个习焉不察的现象是，几乎所有的语法书在论述词组时所举的例子大都是诸如"红旗飘扬"之类简短的例子，而极少举那种中间有停顿的"多段词组"。仅以"红旗飘扬"之类的简短词组为概括对象所得出的理论能派多大用场，显得大成问题。

再看"鸟飞了"。毫无疑问，它是一个成立的句子。它的两个直接成分是：鸟飞｜了。其中"鸟飞"是词组，"了"是单词，所以"鸟飞了"属于"多项组合"式。

几乎所有的语法书都把词组成分和句子成分规定为只能由实词（或词组）充任，因此在分析词组的时候，先将虚词撇开，然后根据实词或词组中间的语法关系划出主语、谓语、述语、宾语、定语、状语、补语等成分。又因为他们持"单项实现论"，就把这种分析词组的方法照搬于句子分析。这就必然一笔勾销了虚词在汉语句子中的重要作用和地位。

人们知道，印欧语中的结构成分之间的种种语法关系，主要依靠词形变化来表现。而汉语缺乏形态，种种语法关系主要依靠虚词、语序、意合、语顿、羡余、煞句等手段表现。如果说印欧语是一种形态为主的语言，那么汉语则是一种虚词系统和成句系统发达的语言。如果视而不见汉语中的虚词的成句功能，汉语句子的真实面貌就不会揭示。例如对句子"鸟飞了"作"鸟｜飞（了）"的分析，并没有穷尽句子分析的全过程，因而这一分析方法是不全面的。分析汉语句子而排除虚词，等于分析印欧语句子而排除形态；"鸟飞了"在汉语中去掉"了"不成句，有如在印欧语中去掉动词"飞"的限定式不成句一样。

另一方面，句末"了"具有表示句子的语气和语调的作用。"鸟飞了"具有语调本身就足以证明它是句子而不是词组了。不然的话，岂不等于承认汉语中存在一种"有语调的词组"了吗？考察一个语符串是否成句，应主要看其是否具备语调特征，是否具有独立的表达能力，而不应该以书面上一个句末点号而定夺。对于"鸟飞了"，只有作"鸟飞｜了"的分析，才是符合语言实际的分析。

忽视"了"的成句作用的倾向，在目前语法学界普遍存在。如邢福义主编的《现代汉语》（第 344 页）在谈到"正补短语"的时候举了如下一组例子。

　　看一下　　写得好　　激烈极（了）　　勇敢得很

这组例子存在着明显的不一致性：其中三个词组不加"了"，唯独第三个词组加"了",而且放在括号里——问题就出在这个括号上面!作者似乎告诉人们:加括号表示"了"不在词组结构之中,但只说"激烈极"又站不住脚。这反映出了作者在处理这一细节上的矛盾心态。又如叶蜚声、徐通锵著《语言学纲要》(第95页),在列举的词组的五种基本类型中,"述宾结构"(切西瓜、洗衣服、吹风),"偏正结构"(人民的力量、高水平、马上出发、加倍努力)等中的例子都是典型的词组,但是"主谓结构"的三个例子(张老师来了、苹果吃了、这幅画真美)却全是句子。

1.2.2 认为汉语句子是"单项实现"的另一理由是朱德熙《语法答问》(第7—9页)所指出的:印欧语动词有限定式和非限定式之分,例如英语句子的谓语部分必须有一个由限定式动词充任的主要动词,而词组里如果有动词的话,只能是不定形式或者分词形式,不能是限定形式。因此英语句子和词组的"构造原则"是不同的。与此同时,"由于汉语动词没有限定形式和非限定形式的对立",因此汉语词组和句子的"构造原则"是一致的。

这里所谓"构造原则",似乎指的是语言结构中有无形态表征。形态作为一种语法手段,它与不同语言单位(如词和句子)的差异是没有必然联系的。依据汉语词组和句子的语法手段(都没有形态变化)而断言二者的结构方式是一样的,是缺乏说服力的。如果由于英语词组和句子有某些形态差异就断言它们的"构造原则"不一致,那么决不能由于汉语词组和句子没有这种形态差异就断言它们的"构造原则"是一致的。这正如我们不能因为印欧语的词类是依据形态变化划分出来的,就因此认为汉语没有形态变化也就没有词类一样。汉语句子与词组有着许多极不相同的地方,这些虽然不能通过"构造原则"表现出来,却完全可能从其他一些方面表现出来。

1.2.3 "单项实现"论的第三方面的持论理由是:句子和词组都是线性的,而且语序都比较固定,所以二者有着相一致的结构类型。

汉语语序诚然是比较固定的,但它只是在同形态发达的语言的比较中表现出来的。如果拿汉语的句子与词组相对照,便不难看出词组和句子虽然都有线性特征,但词组无线性变化,其语序是相当稳固的,而句子则根据交际需要,其语序往往显得灵活多变。例如同样是主谓结构,词组总是"主—谓"(红旗飘扬),而句子既可以是"主—谓",也可以是"谓—主"(怒吼吧,黄河);同样是动宾结构,词组总是"动—宾"(看书),而句子既可以是"动—宾",也可以是"宾—动"(鲁迅的书,一定要看的)。此外,词组和句子虽然都有层次性，但句子可以具有词组所不能具有的"超层次成分"（提示语、感叹语、象声语、话题、追加等）。对这些现象，吕叔湘（1984）入木三分地指出："词和短语的结构，弄清楚里边的层次和关系就成了，问题多的是句子的结构。""有一个现象很值得注意：短语内部的次序是不大能改变的，句子内部的次序就比较灵活。句子可以不改变其基本意义而改变其内部次序，短语很少能够这样。例如（a）我没有看第一本，（b）第一本我没有看，（c）我第一本没有看，三句一个意思。可是，'花纸'和'纸花'，'半斤'和'斤半'，'后头的小孩'和'小孩的后头'，'好商量'和'商量好'，意思都完全改变了。"

1.2.4 "单项实现"论的第四个依据是：句子成分就是词组成分，所以二者可以使用同样的分析方法。

我们认为，汉语句子是由句法、语义、语用等面的因素形成的全方位综合体，它不但含有词组成分（主语、谓语、述语、宾语、定语、状语、补语），而且还具有词组结构所不能涵盖的汉语特有的"句子成分"。成分分析法和层次分析法都只能大致适用于汉语词组的分析，而基本不能适用于汉语句子的分析。因为它们一味将句子当词组分析——析句时首先把语调、虚词、独立语、话题等"零碎"置之度外，然后进行词组分析。使用这样的析句方法，就只能将句子"难道他不知道吗？"、"比赛激烈极了！"分别分析为：他｜不知道、比赛｜激烈极。这样的分析，无论从语感上，还是从意思上，都是扞格难通的：前者意思与原句正好相反，后者根本就不是言语实在——既不存在这样的词组，就更不存在这样的句子。

不难看出，不是词组成分涵盖了句子成分，倒是句子成分涵盖了词组成分。词组成分也许可以是句子成分的基础，但是词组分析决不能完成句子分析的全部作业。所以胡裕树认为："层次分析不是从句子出发，分析的结果只是一个语言片断的直接组成成分，而不一定是句子成分"。张世禄则把语气和语调以及表现它们的句末语气看成构成句子的重要因素，语言交际中必不可少的成分，并把语气词的运用看成区别句子典型的重要依据。

80年代初，我国语法学界开展了关于汉语析句法的讨论，这次讨论的一个严重不足，就是未曾对汉语句子的本质特征和成句标准进行正面的探索。目前为止，多数语文教师反映"语法难教"，问题也往往出在误把句子当词组上面。因此，我们必须冲破"只见句法不见句子"的拘囿，对汉语句子的特质作一次深刻的检讨和全新的再认识。

其次，有的组合只能出现在句子平面，不能出现在词组平面。例如：

句子	词组
房子塌了三天才修理。	*塌了三天
只哭有什么用？	*只哭
明天又星期天！	*又星期天
我洗了一个热水澡。	*热水澡

句中加点部分使词组分析遇到难以克服的困难。

二

2.1 汉语成句首先与句子的语气有关。

由两个单词组成的简单词组，一般不能加上陈述语调成句（单段句）。如：

　　*鸟飞。/ *红旗飘扬。

如果加上疑问语调、感叹语调和祈使语调，即可成句。如：

　　鸟飞？/看电影？

　　快走！/去不得！

　　好文章！/多么美！

常见语法书里所说"词组加语调就成为句子"，举的例子基本都是非陈述语气的单段句，其结论自然是不全面的。

2.2 陈述句是语言中最基本、最常见的一个句类，汉语成句问题讨论的重点在于陈述句。陈述句的成句问题搞清楚了，汉语的成句问题也就基本搞清楚了。陈述句的成句问题比较复杂，但其中最基本的规律有以下两条。

2.2.1 词组成句，必须加句末"了"，即：$P+$了$\rightarrow S^1$。例如（例中词组加横线，下同）：

大姑娘了。/天亮了。/看完了。/出太阳了。/激烈极了。/三天没去了。/杯子被他打了。/同学们把教室打扫干净了。/这本书他已经整整看了十天了。

2.2.2 句子如果没有句末"了"，句子则必须以至少一个词组为其直接成分。即：

①$W+P$（或$P+W$）$\rightarrow S^2$。例如：

鸟在飞。/花儿真红。/小李是三八红旗手。/李四光在会上明确地提出了中国地质学要走自己的道路。/今天晚上凉快。/还是你家的房子大。

②P+P→S²。例如：

德州扒鸡　真香。/去操场　锻炼身体。/大厅中央　矗立着刘胡兰烈士的塑像。/我们厂第三车间的全体职工，只用了两个半月的时间就完成了全季度的生产任务。

以上 W+P、P+W 和 P+P 似乎可以看作一个更大的词组，但由于它们已经具备了一定的成句因素，它们已经是句子结构了。需要指出的是，所谓"以至少一个词组为其直接成分"，只是这类句子成句的必要条件，而非充分条件。诚然，如果没有至少一个词组为其直接成分一定不成句，但是，有了至少一个词组为其直接成分也不一定成句。例如：

＊我吃饭。/＊风和雨大。/＊农民种田。

2.3 综上所述，如果暂时不考虑少数非陈述句，汉语句子基本可以确认为"多项组合式"。吕叔湘、朱德熙（1979）曾认为："这些不止一个词可又不成为一个句子的东西我们管它叫'短语'"。这是多么朴素而又深刻的见解！

2.4 目前在汉语各级语言单位的关系上存在以下一个问题。人们认为，汉语里的语素、词、词组、句子、句群这五级单位，原则上是由最小级语素向最大级句群逐层组合起来的。但是唯独不承认从词组到句子也是组合关系，而说它是"实现关系"。这种认识既不合乎逻辑，也不合乎语言事实。这是因为，如果不承认汉语五级单位之间逐级的组合原则，那就等于不承认汉语中有五级单位，而只能承认有四级（其中词组结构等于句子结构）；或者只能认为语素、词、词组是一个系统，句子、句群是另外一个系统。但是这两个结论都是汉语现有语法体系和语法理论本身所不能容纳的。较好的出路在于：承认从词组到句子也是组合关系。也只有这样，才能使五级单位之间的组合关系一以贯之。

三

"单项实现"论之所以在目前具有一定的说服力，是因为它尽管完全不能适用于 S=P+了，但是有时能适用于 S=P+P 和 S=W+P（P+W）这两类句式中的部分实例。例如：

<u>伟大的祖国</u> <u>在前进</u>。/他 <u>是三好学生</u>。
　　　 P　　　　 P　 W　　 P

这两个句子的结构确与词组结构重合，但是如果就此得出句子与词组同构的一般性结论，那完全是以偏概全的。这是因为：

第一，这一结论只是依据部分结构简单的例子得出的。事实上，汉语中存在极多的结构相当复杂的句子，比如长单句、超句、复句（包括多重复句），若把它们一律看作由一个"词组"实现而成，那是人们不能接受的。例如长单句：

对于我们，经常地检讨工作，在检讨中推广民主作风，不惧怕批评和自我批评，实行"知无不言，言无不尽"，"言者无罪，闻者足戒"，"有则改之，无则加勉"这些中国人民的有益格言，正是抵抗各种政治灰尘和政治微生物侵蚀我们同志的思想和我们党的肌体的唯一有效的方法。（毛泽东《批评和自我批评》）

如果把这个长达100多字的句子最末的句号去掉，就说它已经"还原"为一个词组了，这种说法是不尽人意的。如果把一个超句、复句甚至多重复句也看作是词组结构，那就越发不尽人意了。

第二，即使是结构比较简单的短句子，也不一定都能"还原"为词组。易位句和带语气词"吧、呢、吗"的句子自不待言，就是最一般的常式句，也能够横着竖着举出许多例子来：

（1）解放战争，我们是小米和步枪。（2）你是说这种磁带吧，我有的是。（8）买票排队！（4）不敢，不敢，姓乔。（5）大姑娘了，还用妈这样操心？（6）真的，叔叔，骗人，小狗儿！（7）我拿起电话，是陆复。（8）一个红灯，一下子排到崇文门。（9）二十一个碗还说没有菜？（10）好什么好！

把这些句子去掉句末点号后，分别兑入通行语法书上讲的各类词组，是定然办不到的。

四

词组和句子有着许多不同的性质。

4.1 词组具有视觉性，句子具有听觉性。

句子是表述单位，是动态的，所以任何句子都可以单独完成一项微观交际使命。词组是备用单位，是静态的，它没有任何可能单独完成交际使命。

所谓词组，说到底是语法学者在书面上肢解句子的产物，是研究书面语言的一种媒介物，所以它只能是一种视觉对象。广大社会成员在自己的口语语感上，从未觉察到有什么"词组"存在。

现代脑科学研究成果表明，在语言活动过程中，起主要作用的有三个神经中枢。第一是位于左脑低额回部分的布洛卡区，主管说话过程；第二是位于左脑高颞回附近的维尼克区，主管听话和对音句的接受和理解；第三是视觉区，它把视觉与维尼克区联系起来，管辖书面语的阅读和理解过程（陈明远，1983）。由此看来，人对口语的听觉思维和对书面语的视觉思维是有所分工的。

4.2 词组具有板块性，句子具有全程性。

词组既然是肢解句子的产物，是句子的一个"分段"，它就无法先于句子而存在。最新研究成果表明，人脑中储存的不是词，而是话语，当人们用语言进行思维和表达思维的时候，出现于脑海的是"意念—话语"，而不是"概念——词（词组）"（陈明远，1983）。平常有所谓"病句"，而从未听说过有什么"病词组"，也出于同样的原因。

一个说出来的句子是具备了语调旋律的言语事实，它具有词组所没有的多方面的成句因素。一个词组只要在句法上、语义上通得过即可，而一个句子则不但要求在句法、语义上通得过，而且要求在语用上也能通得过。词组也许在书面上能够"达意"，而句子则不但能够"达意"，而且能够"表情"——唯其"表情"才能反映出句于的本质特征。不少人曾经提出，句子可以包孕物理的、生理的、社会的、文化的、历史的、地理的、心理的、思维的、交际的、情态的、逻辑的、习惯的等因素。面对如此一个多元集合，我们就难以只从一个角度、一个侧面或一个程式的考察来总结归纳句子的整体面貌和全部流程。

4.3 词组具有抽象性，句子具有具象性。

词组是高度抽象化了语法模式，它纯属语言平面。句子（音句）则是这些语法模式与语用环境、语调神气相结合的活的变体，它主要地属于言语平面。例如同是主谓结构，"鸟飞"是一个模式，"鸟飞了"则是一个具体可感的言语表述实体。

词组只有"意义"，而句子除了有意义外，还有"内容"。一个句子一旦与交际者们的环境、对象、角色、目的、心理、情绪等联系在一起，就产生了它特定的表述内容。例如"我在这里等着你好久了"一句，出自恋人之口和出自逮捕逃犯的公安人员之口，其内容是大相径庭的。如果离开语境，句子的内容便无从谈起了。

4.4 词组具有歧义性，句子具有单义性。

词组是静态的、孤立的，因而人们有时无从确定它的结构层次、句法关系和语义关系。分别如：

我写｜不好（主谓）——我｜写不好（主谓）

学习｜文件（述宾）——学习｜文件（偏正）

咬死了｜猎人的狗（"狗"为受事）——咬死了猎人的｜狗（"狗"为施事）

这就是语法书上常说的"歧义结构"。

但是句子由于它以语境为出现条件，这就决定了它一发生便受到语境条件和各种语用因素的制约和规定，听者或看者可以依据这些条件和因素准确地判断出句子的结构层次、句法关系和语义关系。所以可以认为，句子在绝大多数情况下总是单义的。所谓"歧义句（多义句）"只是错把动态句子看作静态词组的人为的虚假的结果。严格意义上的"歧义句"是不多见的。例如"爸爸下午手术"，这句话如果是兄弟姐妹之间说的，那么在说听者心目中，"爸爸是医生"还是"爸爸是患者"这样的预设是十分明确的，因而从根本上避免了歧义的发生。再如"鸡不吃了"、"来了个烫发的"、"她是两年前生的孩子"等，都必然在一定的语境中排除了歧义，显出了单义。

参考文献：

[1] 陆俭明《现代汉语中数量词的作用》，载《语法研究和探索（4）》，北京大学出版社。

[3] 吕叔湘《汉语语法论文集》，商务印书馆长 1984 版。

[6] 吕叔湘、朱德熙《语法修辞讲话》，中国青年出版社 1979 年版。

[7] 陈明远《语言学和现代科学》，四川人民出版社 1983 版。

[8] 赵世开 1991 年 3 月 10 日山西大学外语系讲座。

义句与音句

摘　要：人们给句子下的许多定义都不能涵盖所有的句子，有的句子不合语法却是能说出的，而有的句子合语法却是不能说出的。所以有必要把现代汉语句子分为"音句"和"义句"，找出它们各自的特点，尤其重视对音句的研究，这对揭示汉语特质、避免句法研究中的盲目性有着重要的意义。

关键词：句子　成句　音句　义句

§1. 外国留学生有时会说出这样的一些句子："这本书好""一只鹤上圈套""约翰的爸爸游泳"……这类句子听上去不大顺当，我们不免要去帮他们纠正：可是他们却反问说：这些句子符合课堂上讲的汉语语法，又为什么不能说呢？

我们是汉人，而且是汉语教师，对于外国朋友提出的这一问题，我们将如何回答呢？平心而论，这些句子委实没有与现代汉语语法相抵牾的地方。它们句法结构正确，意思完整明了，挑不出什么语法方面的毛病来。

那么，问题究竟出在哪里？这需要从对句子的认识谈起。

§2. 任何科学研究的对象及其界说都应该是十分明确的。语言学中的句法研究的对象无疑是句子，然而究竟汉语句子是什么样态，却是极不明确的。到目前为止国内对汉语句子的界说有几十种之多，概括起来，主要包括语法和语义两条标准。

以形式逻辑为基础的主谓二元论，是西方语言理论中贯穿古今的一种传统观念。叶斯柏森在其《语法哲学》中指出，"正常句子"（normalsentences）就是具有主语和限定动词的句子。20世纪60年代乔姆斯基著名的句子生成定理"S→NP＋VP"，也表明英语句子以名词短语加动词短语为基本模式。受此影响，汉语语法研究从《马氏文通》到现在，主谓二元一直是描写汉语句子的基本程式。张静主编的《新编现代汉语》说得十分明白："一个句子在一般情况下须有主语和谓语才能表达完整意思，句子的结构才算完整，如'他聪明'……"[1]

诚然，出于人类语言共性，汉语中为数极多的句子可以主谓二分。问题在于，主谓俱全的语符列却未必够得上"正常句子"（如"这本书好"、"他聪明"）。从汉语传统思维看，汉人更重视辩证逻辑，若把这两个"句子"说成"这本书好，那本书不好""他聪明，就是有点懒"就可以骈对互立。"主谓二分"的说法遇到不可克服的困难后，人们便绕开语法结构，径从语义角度界定句子。目前一种最通行的说法是，句子是意思完整的具有一定语调的语言单位。然而谁都知道，所谓"意思完整"是一个比较模糊的概念，以它来界定句子，是不能真正解决问题的。更重要的是，许多意思完整的语符列不就是正常句子，如"这本书好"、"他聪明"，句子判断严密，语义清晰，意思不可谓不完整。再如"我吃了饭"，不但主谓俱全，而且加上宾语，意思应该说是更加完整了，但谁都承认，"我吃了饭"只是一种半截子话。

毫无疑问，作为表述单位，句子必然受到语法，语义两方面的制约。语法具有规定性和强制性，语义具有保证性和逻辑性；语法病句和语义病句都不能是句法研究的正面对象。然而如上所述，只符合语法标准和语义标准的语符列未必就是正常句子，换言之，只以这两条标准界定句子是不够的。

吕叔湘曾经指出过这么一种现象：有的句子按某一语法体系是不能说的，而事实上是能说的。[2]我们则发现与此相反的现象更为常见，即一个句子按语法体系是能说的，而事实上是不能说、没人说的。仍以"这本书好"、"他聪明"为例，它们只能出现在书面上，不能说在口头上，说明它们是不能说、没人说的。又如"她有大眼睛"，尽管句子意思完整，谁也能看得懂，然而必得在句中加上"一双"之类，说成"她有一双大眼睛"，才可以说在口头上，才可以在听者心理上具有可接受性（acoepta－bility）。单从语义上看，人人只有一双眼睛，以"一双"限制"眼睛"，似为画蛇添足，然而"一双"为句子所必需，则又是无法不承认的言语事实。

许多语法学家认为，句子必须是"能够单独站得住"的说话单位，这称得上是中的之言。说"她有一双大眼睛"中的"一双"是句子的语法成分（定语）也许不错，但说它是句子的语用成分似乎更有意义。因为缺少了

"一双"并不会造成语法病句或语义病句，然而句子却由此失去了"能够单独站得住"这一成句的根本，变成了一种语用病句。

由于受母语语感经验的本能的制约，汉人不能说出和不能接受任何语用病句。外国朋友由于缺乏这一语感经验，缺乏造成汉语正常句子的心理装置，就不免有时说出"这本书好"、"约翰的爸爸游泳"之类的语用病句。问题在于，无论外国人还是中国人，都有着人类共有的逻辑心理基础和高度抽象化了的语法认知模式，所以语用病句汉人虽然不能说出，却可以在书面上写出。这样的例子在通行语法论著中俯拾即是。例如：鸟飞/国大/山高/水深/鸡在叫/波涛汹涌/工人制造机器/我买书/电影好/他开飞机/……[3]拿这样的语法例句去教外国留学生，这就难怪他们说出"这本书好"之类，甚至还要提出"这些句子符合汉语语法而又为什么不能说"的疑问了。

目前为止，人们并没有有意识地把语用病句和正常句子严格地区分开来，这反映了目前语法研究中放过了一个极其重要的带有根本性的问题，那就是汉语句子的成句问题和由此而产生的句子的分类问题。事实上，对于汉语成句问题，似乎还没有来得及展开正面的讨论，成句标准的确立尚需时日。迄今为止人们所研究的句子资料，有的是能说出的，有的是不能说出的，有的是摘自书刊的，有的是研究者自己编的，有的是编得像的，有的是编的不像的。人们从中各取所需，各投所好，从而求得一篇文章或一本著作在理论上的自圆其说。殊不知目前各家理论相互矛盾和自相矛盾的现象日臻严重，语法研究大违人意，其中一个根本原因就在于句子对象的不明和成句标准的不一。

§3. 句法研究的正面对象是"正常句子"，而不是任何种类的病句，这几乎是语法学界的共识。然而如上所述，人们事实上却是每日每时地在研究、甚至创造事实上不成立的语用病句。近年来，不断有人对此提出语法研究的对象应该是口语。这是有其根据的，但是一个由此带来的严重问题是，如果对书面语研究的现状采取一概否认的态度，就势必导致对整个汉语研究的否认，因为汉语研究基本上是以书面语为对象。鉴此，我们认为与其否认，不如面对现实，承认语用病句的合法存在。所以，我们主张给汉语句子进行新的分类，一类是"正常句子"，一类是"语用病句"。我们把"正常句子"叫做"音句"，把"语用病句"叫做"义句"。建立义句和音句的分科研究和比较研究，使二者相互补充，相得益彰，这对于明确句子观念，深化汉语研究，可能是十分有利的。

3.1 义句的显著特点之一，是它的书面性和视觉性。义句是书面上的产物，它只能写出，不能说出，只能诉诸人的视觉，不能诉诸人的听觉；如果硬要说出，像外国留学生那样，也完全不具有听觉上的"可接受性"，所以义句是一种"视觉句"。人的视觉理解对书面语句的根本要求是语义自足（意思完整），只要能够看得懂即可通过，无须考虑语句在声气、听感、煞句等方面的语用制约。这完全符合人们的普遍的阅读心理机制。事实上，当人们快速阅读的时候，汉语中那种"合法句子"的观念早已在阅读者心目中荡然无存了。所谓义句，正是为适应人们的这一心理机制应运而生和大量繁衍的视觉产物。

义句的显著特征之二，是它的抽象性和模式性。众所周知，语法是人类思维长期抽象化工作的成果，人们在观察和掌握了无数个母语句子实体之后，便从中抽象出若干最基本的句法结构模式，这就是人们创造出义句的依据。另一方面，人们在长期的书面交际过程中，不可避免地、有时是非常必要地摒弃言语实体的那些声气成分，以达意为目的，以意尽为句界，创造出一种逐渐脱离口语的高度抽象化、模式化了的"中介语言"——义句。不难看出，义句作为一种书面语法模式，它可以脱离人物、时间、地点、事情等语境条件而独立存在，它同现实缺乏直接的联系，它不能活生生地呈现在人们面前。所以义句作为一种抽象概括的东西，它属于语言平面，而不属于言语平面，属于全社会，而不属于个人。因此对义句的分析，只能是"句法分析"（词组分析），而不能是汉语的"句子分析"；分析出来的结构成分，也只能是"句法成分"（词组成分），而不是"句子成分"。

据我们初步考察，义句常见的形式种类有：一、词组句（例如"这本书好"、"他聪明"、"鸟飞"）；二、长单句；三、多重复句；四、欧化句；五、诗歌句；六、人工语言句；七、电报、网络语言句；八、书面广告语言句（如质量第一、代办托运、现货供应、欢迎选购）；九、标语语言句等等。这些种类的义句虽然不能说出，却可以在书面上传递信息。它们不失为书面语中的一类"经济"的语言，尤其像诗歌语言，电报语言等，简直表现为一种大幅度省略的、跳跃性的"意义支点"序列。

长期以来，语法研究沉溺于书面，人们养成了满足视觉理解的思维定势，结果使义句倍受青殊，以致几乎成了语法研究的主要对象。对于这种

"文字凌驾于口语形式"的现象，索绪尔指出："在大多数人的脑子里，视觉印象比音响印象更为明晰和持久，因此他们更重视前者。结果，书写形象就专横起来，贬低了语音的价值。"[4]

3．2音句则是以语音为物质外壳的言语实体，是言语事实不断的生动的再现。与义句比较，音句的显著特点之一，是它的口语性和听觉性。音句并不就像视觉理解对义句的要求那样，语义自足即可通过，人的听觉理解对音句提出了声气、语调、重音、节律、句读、语感、煞句等全方位的语用要求，所以音句必然是具备了口语句声气自足、上口中听的全部言语特色的活的说话事实。

音句的显著特点之二，是它的具体性和异质性。索绪尔指出，语言是社会的，同质的，有规则的系统，而言语则是个人的、异质的，多少是偶然的现象。[4]这说明，音句是言语的，不是语言的，因而是具体的个人的心智活动和情意的表泄，而不是语言模式的社会规约。换言之，音句是个人思想感情的表现形式，它依赖于具体的语境而存在，它与现实发生直接的关系，因而是个别的、具体的，可以直接观察到的东西。

音句的显著特点之三，是它的民族性和人文性。一般认为，句子是用来表情达意的，这一说法未免太笼统。应该说，义句的功能主要在于"达意"，而音句则既可"达意"，更可"表情"。汉语音句不仅具有"达意成分"，而且具有"表情成分"，从而构成了汉语音句特有的"句子成分"。因此音句是多元实体，是语法因素、语义因素和语用因素的集大成者，汉语的全部民族特点和人文个性都从音句得以体现。当代脑科学表明，当义句作用于视觉感官的时候，大脑只是由承担语言和逻辑功能的左脑半球工作，而当音句作用于听觉器官的时候，大脑就由情感功能的右脑半球和左脑半球一起工作。可见，人对书面上的义句和口语中的音句的感受是有分工的。

音句所具有的诸多因素和成分，正是义句所不能企及的。有时可以给义句加上一定的音句成分，比如：鸟飞→鸟飞了/这本书好→这本书好极了/他聪明→他真聪明，义句就变成了音句，死句就变成了活句，抽象句就变成了具体句。

§4. 口语句一定是音句自不待言，书面语则是义句、音句的混合物。随着文体和作者的不同，有的文章接近口语，音句（音句的书面记录）较多；有的文章书面特色突出，义句较多。人们知道，汉语书面语与口语之间的距离呈扩大趋势，这是否意味着，汉语书面语在朝着义句化的方向渐变，还有待于更长时间的考察。

一般认为，先秦时代的书面语与口语是比较统一的。只是到了后来，特别是唐宋以来，书面语由于沿着"文言文"的方面发展，它与口语产生了越来越大的距离。"五四"以后，实行了"言文一致"，出现了书面语与口语在历史上的第二次统一。不过，"统一"是相对的，"不一致"是绝对的。张志公指出："实际的活语言经常不断的处于发展变化之中。可是一旦写在书面上，印出来，它就是那样了。后来的念书人念了那些书，自己写的时候多少会受那种早已变了样子的语言的影响。他口头上不那么说，可是笔下要那么写。"[5]古往今来，书面语作为对口语加工了的语言，总是按照自身的规律和特有的方向发展，其结果必然产生与口语越来越大的距离。这似乎意味着若干年后，现代汉语书面上将会再次形成新的"文言文"，语言发展将周而复始地走上历史的大圆圈。如果真是这样的话，书面语朝义句化的方向发展，则是可以肯定的了。

§5. 目前忽视义句、音句区别的倾向是十分严重的。

如上所述，汉语语法研究从来就是以书面语和义句为主要对象的。然而马建忠研究文言文，黎锦熙研究白话文，都管自己的著作叫"文通"、"文法"，公开声明研究对象是"文"，不是"言"。先贤的这种实事求是的态度是值得称道的。之后的语法研究基本上是承袭了前人的"文法"研究，而且未见有向口语和音句靠拢的趋势，可是不知从什么时候开始，人们把这种研究改其名曰"语法研究"，这实在是一种名不副实的事情（与"文法"相对，"语法"在极大程度上是指口语和音句）。叶圣陶曾经干脆将"作文"改称"写话"，以为作文时口头怎么说，笔下就怎么写，这就将上述错误推向了极端。

其次，通行语法书规定，析句时首先将句中的"零碎"（虚词、独立语、主题语、语调等）全部丢开，然后进行词组切分。其结果必然将活生生的汉语音句去其肌肤，留其筋骨，砍除枝叶，面目全非。例如将"比赛激烈极了"一句分析为"比赛‖激烈极"（主谓），又将谓语分析为"激烈＜极＞"（述补）。人们似乎不愿去想想："比赛激烈极"、"激烈极"是现代汉语中的词组实在吗？我们认为，句法的认识不能替代句子的认识，义句的分析不能替代音句的分析，形式逻辑不能替代言语心理。美国机械主义学派曾经声称，不考虑意义，也能对语言进行详尽的描写，这是典型的以形式逻辑对待句子的结果，可以肯定，这一主张在声情并茂的汉语音句面前，必然陷入无所措手足的窘境。

再其次，通行语法论著无论是从文学作品中摘选例句，还是自编例句，全不指明是专门研究义句，还是专门研究音句，抑或二者兼顾，这就必然造成句法研究中的盲目性，直接影响到科学研究本身的科学性。

§6. "这本书好""一只鹤上圈套""约翰的爸爸游泳"为什么符合现代汉语语法，却又不能说呢？这依然只能从这个语法体系找原因。

第一，汉语语法研究受制于印欧语法理论及其一系列的概念术语，分析句子不论义句音句，统以六大成分涵盖之，如遇圆凿方枘之处，要么削足适履，要么修而补之。这一被动局面恐怕与前贤的权威著作有直接关系。马建忠模仿拉丁语法，黎锦熙照搬纳氏英语语法，这已经是对汉语事实的严重扭曲，加之当时汉语语法的系统研究处于创造阶段，并没有也不可能出现象今天这样百家争鸣的局面，结果他们的著作先后一问世，汉语语法的体系和模式便"定则定矣"，而且对后世产生了划时代的影响。之后的汉语语法研究一直未能彻底摆脱这一严重束缚，进而在解放思想的精神状态下正视汉语自身的特点。六大成分也许能涵盖汉语义句的句法成分，但它绝对不能涵盖音句全方位的句子成分，目前通行的直接成分分析法，不能对汉语音句进行穷尽性的分析。我们常常会遇到这样的情形：用通行语法去套义句，大致可以自圆其说，而用它去套音句，则往往难以进行。这是由于义句靠其所具有的人类语言的共性与印欧语大致合拍，而音句则拥有繁复的汉语人文个性而使西方形式语法无所措手足。说"这本书好"符合汉语语法，指的是因袭印欧语法的"义句语法"；而说"为什么不能说"，指的却是这些句子不符合尚未发掘的汉语的"音句语法"。这就是我们对那些外国朋友的回答。

第二，目前汉语研究的致命弱点是忽视对音句的研究。人们虽然口口声声强调研究口语的重要性，如朱德熙直截了当地认为，"北京口语语法的研究是现代汉语语法研究的基础。"[6]但在实际上，连主张者在内的几乎所有的人们，却始终把眼光盯在书面上，盯在义句上，大家都在围绕着诸如"咬死了猎人的狗"之类争论不休。其实它在具体交际中，它只能说成"这只狗咬死了那只猎人的狗"、"猎人的狗叫它给咬死了"、"这就是那只咬死猎人的狗"、"这就是那只把猎人咬死的狗"……"咬死了猎人的狗"这一光秃秃的

"句子"只是一种假设,在日常中并不能独立存在,就更谈不上什么歧义句的存在了。我们认为,语法作为语言中生成正确句子的特殊装置(乔姆斯基语),它必然只能来源于枝繁叶茂的音句实体,视而不见汉语音句独特的声气特质,忽视甚至放弃对它的主攻研究,要想建立起一套切合实际的比较全面的汉语语法体系,恐怕是办不到的事情。

综上所述,似乎可以认为,目前为止的通行现代汉语语法,是印欧语法和汉语义句相结合的产物。汉语语法研究的出路在于:摆脱西洋框框,重视音句研究。这是揭示汉语特质的必由之路,也是现代语言学的重大课题。

附注:

[1] 张静主编《新编现代汉语》上册 124 页。

[2] 吕叔湘《语法研究的对象》,载《语文研究》1986 年 4 期。

[3] 分别出自王力、吕叔湘、胡裕树、黄伯荣、张静、叶蜚声、刘伶、朱德熙的语法著作。

[4] 费尔迪南·德·索绪尔《普通语言学教程》中译本 50 页。

[5] 张志公为《汉语口语》(陈建民著)所作的序。

[6] 朱德熙《语法丛稿》173 页。

汉语成句标准思考

摘　要：句子是由句法、语义和语用三方面的标准共同规定的。一个句子如果在句法和语义上通不过，固然明显地呈现出"病态"，但是只符合句法、语义标准的"句子"也未必成句。只有符合句法、语义标准，又符合语用标准的句子，才称得上合格的句子。汉语的语用成句问题比较复杂，常常涉及到文化、习惯、心理、审美等方面。

关键词：成句标准　句法标准　语义标准　语用标准　视觉句　听觉句

通行语法著作关于"句子"的定义不下几十种，归纳起来，主要有"意思完整"和"有一定的语调"两个方面的内容。

"意思完整"经常与语法结构纠葛在一起。传统的认识是，在一般情况下，主谓俱全的完整的语法结构才能表达完整的意思。[1]而事实是完整的意思并不完全依赖句子的显性成分来表现。人们交际时往往借助特定的语境，略去冗余，在语言里即表现为省略句子成分，甚至省略主语和谓语，何况汉语里本来就存在着与主谓句相对的非主谓句一大类。可见要求句子必须主谓俱全是不现实的。

另一方面，并非所有意思完整、结构完整的语言片断都能成句。例如一般认为"他聪明"、"工人制造机器"是意思与结构都完整的句子[2]，但是严格说来，它们都不能成为正常的句子，因为它们明显地缺乏交际的自立性，谁也不会说出这般光秃秃的"句子"来。要让它们在交际动态中自立，真正成为句子就得加上点什么，比如将"他聪明"说成"他很聪明"、"他聪明极了"、"是的，他聪明"，或者把它放在对话的环境中："他怎样？——他聪明。"

张志公先生曾经明确指出："在汉语里，决定一个组合能否成为一个句子有别的一些条件，组合中的关系并不是最有决定性的因素。比较，"鸟飞"不像句话，"鸟飞了"成句话，"孩子聪明"不大像个句子，"这孩子真聪明"显然是个句子，……汉语的造句法，恐怕还很需要再琢磨琢磨。"[3]我们认为这话说得入木三分，切中时弊。

　　句子是由句法、语义和语用三方面的标准共同规定的。语法标准要求句子结构合理，语义标准要求句子意思完整，成分之间的意义关系符合逻辑事理，语用标准要求句子能够在具体的语言环境中独立完成交际使命。任何一个正常的句子，都要受到这三方面的协同作用的制约。

　　一个句子如果在句法和语义上通不过，固然明显地呈现出"病态"，但是只符合语法、语义标准的"句子"也未必成句（如"鸟飞"、"他聪明"）。只有那种既符合句法、语义标准，又符合语用标准的句子，才称得上合格的句子。

　　句法、语义病句唯其具有显性特征，才引起人们的注意，而语用病句以其合法的结构和完整的意思给人一种假象，因而不被人们注意。正因为如此，语法学者在自编例句的时候，往往忽略语用标准，误以为只要在某个组合后面加上句终点号就能成为句子，因而造出了许多语用病句。这样的语用病句即使在权威性的语法著作里也可以找出许多。例如王力著《中国现代语法》（31页）说："'鸟飞'和'国大'都是完整的一句话。"吕叔湘《中国文法要略》（69页）也说"山高，水深，人来，客去""是四个句子"。再如胡裕树主编《现代汉语》中有：你读书。（347页）/他看报。（347页）/我写文章。（347页）/说说容易。（351页）黄伯荣、廖序东主编《现代汉语》中有：月光皎洁。（296页）/桌上有书。（364页）/他有志气。（359页）/由云朵朵。（360页）张静主编《新编现代汉语》上册有：祖国伟大。（79页）/太阳红。（123页）/劳动光荣。（125页）/人民建设祖国。（140页）……这不能不说是一件憾事。

　　高名凯先生给汉语句子下定义时，曾经注意到了语用标准，他说汉语句子应该是"可能让听话的人听得懂而且觉得满意的一个最小的语言结构的单位"。[4]据我们理解，"听得懂"相当于句法、语义标准，因为语法正确，意思完整的语言片断才可能让人所得懂。"觉得满意"相当于语用标准，因为只有把语言片断放到"说——听"这样的动态语境中，才能谈得上听话人满意不满意的问题。一个句子一旦被听话人"觉得满意",就意味着它不但在句法、语义上通得过,而且在听觉心理和语用习惯上也通得过。以"他有高鼻梁"为例,这一语言片断谁也听得懂,但听起来恐怕谁也不会觉得满意,必得在句中加上"一个"之类(他有一个高鼻梁),方能叫人所了满意。单从句法、语义方面看,加"一个"之类近乎画蛇添足("一个"不给句子增加任何信息量),然而非如此句子不能满足人的听觉心理定势,不能取得交际价值。

因此,衡量一个句子是否成立,首先要抓住"说—听"这一交际的动态特征和听觉特征。语言作为人类的交际工具,本来就是"说—听"符号系统,而句子又是语言交际的基本表述单位,所以我们不应当忘记句子本质上是一种说话单位,换言之,句子首先是一种听觉客体,而不首先是视觉客体。

大约由于受书面语的长期熏陶,人们养成了满足于视觉理解的习惯,从而忽略了活生生的说话事实,忽略了汉语句子固有的声气句读特征。须知人的视觉和听觉对句子的要求是有明显差别的。人们在阅读特别是快速阅读的时候,理解话语并不需要掌握一句话的全部词汇,而只须抓住几个负载主要信息的"意义支点"即可。经过视觉筛选后的语言样态已经与内部语言相当接近了。所以,视觉对句子的根本要求是语义上的理解。而听觉要求句子不但要满足语义理解,更要具备声气自足、顺耳中听的全部语用特征。林焘先生指出:"不研究'说'的语言,只是在汉字写成的书面语言上下功夫,词汇和语法的研究就会受到很大的局限。"[5]我们认为语法研究只有以活生生的听觉句为主要对象,才能得出符合语言事实的结论。当然,我们强调汉语句子的听觉本质,决不意味着反对从书面语中援引例句。事实上,在各种文体的书面语中,像"鸟飞"、"他聪明"这样的"句子"并不多见。

吕叔湘先生说过,为了说明十分平常的语法现象,例句还是可以编的,"只要编得'像'。"[6]所谓"编得像",必然是符合语法、语义、语用三条标准的句子。孟维智、张理明主编的《现代汉语》教材[7],在论述中也有少数自编的例句,但编者充分注意到了成句的问题。例如上册第 20 页在论述各级组合的一致性时,所举的三级主谓结构的例子是:

地震(词)火车飞奔(词组)哥哥游泳呢。(句子)

作为静态的词、组词和作为动态的句子之间,在这里是泾渭分明的。如果把"哥哥游泳呢。"写为"哥哥游泳。"那就成了语用病句了。

语调"指说话时声音音调（Pitch）的变化所造成的旋律模式"。[8]它是句子表述性的语音表现。通常认为词组加语调即成句子，这在原则上是正确的。但是并非任何词组都是可以直接加上语调的，粘着词组自不必说，就是主谓词组等一般认为可以成句的词组，也必须具备一定的语用因素，才可以加语调成句。比如"鸟飞"、"他聪明"之类只能是静态的词组，其本身无法直接加上语调而成句，也就是说它们还不具有加语调的资格。把句子看作是词组和语调的混合物，是不完全合乎事实的。

语调在书面上是用句终点号表示的，句终点号不过是语用句在书面上的消极标志，所以我们不应当硬是给不具备语调资格的词组后面加上句终点号，如"鸟飞。""他聪明。"之类，它们永远不会是具有音调旋律的言语实在。也许有人会说，在"他怎样？——他聪明。"这样的问答中，"他聪明。"不是具备了表述性吗？是的。然而它的表述性恰恰是在"问答"这样的语用场中获得的，语用场正是它赖以成句的条件。

如果说，词组加上句终点号可以造成一个廉价的"句了"，那么，一个正常的句子则不能去掉句终点号而"还原"为词组。易位句不必说，就连一般的常式句也在多数情况下不能"还原"为词组。比如"鸟飞了"尽管未加句终点号，但读起来和听起来却是具备语调的、能够自立的表述单位。似乎可以这样认为，"鸟飞。"是加子句号的词组，而"鸟飞了"则是未加句号（或问号、感叹号）的句子。

有的语法书认为，汉语句子成分全部由实词（或词组）充当。这似乎意味着，对于句子结构，虚词是可有可无的，其实不然。虚词也许不能充当目前一般语法书上所讲的六大成分（或八大成分），但是我们认为汉语句子有其独特的成分系统和成句内涵，决不可满足于因袭英语的六大成分。张世禄先生说："所谓'句子成分'的主语、谓语、宾语、定语、状语、补语等，实际都是'结构成分'，它们都是用来组成一般的词组结构的，不应称为'句子成分'。"[9]句子是句法成分、语义成分、语用成分集大成者，决非静态的词组成分所能涵盖得了的。从这一意义上讲，虚词不仅是重要的成句因素，而且也可以是重要的句子成分。层次分析法对词组的分析，不能完成句子分析的全部任务。

赵元任先生曾经认为："'我不知道'是一个句子，但是在'我不知道了'里边，它只是句子的部分。"[10]十分清楚，他将"了"看作是与"我不知道"相对待的一个成分——句子成分。句子成分不等于句法（词组）成分，"我不知道"和"我不知道了"二者的句法成分也许是一样的，但是说它们的句子成分也是一样的，则显然是不合乎语言事实的。

汉语的语用成句问题是比较复杂的，它常常涉及到民族的人文背景、语用积习、心理定势、审美追求等方面。汉语成句的语用因素又可分为内部因素和外部因素，二者有时互相参差。这些复杂情形需另文讨论，这里只简列几端。

A. 内部因素

（1）附加成分（加＊号的为语用病句，下同）

①桌上有一本很厚的书。（＊桌上有书。）

②劳动的确光荣。（＊劳动光荣。）

③他聪明极了。（＊他聪明。）

（2）语气词，独立语

①劳动光荣啊！（＊劳动光荣。）

②妹妹玩皮球呢。（＊妹妹玩皮球。）

③是的，他是聪明。（＊他聪明。）

（3）了（了$_2$）

①鸟（儿）飞了。（＊鸟飞。）

②人来了。（＊人来。）

③敌人被我们打垮了。（＊敌人被我们打垮。）

B. 外部因素

（1）骈对场

①他看报，我读书。（＊他看报。）

②劳动光荣，懒惰可耻。（＊劳动光荣。）

③工人制造机器，农民生产粮食。（＊工人制造机。）

名词性词语一般不能独立成句，但可以骈对成句。例如：

唐诗宋词汉文章。（＊唐诗宋词。＊汉文章。）

孤立地看"唐诗宋词"或"汉文章"，并无褒贬之义，但"唐诗宋词汉文章"则在骈对场中产生了言外的褒扬之义。显而易见，它是属于语用平面的。

这一骈对互立的原则，还在古今诗体中得到广泛的运用。例如：

④秦时明月汉时关。（王昌龄）

⑤云中的神啊雾中的仙，神姿仙态桂林的山。（贺敬之）

这些都表现了汉民族对"对称美"的一贯审美追求。

（2）问答场

①他怎样？——他聪明。（＊他聪明。）

②你干啥？——我看书。（＊我看书。）

③谁制造机器？——工人制造机器。（＊工人制造机器。）

（3）抒情场

"抒情"指人在发生语言行为时情感通过句子的声气、语调和重音等得以宣泄，从而构成句子的情感曲线。例如"这孩子真聪明"，句子"真"固然有修饰作用，但在实际交际中，其更重要的作用却在于抒发赞叹之情，使整个语言片断能够自立。再如"嘴甜心苦，两面三刀，上头笑着，脚底下就使绊子，明是一盆火，暗是一把刀，他都全占了!""全占"二字使全句的情感曲线达到至高点。

"抒情"经常借助于句中的副词、语气词、独立语等。例见以上Ａ（1）（2）两组（抒情场与内部因素重合）。

（4）习惯场

前面指出，汉语成句的语用标准一般是以句法—语义标准为前提的。但在少数情况下，语用标准可以超越句法、语义标准，出现不符合句法、语义标准而符合语用标准的句子。按说，句子既然不合句法、语义标准，它便应该处于"病态"，然而在"社会习惯"这一语用因素的强制作用下，它们取得了合法的地位，从而成为一种新的"语言变体"（languageVariety）。例如："我们要实行计划生育"是一个"宾语残缺"的语法病句，宜改为"我们要实行计划生育的政策"，然而事实上人们宁可说前者。"这场球赛，中国队打出了最好水平，"曾经有人指责说，"水平"只能说高低，不能说好坏，然而这一指责在社会习惯面前未能奏效。

再如"大楼一片漆黑，只有李老师家的灯还亮着"、"全班同学都及格了，只有他一个人不及格"这类句子曾被判为（语义）病句，然而时间一久，便习非成是了。"凯旋而归"、"提出质疑"，"悬殊很大"，"白白浪费"等等，语义前后重迭，屡遭语文工作者的批评，然而他们终究无法说服社会，迄今连他们自己也学着使用了。社会的约定俗成决定着语言的命运。

附注:

[1] [2] 张静主编《新编现代汉语》上册 124 页，上海教育出版社，1980 年。

[3] 张志公《语法学习讲话》6 页，上海教育出版社，1980 年。

[4] 高名凯《汉语语法论》373 页，商务印书馆，1986 年。

[5] 林焘《漫谈现代汉语课的改革》，见《语文论坛（一）》50 页，北京知识出版社，1982 年。

[6]《吕叔湘语文论集》124 页，商务印书馆，1983 年。

[7] 孟维智、张理明主编《现代汉语》，山西人民出版社，1987 年。

[8] 见《语言和语言学词典》中译本，上海辞书出版社，1981 年。

[9]《张世禄语言学论文集》523 页。

[10] 赵元任《汉语口语语法》41 页，商务印书馆，1979 年。

汉语成句理据再思考

——以"鸟飞""鸟飞了"为例

摘要：通常认为主谓俱全、意思完整是句子成立的基本标准，这是值得商榷的。通过对"鸟飞"和"鸟飞了"的比较和辨析说明，主谓俱全、意思完整既不是成句的必要条件，也不是成句的充分条件，而语调等语用因素才是成句充分必要条件。

关键词：成句　语调　意思完整　主谓俱全　超音段成分

一

1. 作为一个语法学术语，"成句"一词先后出现过两个意思。清代学者黄侃《文心雕龙·章句篇》："前人未暇言者，则以积字成句，一字之义果明，则数字之义亦无不明。"这里所谓"积字成句"即把若干个字垒积成为句子，"成句"指"成为句子""组成句子"；此其一。现代学者偶以"成句"（或"完句"）指"句子成立""句子自足"，此时"成句"与"非句"相对待。例如高名凯（1986）说"可否让听的人满意而听懂，是否成句，还得看语言的环境。"[1]张志公（1985）说："句子的主要标志是成句的语调，有时候还需要成句的语气助词。"[2]以上两处引文中的"成句"都是指"句子成立"；此其二。本文讨论的"成句"指"句子成立"。

2. 任何科学研究的对象及其界说都应该是十分明确的。语言学中的句法研究的对象无疑是句子，然而句子究竟是什么样态，学界却始终未能取得一致的认识。现代语法研究从《马氏文通》和《新著国语文法》算起，已有百年左右的历史了，迄今为止汉语语法学对句子的种种定义有几十种之多，然而它们基本都认为汉语成句最重要的标准有二：一是具有语调，一是意思完整。

对于语调，人们早已取得共识，谁都认为语调是句子的本质特征，没有语调就没有句子。但是，对于"意思完整"，却在理解上出现过许多偏差。这主要表现在"意思完整"主观任意性很大，难以有一个形式化的依据。

以形式逻辑为基础的主谓二元论，是西方语言理论中贯穿古今的一种传统观念。叶斯柏森在其《语法哲学》中指出，"正常句子"（normal sentences）就是具有主语和限定动词的句子。60 年代乔姆斯基著名的句子生成定理"S→NP＋VP"，也表明英语句子以名词短语加动词短语为基本模式。受此影响，汉语语法研究从《马氏文通》到现在，主谓二元一直是描写汉语句子的基本程式。于是人们便把意思完整解释为结构完整，这实际是把句法结构与语义结构等同起来。

一个相当占有市场的传统观念是"意思完整"，就是指句子主谓俱全，即一个句子必须交代出陈述对象是什么，接着必须交代明白干什么、是什么或怎么样之类。诚如王力（1957）说："'鸟飞'和'国大'都是完整的一句话。"他认为，"飞鸟"之所以不成句，"鸟飞"之所以成句，就是因为"飞鸟"缺乏"怎么样"，而"鸟飞"回答了"怎么样"从而达到意思完整。[3]无独有偶，吕叔湘（1982）也持相同的观点。他说"山高、水深、人来、客去""是四个句子"。[4]

受到时代的局限，以上两部著作未能对汉语中的非主谓句给予足够的重视，但是在汉语非主谓句受到充分重视的现在，人们仍然坚持主谓俱全的基本成句观念。例如张静（1980）就明确地说："一个句子在一般情况下须有主语和谓语才能表达完整意思，句子的结构才算完整，如'他聪明'……"[5]这里明确地把"主谓俱全"和"意思完整"视为因果。

3. 我们认为，把句法结构等同于语义结构或将二者视为因果的做法是欠妥的。

句型分主谓句和非主谓句两大种。出于人类语言共性，汉语中存在为数很多的主谓句，但是不能视而不见汉语中同时存在数量上足以与主谓句平分天下的非主谓句。赵元任（1968）曾明确指出[6]"主语和谓语的关系可以是动作者和动作的关系。但在汉语里，这种句子（即使把被动的动作也算进去，把'是'也算进去）的比例是不大的，也许比 50％大不了多少。"这一语言事实已经大大动摇了主谓俱全的成句观。

其次，主谓不俱全的句子意思未必不完整，因为许多完整的意思并不完全依赖句子的显性成分来表现，人们交际时往往借助特定的语境，省略句子成分，甚至省略主语或谓语，要求句子必得主谓俱全是不现实的。反之，主谓俱全的语符列却未必够得上"正常句子"，如"鸟飞、国大、山高、水深"以及"他聪明"等，它们是不能单说的不能自足的假句子。它们表面上看是主谓俱全，但意思（表意）上却有欠缺。

"主谓二分"的说法遇到不可克服的困难后，人们便绕开语法结构，径从语义角度界定句子。然而"意思完整"毕竟是一个模糊概念，语言中的句子多若繁星，千差万别，很难在句子的长度上定出一个关于"意思完整"的界限来。譬如：

①鸟飞。

②那只被张师傅养了许多年的鸟今天早晨可能是笼子没有关牢给一下子飞走了。

这两句话的长度和内容相差很大，如果承认①句意思完整，那么②句岂非意思臃肿？如果承认②句意思完整，那么①句岂非意思残缺？

另外更重要的是，许多意思完整的语符列不就是正常句子，如"山高、水深、人来、客去、他聪明"意思不可谓不完整，然而它们却都是不自足句。再如"我吃了饭"，不但主谓俱全，而且包含宾语，意思应该说是更加完整了，但谁都不会反对，"我吃了饭"只是一个半截子话。

可见，决定·个句子成立与否，要求意思完整是远远不够的，还需要从其他方面加以深入考察。

二

1. "鸟飞"主谓俱全，然而为什么不成句？

主谓俱全的成句观念来源于古希腊哲学家亚里士多德的"实体—偶有性"的形式逻辑理论为基础建立起来的主谓二元论。对于具有形态的印欧语来说，句子的主谓之间或名动之间保持形态的一致性，句中的性、数、格、时、体、人称等语法范畴，都在词形变化及其关联中得以体现，所以成句标准是明显的：只要主谓保持一致关系就是句子。例如"鸟飞"英语必得说成：

A bird flies. （一般现在时）

A bird flew. （一般过去时）

A bird would fly. （一般将来时）

俄语必得说成：

Птица летит. （未完成体现在时）

Птица летела. （未完成体过去时）

Птица будет лететь. （未完成体将来时）

Птица полетит. （完成体将来时）

Птица полетела. （完成体过去时）

常识告诉人们，任何形态语言中的句子都不能不包含一种或几种语法范畴，任何句子都不能是若干原词的堆砌。所以英语不能说成 bird fly，俄语不能说成 Птица лететь。

语言中的种种语法范畴，是由词形变化表现出来的，所以语法范畴是属于形态语言所具有的。汉语是非形态语言，缺乏表示种种语法意义的语法形式，但是我们决不能由此说汉语中没有时、体、格、数、态以及词类、句法成分等语法意义（原始逻辑范畴），只不过表示各种语法范畴印欧语使用的手段是词音的屈折变化，而汉语使用的是词汇手段而已。由此看来，汉语的"鸟飞"，就如同英语的 bird fly 和俄语的 Птица лететь 一样不能成立，其根本原因在于它未曾表明"飞"这个动词的时、体等意义，此时人们不明"鸟飞"是说鸟将飞，还是鸟正在飞，抑或已经飞走了……吕叔湘先生在其《中国文法要略》中指出：说"飞鸟"不会让听者觉得满意，而说"鸟飞（鸟飞了）"，则会让听者觉得满意。这里先生把"鸟飞"和"鸟飞了"等同了起来，现在看来这应该是从大师手下漏掉的一个细节，而恰恰是这一细节之处隐存着汉语成句的真谛。要想使鸟飞成句，必得给它加上某一语用因素，比如说成鸟飞了、鸟在飞、鸟将要飞、鸟正在飞着……

通过以上比较可以看出，对形态语言说主谓俱全便是意思完整也许是能说得过去的，但是看待汉语句子的意思完整与否，不能单纯以是否主谓俱全作为标准。虽然一个主谓句可以提供陈述对象（话题）和陈述内容（述题）这样的语言表述的基本框架，但它还不一定具有了令人听起来满意的语法范畴或语法意义。所谓主谓俱全、意思完整既不是成句的必要条件，也不是成句的充分条件。

2."鸟飞"带有语调吗？

回答是否定的。

语调是"指说话时声音音调的变化所造成的旋律模式"（《语言和语言学词典》），语调作为一种超音段成分，它贯穿于句子的始终，而并不是人们想象的那样，词组和语调可以像 1+1＝2 那样的简单相加。否则的话，我们只好承认"比他。""只说。""激烈极。""又星期六。"这些得不到语言事实支持的东西也都是句子了。或曰这些都是比较极端一点的例子，那么可以再举一些最有利于"加上语调成句"的主谓词组的例子，照例得不到语言事实的支持，如"鸟飞。""国大。""人来。""客去。""他聪明。"……都不是一个实际的言语实体。可见语调本质上是句子——说出来的活的话语——的一种最重要的构成要素和行为特征，是句子的有机组成成分。所以语调既是成句的充分条件，也是成句的必要条件。

美国描写语法学派代表人物之一海里斯曾经认为英语句子是由短语加语调而成，这一观点在国内也有相当的市场，认为汉语句子也是由词组加上语调形成的，这就是所谓"词组本位"说。我们认为这一观点未免把复杂的问题简单化了。

从语言心理角度看，人们在开始产生说话动机的时候，总是首先在心目中产生观念，接着用句子表达出去，而不会是首先在心目中出现词组，然后加上语调说出去。事实上语调和句子是与生俱来、须臾不可分离的，这正如植物叶子与绿色不可分离，把枯黄的叶子经人工染绿仍不能算正常的叶子一样。英语中不存在词组 bird fly，俄语中不存在词组 Птица лететь，所以谈不上给它们加语调成为句子。反之，A bird flies、птица летит 等它们作为句子也谈不上从它们身上去掉语调成为词组。词组和句子之间不是量的差异，而是质的不同。

在常见语法教材和著作里，书作者往往不假思索地在一个词组末尾画上句号，以为如此这般便是一个天下公认的句子了，殊不知这样做无异于书面游戏。事实上，"鸟飞"并不具备"加语调"的资格，"鸟飞。"充其量不过是书面上的一个错加句号的词组而已。

洪堡特认为"言语不是由发生在它之前的词组成的。正相反，词来源于言语"（转引自《语言学说史》，武汉大学出版社，1985）。萨丕尔在其名著

287

《语言论》（35 页）中指出：词是由句子分解成的片段。波铁布尼亚在其《俄语语法札记》（俄文版）中也说："孤立的词在现实中是不存在的，现实只有言语，词只有在言语中才能有意义。""真正的词不存在于词典和语法中，在这里只有词的标本，真正的词要到言语中去找。"词组与词一样只是分析句子得出的内部结构单位，而不是交际单位。儿童学话并非先积累了大量的词和词组而后用它们去造句，相反，儿童学话时的词汇是相当贫乏的，但这并不会明显影响其学话进度，因为他们在学话的同时就逐渐扩大着自己的词汇量，可见事实上并不是"组词造句、词组加语调成句"，而是"学话识词"。

从语言发生学角度看，不少研究成果表明，人类最初的语言无论是感叹语、拟声语、劳动喊语，还是其他什么样的原始语言，都首先以声调、休止、开合、洪细、促舒等这类超音段成分的形式出现在人们的口头上，后来才发展成为超音段成分与音段成分相融合的有声语言。所以我们不应该看做是超音段成分加在音段模式之上，而应该看做是音段成分填充在超音段模式（旋律模式）之中，而且这一填充是在语句产生的初始阶段完成的。

科学研究表明，超音段成分具有比音段成分更强的抗干扰能力，原始语言的感叹、叫喊、拟声等，都是利用这种抗干扰能力极强的超音段模式在劳动中起到交际作用的。这可以从动物实验得到佐证。人对动物发出某种声音，能使动物在这一刺激下做某种随如人意的动作。譬如对狗喊一声"滚开！"于是狗立刻滚开了，但不能认为狗听懂了"滚开"这个词组义（音段成分），狗实际接受的只是"滚开"所具有的音调旋律（超音段成分）。有时对狗发出与此近似的语调的其他两个音节，比如"哄开！""开开！"或其他，狗也照例可以滚开的。美国语言学家罗曼·雅可布逊在其《儿童语言、失语症和语音普遍现象》一书中指出，儿童最先掌握的音素，正好是失语症者最后丧失的音素。神经语言学的研究成果表明，失语症者最后丧失的是超音段成分，可知语言起源时的超音段成分先于音段成分。哈钦孙在其《现存人种》一书中，对已经消亡的塔斯马尼亚语进行了这样的描述："此种土语于其句之结构中无一定次序及布置，不过用依附之音调、姿态及手势以表示动作之方式、时间、数目等等而已。"据此我们可以推知，人类原始语言继手势语之后首先是依附于音调、姿态等的无一定次序及布置的语句出现的。可以认为，超音段成分比音段成分更富有语源价值。

超音段成分最能激起听者的感性—直观思维，它与音段成分的概念意义共同作用于人脑，才使得语言成为人类最得心应手的交际工具。

3. 明白了"鸟飞"为什么不成句，就不难理解"鸟飞了"为什么成句了。"了"在这里的成句作用有二：第一，"了"这个助词在汉语中是一个体标记，它标志着动词的完成体。依据本文前面的讨论，句中有了体范畴等意义，句子便可以成立。第二，"了"为助词兼作语气词，"鸟飞了"语气盛贯其中，此时它相当于英语的 A bird flew，说它是完全成立的句子是不会有人反对的。

三

1. "主谓俱全"属于句法标准，"意思完整"属于语义标准。毫无疑问，作为表述单位，句子必然受到语法、语义等方面的制约。语法具有规定性和强制性，语义具有保证性和逻辑性；语法病句和语义病句都不能是句法研究的正面对象。然而只符合语法标准和语义标准的语符列未必就是正常句子，换言之，只以这两条标准界定句子是不够的。

吕叔湘（1986）曾经指出过这么一种现象：有的句子按某一语法体系是不能说的，而事实上是能说的。[7]我们则发现与此相反的而且更为常见的现象，即一个句子按语法体系是能说的，而事实上是不能说、没人说的。仍以"鸟飞""他聪明"为例，它们只能写在书面上，不能说在口头上。又如"她有大眼睛"，尽管句子意思完整，然而必得在句中加上"一双"之类，说成"她有一双大眼睛"，才可以说在口头上，才可以在听者心理上具有可接受性（acceptability）。单从语义上看，人人只有一双眼睛，以"一双"限制"眼睛"，似为画蛇添足，然而"一双"为句子所必需，则又是无法不承认的言语事实。

许多语法学家认为，句子必须是"能够单独站得住"的说话单位，这称得上是中的之言。说"她有一双大眼睛"中的"一双"是句子的语法成分（定语）也许不错，但说它是句子的语用成分似乎更有意义。因为缺少了"一双"并不会造成语法病句或语义病句，然而句子却由此失去了"能够单独站得住"这一成句的根本，变成了一种"语用病句"。[8]

由于受母语语感经验的本能的制约，汉人不能说出和不能接受任何语用病句。有的外国朋友由于缺乏这一语感经验，缺乏造成汉语正常句子的心理装置，就不免有时造出"书好""约翰的爸爸游泳"之类的"句子"。问题在于，无论外国人还是中国人，都有着人类共有的逻辑心理基础和高度抽象化了的语法认知模式，所以语用病句汉人虽然不能说出，却可以在书面上写出。这样的例子在通行语法论著中俯拾即是。拿这样的语法例句去教外国留学生，难怪他们不免提出"这些句子符合汉语语法而又为什么不能说"的疑问了。

2. 我们主张给汉语句子进行新的分类，一类是"义句"（视觉句），一类是"音句"（听觉句）。

义句的显著特点之一，是它的书面性和视觉性。义句是书面上的产物，它只能写出，不能说出，只能诉诸人的视觉，不能诉诸人的听觉；如果硬要说出，像外国留学生那样，也完全不具有听觉上的"可接受性"，所以义句是一种"视觉句"。人的视觉理解对书面语句的根本要求是语义自足（意思完整），只要能够看得懂即可通过，无须考虑语句在声气、听感、煞句等语用方面的成句要求。这完全符合人们的普遍的阅读心理机制。事实上，当人们快速阅读的时候，汉语中那种"合法句子"的观念早已在阅读者心目中荡然无存了。所谓义句，正是为适应人们的这一心理机制应运而生和大量繁衍的视觉产物。

义句的显著特征之二，是它的抽象性和模式性。众所周知，语法是人类思维长期抽象化工作的成果，人们在观察和掌握了无数个母语句子实体之后，便从中抽象出若干最基本的句法结构模式，这就是人们创造出义句的依据。另一方面，人们在长期的书面交际过程中，不可避免地、有时是非常必要地摒弃言语实体的那些声气成分，以达意为目的，以意尽为句界，创造出一种逐渐脱离口语的高度抽象化、模式化了的"中介语言"——义句。不难看出，义句作为一种书面语法模式，它可以脱离人物、时间、地点、事情等语境条件而独立存在，它同现实缺乏直接的联系，它不能活生生地呈现在人们面前。所以义句作为一种抽象概括的东西，它属于语言平面，而不属于言语平面，属于全社会，而不属于个人。因此对义句的分析，只能是"句法分析"（词组分析），而不能是汉语的"句子分析"；分析出来的结构成分，也只能是"句法成分"（词组成分），而不是"句子成分"。

汉语语法研究从来就是以书面语和义句为主要对象的，所以马建忠、黎锦熙等都管自己的著作叫"文通""文法"，公开声明研究对象是"文"，不是"语"。先贤的这种实事求是的态度是值得称道的。之后的语法研究基本上是承袭了前人的"文法"研究，未见把研究对象大规模地由书面语转向口语，可是不知从什么时候开始"文法"悄然换名"语法"。叶圣陶曾经干脆将"作文"改称"写话"，以为作文时口头怎么说，笔下就怎么写，这就将上述错误推向了极端。

长期以来，语法研究沉溺于书面，所以逐渐形成了满足视觉理解的思维定势，结果使义句倍受青睐，以致几乎成了语法研究的主要对象。人们虽然口口声声强调研究口语的重要性，如朱德熙直截了当地认为，"北京口语语法的研究是现代汉语语法研究的基础"。[9]但在实际上，连主张者在内的几乎所有的人们，却始终把眼光盯在书面上，盯在义句上。对于这种"文字凌驾于口语形式"的现象，索绪尔指出："在大多数人的脑子里，视觉印象比音响印象更为明晰和持久，因此他们更重视前者。结果，书写形象就专横起来，贬低了语音的价值。"[10]

3. 音句则是以语音为物质外壳的言语实体，是言语事实不断的生动的再现。与义句比较，音句的显著特点之一，是它的口语性和听觉性。音句并不就像视觉理解对义句的要求那样，语义自足即可通过，人的听觉理解对音句提出了声气、语调、重音．节律、句读、语感、煞句等全方位的语用要求，所以音句必然是具备了口语句声气自足、上口中听的全部言语特色的活的说话事实。

音句的显著特点之二，是它的具体性和异质性。索绪尔指出，语言是社会的，同质的，有规则的系统，而言语则是个人的、异质的，多少是偶然的现象。这说明，音句是言语的，不是语言的，因而是具体的个人的心智活动和情意的表泄，而不是语言模式的社会规约。换言之，音句是个人思想感情的表现形式，它依赖于具体的语境而存在，它与现实发生直接的关系，因而是个别的、具体的，可以直接体察到的东西。

音句的显著特点之三，是它的民族性和人文性。一般认为，句子是用来表情达意的，这一说法未免太笼统。应该说，义句的功能主要在于"达意"，而音句则既可"达意"，更可"表情"。汉语音句不仅具有"达意成分"，而且具有"表情成分"，从而构成了汉语音句特有的"句子成分"。因此音句是多元实体，是语法因素、语义因素和语用因素的集大成者，汉语的全部民族特点和人文个性都从音句得以体现。当代脑科学表明，当义句作用于视觉感官的时候，大脑只是由承担语言和逻辑功能的左脑半球工作，而当音句作用于听觉器官的时候，大脑就由情感功能的右脑半球和左脑半球一起工作。可见，人对书面上的义句和口语中的音句的感受是有分工的。

音句所具有的诸多因素和成分，正是义句所不能企及的。有时可以给义句加上一定的音句成分，比如：鸟飞→鸟飞了/他聪明→他真聪明……义句就变成了音句，死句就变成了活句，抽象句就变成了具体句。

通行语法书规定，析句时首先将句中的"零碎"（虚词、独立语、主题语、语调等）全部丢开，然后进行词组切分。其结果必然把活生生的汉语音句弄得面目全非。例如将"比赛激烈极了"一句分析为"比赛‖激烈极"（主谓），又将谓语分析为"激烈＜极＞"（中补）。人们似乎不愿去想想："比赛激烈极""激烈极"是现代汉语中的词组实在吗？我们认为，对句法的认识不能替代对句子的认识，义句的分析不能替代音句的分析，形式逻辑不能替代言语心理。美国机械主义学派曾经声称，不考虑意义，也能对语言进行详尽的描写，这是典型的以形式逻辑对待言语句子的表现，可以肯定，它在声情并茂的汉语音句面前，必然产生遗漏不全的不良效果。主语谓语等八大成分也许能涵盖汉语义句的句法成分，但它绝对不能涵盖音句全方位的句子成分。目前通行的直接成分分析法，不能对汉语音句进行穷尽性的分析。我们常常会遇到这样的情形：用通行语法分析方法去套义句，大致可以自圆其说，而用它去套音句，则往往捉襟见肘。这是由于义句靠其所具有的人类语言的共性与印欧语大致合拍，而音句则拥有繁复的汉语人文个性而使西方形式语法无所措手足。说"鸟飞"符合汉语语法，指的是因袭印欧语法的"义句语法"；而说"鸟飞"不成句，指的则是这些句子不符合尚未充分发掘的汉语的"音句语法"。"词组本位"说认为词组加语调即成句子，事实上并非任何词组都是可以加语调的，词组必须首先具备一定的语用因素，才可以加语调成句。比如硬把"鸟飞。""他聪明。"看作是词组和语调的混合物，只是一种杜撰。

句子是句法成分、语义成分、语用成分集大成者，决非静态的词组成分所能涵盖得了的。从这一意义上讲，虚词不仅是重要的成句因素，而且也可以是重要的句子成分。直接成分分析法对词组的分析，不能完成句子分析的全部作业。词组成分也许可以是句子成分的基础，但是词组分析决不能完成句子分析的全部作业。所以张世禄认为："所谓'句子成分'的主语、谓语、宾语、定语、状语、补语等，实际都是'结构成分'，它们都是用来组成一般的词组结构的，不应称为'句子成分'。"[11]胡裕树认为："层次分析不是从句子出发，分析的结果只是一个语言片断的直接组成成分，而不一定是句子成分"。[12]

80 年代初，我国语法学界开展了关于汉语析句法的讨论，这次讨论的一个严重不足，就是未曾对汉语句子的本质特征和成句标准进行正面的探索。很多语文教师反映"语法难教"，问题也往往出在误把句子当词组上面。因此，我们必须冲破"只见句法不见句子"的偏见，对汉语句子的特质作一次深刻的检讨和全新的再认识。

《汉语学习》^① 读者来信

编辑先生：

今读贵刊 1999 早第 6 期登载的金廷恩《汉语完句成分说略》一文，颇受启发，然有两个问题愿与作者商榷。

金文说："胡明扬、劲松（1989）最先提出了'完句成分'的概念。此后，王艾录（1990）、贺阳（1994）……对完句成分的问题进行了探讨。"这里的两个问题以及我的看法陈述如下。

第一，"完句成分的概念"并非由"胡明扬、劲松最先提出"。据我了解，此前至少有三部著作里出现过"成句"（"完句"的等义词）的字样，它们是：清人黄侃《文心雕龙·章句篇》："前人未暇言者，则以积字成句，一字之义果明，则数字之义亦无不明。"高名凯《汉语语法论》（商务印书馆，1986，373 页）："可否让听的人满意而听懂，是否成句，还得看语言的环境。"张志公主编《现代汉语》（人民教育出版社，1982，中册 21 页）："句子的主要标志是成句的语调，有时候还需要成句的语气助词。"

第二，我对成句问题的探讨并非在"胡明扬、劲松最先提出"之后，而是之前。我迄今发表过关于成句问题的文章六篇，最初的两篇都发表在 1989 年，分别是：《略论汉语成句的语用因素》，刊于《晋东南师专学报》1989 第一期；《语法三疑》，刊于论文集《中国语言学发展方向》，光明日报出版社，1989。在这两篇文章里，我初步提出了确定汉语成句标准的问题，认为这个问题被学术界严重忽略。

需要说明的是，胡明扬、劲松二先生《流水句初探》（《语言教学与研

---

① 《汉语学习》2000 年第四期。

究》1998 年第四期）与拙作《略论汉语成句的语用因素》（《晋东南师专学报》1998 年第一期）虽然都发表于 1998 年，但是《语言教学与研究》每年第四期的出版时间是本年 12 月 10 日，而《晋东南师专学报》每年第一期的出版时间是本年 3 月 15 日。很明显，后者要比前者早问世约 9 个月。

特此更正，妥否，欢迎指教。即颂

编安！

"假假话"的会话含义

摘　要：话语有内部的规约意义和外部的会话含义，二者在多数情况下具有一致性，但在某些特定的语境中表现出不一致性。"假假话"与"真假话"截然相反，它具有积极的表达意义和交际价值，所谓"假话真情"。"假假话"具有合作性、文化性两个特点。

关键词："假假话"　规约意义　会话含义

§1. 语言既是一个形式系统，也是一个意义系统，二者在多数情况下具有一致性，但在某些特定的语境中，又可表现出不一致性。在交际活动中，这种不一致性主要表现为话语形式除了具有"规约意义"（Convention-almeaning）外，还具有"会话含义"（conversationalimplicature）。话语的规约意义是话语的词汇意义和语法意义的总和，它存在于话语结构形式的内部，属于"内部意义"，它是语义学研究的对象。话语的"会话含义"是指说者借话语所要传达的它是话语外部的各种语境因素，如场合、时间、文化、社会背景以及参与者的身份、年龄、修养、经验、情绪、意图等作用与话语的派生物，它存在于话语结构形式的外部，属于"外部意义"，它是语用学关心的问题。例如"我有点感冒"，其规约意义只有一种（我生疾病）；但在某些特定的语境中可以产生各种不同的会话含义：a. 学生因没有参加上午的劳动而向老师辩解；b. 甲方对乙方的邀请委婉拒绝；c. 客人向主人暗示室内温度偏低，需要关上窗户；d. 某人为自己今天突然穿上大衣而做解释；e. ……

话语的会话含义与规约意义有时重合，有时分离，但是无论如何，语言交际的根本目的在于传递话语的语用意义和会话含义，所以当话语的会话含义与规约意义分离时，会话含义便超越句法和语义的限制，成为交际中的话语的可接受性（acceptability）的依据。例如"瞧我这倒霉劲儿，煮熟的鸭子给飞走了"，"打不下粮食，我们就只能喝西北风了"，都不合乎逻辑事理（规约意义是错误的），但是它们既已取得某种规定语境的会话含义，社会成员便可照说不讳。与此相反，如果某一话语的会话含义已由语境提供，或者它已是交际双方的"共知"，那么尽管话语在句法、语义上无懈可击，也仍然属于冗余信息。例如"我弟弟是男的"，虽然其规约意义是完全正确的，却只能是一句废话。话语的语用意义和会话含义在体现语言交际价值方面占有头等重要的地位。

因此在交际活动中，受话者不可能只是依据字面上的规约意义而机械地接受，而必然是利用语境因素对获得的话语进行迅速的只能加工处理，从而推断出话语的语用意义和会话含义（听懂"潜台词"）。这就要求说话者在张口以前也要在头脑中对所要表达的内容和观念加以语言整理，以确定采用什么样的外部语言形式才能使对方的"推断"顺利进行，从而达到与说话者初衷吻合的交际目的。毋庸置疑，一次成功的交际，是"说——听"双方在共知的语境中积极合作的行动的结果。离开这一合作，或者合作不力，就会发生交际障碍和失误。这往往在说者方面表现为"说废话"（冗余）、"辞不达意"（失真）等，在听者方面表现为"误解"（扭曲）、"多心眼"（增值）、"没听懂"（零值）等。

利用什么样的话语形式表达什么样的语用意义，表现出千姿百态的随机性和灵活性。一种意义可以选用不同的话语形式，多种意义也可以利用相同的话语形式。说者如何精心选择最适当的话语形式以受到最佳的交际效果，是语用学和心理学研究的一个重要课题。说者必须充分估计到话语可能产生的会话含义的积极面和消极面；如果话语可能产生有伤对方或有碍交际进行的消极会话含义，就应竭力避免。例如对一个病危者说"你死后如何如何"，对方所接受的难免是"你将要死了"的消极情景意义。

§2. 在某些场合，为了达到某一特殊的交际目的，说者往往不宜或者断然不能"直言不讳"、"实话实说"，竟至于有必要说"假话"。

假话大体有三种类型。一是说者对别人（敌人除外）不诚，即谎言。比如献媚进谗、装病旷工、虚报冒领、贩卖假货之类的语言表现。这种说假话的行为是应坚决反对的。二是在对敌斗争中，为了暂时骗取敌人的信任，以便最后制服敌人而说假话，所谓"兵不厌诈"。这种说假话已成了对敌斗争的一种特殊手段。例小说《林海雪原》中的杨子荣冒充胡彪，只身进入威虎山，对着座山雕说了一大通假话，骗取了敌人的信任，为后来我军一举歼灭座山雕匪帮立了头功。以上两种假话是"真假话"，其特点是话语的语用意义和规约意义相一致。说者竭力使对方信假为真，以欺骗对方。三是"假假话"，其特点是话语具有不同于规约意义的会话含义，交际中以其会话含义起作用。这种"假假话"与"真假话"截然相反，具有积极的表达意义和交际价值，所谓"假话真情"。例如电视剧《焦裕禄》中有这样一个镜头：医院诊断焦裕禄身患肝癌，但为了不使他承受更大的精神负担，医生在诊断书上写了"肝炎"二字（假假话）。焦妻拿着这份假诊断书安慰他。后来焦裕禄得知自己患的是肝癌，便将假就假，装出轻松的情态，以"肝炎好治"的"假假话"反劝妻子。夫妻互说"假假话"，恩爱之情溢于言表，深深感动了无数观众。在日常交际中，这类说"假假话"的事例何止千万！

以"假假话"传达真情好意（会话含义）的情形很多，下面做一点简要的分类例析。

（1）说者故说"假假话"，继而以实相告，避免听者以假当真。

20世纪30年代卓别林来华访问，电影演员韩根兰等陪他游览。他们走进一家汤圆店吃芝麻猪油汤圆。卓别林用勺子舀起一只汤圆，问韩根兰："噫，这汤圆馅儿是怎么放进去的？"韩根兰故诡秘地说："方法是几千年前仙人传授的。"卓别林惊叹不已。韩根兰见他信以为真（话语的会话含义中断），便把汤圆的制作方法如实以告。真相大白后，二人哄笑不已，尴尬之意荡然无存。

这类"假假话"经常用于开玩笑，其会话含义只是"虚幌一枪"，不能使听者当真，否则将事与愿违，例如有时因开玩笑不当而引起误会。

（2）说者故说"假假话"，而且不希望听者相信，却又不必以实相告。

逢年过节，主人待客时总爱说"饭菜不好"；做报告做演说，发言者总爱说"水平不高"；人们喜欢管自己的文章叫"拙作"，管自己的孩子叫"犬子"……这些未必都是真话，但是说者可以通过"假假话"的会话含义给人留下谦逊有礼的好印象，甚至可能期待对方说饭菜香、水平高、大作、贵子……这便是会话含义所发挥的语用效应。

这类"假假话"以听者"知其假"为前提条件，避免听者提出"为什么不准备好的饭菜","水平不高为什么还要发言"之类的问题。同时也做到适可而止,如强调过分,会给人家造成"虚伪"的感觉。

(3) 说者故说"假假话",听者亦知其假,但是双方心照不宣,以假充真。

某夜,哈尔滨火车站一位女执值人员发现一歹徒尾随一位姑娘穷追不舍,这位执勤急中生智,上前冲着那位姑娘喊道:"哎呀,妹妹,你怎么在这儿,让姐好找!"歹徒闻声而逃。一场恶作剧被她的一句"假假话"避免了(这在姑娘听来是"假假话",歹徒听来是真假话)。

据载慈禧太后初次接见外国人时,外国人对她只鞠躬不下跪,慈禧不快而又不便令外国人下跪,这时太监李莲英忙说:"洋人的腿是直的,膝盖不能弯曲。"慈禧听了明知假话,但是不仅不加"欺君之罪",反而借此下台,消除了心中的愤懑。

(4) 说者故说"假假话",是为了指鹿为马,奉迎对方。

鲁迅在《立论》中写道:一家生了一个男孩,有人奉承说"这孩子将来要发财的"主人听了兴高采烈;有人直言说"这孩子将来是要死的",于是遭到一顿痛打。"说死的必然,说富贵的许谎",但是交际效果适得其反。这是因为,"发财"的假话传递了"祝你发财"的积极会话含义,"要死"的真话却传递了"盼他死去"的消极会话含义。

赵树理的《李有才板话》中也有类似的描述:"恒元说'砂锅能捣蒜',得贵说'打不烂';恒元说'公鸡能下蛋',得贵说'亲眼见'。"这里,得贵使的就是"指鹿为马"式的攻心战术。

(5) 说者故说"假假话",听者困惑不解,是真是假须由听者根据语境作出推断。

张莉从学校领取高考录取通知书回来,等急了的妈妈劈头就问:"考上了没有?"女儿内心激动嘴上却说:"没考上!"妈妈心中一丝紧张,但是立即从女儿的喜悦的神情看出,女儿决不是落榜者。由此推断出女儿所谓"没考上"是"假假话"。

小高到出版社取退稿,编辑对他说:"稿子写得不错,只是我社不宜出版这类书,很抱歉。"是推托之辞,还是真的"不宜出版",小高纳闷不已。看来需要进一步推断。

§3. "假假话"交际有以下两个特点:

（1）合作性。说听双方不仅要生活在同一个语言社团和文化社团，而且要具备"共知"的语境条件，这样才能建立起会话的合作原则。合作原则是"假假话"交际成功的保证，合作和默契略有失调，交际就会出现障碍或者中断。

（2）文化性。不同民族有不同的语言和文化。同一句"假假话"，在不同的民族可能有不同的会话含义和交际效果。比如礼貌用语，汉语和英语就有显著的理解差异。例如逢年过节，客人带礼品拜访主人，主人却说"带这干什么"；主人给客人端上饭，主人又要说"没什么好吃的"，说上这些"假假话"，显得主人彬彬有礼，这些都完全符合汉人的交际规范，但这类话要讲给西方人听，则难免被误解为主人不喜欢这些礼品，主人不欢迎客人来做客。

汉人崇尚谦卑，有时爱用自贬的言辞，比如常说"我才疏学浅"、"我水平不高"，甚至说"我讲课是瞎讲"、"我开车是瞎开"。但是这些话讲给西方人听，则有被解雇的危险，因为听者会真的以为你是个低能儿。据载有个中国学生在英国留学，初见导师就谦称自己学得不好，望多指教。他本想通过这样的"假假话"个导师留下个谦虚好学的良好印象，不料导师却全盘接受了话语的规约意义（内部意义），因而对他大失所望。后来导师才发现这个中国学生并不差，于是惊奇地问他起初为何不讲实话。

反之，美国主人在接到客人馈赠的礼品时，会当面打开礼品赞美一番，这在汉人看来是哭笑不得的。西方人自信、坦率，一般不过分恭维别人，因此也相信别人对自己的表扬，并在受表扬之后回声"谢谢"，这是因为西方人喜欢从字面上理解，很少考虑表扬者有什么歹意。而汉人听话较用心计，对于别人的夸奖，有时还要虑及话语的弦外之音（会话含义）。

问号、感叹号用法新探

摘　要：句号、问号、感叹号表示停顿和表示陈述、疑问、感叹语气两种作用。由于具有某种语气的言语片断不一定同时存在停顿，所以它们的这两种作用在使用上有时是不平等（不同级）的。即有时既表语气又表停顿，有时却只表语气，不表停顿。

关键词：问号　感叹号　停顿　语气　不平等

1. 通常认为，句终点号（句号、问号、感叹号）在书面上表示一句话完了之后的停顿，同时兼表句子的陈述语气、疑问语气和感叹语气，所以它们具有表示停顿和表示语气的双重作用。在多数情况下，句终点号的这两种作用在使用上是平等（同级）的，但是，下面例句中的三类点号在使用上却是不平等的：

①比如主观、客观，具体、抽象这些词原来都是非谓形容词，现在已经变成一般形容词了，例如：a"不要那么主观，要客观些"，b"这样的讲法太抽象，不好懂，能不能讲得具体些？"又比如有些人的汉语里有 c"他家里人挺封建"d"嘿！你这个真高级！"等等说法。这里的封建和高级就变成了一般形容词了。（吕叔湘）

这段话中列举了 a、b、c、d 四个例句，它们之间（引号外面）都用逗号隔开，四个句子本身的末尾（引号内）有的使了句终点号，有的没有。具体情况是：a、c 是陈述句，句末未使用句号；b 是疑问句，句末使用了问号；d 是感叹句，句末使用了感叹号。——这就是三类点号在使用上的不平等现象。假如要使之恢复平等，就需要做以下任何一种改动：

第一，给 a 和 c 的句末加句号，以取得与 b 和 d 两句的一致性：

"不要那么主观，要客观些。"……"他家里人挺封建。"……

第二：去掉 b 和 d 句末的问号和感叹号，以取得 a、c 两句的一致性：

"这样的讲法太抽象，不外懂，能不能讲得具体些"，……"嘿！你这个真高级"……

这两种改法都达到了"平等"的原则，但在事实上却都是人们所不能接受的。因为第一种改法尽管反映出陈述句的了陈述语气，但看上去太累赘，而且去掉句号并不会影响陈述语气的表达。第二种改法尽管与原文中 a、c 两句取得了平等（句末都不使用句终点号），但失去之不能反映 a、c 两句的疑问语气和感叹语气，这在书面上是行不通的。

由此可见，在书面上，被并列引用的句子的末尾的句号可以省略，但是同一个位置的问号，感叹号却不能省略。这类例子在其他语言学家和文学家笔下也是容易找到的。比如：

②例如"是我写的诗"可以理解为是对问题"这是什么？"的回答。（朱德熙）

③但一般说话不是这样截然分开的，人们说"很圆"，"最新"，"你真对！"（赵元任）

④营火晚会。"太阳下山明朝依旧爬上来……我的青春小鸟一去不回来"，"山上的荒地是什么人来开？地上的鲜花是什么人来栽？"一支又一支的歌曲激荡着年轻人的心。（王蒙）

以上②句中的"是我写的诗"，③句中的"很圆"、"最新"，④句中的"我的青春小鸟一去不回来"后面都未用句号，但其他地方的问号、感叹号却照用不误。

2. 我们认为，造成句终点号的这一不平等现象的根本原因在于，它们表示停顿和表示语气的这两种作用不一定在所有的情况下都同时存在。一个句子固然具有某种语气，但是具有某种语气的言语片断却不一定同时表示停顿。

仍以前面句①为例，其中 b、d 句末的问号、感叹号从停顿的需要上看完全是多余的，因为句际的停顿已由引号外面的逗号表示，那么这里的问号、感叹号就只剩下表示语气的唯一作用了。该处的问号、感叹号不能省略的原因也正在于此。

问号、感叹号只表语气不表停顿的用例还出现在文章标题（如朱德熙

《现代汉语语法研究的对象是什么?》)、文章眉批和无字路标等方面。

其次,a、c句末的句号又为什么可以省略呢?这是由于在书面上,汉人自古以来就有以句末的空白来表示陈述语气的习惯。古代如殷商甲骨文:

　　壬辰卜贞

　　今日不雨

现代如无标点诗歌和文章标题(标题末尾使用句号者未见其例),出于句号的这一使用习惯,造成 a、c 句末句号的省略。人们约定俗成地将此类现象理解为没有句号的陈述句。

3. 以上着重讨论了句终点号在被引用的句子中的使用情况,下面讨论它在一般情况下的使用情况。

⑤到那时使吾眼睁睁看汝死,或使汝眼睁睁看我死(S),吾能之乎(A)?抑汝能之乎(B)?(林觉民)

以上句中有两个问号。第一个问号用于全句末尾,既表句终停顿,又兼表疑问语气。这是问号的最常见的一种用法。但是第一个问号(A末),它除表示疑问语气外,在停顿上只能表示句中停顿(相当于一个逗号的作用),而绝不表示句终停顿(相当于句号的作用)。这是因为 A、B 之间是选择关系,二者在结构上、语势上都是互为依存,前后连贯的,它们结合在一起,共同对 S 进行陈述,即:

　S ＋(A＋B)
主语　　谓语

所以说 A 末问号的实际意义是"? ＋,",而不是"? ＋。"。通行语法著作将问号与句号在停顿级别上不加分析地等同起来,因而将上面例(5)看作"句群"(选择句群),它的结构即:(S＋A)＋B,这样的分析是显然不合乎语言事实的。

由于没有解决"? ＋,"和"? ＋。"的问题,所以对于连续的几个问句之间,有人习惯用问号,有人习惯用逗号,存在着较大的任意性。例如:

⑥站在他们的前头领导他们呢?还是站在他们的后头指手划脚地批评他们呢?还是站在他们的对面反对他们呢?(毛泽东)

⑦是天生的,还是鳌子凿的,还是怎的?(杨朔)

这两个例句在结构上和语气上都是一致的:都包括三个单句,句中都使用了"还是……还是"的关联词语;但人们只是因为(6)句中用了问号,

（7）句中用了逗号，便将它们分别判为"句群"和"复句"，这种分类显然是随意的，不科学的。我们认为（6）句中的问句只不过是用了"？＋，"中的前一部分，（7）句中用了逗号则是用了"？＋，"中的后一部分而已，两句无论从作者的使用动机还是从读者的语感上看都是一致的。所以，两例都属同一语言单位——复句。

4. 到此，我们可以将问号的实际意义归纳为以下三种：

（1）"？"——只表疑问语气，不表停顿。常用于被引用的一句话的末尾，例见①②③④

（2）"？＋，"——表示疑问语气，兼表句中停顿，例见⑤⑥。

以上是问号的两种隐性用法。

（3）"？＋。"——表示疑问语气，兼表句终停顿，用于一句话或一段话的末尾。这是人们最熟悉的一种显性用法。例见⑤⑥⑦三句的最末处。

5. §3和§4集中讨论了问号的三种用法。感叹号与之相同，亦有"！"
"！＋，"和"！＋。"三种用法，限于篇幅，讨论从略。下面例析几例：

⑧那女士伸头望了一下，不禁大声"啊！"地叫了起来。（爱薇《一言既出》）

⑨一个人主动说话的时候，不大会只说一个字，除了发命令或是表示惊叹，像"来！""蛇！"之类。（吕叔湘）

⑧句中的感叹号和⑨句中两个感叹号都是"！"。

⑩风！你咆哮吧！咆哮吧！尽力地咆哮吧！（郭沫若）

⑩句中前三两个感叹号为"！＋，"，最后一个感叹号为"！＋。"。

语 法 三 疑

　　摘　要：虚词在分析句法成分时被一概除去，但它是汉语成句的重要因素。衡量正句和病句不但有句法、语义的标准，而且还要有语用的标准，有的病句可以变成正句。有时结构术语不能全面反映语言结构事实，研究汉语不能满足于常用结构术语。

　　关键词：成句　病句　术语　汉语　形态语

　　今后的汉语语法研究似乎必须突破百年来全盘西化的汉语语法窠臼，从《马氏文通》至今，汉语语法研究虽然有所发展，但是由于它一开始就是套用西方语法的理论框架和术语以及这些术语所表示的概念而建立起来的，所以，我们应从根本上摆脱西方语法理论的束缚，在思想解放的精神状态下重新思考汉语自身的特质。

　　这篇短文只打算就笔者的语法教学体会，提出一些问题，就教方家。

一、关于"句子"

　　汉语句子有八大成分，这几乎是语法学界无可置疑的公理。顺着这个公理，可以得出如下结论：句子只要具有足以反映其内部语义内容的必备的句子成分，就必定成句。但是这个结论却得不到语言事实的支持。例如"他弟弟昨天去日本"这句话完全合乎语法，而且语义完全，但还不能说它是正常的句子，必得在句末加上"了"字，看上去才顺眼，听起来才顺耳，语用上才能通得过。"了"作为虚词不充当任何成分，却为句子所须臾不能离开，这说明分析句子光靠六大成分是不够用的。

　　高名凯先生认为"句子"应该是"可能让听话人听得懂而且觉得满意的

一个最小的语言结构单位"。他给"成句"提出的两条标准是"听得懂"和"听者满意"[1]。我们认为这一结论是符合汉语实际的。比如"她有一双大眼睛",如果只满足于让人听得懂,那么只说"她有大眼睛"就可以了,因为这个"句子"已经取得了语义上的自足。然而它却严重缺乏语用上实际价值,必得在句中加上"一双'这个近乎多余的东西,才能使听者不但听得懂而且听得满意。所以,我们认为成句问题只考虑必要成分的完全和语义的完全是不够的。

汉语句子的成句问题,是关系到揭示汉语自身特质的重要问题,它绝非八大成分及其搭配关系所能包容的。成句问题与民族文化心理、言语主观感受以及民族审美习惯等因素有着直接的关系。

即拿文内句子为例,"这篇短文只打算就笔者的语法教学体会,提出一些问题",这句话如果单从语义内容的表达来看,后句说成"提出问题"即可,这样语义既无残缺句子又显得简练,然而这类句子在人们心理上不免有缺欠感,可见"一些"是句子赖以成句的必要条件。在研究语法的时候,我们应该说的不是指出"一些"是定语,"问题"是宾语云云就算了结,还需要我们说的是,"一些"这一词语是成句所必备的和为什么是必备的云云。这就是特点而且这大约也就是语法。

下面句中加点者都是成句因素

①同志,来帮一下忙!

②中国女子排球队在第一局以 15：7 获得胜利。

③庐山风光真美!

④三号船长好样的!

汉人自古以来就对事物的"对称"形状有着一贯的审美追求,这表现在社会生话的各个方面,这种民族的审美观念也在民族的语言中表现出来,某一言语单独不能成句,但可以在与其他言语的骈对中取得互救,取得成立。例如"我学美术",主谓惧全,语法上通得过,但它却缺乏语用独立性。如果把它放到一个骈型格式里,如"我学美术,他学音乐",就完全成句了。甚至那种缺少"谓词"的名词性构结也能在骈对中取得自主。例如"两汉的散文"不成句,"两汉的散文唐朝的诗"就成句了。再如"他是刀子嘴巴"不成句,"他是刀子嘴巴豆腐心"就成句了。

值得反思,现代语法以八大句子成分为主要内容的析句方法能派多大用场？

二、关于"病句"

目前划分"正句"和"病句"，实际上仍以英语六大成分及其搭配模式为标准的。在形态语言中，所谓"病句"，既有语义搭配违背逻辑事理的"语义病句"，又有语义搭配合理而形态变化失当的"语法病句"。而在汉语中，由于没有形态变化，便不存在形态配合方面的错误，这就使汉语少了一道手续，因而决定了汉语组合灵活，自由多变的特点；在组字成句的时候，具有一定程度上的主观任意性。所以汉语中经常会出现一些意想不到的组合，例如"楚＋腰"、"干＋洗"、"吃＋大碗"。同时，汉语句子还经常会出现意想不到的省略，例如"这把椅子有人"、"我是九点的飞机"，"我们要坚持开放搞活"。何止"意想不到"，有时还允许出现错误的组合，例如"凯旋而归"、"提出质疑'、"悬殊很大"、"洗个热水澡"。

以上三种组合都不能类推，如"这把椅子有人"是"这把椅子有人坐"的简略说法，但不能说"这把钥匙有人"。假使这些提法可以类推，那将证明它是语言发展中的一种合理的聚类组合。现在我们从不能类推的事实看到的却是，汉语中的正误之间，没有一条不可逾越的鸿沟，我们在把某个话语判之为"病句"的时候宜持谨慎态度，可谓"说正易说病难"啊。

一些起初是病句的句子，由于社会成员使用习惯化了，便被社会认可。例如 50 年代出版的《语法修辞讲话》（吕叔湘、朱德熙著）说："转变"是不及物动词，不能带宾语，"转变了作风"在当时被看作病句；然而此类提法至今有增无减，而且完全合法化了。记得前一些年有人反对"最好水平"、"火车提速"、"人数上升"的提法，认为水平只能说高低，不能说好坏；速度只能说加快，不能说提高；人数只能说增减，不能说上升。可是至今反对的人到底销声匿迹了，使用的人却越来越多了。语言中的这种习非成是的现象，说明了汉语中没有严格意义上的形式标准，所谓汉语语法，它包容了较大程度上的社会成员的语用习惯，而当一种语言的语法大范围地包容了语用习惯的时候，应该说这一语法就再不能是人的想象中的那种西方式的句法结构规律系统，而是一种富有弹性的句法、语义、语用的混合物了。我们如果死守句法陈规，那就只好将"包子往里走"分析为"主语—谓语"了。

值得思索：汉语病句、正句之间的划界标准如何说得清楚？

三、关于结构类型术语

在形态语言里组词成句往往要通过变词形来实现。比如俄语，谓词要变位，宾词要变格，修饰语必须与中心语在性、数、格方面保持一致。所以，这类语言中除了要照顾到语义的搭配外，更要照顾到形态的一致。汉语却如前所述少了一道手续，没有形式搭配系统，只剩语义搭配系统。平常所谓"偏正结构"、"动宾结构"、"主谓结构"云云，无不是反映形式搭配系统的结构类型的概念术语，而将这些术语套在汉语之上合适不合适呢？如果汉语也有形式搭配系统，那当然是合适的，但是如果汉语没有形式搭配系统，那自然就不合适了。

我们认为汉语作为一种非形态语言，它是没有而且不可能有形式搭配系统的，汉语组合以意合为主，不像屈折语那样词不发生变化就不能进入组合。能够揭示汉语句法、语义、语用全方位搭配系统规律的理论，才称得上真正的汉语语法，可惜这样的工作由于受西方语言理论的束缚，进展速度还不能令人满意。

限于篇幅，我们以"偏正结构"这一术语为例，看看它如何不能概括和反映汉语的语义搭配的实际。

依照偏正结构一般定义，"她是我最好的母亲"这个句子应该理解为一个普通判断句所表示的肯定判断，即"我"有许多母亲，"她"是其中最好的一个。这个荒谬的解释已经说明，"偏正结构"这一术语有时具有欺骗性，它以一个先入为主的概念模式，阻碍着人们去考察和发现语言事实的真相。这句话的语义真谛谁都明白：她是我的母亲，她最好！很明显，"她是我最好的母亲"中的"最好的"（通常所谓定语）具有谓语的表达功能。我们径直将它认作置于另一种位置上的谓语（为避免术语之争，姑且借用旧术语）。

形容词做谓语与动词做谓语是有区别的。动词做谓语在绝大多数情况下置于主语后面，而形容词做谓语不仅可以而且常常置于名词之前，充当一种假定语的角色。赵元任先生曾将这个位置叫做"不显眼的地方"。例如"我们热爱伟大的祖国"，这句话其实包含着两项基本的语义内容，即"我们热爱祖国＋祖国伟大"。再如"今天晚上，很好的月光"（鲁迅）。即"今天晚上，月光很好"。

在古代，人们在陈述和摹状的时候，经常使用这样的句式，只是他们未曾想到这竟是一个偏正结构罢了。例如马致远《天净沙·秋思》中的"枯藤"、"老树"即"藤枯"、"树老"。在我们看来，似乎只有将形容词置于名词（主语）后面才能构成主谓结构，才有表述性。如果将形容词置于名词之前，则不敢相信或者心里相信而嘴上不敢承认它仍是谓语。别无他，就是由于"偏正结构"这一术语在我们头脑中作祟。

我们在翻译文言文的时候，经常自觉不自觉地将文言文中的名后谓语提到白话文中的名前。例如"（见翰林欧阳公，）听其议论之宏辩，观其容貌之秀伟"（苏辙），一般总是译为"听其宏辩的议论，观其秀伟的容貌"。为什么不按照原来的语序翻译，而要将"宏辩"、"秀伟"挪到"定语"的位置呢？这里存在一个习惯问题，汉人一般不习惯像俄语形容词短尾形式那样，将一个光杆儿形容词置于名后充当谓语。例如不说"祖国伟大"、"容貌秀伟"、"饭香"，这类句子缺乏语用自主性，必得在句中加添点什么，比方说成"祖国非常伟大"、"容貌很秀伟"、"饭香极了"，才能成句。但是，如果将形容词置于名前的定语位置，就可以虽然不加添什么而使它们成句。

在苗瑶语里，存在一种"谓+主"结构，例如"苦+盐"，"熟+饭了"。事实上，这种结构在汉语里是屡见不鲜的，例如"快手快脚的"、"使人寒心"、"这个队员大个儿"、"这个孩子蓝眼睛"以及"开锅了"、"坏肚子了"……不好说这种结构在汉语里仅仅是一个南方型名词句结构的残存。如果排除"偏正结构"这一模式的影响，就不难看出"谓+主"结构是汉语里的一种事实。

值得疑虑，常用结构术语能不能足以反映汉语语义搭配的实际？

注释：

[1] 高名凯《汉语语法论》第 373 页，商务印书馆，1986。

逻 辑 谓 语

　　摘　要：有时候，定心结构里的定语负载着这一语言片断的信息核心或交际兴趣，赵元任先生曾把它叫做逻辑谓语。逻辑谓语有重要表义作用，承认逻辑谓语的存在，可以帮助我们解决许多实际问题。
　　关键词：逻辑谓语　语义中心　表义作用

§1

　　1.1 研究语法要对语言的语法结构进行分析，研究语义理所当然要对语言的语义结构进行分析。语法结构与语义结构的关系异常复杂，本文仅就偏正结构中的"定心结构"试加探索。

　　通常所谓"偏正结构"，多指语法结构而言。大概由于顾名思义的缘故，人们常常将语法上的偏正结构和语义上的偏正结构混为一谈，或者将语法上的偏正结构一味当作语义上的偏正结构。其实，在语言实际中，二者有一致的时候，也有不一致的时候。

　　当二者一致的时候，一个偏正结构中的中心语负载着这一语言片断的信息核心或交际兴趣——下称语义中心。例如：

　　我们热爱伟大的祖国。

　　句中"伟大的祖国"是偏正结构（定心结构），其中"祖国"在宾语部分既是语法结构上的中心语，同时又是语义结构上的中心义。这是因为，句子主要陈述我们热爱什么，至于热爱什么样的祖国则在其次。

　　当二者不一致的时候，语法偏正和语义偏正正好相反：语法之偏（定语）负载着该语言片断的语义中心，语法之正（中心语）只负载着该语言片

310

断的较为次要的语义信息（次要义）。例如：

这个孩子黄头发。

句中"黄头发"，从语法上看，"黄"是偏，"头发"是正，但从语义上看，"黄"是正，"头发"是偏。这句话的语义中心不在"头发"，而在"黄"。

又如"这是他的帽子"，这句话至少可以用来回答以下两个问句：

a. 这是他的什么？

b. 这是谁的帽子？

在回答 a 的时候，语义中心在"帽子"上；在回答 b 的时候，语义中心在"他的"上。可见，语法偏正和语义偏正常常表现为有同有异、时同时异的复杂情形。

1.2 传统的句子成分分析法，在析句时采用"抓主干"的方法显现句子的基本格局，这有一定的实用价值。但其适用范围只限于一些语法结构和语义结构相一致或基本一致的语言材料。一旦有人拿了语法、语义不一致的句例质疑于句子成分分析法时，它就不免捉襟见肘了。例如：

（1）a. 八月的北京是最热的时候。

  b. ＊北京是时候。

（2）a. 无原则的团结对革命事业有害。

  b. ＊团结有害。

（3）a. 解放区的天是明朗的天。

  b. 天是天。

"抓主干"的结果是：（1）b 为病句，（2）b 为观点错误，（3）b 为废话。所以如此，就是因为所抓的主干（中心语）[1]并不是句子的语义中心，句子的语义中心集中在这些主干的定语上。以（1）a 句的主语"八月的北京"为例，被谓语陈述的对象首先是"八月"，而不是"北京"。可以说"八月是最热的时候"，而不能说"北京是最热的时候"。其语法语义的关系可用下表示意：

311

		八　月	北　京
语法	结构	偏	正
	术语	定语	中心语
语义	结构	正	偏
	术语	中心义	次要义

下面是电视剧《刑警队长》里的几句对话（打电话）：

——你是谁？

——我是害怕你犯罪的人！

——我犯罪？

"我是害怕你犯罪的人"的结构主干是"我是人"，如果说它是全句的主要意思，是显然不符合剧中交际实际的。这句话的语义主干是"害怕你犯罪"，这才是全句的主要意思。对于这一点，还可以从对方就其定语加以回答（我犯罪？）得以证明。

"我是害怕你犯罪的人"就其交际值而论，等于说"我害怕你犯罪"。可见，定语在全句的表义上起重要作用。这类定语就其表义作用来说，完全与句子的最主要的成分——谓语等价。对这种在表义上与谓语等价的定语，赵元任先生曾有过精辟的论述。他说：

"在修饰语位置上的形容词或副词常常起逻辑谓语的作用。英语里There gc too many people here. 这种句子是很正常的，但是这句话在汉语里的说法是这儿的人太多。

表示相同的语义内容，英语、汉语所采用的句式却有不同：英语里的定语（too many），在汉语里则做谓语。"

赵元任接着举了个生动的句子："当然，有时候说话人不愿意突出他的主要信息，故意把它塞到一个不显眼的地方，例如：我从前在爱因斯坦家吃饭的时候儿啊……"[2]

在这里，赵元任所谓"主要信息"即逻辑谓语，所谓"不显眼的地方"，即句中的非主要结构成分——定语。定语作为逻辑谓语在表义上的重大意义由此可见一斑。

正因为如此，在翻译这类外语句子的时候，往往会出现"定谓"两可的现象。下面是对高尔基《母亲》（俄文原版）里的一段话的两种不同译法：

A. 也有穿着撕破了的衣服，垂着沾了泥污和带了伤痕的颜面，在嘴里高声地嚷着对于伙伴们所加的打击而回去的家伙，也有含着屈辱的愤怒或者挂着战败的眼泪而回去的可怜而不幸的东西。（1949 年译本）

B. 有的衣服撕破，鼻青脸肿，还幸灾乐祸地夸耀怎样打了伙伴，有的受了欺负，满肚子怒火，或者流着委屈的跟泪。（1973 年译本）

A 句中的长定语在 B 句中就是谓语了。如果用 R 标记它，上面两句即：

A. 也有 R^1 的家伙，也有 R^2 的东西。

B. 有的 R^1，有的 R^2。

在同一作家的笔下，有时也偶尔出现这种两可现象。下面是叶圣陶先生《在民间》里的一段话的两种写法：

A. 一个从后面挤来的三十左右的纠察队员表示殷勤地回答。（1951 年本）

B. 一个三十左右的纠察队员从后面挤向前来，殷勤地回答。（1958 年本）

§2

下面试从句子成分的语法位置的变换和成分的省略等方面讨论定语作为逻辑谓语的重要表义作用。

2.1 对于语法偏正和语义偏正不一致的句子，可以令其偏正位置互换，即定语挪后充当中心语，中心语挪前充当定语，从而使语义和语法"魂体相附"。——这在一般的语法观念上是不允许的，因为中心语的"潜形隐身"，必然导致句子的搭配失当。但是，由作为逻辑谓语的定语占据了中心语的位置，却得了恰到好处的语义补救。例如（定语加括号表示，中心语下加着重号表示，下同）：

（1）（八月）的北京是最热的时候。

——（北京）的八月是最热的时候。

（2）从她那（滞钝）的动作以及（沉重）的步履，又见得她确实衰老了。

——从她那（动作）的滞钝以及（步履）的沉重，又见得她确实衰老了。

2.2 有时为了使句子的语义中心明朗化，可以将它由"不显眼的地方"

（定语）移置到显眼的地方（谓语），而使句子意思更加显露。也就是说，定语可以从句中游离出来，独立充当与原句谓语并立的第二个谓句（单句变复句），从而使逻辑谓语和语法谓语由不一致归于一致。例如：

（1）a. 说这话的是一本没有封面并且前后脱落了好些页的破书。（叶圣陶《书的夜话》，原句）

b. 说这话的是一本破书，没有封面，前后都脱落了好些页。（叶圣陶《书的夜话》，改句[3]）

（2）a. 这种草还有一个适应性强、容易繁殖的特性。

b. 这种草还有一个特性，就是适应性强，容易繁殖。

（3）a. 只见从车内走出一个留着短发、戴着眼镜、身材矮小的女性，她就是我们厂新上任的女厂长。

b. 只见从车内走出一个女性，留着短发，戴着眼镜，身材矮小，她就是我们厂新上任的女厂长。

2.3 句子里的中心语只有在负载逻辑谓语的时候，才能充分地名副其实地显示出句子的主要成分的地位。而当逻辑谓语由中心语转移到其他成分（比如定语）上面时，中心语就变得徒有其名，成了好象抽掉灵魂的躯壳。也正因为如此，省略中心语就成了顺理成章的事实了。例如：

（1）对立统一的法则，是辩证法的基本法则。——对立统一，是辩证法的基本法则。

（2）实现四化的宏伟大业，是全国人民的奋斗目标。——实观四化，是全国人民的奋斗目标。

（3）他的衣着还是一身旧布衣，跟原先一个样。——他还是一身旧布衣，跟原先一个样。

（4）有个戴鸭舌帽的人大声说。——有个戴鸭舌帽的大声说。

2.4 偏正结构充当句子的宾语时，如果其中的定语是逻辑谓语，那么利用"抓主干"的方法去掉定语，句子虽然基本格局不变，但它变得毫无实用价值。例如：

（1）我们必须尽最大的努力。——＊我们必须尽努力。

（2）工程进入了最艰苦的阶段。——＊工程进入了阶段。

（3）我们要保持清醒的头脑。——＊我们要保持头脑。

（4）三个人坐一条板凳。——＊三个人坐板凳。

§ 3

承认逻辑谓语的存在，可以帮助我们解决许多实际问题。如下：

3.1 逻辑谓语是所谓名词性谓语句赖以存在的条件。

谓语为什么是一般公认的句子的主要成分？这是因为"在正常情况下，句子的主要信息总是搁在谓语里"（赵元任）[4]。就是说，逻辑谓语一般是由语法谓语负载的。但严格地讲，应该说逻辑谓语一般是由谓语中心语负载的，而谓语中心语是由动词、形容词充当的。这说明，动词、形容词有负载语义谓语的功能。这就不难理解为什么人们管动词、形容词叫"谓词"了。

名词，孤零零的名词，是缺乏单独充当句子谓语的功能的。我们经常见到的名词性谓语句必然是由"定名"词组充当的。这类句式的逻辑谓语是"塞在一个不显眼的地方"——"定名"之"定"上。对于这一点，可以从名词性谓语句必得在名词前面加上定语，句子才能成立这一事实得以证明：

（1）窗外一片月光。——＊窗外月光。

（2）农村一派欣欣向荣的大好形势。——＊农村形势。

（3）鲁迅浙江人。——＊鲁迅人。

（4）我十五岁。——＊我岁。

显而易见，去掉定语，句子即不成立，这说明这类句式里的定语，对于句子本身来说是何等的重要！

3.2 名词性谓语句在古今诗词里大量存在。例如：

孤帆远影碧空尽（李白）

"孤帆"、"远影"是两个"定心"谓语。全句有三个逻辑谓语：孤、远、尽，分别由这三个谓词（形、形、动）负载。定语"孤"、"远"与谓语"尽"在表义正的等价性由此看得十分清楚，"孤帆"、"远影"等于说"帆孤"、"影远"。如不考虑诗句音律的限制，诗句的本体写法应该是"帆孤影远碧空尽"。

如果说，"孤帆远影碧空尽"更合于诗歌的形象思维（逻辑谓语塞在不显眼的地方，不直露，利于想像），那么说，"帆孤影远碧空尽"更合于汉语语法（主谓——主谓——主谓，句式协调整齐。又：孤帆、远影不能单说）。

3.3 既然定心谓语和动词谓语、形容词谓语一样，有负载逻辑谓语的功能，那么，定心谓语当然有充当复句中的分句——"谓语形式"的资格。

例如：

（1）（蓝）天，（远）树，（金黄色）的麦浪。

（2）（两声）（鞭）响，只见两辆大车一溜烟似的向山路飞奔而去。

（3）（这么大）的雨，吴师傅恐怕来不了啦。

（4）（蔚蓝）的晴空，（火红）的彩霞，（雪白）的大地，（苍绿）的山村，（山坡上蠕动）的牛羊群，江山秀丽多姿。

以上各复句中加括号的词语是逻辑谓语，它们所在的语言片断（如蓝天，远树）是复句中的分句。

注释：

[1] 起初句子成分分析法认为，只有谓语才是句子的中心语（中心词），一个句子只有一个中心。后来有越来越多的人把偏正结构（从属结构）中被修饰的成分称为"中心语"。本文从俗。

[2][3][5] 见赵元任著、吕叔湘译《汉语白话语法》，第48~49页。

[4] 见朱泳燊《叶圣陶的语言修改艺术》，第34~35页。

汉语语法类型管窥

　　摘　要：汉语语法比形态语言语法更注重意义，汉语最基本的语义—语法单位是"字"，而不是 word。汉语组合分直接组合和非直接组合，人对非直接组合的理解是近乎蒙太奇式的思想过程。

　　关键词：缺乏形态　直接组合　非直接组合　蒙太奇　意义支点

一

　　从语法类型学角度看问题，形态语言的语法和非形态语言的语法之间，存在着质的差异。形态语言的语法属于形式语法（Formal grammar），它完全依据语言的可见形式进行语法描写。吕叔湘说："在某些语言里，形态即使不是语法的一切，至少也是语法的根本。有了它，次序大可通融，分段也受到限制，哪个字跟哪个字有关系，是什么关系，也差不多扣死了。"（《语文常谈》第 50 页）所以在形态语言里一定的形态反映着一定的语义内容，只要把形态变化作为语法分析线索，就可以把握语言成分在意义上的搭配关系及其规则。汉语，作为一种缺乏形态的语言，恰恰丧失了"形态"这一形式语法的根本。汉语语句只是一串"字"（音节）的意合组装，语言成分之间没有形态勾连，它的全部语法范畴主要体现在语言单位组合时意义之间的搭配规则及其规则系统。人们平常研究汉语语法时所感兴趣的语序、虚字、分段、关系等，在其背后起控制作用的因素仍然是内在的语义，而不是外露的形态。不少人以为我国传统的语文学曾有文字学、训诂学、音韵学等分支的极大发展，唯独没有语法学的形成和发展。对此我们不敢苟同。目前为止的汉语语法，基本上是因袭西方语法而产生的，这使人们产生了一种先验的

317

观点：似乎对语言进行形态的研究才是语法学的正统研究。这就从根本上抹杀了汉语哲学语法作为一种语法类型的存在。如果我们丢开形态语法先入为主的模式，去老老实实正视汉语的客观事实，谁又能说汉语的传统语义学不就是汉语语法呢？我国传统的包括在语文学中的语言学，从一开始就是以民族文化为背景，从诗文的音律、字义的训释、句式的骈俪、文章的句读、吟诵的气运等方面入手，蕃衍出独特的造句法和"神而明之"的言语理解法，着重从语义方面摸索出了萌芽状态的汉语哲学语法理论框架。

二

字与字的组合，就其本质而言是语义组合。根据组合的不同性质，可以分为直接组合和非直接组合。比较：

A. 大刀　水涡　尼龙衫　民兵队　茶花　马腿　六亿人

B. 牛刀　酒涡　蝙蝠衫　足球队　茶几　马裤　六亿神洲

通常对 A、B 两组以"偏正结构"一言蔽之。由于这种过宽的概括，阻碍了人们对这些汉语里最常见的组合进行深入的研究，以致对它们在组合上的严重差异视而不见。不难发现，A 类中修饰和被修饰关系有着直观的和直接的体现，如大刀——大的刀。但这种关系在 B 类组合里却缺乏直观的和直接的体现，如牛刀——＊牛的刀。

支配关系的组合也有这种情况。比较：

A. 卖菜　吃饭　拦车　骂人　谢他　写文章　吃米饭

B. 卖钱　吃请　拦网　骂街　谢幕　写毛笔　吃食堂

通常将它们都归入动宾结构。但 A 类直接体现了组合中的支配和被支配关系，如卖菜：卖什么？——卖菜；还可以变换成"把"字句来体现这种语义关系：卖菜——把菜卖。但是 B 类则不然：卖什么？——＊卖钱；卖钱——＊把钱卖。

以上两组例子，A 类是直接组合，B 类是非直接组合。

直接组合容易被人们看作"词组"，非直接组合容易被人们看作"词"（合成词）。长期以来，人们试图努力将简单词组和合成词截然分开，但谁都知道，二者的划界仍为目前汉语语法学界棘手的问题。我们认为，所谓"合成词"不过是从千姿百态的语言的层次系统中提炼出来的超级意义支点序列。例如"牛刀"是"杀牛时使用的刀"的超级意义支点序列。"卖钱"是

"卖了东西得到钱"的超级意义支点序列。可见这类组合包括一连串的隐含的概念，即包括一句话的语义内容。如果硬把它看成一个 word 是不科学的。超级意义支点序列作为一个"字组"，它与"词组"不会有根本的差别。所谓词组不过是一种"松字组"，所谓"合成词"不过是一种"紧字组"而已。

通行语法书认为，汉语中的词是由语素构成的，因而语素够不上是"最小的自由形式"（布龙菲尔德对词所下的定义），但是在汉语里，"语素"（字）作为"最小的自由形式"，并不是极个别、极少数。例如"识"、"民"、"蛛"、"员"、"虎"之类是通行语法书一致认定的不能自由运用的语素，然而事实上却不然：

识——我们要顾大体，识大局。

民——当官不为民作主，不如回家种白薯。

蛛——房顶上挂满了蛛丝。

员——我也是中华人民共和国一员。

虎——那是一只虎。

通行语法认为汉语中存在一种双音节的"联绵词"，认为其中每一个字毫无意义，这种看法不尽符合汉语实际。有不少研究成果表明，汉语中不存在那么多的"联绵词"。例如"蚯蚓"，《本草》注："蚯，蚓之行也，引而后申，其蝼如丘，故名蚯蚓"。可知"蚯"即"丘"。再如"牺牲"：色纯为牺，体全为牲。有的双音词，各单字的意思已不明。只有少数可能属于古代的音译外来词以及少数远古复辅音遗绪，才算得上真正的"联绵词"。——这些不属本文论证范围。

在汉人的心理上，母语中最基本的语义—语法单位是"字"，而不是 word（"词"、"辞"古人用来指虚字）。用一个一个的字，以不同的结构层次组合起来，形成一个一个的句子或一连串的流水句。"夫人之立言，因字而成句"（刘勰《文心雕龙·章句》）。汉语研究从来就是把字作为研究对象的。《尔雅》、《说文》、《广韵》等汉语语言著作，看不到一点印欧语里的词和词类的影子。《助字辨略》、《经传释词》等一些土生土长的汉语语法书，正是以字为其研究对象和内容的。所以我们认为，如果要重新认识汉语语法的类型及其特点的话，有必要做好"以字为本"的正本清源工作。用朴素的眼光看问题，写诗填词讲究"炼字运气"，演讲发言讲究"吐字清楚"，戏曲演唱要求字正腔圆",阅读文件要求"逐字逐句",领会作品内容寻觅于"字里行间",学习文化科学起始于"识字扫盲"……若不是读了几本汉语课本,汉族人还从来没想到过 word 的概念。须知,古今汉族广大社会成员是运用母语的专家和大师,任何高明的语言学家只能从他们中间发掘语言规律。"词"这一术语及其概念只存在于少数语言工作者中间而不存在于广大人民中间的这一事实本身已经十分催人反思了。

所以吕叔湘说:"'词'在欧洲语言里是现成的","汉语却相反,现成的是'字'","汉语里的词之所以不容易归纳出一个令人满意的定义,就是因为本来没有这样一种现成的东西。其实啊,讲汉语语法也不一定非有'词'不可"(《语文常谈》第 45 页)。没有现成的,那只能是人为的了,事实上正是如此。自从西学东渐以来,汉语语法前贤硬是从汉语里找 word,结果不但至今没有划清词与非词的界限,反而使汉语语法理论背离了民族性和实用性,以致于在语法学家中间长期为鸡蛋—鸭蛋,羊毛—驼毛是词非词的问题争论不休,以致于造成了让全国广大中小学生以及部分文科大学生在词与非词的作业中煞费苦心的被动局面。我国有过从《说文解字》到《新华字典》一系列成功的字典,却难说有过一部成功的词典,因为从来没有一本词典解决了汉语"词"的问题。目前国内权威性的《现代汉语词典》就在它的前言中首先声明"词典中所收条目包括:字、词、词组、熟语、成语等",将词、词组这些他们自己认定的泾渭分明的两级语言单位采用一锅煮的方法,其好处是回避了汉语研究中一个棘手的问题,其坏处是记载了一个汉语理论系统上的漏洞。1982 年中国人民大学出版了一本《常用构词字典》,同样将词和词组混为一谈,名曰"构词"之典,实为文题不符、不伦不类的东西。看来这一问题确实成了"汉语构词法上的危险关头"(陆志韦《汉语的构词法》第 4 页)。

通行语法著作不允许对所谓"合成词"从意义着手进行分析,说"白菜"不是"白的菜","地震"不是"大地震动","提高"不是"提得高"……然而他们自己在讲到合成词的结构方式时,由于找不到任何形式上的依据,便不得不借助每个单字(所谓语素)的意义分出偏正式、主谓式等等一系列的结构类别,这在方法论上是有问题的。

取消 word 的概念,将字作为汉语组合的最基本的单位,不仅可以避免是词与非词的无价值争论,而且可以对分布在紧字组、松字组以及句子里的单字进行名正言顺的分析。我们认为，汉语的全部语义—语法关系功能都是通过单字之间的多层组合而最终实现的。

三

由于汉语组合本质上是语义组合，所以在意义支点之间经常出现意义上的跨越性，这在非直接组合里表现得更明显。汉语意义支点及其序列具有很大的信息蕴藏功能，尤其是超级意义支点，几乎是一种信息的"全息"载体。日本铃木修次指出："汉字在识别上有很高的效率。由于每个字都能表示一个概念，少数字就能表达大最的信息。"（《国外语言学》1988 年第 1 期第 2 页）所以，人们在对汉语各句素特别是浅层句素进行理解的时候，决不是停留在字面上，而是将言语提供的意义支点及其序列兑入大恼联想机制程序和重新编码程序，而后释放出压缩在意义支点及其序列中的大信息量，从而把握它的全部语义内容。这就是汉语理解上的意合释义行为。我国古代学者曾将这种释义行为称作"神而明之"。"神"即大脑联想机制和重新编码机制，"明"即把握全部语义内容。"语义网络"理论的建立者西蒙斯（R. F. Simmons）认为，自然语言的理解"它以句中间的概念为'节点'，概念之间的语义关系是沟通节点的'导线'"。这句话是富有启发性的，尽管形态语和汉语的语义关系的发现程序是不同的。

例如"闯红灯"，"闯"所提供的语义信息是违章地鲁莽地快速地行进，"红灯"所提供的语义信息是十字街口的交通灯已显示红灯，此时禁止某一方向的人马车辆通过。这两项语义信息同时作用于人的大脑，便产生了"人在交通灯显示红灯时违章向前闯"这样一种意象，"闯红灯"这一意义支点序列所蕴涵的全部语义内容就这样被人"神而明之"了。再如"电冰箱"，即使没有见过此物的人，也可以通过"电（电力）"、"冰（冰冷，结冰）"、"箱（箱子）"这些语义信息的"沟通"，意会出此物到底和一个装衣服的皮箱有何种区别。又如"结婚，离婚，半天工夫"，其中没有任何虚字连缀，字面上只是几个孤零零的概念，但一旦利用语义"导线"将三项字组沟通，便立即得出"从结婚到离婚，只有半天工夫"的新编码。对汉语的这一理解机制，有的语言学家曾有过入木三分的论述。清人黄侃说："则以积字成句，一字之义果明，则数字之义亦无不明。"（《文心雕龙札记·章句篇》）吕叔湘说："语言的表达意义，一部分是显示，一部分是暗示，有点儿象打仗，占

据一点，控制一片。"(《语文常谈》第 64 页)

我们用电影蒙太奇来比拟汉语字句的组合和理解，决非为了掠奇，因为蒙太奇艺术并非电影独有，也并非现代人独有。我们的祖先早在几千前就利用蒙太奇方法创造了为数不少的会意字，同时他们早已将蒙太奇当作文学创作的基本方法之一。这在历代诗歌语言表现艺术上体现得尤为明显。元人马致远的名曲《天净沙·秋思》便是一个典型的例子。曲中一连串的在字面上缺乏联系的字组，有如一个个电影镜头作用于读者的视觉分析器，进而激发起大脑的沟通和联想。《秋思》所描绘的完整的画面和意境便展现于广人的意识中。

蒙太奇式的理解，作为一种民族文化心理，还表现在社会生活的各个方面。例如我国传统的戏剧，并不主要依靠布景、道具，在表演上只求神似，用象征的动作去诱导观众的联想和想像。所以在戏剧舞台上，往往是三五步路千万里，六七个人百万兵；一桌一椅即一堂一室，一桨一鞭即一船一马。在日常中，人们也无时不在对周围的可见事物进行"分镜头"的认知处理。那么，要用语言将客观世界反映于人脑而产生的感受、思想以及时空观念等表达出来，就不可避免地打上蒙太奇烙印；而理解这样的语言，也只能使用蒙太奇的方法。人们常说，电影的字汇是镜头，我们未始不可说，语言的镜头是字汇。

形态语言可以以其词形及其变化将组合成分之间的关系意义直观于人的视觉，读者可以依据外在的语法结构形式直接领悟其语义内涵。但是汉语则不然，它的组合成分之间的意义关系没有形态标志诉诸人的感官，而只能以其一个一个零散的"镜头词"作用于人的联想，而后间接地心照不宣地意会其语义内涵。比如在一个不管多么复杂的修饰语里的非直接成分中选取一个字直接与中心语搭配（牛刀），这在综合型语言里是不大可能的。而对这样的组合的理解，只能主观意会，缺乏形式依据。例如"牛刀"和"马刀"在字面上没有任何差别，但人们约定俗成地先验地将"牛刀"理解为"杀牛用的刀"，将"马刀"理解为"骑马者用的刀"（而不是"杀马用的刀"）。同形态语言相比，汉语这一特点似乎是个短处，但是汉语以其"非造型性"的蒙太奇组合作用于人们的思维，因而这一短处又变成了长处。汉语可以以其意义支点提供一系列的"镜头词"，让人们根据各自不同的语言知识、生活体验、文化素养和想像能力去进行"再创造"，在想像中描摹他心中的理想图景和时空秩序，有时甚至还可以同时获得审美享受。心理学中一种传统的看法是意义天然地包含在材料中，据此，语言理解的过程就只是被动地从语言中提取它所包含的意思的过程。现代认知心理学否认了这一看法，认为语言理解不是被动的过程，而是主功的建设性的过程。例如"楚腰"、"梧桐雨"、"茶话会"、"凤凰厂"、"万人空巷"、"一袋烟小说"、"歇礼拜'、"伸懒腰"、"哭鼻子"……它们内部都没有词形、"语法"诸手段作衔接，够得上"无技巧剪接"。对此，人们很难作出穷尽的言表。庄子说："语有贵也，语之所贵者意也，意有所随，意之所随者，不可以言传也。"（《庄子·天道》）但是联想是理解的基础，由于汉语意义支点具有所指的极大蕴涵功能，人们可以主动地通过对"楚—腰"、"梧桐—雨"等的蒙太奇处理，搭起联想的桥梁，原来潜在于各个意义支点之中的异常丰富的信息意义便象电火花一样迸发出来。

一个字在未与他字组合之前，只有它本身固有的静态的意义，但它一旦成为一个意义支点而进入序列时，便会大大超过它本身固有的信息含量。生活实例和实验研究都表明，一个字的实际信息含量常有赖于它所处的组合环境。曹日昌主编的《普通心理学》在谈到内部言语时说："片断的词或词组（即本文所说的字或字组。——笔者）和完整的句式保持着固定的联系，因此一个词或词组就可以代替一句话，甚至代替　系列的意思。"（下册第 41 页）例如"茶几"之"茶"蕴含着"放茶具用"的信息量，"两张平安里"之"平安里"蕴含着"到平安里下车的车票"的信息量。这类大信息量都是在与其他意义支点的蒙太奇组接中释放出来的。有时人们不善于将字组与完整的句子有机地联系起来。试想，为什么能说"牛刀"，不能说"字刀"呢？不就是因为有"杀牛用的刀"而没有"杀字用的刀"这样的语义深层句吗？因此人们对意义支点序列的理解，是对它进行整体处理的结果，而不是若干意义支点字面意义的简单相加。否则，"红学"只能理解为"红色的学问"，"饭后"只能理解为"饭的后边"，"吃食堂"只能理解为"把食堂吃掉"，"寒衣"只能理解为"寒冷的衣服"。

一篇文章中所使用的句子，深浅不一，详略各异，所以人们在阅读理解的时候，目光在每个句子上停留的时间也长短有别。对较深层（必然较长）的句子，不必将句中每个单字都看过，而只需抓住其中的意义支点即可。苏联阅读问题专家 O. A. 库兹涅佐夫认为文章的水分有时达到 75% 的程度。

因此在快速阅读时，只需抓住文中 25％ 的意义支点，便可以象牵牛鼻子一样把握全文。根据本文言语理解的观点，所谓快速阅读不单纯是目光的快速移动，它是一种由对意义支点的视觉筛选摄像到大脑联想机制的复杂理解过程。在这方面，汉字作为表意文字，比字母文字有着更有利于快速阅读的得天独厚的便利性。日本铃木修次指出："在现代高速公路上，以 80 公里的速度行驰的车辆，对于标志地名的汉字，能准确无误地认出来。但对于汉字底下的罗马字，一到 80 公里的速度，一般就很难完全认出了。"（《国外语言学》1986 年第 1 期第 21 页）可见汉字具有极高的视觉识别和快速阅读优势，这就给汉语特有的言语生成和特有的言语理解奠定了自然条件。有的作者在写作时干脆将水分挤掉，直接提供给读者以赤裸裸的意义支点序列集群，这时候就很难顾及什么常规的"句法"了：

青春，热情，明月夜，深切的爱，一对青年男女，另一个少年，三角恋爱，不体谅的父亲，金钱，荣誉，事业，牺牲，背约，埃及的商业，热带的岁月，没有父母的少女，酗酒病狂的兄弟，纯洁的初恋，信托的心，白首的约，不辞的别，月夜的骤雨，深刻的创痛，无爱的结婚，丈夫的欺骗与犯罪，自杀与名誉，社会的误解，兄弟的责难与仇视，孀妇的生活，永久的秘密，异邦的漂泊沉溺，兄弟的病耗，返乡，兄弟的死，终身的遗恨，久别后的重逢，另一个女人，新婚的妻子，重燃的热情，匆匆的别，病，玫瑰花，医院中的会晤，爱情的自由，三角的恋爱，偕逃的计划，牺牲的决心，复车的死。（巴金《春天里的秋天》）

参考文献：

[1] 吕叔湘《语文常谈》，三联书店，1980。

[2] 申小龙《汉语语言类型的新探索》，《复旦大学学报》，1984 年 6 期。

说 "了₂"

摘 要： 通常认为了₂表示句子的语气，有时兼表动态（动作完成），我们则认为了₂不是语气词，而是助词。了₂作为助词，除了表示动态外，还有成句的作用。

关键词： 了₂ 语气词 助词 成句

通常认为，普通话里的"了"分"了₁"和"了₂"。比如"吃了₁饭了₂"，其中了₁附着于动词"吃"的后面，表示动作行为的完成，它是动态助词。了₂附着于全句的末尾，表示一句话的语气（有时兼表动态），它是语气词（或称语气助词）。我们打算就了₂谈一点不同看法。

首先，我们认为了₂不表语气，不宜归入语气词。

所谓语气词，顾名思义是有表示某种语气情态的作用的词。比如"吗"、"呢"，可以表示疑问语气（天气好吗？/这种理论对不对呢？）；"吧"、"啊"可以表示祈使语气（祥林嫂，你放着吧！/少东家，你可不能走啊！）；"啊"可以表示感叹语气（天气多冷啊！）……"吗"、"呢"、"吧"、"啊"等作为语气词，都有表示一种语气情态的功用。然而了₂则不然，试看：

问题解决了。

问题解决了？

问题解决了！

这三句话分别是陈述语气、疑问语气和感叹语气。但是这些语气的表达，靠的是全句的语调：在口头上用语调的升降形式表达，在书面上用不同的标点符号表示。无论口语和书面语，其语气的表达都与了₂无涉。这是因为：

第一，凡语气词一般都可以省略，省略后不但句子仍旧成立，而且不影响句子语气的表达。例如：

天气好吗？——天气好？

这种理论对不对呢？——这种理论对不对？

祥林嫂，你放着吧！——祥林嫂，你放着！

天气多冷啊！——天气多冷！

如果了$_2$是语气词，它就应该与其他语气词一样可以省略，但是事实上了$_2$省略后句子不成立。例如：

吃了饭了？——＊吃了饭？再如：

问题解决了。——＊问题解决。

问题解决了？——＊问题解决？

问题解决了！——＊问题解决！

第二，如果认为了$_2$在上面例句中分别表示了三种语气，那么：

北京他去过。　　　　　书在桌上放着。

北京他去过？　　　　　书在桌上放着？

北京他去过！　　　　　书在桌上放着！

岂不是说，"过"、"着"也是语气词了吗？但是这个结论恐怕没有人同意。置于句末的未必是语气词，我们应该透过这个"语法假象"看实质。

正因为了$_2$不是语气词，所以它后面还可以加上语气词。例如：

问题解决了啊。（陈述句一般不用语气词）

问题解决了吗？

问题解决了啊！

同理：

北京他去过啊。　　　　书在桌上放着呢。

北京他去过吗？　　　　书在桌上放着吗？

北京他去过啊！　　　　书在桌上放着啊！

但是，有的句子末尾用了"吗""呢"等语气词，就不能再加其他语气词，例如：

＊天气好吗啊？

＊这种理论对不对呢啊？

就是说，普通话中只有："S（句结构）＋了$_2$＋语气词"，没有"S＋语气词＋语气词"。这就进一步动摇了了₂为语气词的看法。

需要指出的是，普通话里有一种"S＋过＋了₂"的格式，但这并不能说明了₂是语气词，因为它与"S＋过＋语气词"的格式有着显著的不同。"S＋过＋语气词"中的语气词可以省略。例如：

北京他去过吗？＝北京他去过？

但是"S＋过＋了₂"中的了₂不能省略（省略后意思发生变化）。例如：

北京他去过了？≠北京他去过？

"—过了"式表示动作行为的完成（历时不久）；"—过"式表示动行为的曾经经历（不管历时短长）。例如"北京他去过了"是说他去过北京之举已经完成，"北京他去过"则说无论几天前或者几十年前，他去北京之举的曾经经历是肯定的。

了₂作为助词，除了表示动态外，它还具有一种标志成句的重要作用。在此句式中，有了它，句子就能煞住，没有它，尽管句子的结构在表面上看似乎是完整的，但它缺乏自足性和现实性，因而句子实际上是站不住脚的。例如：

＊我吃。／＊我吃饭。／＊我吃饱。

＊我们学习。／＊我们学习政治。

＊天气好。／＊天气好极。

＊他病。／＊他得病。

若要让这些"句子"成立，必须采取以下几种办法：

一、加附加成分

我吃不了。（加补语）／我正在吃饭。（加状语）

我们正在学习。（加状语）／我们下午学习政治。（加状语）

天气非常好。（加状语）／天气好得很。（加补语）

二、对举

我吃饭，他喝水。

我们学习政治，他们学习外语。

三、对话

你吃什么？——我吃饭。

谁学习政治？——我们学习政治。

天气怎么样？——天气好。

四、加了$_2$

我吃了。/我吃饭了。/我吃饱了。

天气好极了。

他病了。/他得病了。

此外，把字句、被字句也常常由于缺少了$_2$而不能成立。例如：

＊他把饭吃。/＊他把文章写完。/＊他们把教室打扫干净。

＊敌人被我们打垮。/＊玻璃被他打。/＊房屋被震塌。

只要在句末加了$_2$，句子便立即显示出它的自足性和现实性：

他把饭吃了。/他把文章写完了。/他们把教室打扫干净了。

敌人被我们打垮了。/玻璃被他打了。/房屋被震塌了。

至于了$_1$和了$_2$都作为助词，二者有何区别，待另作讨论。

试论隐性语法关系

摘 要：空间组合的思想和时间组合的语言之间存在不协调性，用线性语言表达整体思想时，隐秩序里的若干个语义元被强制性地挤排在线性序列上，这就势必产生语法结构和语义结构不一定一致的现象。一致者即显性语法关系，不一致者是隐性语法关系。

关键词：显性语法关系　隐性语法关系　语义元　语言痛苦　挤排

一

近些年来，人们喜欢用"隐性语法关系"这一术语解释某些语法现象。例如有的文章认为，"出租汽车"作为名词性结构，"出租"和"汽车"之间是修饰和被修饰关系，可是在这种关系背后还存在另一种关系，即动作和受事关系，作为动词性结构，"出租"和"汽车"之间是述语和宾语的关系，同时二者之间仍然存在着动作和受事的关系。据此认为"出租汽车"有显性、隐性两种语法关系：修饰和被修饰、述语和宾语都是显性语法关系，而动作和受事是隐性语法关系。显然，这里将隐性语法关系单纯当成了一种语义关系，这就未免将复杂的问题简单化了。我们认为，所谓隐性语法关系是一种语法、语义参差交错的复杂关系。要弄清这一问题，需要结合人脑的语言生成机制加以研究和探索。本文打算从这一方面做一点探讨。

我们知道，语言是表达思想的，然而语言究竟是如何表达（输出）思想的，则似乎较少有人问津。苏联神经语言学家 A．P．鲁利亚通过实验指出，人们的"思想及其语义观念借助于内部言语机制，代码为未来话语的深层句法结构，然后又转变成表层句法结构，最后才变成经过线性整理的扩展的话语"。[1]鲁利亚所说的"内部语言"和"深层句法结构"是否存在，尚需进一步探讨，然而他的这一论断却诱导人们对思想向语言的转换进行思考。

我们认为，自然语言未能完全忠实地表达人的"思想及其语义观念"，这主要是因为，作为线性序列的自然语言具有较大的局限性和强制性。这种局限性和强制性主要表现在：自然语言是线型的，序列的，但它表达的装在"黑箱装置"里的思想及具语义观念却决不可能是线性的、序列的。现代脑科学认为，人的大脑皮质是由 100 到 150 亿个神经细胞组成的，每个神经细胞又含有很多个"突触"，突触既可以传递神经冲动，又可以产生电紧张性影响。有人喜欢将一个神经细胞比作一台微型电子计算机，那么，人脑实际上是一个极端复杂的信息加工、信息再生和代码检索的网络系统。而人脑里的思维及其成果——思想则可能是比四维时空更深刻的所谓"隐秩序"。"在隐秩序里，所有的物质都是互相连系的，而且这种相互关系可以很快地传递。"[2]存在于这一隐秩序里的思维和思想是不可能全部以语言（包括"内部语言"）为其载体的。所以，人们并不是首先用语言组织好了一个思想，然后说出去；接着再组织一个思想，然后再说出去……。写篇文章之前，有的作者脑中已经存在着纷繁复杂的思想内容，然而只有等到文章写完之后，才彻底明白了原先脑中存在着一些什么样的思想、观念以及在写作过程中的某一刹那才顿悟出来的灵感信息。准备在会议上即席发言的人，首先在大脑里用几分钟的时间大致勾勒出一个发言提纲，然后就可以滔滔不绝地说上几十分钟或者几个小时。可见，人脑是一种高度灵活的信息处理系统，人脑里的思维"不是线型的，是多路并进的，不是流线加工，而是多路网络加工"。[3]正如恩格斯所说："当我们深思熟虑地考察自然界或人类历史或我们自己的精神活动的时候，首先呈现在我们眼前的，是一幅由种种联系和相互作用无穷无尽地交织起来的画面。"[4]

如果说思想是空间组合，那么自然语言则是时间组合。在一些记叙性的文体中，经常可以见到这样的叙述方式："话分两头说。先说……，再说……"，"此事暂时按下不表，却说……"。在一些议论性的文体中，又经常可以见到"一方面……另一方面……"、"首先……其次……"之类的议论方式。但是，这些所要记叙或议论的思想内容，在"隐秩序"中的存在绝不可能是依照这样的线性序列组合的。在这里，我们可以窥测到空间组合的思想和时间组合的语言之间的不协调性。人脑可以同时存在（储存）无数思想和观念，但人却绝对无法同时说出两句话。即使在急于表达许多思想的时候，也只能像候车室排队买票一样，一个挨着一个来。所谓"急得说不出话来"、"满肚子的话不知从何说起"，就是用线性语言表达整体性思想时所受到的时空限制的生动写照。这就是所谓"语言痛苦"。

其次，我们还可以进一步发现，不但在大段大段叙述时采用"话分两头式"，而且在用一个句子表达两个基本的"思想元素"（爱因斯坦语，我们姑称"语义元"）的时候，也常常使用这种表达方式。例如：

甲组（话分两头式）

1. 哥哥挑水，妹妹做饭。

2. 孔雀表好，谁不赞美孔雀表？

3. 巴西有自己的打法，西德有自己的打法。

4. 我家的后面有一个园子，园子很大。

5. 请你提意见，你的意见是宝贵的。

6. 我吃了，我饱了。

7. 昨晚他说相声，说得真好。

为了弥补线性语言的先天不足，提高语言的表达效益，在汉语中，常常将"两头式"（复句）折合成一句话（单句）说出。甲组各句分别变换为：

乙组（挤排式）

1. 哥哥妹妹挑水做饭。

2. 谁不赞美孔雀表好？

3. 巴西和西德各有自己的打法。

4. 我家的后面有一个很大的园子。

5. 请你提宝贵的意见。

6. 我吃饱了。

7. 昨晚他的相声说得真好。

以上甲乙两组虽然都是由多维的思想转换生成为一维的自然语言，但是二者有很大的不同。甲组是将隐秩序里的两项有联系的语义元变换成两句话，同时分先分后地排列在线性序列之上，所以叫做"分排式"（即话分两头式）。乙组则不然，它是将隐秩序里的两个语义元强制性地挤压在一句话的线性序列上，所以叫做"挤排式"。

大脑的挤排机制和语言的挤排生成，是一些极其重要的现象，对这些现象的捕捉和深入研究，必定会给思维—语言、语法—语义的研究带来积极影响。本文正是以这一重要现象为基点展开讨论的。

下面是挤排程序的不完全示意图，我们希望读者从中得到有益的启发：

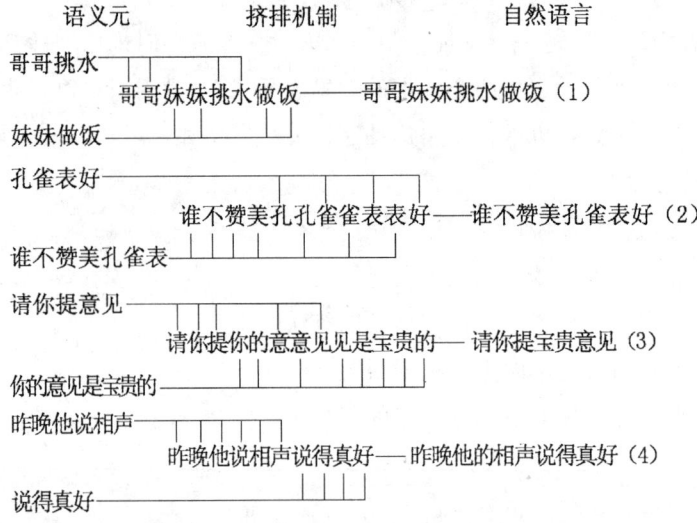

由上图看出，从挤排机制到自然语言，有"照排"和"重排"两种基本规则。照排就是将两项语义元按照原先的逻辑次序挤排在一起，如（2）式；在挤排中，将重复的音节挤压成一个音节（孔孔雀雀表表→孔雀表）。这种现象在语言现实中屡见不鲜。例如：外交部部长→外交部长，医学学院→医学院，白给我我也不要→自给我也不要，卖豆腐的的帽子→卖豆腐的帽子。重排是指打乱原先的概念次序，经过挤排而重新组建句子格局，如（1）（3）（4）式。其中（1）式是"成分归类重排"：

哥哥　挑水　妹妹　做饭→哥哥妹妹　挑水做饭

主语^1　谓语^1　主语^2　谓语^2　主语$^{1+2}$　　谓语$^{1+2}$

（3）（4）是"成分失实重排"：

（你的）意见是宝贵的（主谓）→宝贵的意见（偏正）

（昨晚）他说相声（主谓）→他的相声（偏正）

当然，经过挤排后的自然语言不一定只有一式，有时可以有两式或多式。比如"昨晚他的相声说得真好"又有"昨晚他说相声说得真好"和"昨晚他相声说得真好"二式。有时候还可以因一个词语分别挤排在两个语法位置而造成二式。例如：

　　他在路上走了整整三天。

　　他在路上整整走了三天。

　　他确实脸色不好。

　　他脸色确实不好。

　　有时候，人们在书面语上用加括号的办法对某一词句加以补述（解释、说明等）。加括号补述的内容其实是未能被挤排在句法结构之中的一项语义元。以上这些都是"挤排论"的有力依据。

二

　　所谓"语法关系"——无论是显性的还是隐性的——就实质而言，是指线性语言序列上各个"组块"之间的结构关系。但是思想元素（语义元）之间是不可能存在这样的关系的。[5]思维科学研究成果表明，"人们的记忆中起主要作用的是概念、是语义，而不是句法"。[6]大约不会有人在谈话或写文章之前就意识到所要使用的全部的具体的句子。现代认知心理学认为，语言的生成在许多方面类似于"问题解决"过程。即人们在谈话或写文章之前首先抱有目的，不同的目的会导致不同的思想和观念的形成；接下去便是"如何达到目的"这个问题，即打算说什么和如何去说，然后是通过加工、转换、实行等阶段而生成人们所能听到或看到的具有语法规则的有声语言。从这一意义上讲，与其说"文学是语言的艺术"，无宁说文学是思维（尤其是形象思维）的艺术。有的作家在运用语言的艺术上和驾驭语言的能力上未见其高明，然而他们的确堪称高明的思维艺术家，难怪 H. A. 西蒙说："假如我找到了新的句法组合，我就找到了整个世界。"可以没想，倘若自然语言能够摆脱先天的局限性和限制性，或者人类能够构拟一种多维的人工语言的活，那将不仅对于人工智能研究，而且对于"思维直接理解"也是有意义的推进。

　　下面就语义二元句讨论两项语义元在自然语言里的分布。

　　从以上挤排示意图可以看出，有的语义元被挤排在句子的主谓宾语法位置（正位）上，有的语义元则被挤排在定状补位置（偏位）上。例如：宝贵的意见（偏—正），吃饱（正—偏）。在语义二元句中，至少有一个语义元占据正位。

这就决定了有可能出现语法偏正和语义偏正相脱节的现象。所谓语义偏正，指的是语义二元在语义结构中所处的主次地位。处于主要地位的语义元，负载着句子的语义中心和交际兴趣中心，这一语义元即为语义之正；另一语义元则为语义之偏。

　　由于语义偏正不像语法偏正那样有固定的位置（定心、状心为前偏后正，心补为前正后偏），而是决定于表义中心和交际兴趣中心所在，所以造成了以下两种情形。

　　当语义中心和交际兴趣中心寄负于语法之正时，语法偏正和语义偏正相吻合。例如"（小红是个）年轻的姑娘"，其语义中心寄负于中心语"姑娘"，而一般不会寄负于"年轻的"这类非区别性的定语。这时语法结构忠实地反映出思想和语义观念的真实面貌，忠实地表达了其语义内容。我们说，凡是与语义结构相吻合的语法结构，其构成成分之间的语法关系，是一种显性的语法关系。

　　当语义中心和交际兴趣中心寄负于语法之偏时，语法偏正和语义偏正相脱节，即形式和内容相脱节。这时语法的"偏—正"或"正—偏"，恰恰负载着语义的"正—偏"或"偏—正"，例如，"（请你提）宝贵的意见"，从字面上看，似乎说只许你提宝贵的意见，不许提不宝贵的意见，这显然是不符合思想实际和交际实际的。不难看出，"宝贵的意见"的语义内涵是"意见宝贵"。这说明，定语"宝贵"已经丧失了对其中心语"意见"的修饰或限制的语法作用。从语法平面上看，"宝贵的意见"是修饰和被修饰关系，而在这个关系后面还潜在着一个主谓关系（意见宝贵）——隐性语法关系。我们说，凡是与语义结构相脱节的语法结构，其构成成分之间的语法关系，是一种隐性的语法关系。

　　本文一开头谈及的"出租汽车"一例，我们认为它不存在隐性语法关系。首先，它作为名词性结构和动词性结构，是同种语言段落的多义现象，而不是显隐现象。凡是歧义句都属于此种情况。其次，作为动词性结构，"出租"和"汽车"之间的语法关系是"述语—宾语"，语义关系是"动作—受事"，其语法结构和语义结构相吻合，"出租汽车"是地地道道的显性语法关系。

　　隐性语法关系之谓"隐"，是指某种语义关系被一种与之不相符的语法形式假象所遮蔽。对此，人们往往不善于透过语法假象去捕捉语义真谛，而是将语法结构和语义结构这两个属于不同语言平面（Level）的东西混为一谈，将语法结构当作语义结构看待。这样做不但影响着人们对语言的正确分析，还严重地影响着"自然语言理解"。哥棍（J. A. Go. gen）认为："语义比句法结构更为重要。""人工智能的许多研究工作正因为过分注重句法、忽视语义而遭到损害。"[7]我们认为，建立隐性语法关系的人机对话模型，对于克服目前自然语言理解上的困难，具有较大的意义。

语法结构与语义结构的脱节现象，是由从思维到语言的挤排生成的局限性和限制性所造成的。为了有利于人们对语言的分析和有利于自然语言理解，我们完全可以采用"改换两头式"、"颠倒语序"和"添加虚词"等手法使隐性语法关系"显化"。例如：

隐性	显性
你是我最好的丈夫 ——	你是我的丈夫，你最好
汽车盖着帆布 ——	帆布盖着汽车
造福后代 ——	造福于后代
这件事我有办法 ——	对于这件事我有小法

为了使语句的意思变得比较直露，以利于读者理解，有的作家在修改文句时，有意让隐性的句子"显化"。下面是高尔基《母亲》译本中一段话的原文和改文的对照（原文为隐性，改文为显性）：

［原文］

也有穿着撕破了衣服，垂着沾了泥污和带了伤痕的颜面，在嘴里高声地嚷着对于伙伴们所加的打击而回去的家伙，也有含着屈辱的愤怒或者挂着战败的眼泪而回去的可怜而不幸的东西。（1949 年译本）

［改文］

有的衣服撕破、鼻青险肿，还幸灾乐祸地夸耀怎样打了伙伴，有的受了欺负，满肚子怒火，或者流着委屈的眼泪。（1973 年译本）

下面是叶圣陶先生的《在民间》里一段话的两式对照（原文为隐性，改文为显性）：

［原文］

一个从后面挤来的三十左右的纠察队员表示殷切地回答。（1951 年本）

［改文］

一个三十左右的纠察队员从后面挤向前来，殷勤地回答。（1958 年本）

　　以上是同一个人写，同一个意思的原文和改文之间的言语差异。此外，同一个人用两种不同语言写同一部著作，或者翻译作品和原著之间，或者一个人在不同时间翻译同一部作品，都存在着一定的言语差异。那么，在表达思想和语义观念的时候，就有一个对言语选择的问题。但是，人们平时说话写文章未必都能选择了最佳的语言表达形式。更主要的是，自然语言有没有一套完全地、穷尽地反映思想的直接表达形式，许多中外学者都认为，自然语言不能作为思维的直接载体，所以在运用自然语言表达思想感情时，产生了辞不达意和无法言传的"语言困难"。贝克莱认为"词语是思想的巨大障碍"，叔本华认为思想一旦用词语表达，思想就"死亡"了，雪莱认为"当写作开始时灵感就已经衰退"。爱因斯坦也说过，他将词在逻辑上连结在一起以前，他经历的是一种视觉和肌肉的要素的组合或联想的过程，只有在这以后才"开始寻找相应词的艰辛过程"。[8] 对于这些论述，目前虽然尚存异议，但它们至少可以证明本文关于自然语言未能完全忠实地表达思想的观点。如果自然语言能够忠实地、穷尽地反映思维和思想，那么语言中就根本不会存在所谓隐性语法关系了。

注释：

[1] 鲁利亚《神经语言学的基本问题》第 57 页，莫斯科大学出版社。

[2]《思维科学》1985 年第 1 期第 17 页。

[3] 钱学森语，《思维科学》1985 年第 3 期第 42 页。

[4] 恩格斯《反杜林论》1970 年版第 18 页。

[5] 这里是指语义元的不完全语言构拟。本文认为，语义元并非以语言为其直接载体的。

[6]《思维科学》1985 年第 2 期第 24 页。

[7] 转引自陈明远《语言学与现代科学》第 251 页。

[8] 见伍铁平《语言与思维关系新探》第 55 页。

病 句 我 见

摘　　要：病句可分语言病句和言语病句。改正语言病句的主要依据是语法，改正言语病句的主要依据是语境，所以离开语境；前者具有可改性，后者不具有可改性。

关键词：语言病句　言语病句　习非成是　规范化

§1. 语法论著中常有修改病句的内容。常常看到人们在修改病句的时候，指出一句话该这么说，不该那么说，经过变换改造，加减成分，病句就被改正了。这一做法很容易使人产生错觉：似乎语言中的正句和病句泾渭分明，病句都可以经过改正而成为正句，但是实际的情况却要比这复杂的多。例如将病句"他们都是以反秦起义的军事首领出现"改为"他们都是以反秦起义的军事首领的面目出现"（《汉语学习》84，4，"语病诊室"）。

从这里可以看出一个值得注意的问题：修改病句必得事先十分明白病句的意思，换言之，修改病句必须以十分明白病句的意思为前提条件。以上病句所以能被改正，正是因为人在修改之前就十分明白原句的意思。不然，何以知道"他们都是以反秦起义的军事首领出现"是"他们都是以反秦起义的军事首领的面目出现"的意思呢？

幼儿学话时，只说几个不成句的单词，妈妈就全然领会孩子的意思。影片《小兵张嘎》中有这样的镜头：日本军官抓住张嘎严厉地说"你的，皇军皇军的，干活！"这句话恐怕是一个极其严重的病句，可是张嘎和电影观众都明白这话的意思是"你要给皇军干活"。有位老师在批改学生作文时，将"她俄说得很流利"断然改为"她俄语说得很流利"而使学生心服口服……幼儿、日本军官、学生的话虽为病句，却照例传递了信息。

如果一个病句在改正前其意根本不明白，那么它可不可以改正呢？回答是否定的。例如"书打冷"，这个句子是无法改正的，因为"书、打、冷"之间建立不起任何联系。

须知，这里说的是"十分明白"，假如遇上不"十分明白"的句子，也照例难以改正。例如"他唱歌本"，意思要比"书打冷"明白得多，因为"他"和"唱"有联系，只须改动一下宾语，比如改为"他唱歌"就可以了。然而事情又并不如此简单，它还可以改换动词，比如改为"他有歌本"。那么，究竟哪种改法符合作者的原意？大约除作者之外，任何人都不知道。因此，从严格意义上说，这个病句是无法改正的。

或许有人会说，修改病句，只需使它在语法上讲得通就行了。问题在于，"他唱歌本"除了有以上两种改法外，还可以有其他多种改法：他唱京戏、他唱民歌，他买歌本、他有歌本，他订歌本……。一个病句可以有这么多改法，这和不改又有多少区别？

当然，有时根据句子的上下文可以大致判断出句子的原意，比如在"我唱京戏，你唱黄梅戏，他唱歌本"一句中，"歌本"一定是"X戏"之误。可是究竟是唱什么戏，就很难说了。这个句子如果是在语文课上做做练习，改为唱什么戏倒也无妨，可是如果给别人修改文章，正确的改法是唯一的，那就不能轻率为之。

综上所述，病句似有三类。A类意思十分明白，是可改的病句，而且改法一般只有一种；B类意思混乱，不可改；C类意思晦暗，有多种改法。

因此，在修改病句的时侯，首先应该分清楚它属于哪类病句，然后才有可能做出令人信服的改正。常常见到语文杂志、汉语教材或改病句专著上在修改病句的时侯，改得那样果断，那样自信，全不考虑是否一定符合作者的原意，这种做法未免令人担忧。

结构主义语法强调语言（langue）和言语（parole）的区别，认为语言是语言符号相互关联的系统，言语则是实际的话语。语言是社会的、主要的，言语是个人的、从属的（索绪尔1916）。既然句子有正句和病句之分，那么就应该有语言的正句和病句，言语的正句和病句。

通常改正病句基本都是指语言病句，其根本依据是语言语法。这是因为，语法的最本质的地方就是旨在指出语言中正确和不正确之间的界限。传统语法不必说，就是描写语法、转换生成语法和系统功能语法等也不能脱离这一语法的根本，否则任何语法将会失去其应有的意义。有了语法，人们便能够以此为据，去识别和改正各种各样的病句。

以上我们把病句分为三类也都是对语言病句而言的。为什么"他们都是以反秦起义的军事首领出现"可以改正为"他们都是以反秦起义的军事首领的面目出现"？是因为原句有"成分残缺"的语法毛病。为什么"书打冷"不可以改正？是因为它是"重病号"，无法找出它属于哪一"科"。为什么修改病句必须以十分明白它的意思为前提条件？是因为只有如此才可以找出它的毛病所在。

"言语病句"可不可以改正呢？这是一个复杂的问题。迄今为止人们的一般做法是把言语病句都归属于语言病句处理，但是如果单从言语角度看，我们认为言语病句一般是难以改正的。

系统功能语法认为语言是"做事"方式，而不是"知识"方式，因此他们十分重视对那些因语境不同而产生的各种语言变体的研究。人如何讲话，采用何种句式，全看实际需要，所以解析句法结构就不能一概从人脑内部的"普遍语法"找原因，而应该更多地结合具体的语用环境去考虑（韩礼德20世纪六七十年代）。那么，作为从实际需要出发的语言变体，如果出了毛病而想改正它，就必须以完全符合说话者的原意为准则，合则，即使使之变得符合了语言的语法，也仍然没有改正的把握。比如我正在吃柑子，却因口误说成"我吃橘子"，从语言角度看，它没有任何语法毛病，但是它却是一句缺乏真值的言语病句。如果离开说话人及其语境，"我吃橘子"不会被看作病句，更谈不上改正了。从这一意义上讲，"他唱歌本"无论改为"他唱歌、他有歌本、他唱京戏、他唱民歌，他买歌本、他有歌本，他订歌本……"都是没有根据的。

平常所说的"成分残缺和多余"是"量病句"，"成分搭配不当"（包括语序不当、句子杂糅等）是"质病句"。无论是"量病句"还是"质病句"，都属于语言病句。例如"我们正在四化建设"是"量病句"，添加动词"进行"后改为"我们正在进行四化建设"即为正句；"我吃石头"是"质病句"，把"石头"改为"吃"的可接受性受事后改为"我吃饭"、"我吃苹果"等即为正句。所有这些行为都属于语言范畴，而不属于言语范畴。

"我们正在四化建设"和"少废话"是一对有同样毛病——谓语残缺的句子：前者缺少谓语"进行"，后者缺少谓语"说"。可是人们却把前者看作

"谓语残缺"——病句，把后者看作"谓语省略"——正句。其原因就是由于前者是人们不习惯的说法，后者是人们习惯化了的说法。由此可见衡量一个语句正确与否，不但要看其是否合乎语法，而且要看其是否合乎习惯！

语言中确实存在病句习非成是的现象，即在语言的发展中，起初是病句，但是使用久了，传播广了，就取得了合法地位。例如"四季如春"起初一定是一个不妥的说法，因为"四季"之中包括"春季"，其中一项岂不是"春季如春"？但它既已约定俗成，就不必改为"三季如春"了。同类如"最好水平"、"凯旋而归"、"提出质疑"、"悬殊很大"、"白白浪费"……它们是一些似是而非的东西，但是它们早已取得了合法的地位。一个意思的两种说法并用，造成了"反辞同义"的语言现象。比如：一会儿＝不一会儿，好容易＝好不容易，差点儿摔倒＝差点儿没摔倒，在他出国之前＝在他未出国之前，除非你去我才去＝除非你去我不去，等等，这些说法的其中一种，想必当初也一定是病句，但两种说法都沿用下来，得到了社会的承认。完全可以设想，假设社会上有越来越多的人说"他们都是以反秦起义的军事首领出现"、"我们正在四化建设"等等，那么，毫无疑义，它们一定会同"转变了作风"、"少废话"，"恢复疲劳"一样，取得合法地位。

必须指出的是，习非成是者属于言语而不属于语言，唯其如此，经"习非"而"成是"的言语就不具备类推性。例如，"这把椅子有人"不能类推为"这碗饭有人"、"这把扇子有人"。

在语言的发展中，言语的习非成是是支流，语言的规范化是主流，二者在长期的较量中，规范化总是把习非成是限制在一个极小的范围之内，这是由语言的自组织所决定的。

立体语法提纲

　　摘　要：话语都是多层立体结构中的某一层次的语音表现。众多的层面叠架起来，构建成一个立体结构。深层次语言看上去罗嗦、烦琐，但是它是它上面各层语言的最完全的语义释放。意义支点的认取和使用，使得语言变得言简意赅。

　　关键词：浅层次语言　深层次语言　意义支点　串珠性序列　直接组合
非直接组合

§1. 层次

　　1.1 汉语是多层次的——层次这一概念，通常指语言单位的平面上的结构层次（层次分析法，如：写｜毛笔‖字）。本文所用的层次概念是指语言在立体结构上的深浅层次，相当于乔姆斯基的转换生成语法上的层次概念（表层结构、深层结构）。现代汉语的任何一个语句都是一个多层次的立体结构中的某一个层次的语音表现。先看下面几个用例（模型）。

　　[模型 1] 在火车站售票口，一位旅客向售票员说"一个北京"。这个句子层层深挖，可得出若干潜伏的层次。

　　1. 一个北京

　　2. 买一个（张）北京

　　3. 买一张北京票

　　4. 买一张去北京的票

　　5. 买一张去北京的火车票

　　6. 我买一张去北京的火车票

7. 我买一张从这儿到北京的火车票

8. 我买一张从这儿上车到北京下车的火车票

9. 我买一张从这儿上车到北京车站下车的火车票

10. 我买一张火车票，买了这张票，就可以凭它从这儿乘车到北京

[模型2] 新来的哲学老师刚讲完第一堂课，有人问学生："讲的怎么样？"学生回答："可以。"

1. 可以

2. 讲得可以

3. 他讲得可以

4. 他讲哲学讲的可以

5. 他给我们班讲哲学讲得可以

6. 我认为他给我们班讲哲学讲得可以

在以上每一个模型中，每一个层次的句子都可能变换为若干变式句和变型句，它们各自在自已的层次上组成一个层面——众多的层面叠架起来，构建成一个立体结构。

1.2 一个语言单位有多少个层次，不是绝对的。甚至人们很难勾勒出某个具体的语言单位的所有层次。以上二个模型是一个大致的层次体。事实上，每相邻的两层之间还可以有更细致的层次。比如（模型1）中的8层中的"上车"、"下车"，还可以有"上火车"、"下火车"作为各自的下层。再如1层（一个北京）上面还可以有更浅的层次：北京（顾客伸出一个手指说）。

一个语言单位的层次（和层面），少则几层、十几层，多则几十层，这是客观存在的非常自然的事，只是人们对语言的众多层次（特别是较深的层次），往往想不到或不去想。

1.3 为什么人们对于语言的层次想不到或不去想？这是因为：人们千百年来处于同一语言的社会里，人们对本族语的使用越来越熟练，接受语言信息的能力越来越高超。这就必然使语言由繁变简，而且越来越简，"单足以喻则单"（《荀子，正名》），只求我懂你懂大家都懂，不大讲究句子的完整性和合法性。汉人说汉语（口语），一般只用1～3层。对外族人和外国人使用这样的浅层语言，他们往往听不懂，或者发生交际事故。例如：通常人们将公民由农村户口转为非农村户口（城市居民户口）叫做"农转非"，如果将

"农转非"这类话对懂汉语的外国人讲，他们大约是听不懂的。对他们使用或者他们使用的汉语，一般限于3～6层。我们甚而至于可以设想，如果对宇宙人（假使宇宙人已经基本掌握现代汉语常用单词和语法常识），则必须使用深层次的乃至最深层次的语言。

1.4 深层次语言（特别是最深层次的语言）看上去异常罗嗦、烦琐，但是正是这罗嗦烦琐的语言，才是它上面各层语言的最完全的语义解释。例如〔模型2〕的第6层是对第1层的最完全的语义解释：〔怎么样〕可以〔什么可以〕讲得可以〔谁讲得可以〕他讲得可以〔他讲什么讲得可以〕他讲哲学讲得可以〔他给谁讲哲学讲得可以〕他给我们讲哲学讲得可以〔谁认为他给你们班讲哲学讲得可以〕我认为他给我们班讲哲学讲得可以。

1.5 一般看来，好像是首先想到（看到）浅层次语言，而后才颇费思索地由表及里地层层挖掘出深层次语言。这是一种错觉。

从心里语言学角度看，人们首先获得了纷繁的语义结构，然后才有可能选择某一浅层次上的语音表现。"一个北京"正是首先获得"我买一张火车票，买了这张票，就可以凭它从这儿上火车到北京"这一纷繁的语义结构的浅层表现。我们似乎觉得我们脑中不存在那些深层的东西，这种心理现象有如一个熟练的口琴吹奏者脑中似乎不存在那些音符需要吹气，那些音符需要吸气这样的具体的思维指令一样；但是不要忘记，他学习吹奏口琴无疑是从哪些音符要吹、要吸这样的阶段开始的。使用语言如使用其他任何工具一样，只要时间久长，就会产生极其高超的技巧和极其丰富的经验，从而由语言运用的必然王国进入自由王国。可见，那种自表及里的联想过程，是一种颠倒了的不可思议的思维过程。

§2. 意义支点

2.1 人们在说话的时候，往往只需抓住语言中负载重要信息的关键词语，省略掉其他一些比较次要的词语。而在听话者这一面，则依据经验，本能地将对方说出的关键词语兑入某一深层的语法结构模式里，便可立即意会出这些词语所包含的全部语义。以 m 表示相对深层，n 表示相对浅层（下同），那么：

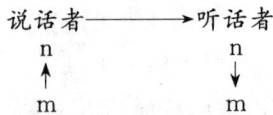

"从心理上看，这种抓住几个关键词语理解一句话或几句话的现象，正是人们理解和记忆机制的普遍规律的反映。苏联著名心理学家 A．A、列昂捷耶夫根据大量心理实验得出结论，人们理解和记忆话语都无需掌握一句话的全部词汇，即只须抓住几个'意义支点'便可。这正是人们虽然往往不能准确复述别人的话，却能相当准确复述其大致意义的心理原因"（伍铁平《礼貌语言中的语法》，《语文研究》，83，1）。

列宁的快速阅读是一个典型的例子。有一次，列宁在西伯利亚的二条河上乘船旅行的时候，手里拿着一本很厚的书在读。他不用半分钟就用手指翻一页。一位女旅伴好奇地问："你是在一行行地读呢，还是用眼睛随便在每一页书上溜一遍？"列宁含笑回答："当然罗，我在读……而且是很仔细地读，因为这本书值得认真读一读。"

列宁在阅读的时候，不可能也不必要将书中的每一个单词都一个不漏的看过，但他能够做到"很仔细地读"。这里，列宁就是凭借使用本族语的经验，采用抓住意义支点的方法阅读的。由此看出，列宁快速阅读的关键不在于目光移动得快，而在于能迅速获取意义支点并加以综合，从而象牵牛鼻子一样掌握文中的全部内容。

2.2 意义支点的认取和使用，使语言变得言简意赅。如人们将"洗脸用的盆子"简称为"洗脸盆"，仍嫌繁，又简化为"脸盆"。再如将"那是一条鱼，不是一只虎，你怕什么"简称为"那是一条鱼，你怕什么"，又简化为"那是条鱼，怕什么"，又简化为"鱼怕什么"。

可见语言的简化并不是一次成功的，而往往是简而又简，直至几乎剩下几个"超级意义支点"（见下）才算了结。在这样的多次简化中，每简化一次，就产生一个层次；简化多次，就产生众多的层次，形成了语言的层次体。

在语言的层次体中，每一个层次必然是它的相邻的深层次的若干意义支点的"线性"序列（见下）。当然，它必然也是更深各层的若干意义支点的序列。图示如下：

```
 n
 ↑    1. △
 |    2. △  △
 |    3. △  △  △
 |    4. △  △  △  △
 |    5. △  △  △  △  △
 m
```

　　图中各层具有同一的基本意思，可以说，它们处于一个"句位"；如§1中的模型〔1〕和模型〔2〕是两个句位。

　　2.3　与其说语言是线性序列，不如说语言是串珠性序列。语言中的一个个单词就像一条串珠线上的一个个珠子——正如从一条串珠上取掉几个珠子后仍为一条串珠一样，一句话中省掉几个词语后仍是一句话，而且意思并未改变。例如：

我买一张去北京的票　　　A

去掉1、5、7三个珠子即：

买 一 张 北 京 票　　　B

再去掉2、8两个珠子即：

一个（张） 北京　　　C

以上 A、B、C 三句都成立，而且基本意思不变。

　　曾经有位语文教员在批改学生作文时，断然把"她俄说得好"一句补上了学生因疏忽而漏掉的"语"字。这个现象说明，丢掉一珠（或数珠）其线不断的道理。

　　但是，如果将语言（语流）看成是线性的，那么只要去掉其上的任何一个点（词语），这条线就会断线。所以说，将语言比作"线"，是不十分恰当的。

　　2.4　一句话中总有几个词语是不可省去的特别重要的意义支点，这些"超级"的意义支点在语言中起着异常重要的"支撑"作用。例如§1中的两个模型中的"北京"、"可以"，分别是各模型中的超级意义支点。这类超级意义支点在实际的语言运用中有着极大的价值，特别是在聋哑语、旗语以及婴儿学话和病危而临死者的语言里，其价值看得尤其明显。

§3. 浅层次语言

3.1 一般地讲，目前为止的通行的专家语法常常难以解释最浅的一两个层次的话语。比如"一个北京"、"买一个北京"就不好解释（比较：一个苹果、买一个苹果）。又如"恢复疲劳"由于不是直接的支配关系（见后§4），人们既承认它是动宾关系，但又不大好用动宾关系（支配和被支配关系）去解释，结果对它众说纷纭。其实问题很简单，"恢复疲劳"即"恢复精神，消除疲劳"的意义支点序列，二者处于一个句位：

恢复疲劳＝恢复精神，消除疲劳

浅层次语言被人们广泛使用着。除了"恢复疲劳"、"打扫卫生"、"养病"、"救火"之类的老例子外，还可以列举一些信手拈来的例子：

请问｜早晨好｜棋逢对手｜给他水喝｜自行车不准入内｜卧铺票不能延长｜前面停车到鸣李（列车广播）｜这酒真难受（电视译制片《安娜·卡列尼娜》）｜包扎所就包扎所吧（茹志鹃《百合花》）｜宝宝的眼睛像妈妈（电视剧《婚礼上的儿歌》）｜这种脑袋没地方买帽子（相声《脑子好》）｜我的小孙女儿还能上报纸呢（中央人民广播电台，1983、4、13）｜冷驴热马（谚语）｜一个红灯，一下子排列到崇文门｜四十二个钟头的火车（影片《高山下的花环》）。

用通行语法解释这些句子是比较困难的。虽然曾经有人努力解释它们，但是不但意见不一致，而且谁也说服不了谁。例如"无线电我是门外汉"，有人认为是主谓谓语句，有人认为"无线电"是话题，我是主语；有人认为"无线电"是独立成分；还有其他说法。我们觉得这些说法都是"人为"的。现在看来，"无线电我是门外汉"只不过是"对于无线电，我是门外汉"的意义支点序列而已。上面列举的例句都可以用意义支点的理论得以解释。如：

n. 鱼怕什么

m. 那是条鱼，你怕什么（n 是 m 的意义支点序列，下同）

n. 这酒真难受

m. 喝了这酒，真叫人难受

n. 包扎所就包扎所吧

m. 团长说送我到包扎所去，那就送我到包扎所去吧

n. 宝宝的眼睛像妈妈

m. 宝宝的眼睛像妈妈的眼睛

n. 这种脑袋没地方买帽子

m. 这种脑袋太大，没地方买这么大的帽子

n. 冷驴热马

m. 驴在气候变冷的季节发情配种，马在气候变热的季节发情配种

我们经常可以碰到这样的现象：一些提法一方面被社会成员无休止地使用着，一方面却被被语法学者指责为"病句"、"不规范"。其实，它们之所以被指责，往往往是由于人们用较深层的平面语法去衡量较浅层的语言时遇到了不可克服的困难。有的语言学家承认："看来，句子成分分析法和层次分析法只能分析一部分句子，管不了所有的句子"。"总之，两种办法我都用过，都遇到过困难"（《中国语文》1981，6，第 403 页）。

3.2 "意会"一个浅层语句是容易的，但是"言传"它的全部语义则往往需要费很多口舌，有时需要大段大段地叙述。比如解释"羹墙"、"楚腰"、"鼻祖"、"陛下"、"馒头"、"倒霉"等需要费很大功夫才能表述清楚。再如解释"东道主"、"黄粱梦"、"高山流水"、"杯弓蛇影"则需要将有关的历史故事完整地叙述一遍。看来，多数文章的题目也未尝不可看作一篇文章的超级意义支点。

3.3 浅层语言在社会生活中使用极其广泛。除大量的口头语言外，还常见于诗词、电报、报标语、广告，路标、字号、名称等方面。例如：

n. 小桥流水人家（词）

m. 有一座小小的桥，桥下面流着潺潺的河水，这里住着几户人家

n. 父病危，速返京（电报）

m. 咱父亲病情很重，有生命的危险，希你接到电报后迅速返回北京

n. 实行计划生育是我国的一项基本国策（标语）

m. 实行计划生育是我国的一项基本国策，因此每对育龄夫妇都要实行计划生育

又如，中央人民广播电台鸣笛报点时，在五次鸣响后说："刚才最后一响，是北京时间 X 点整。"今年以来，改变了说法，省掉了前句，光说后句："北京时间 X 点整"。这是由 m 层上升到 n 层的一个新例。

3.4 由于缺乏立体概念，人们难免在汉语词性上产生误解。比如"剪

彩"是"在某种仪式上剪断彩带"的意义支点。"彩"是形容词,本不该有什么问题,但由于人们孤立地看待"剪彩",误认为"彩"置于动词"剪"之后做宾语,因此就得结论说"彩"是形容词名物化(词的兼类、跨类、词类活用云云)。再如:

n. 欺软怕硬

m. 欺负软的,害怕硬的 (《现代汉语词典》

软、硬两词作为地道的形容词,在此看得十分明白。同样,诸为"送旧迎新"、"新秀"、"另请高明"、"叙叙旧"、"牛黄"、"麝香"中的加点词也都是形容词——都是"形容词+的+名词"这样的偏正结构中的意义支点。

3.5 多数歧义句是由于两个(有时三个)深层句(m、m)的意义支点(n、n)重合而致。例如:

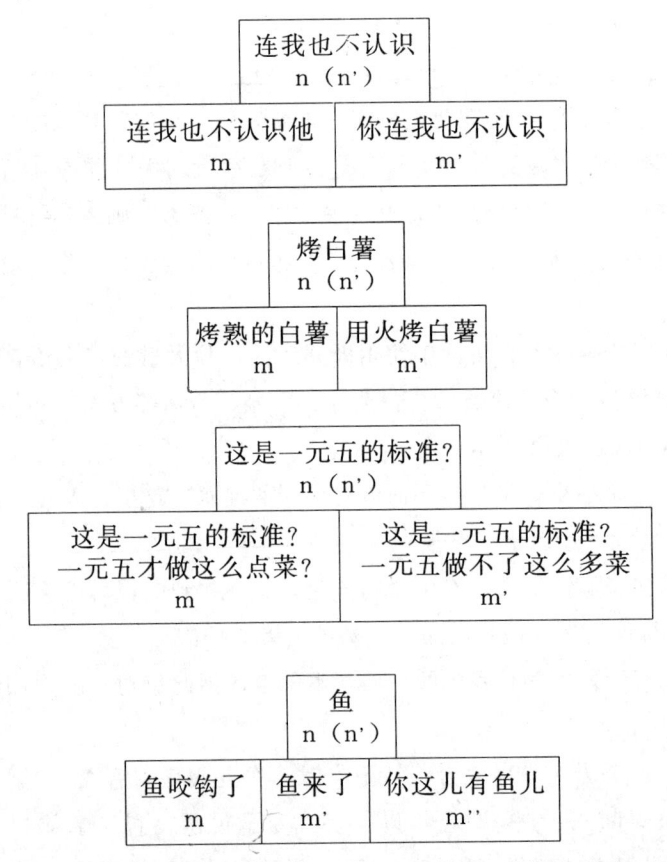

3.6 利用意义支点可造成语言的诙谐。例如相声《全家联欢会》中有这

么几句：

甲：这是孔子说的？

乙：是孔子说的。

甲：哪个孔子？

乙：我们这儿老孔的儿子！

§4. 直接组合和非直接组合

现代汉语的词与词的组合有直接组合和非直接组合两大类。

直接组合是组合成分之间直接发生语法关系（偏正，动宾等）。例如"布鞋"，定语"布"直接修饰中心语"鞋"，"布鞋"即"布的鞋"，中间可以加"的"。这一类是通行语法可以解释的。

非直接组合是组合成分之间不能直接发生语法关系。例如"雨鞋"，定语"雨"不能直接修饰中心语"鞋"，"雨鞋"不等于"雨的鞋"，中间不能加"的"。同理，"茶几"不是"茶的几"，"师母"不是"师的母"，"车票"不是"车的票"，"冷驴热马"不是"冷的驴、热的马"。这一类是通行语法不能解释的。仍以"雨鞋"为例：通行语法承认它是偏正结构，就是说，"雨"修饰或限制"鞋"，那就只能承认"雨鞋"就是"雨的鞋"了，而这显然是站不住脚的。

再举一些非直接组合的偏正结构的例子：

n. 月票（年月的票）。

m. 按月购买的乘公共汽车、电车或游览公园等使用的票（《现代汉语词典》）

n. 酒后

m. 人喝酒以后

n. 璧还（"璧"不直接修饰"还"）

m. 像完璧归赵那样归还

以上 n 式中的修饰语选自 m 式中的修饰语中的各种成分。下面 n 式中的修饰语选自 m 式修饰语中的"像……"中的喻体：

n. 猫头鹰（像猫头的鹰）

m. 头像猫头的一种鹰

n. 喇叭裤（像喇叭的裤）

m. 裤腿像喇叭的裤子

n. 面包车（像面包的车）

m. 型似面包的一种汽车

n. （抱头）鼠窜（"鼠"不直接修饰"窜"）

m. 像鼠窜那样窜

再看动宾结构的例子。"吃饭"、"看书"是直接组合，因为动词直接支配后面的宾语，宾语是动作的直接承受者（受事）。这类结构常常可以变换为"把饭吃"、"把书看"的形式。"吃食堂"是非直接组合，因为"食堂"不是"吃"的直接承受者，不能变换为"把食堂吃"。比较：

"谢他"是"把他谢"，"谢幕"不是"把幕谢"；"晒粮食"是"把粮食晒"，"晒太阳"不是"把太阳晒"；"写字"是"把字写"，"写毛笔"不是"把毛笔写"。

非直接组合的动宾结构再如：

n. 谢幕（﹡把幕谢）

m. 闭幕之后，观众鼓掌，幕又拉开，演员致谢（吕叔湘《语文常谈》）

n. 跑肚（﹡把肚跑）

m. 拦不住肚子里的东西跑掉（同上）

n. 跳伞（﹡把伞跳）

m. 用降落伞从飞机或跳伞塔上跳下来（《现代汉语词典》）

n. 闯红灯（﹡把红灯闯）

m. 在红绿灯显示红灯，不准行人和车辆通过的时候，违章向前闯去

还有一种动宾结构是从深层的动补结构而来的：

n. 献身四化（﹡把四化献身）

m. 献身于四化

n. 冬炼三九（﹡把三九炼）

m. 冬炼于三九

同类的例子如"造福后代"、"歇礼拜"、"拦网"等等。

吕叔湘先生说过：在"恢复疲劳"这类例子里，动词和名词之间的关系不是直来直往，好像拐了个弯儿。"有时候，连这个弯儿是怎么拐的都说不

清，倒如'报幕'、'闯红灯'、'解决两张电影票'等等。"（吕叔湘：《"恢复疲劳"及其他》）现在用意义支点的理论可以基本说清楚吕先生以为"说不清"的问题。

直接组合容易被人看作词组，非直接组合容易被人看作"合成词"——长期以来，人们试图努力将简单词组和合成词截然分开，但谁都知道，二者的划界仍为目前语法学界棘手的问题。从立体语法来看，所谓合成词也是从千姿百态的层次体中提炼出来的超级意义支点序列。它与词组并没有本质的区别，只是在结构上比词组紧密而已。例如"雨鞋"是从"下雨天穿的不透水的鞋"（《现代汉语词典》）一句中提炼出来的意义支点序列：

n.雨鞋
m.下雨天穿的不透水的鞋

"知青"有人认为是词，有人则认为是词组。认为"词组"的理由是："知"和"青"分别是词组中"知识"和"青年"的代表字。

如果以"代表字"作为词组的理由，那么，所谓"合成词"的每个字义何尝不是代表字呢？比如，"雨鞋"之"雨"不是"下雨天穿的不透水"的代表字吗？同样，"铁路"之"铁"是"用铁轨铺成的道路"的代表字，"香瓜"之"香"是"香味的瓜"的代表字，等等。

通常认为，"香的瓜"不就是"香瓜"，哈密瓜、白兰瓜也是有香味的，但它们不能叫"香瓜"。这话有一定的道理，但是必须看到，"香瓜"毕竟是以"香味"为其显著特征的。想必起初这种瓜还没有名称的时候，人们用它的气味特征给予命名是很自然的事。如果不考虑语言的约定俗成的特性，单从结构本身来考虑，"香瓜"就是"香的瓜"。"铁路"起初一定是"铁轨铺的路"。可见，香瓜、哈密瓜、铁路等起初一定是以词组的形式出现的。

当然，我们说"合成词"和词组没有本质的区别，并不是否认"合成词"具有意义比较固定、结构比较紧密的特点。应该说，它是一种结构紧密的词组——"合成词"和词组的区别仅在于此。

§5. 结语

通行语法基本热中于分析孤立的词句的结构。它实际上只解决了语言立体中某一个或某几个层面上的东西，因此说它是平面的语法、微观的语法。而立体语法承认语言立体的客观存在，它以语言各层次的意义支点为研究对象，因此说它是立体的语法、宏观的语法。它解决了平面语法未能解决的和实际上未能解决的问题。因此，本文虽是一个提纲性的东西，粗线条的东西，但希望能够抛砖引玉，导致最后立体语法学说的建立，那将是对当前平面语法学说的重要补充和发展。

比 喻 一 议

摘　要：通常认为，比喻中的喻体是人们熟知的事物，我们则发现，许多比喻中的喻体是人们不熟知的事物。

关键词：比喻　喻体　熟知的事物

《中国语文》1982年第二期登载浦吉的《有感于"五味瓶"》一文认为，用打翻了五味瓶这个人们不熟知的事物作比喻，"不合修辞的要求。"其理论根据是："一般讲修辞常识的书上都说，比喻是用人们熟知的事物说明不熟知的事物。说明主体的喻体应该是人们熟悉的。"

我们查阅了"一般讲修辞常识的书"，其中大多数确乎是这样说的，但是我们认为这个观点值得商榷。考察大量的比喻句，其中的喻体未必是人们熟悉的。下面几个比喻句的喻体就不是为人熟知的。

（1）战士们个个生龙活虎似的。（《杨朔散文集》）

（2）月光是隔了树照过来的，高处丛生的灌木，落下了差错的斑驳的黑影，峭凌凌如鬼一般。（朱自清《荷塘月色》）

（3）仰起头两面一望，只见许多古怪的人三三两两，鬼似的在那里徘徊。（鲁迅《药》）

（4）而终于归结到传阿Q，仿佛思想里有鬼似的。（鲁迅《阿Q正传》）

（1）里的喻体是"生龙活虎"。其中"虎"为人熟知，"龙"却绝不是人们所熟悉的，因为现在世界上不存在这种生物。古代有过恐龙、翼手龙等，但它们早已灭绝，而且，它们根本不是现在的我们所说的"龙"的形象。

如果说，虽然没有真龙，可是人们对画的龙、雕的龙是熟知的。这里有两个问题：通行语法修辞著作中所谓的"熟知的"，应该是指人们经常看到或听到的真实存在的事物，而不应当是指像"龙"这类想象的图画或模型。其次，即便承认想象的"龙"的图画或模型也算是"熟知的"，那么像（2）（3）（4）里的鬼（喻体），则不但是人们绝对没有见过的，甚至连鬼的图画或模型也很少见过。再看下面的例子：

（5）康熙字典上面的圈圈点点，看起来好像是天书，不好懂。（出处失记）

（6）怎么像嫦娥吃了升天药似地往上飘？（傅法《乔迁之喜》）

"天书"一词，出于古代神话，意为天上神仙写的书或信，既为一种迷信的说法，当然就谈不上为人熟悉的了。"嫦娥"、"升天药"也不是为人熟知的，特别是"升天药"，人们不但没有见过，甚至也没有听说过。这样的例子横着竖着还可以举出许多。

由此可见，比喻未必"是用人们不熟知的事物说明熟知的事物"（战士、黑影、人、阿Q、天空、康熙字典、往上飘）。

我们初步考察，比喻句里的喻体有三种情形。第一，为人熟知的。如"他确乎有点像棵树"（老舍《骆驼祥子》）。"像兔子似的向陈家庄奔去"（峻青《黎明的河边》）。这两个比喻句中的"树"、"兔子"是为人熟知的。第二，不为人熟知的。如前面例句(1)至(6)。第三，凭人想像出来的，这类比喻句为数最多。例如：

（7）一切反动派都是纸老虎。（毛泽东）

"老虎"为人熟知，可是"纸老虎"大约谁也没有见过，用纸糊成一个老虎，完全是人们的一种假想——既为假想，就不大会是为人熟知的。需要指出的是，这种假想或者联想，人们是依靠客观存在的事物进行的。换言之，构成这种假想或者联想的物件是为人熟知的客观事物。如（7）里的"纸"和"老虎"都是为人熟知的，用以构成了"纸老虎"的联想。再如：

（8）太阳一出来，地上已经像下了火。（老舍《在烈日和暴雨下》）

"下"这个动作为人熟知，"火"这种事物也为人熟知，用以构成了"下了火"的联想，这种联想一般总是不具体的、不为人熟知。同样的例子如（句中着重号是笔者加的）：

（9）银蛇似的闪电掠过山谷。（钱佩衡《雪莲》）

（10）泉水澄清碧绿、像泻玉泼翠一样。（吴伯箫《难老泉》）

（11）颈项都伸得很长，仿佛许多鸭，被无形的手捏住了的，向上提着。

（鲁迅《药》）

（12）鹰是无线的风筝。（张崎《绿色的守卫者》）

（13）叶子和花仿佛在牛乳中洗过一样，又像笼着轻纱的梦。（朱自清《荷塘月色》）

（14）淡黑的起伏的连山，仿佛是踊跃的铁的兽脊似的。（鲁迅《社戏》）

非区别性定语

　　摘　要：通常说的修饰性的和限制性的定语都属于区别性的定语。有一种定语既不是修饰性的，也不是限制性的，即非区别性定语。区别性定语具有积极的作用。

　　关键词：修饰　限制　非区别性定语　双音节化　渲染

　　1. 通常认为，定语就其对中心词的作用讲，有修饰性的和限制性的两种。比如"圆桌"和"一个朋友"，前者"圆"修饰"桌"，以区别于"方桌"，后者"一个"限制"朋友"，以区别于"两个朋友"、"三个朋友"。这里的修饰性和限制性是明显的。但是，有一些定语既不是修饰性的，也不是限制性的。例如"圆球"、"一个北京"，就不好说定语对中心词起修饰和限制作用，因为球本来就是圆的，无需用"圆"修饰，北京只有一个，无需用"一个"限制。从表面上看，这类定语似乎是多余的，但在事实上，这类定语并不是个别的，而是作为一个类型存在着，只是常见语法论著没有论及而已。

　　我们从新的角度把"定心"结构中的定语分为区别性的和非区别性的两大类——通常说的修饰性的和限制性的都属于区别性的。

　　区别性定语是指有区别作用的定语，它可以把一事物同别的同类事物区别开来。例如：白布—黑布，圆桌—方桌，钢管—铜管，今天的《人民日报》—昨天的《人民日报》，我的书—你的书。

　　非区别性定语是指没有区别作用的定语。例如"白雪"，雪本来就是白色的，尽管加了定语"白"，仍不存在与"白雪"相对的"红雪""黑雪"等。再如：

圆球～＊方球	蓝天～＊绿天
柔软的海绵～＊坚硬的海绵	坚硬的钢铁～＊柔软的钢铁
红色的血～＊白色的血	肮脏的苍蝇～＊干净的苍蝇

同理，普通党员、伟大的祖国、可恨的敌人、生活在水里的鱼、肉眼看不见的细菌等等，也找不出与之相对的事物。

非区别性定语在意义上和中心词的某一义素有重合现象。例如"雪"，《现代汉语词典》解释为："空气中降落的白色结晶，多为六角形，是气温降低到0℃以下时，空气层中的水蒸气凝结而成的。"如果以"白色结晶"作为这个定义的核心，代入"白雪"则为：白色的白色结晶。有重复，但不是累赘。这是因为：

第一，非区别性定语是现代汉语词汇双音节化的需要，起补足音节的作用。假使不考虑语音结构的需要，一些非区别性定语似乎可有可无，但在实际语言中却是少不了的。试比较：

一眼望去，白雪皑皑，十分壮观。～一眼望去，雪皑皑，十分壮观。

青年人应该像那展翅高飞的雄鹰，一往无前。～青年人应该像那展翅高飞的鹰，一往无前。前句自然流畅，后句别扭拗口。

第二，非区别性定语对中心词有"渲染"作用。这不同于有的语法著作所说的"描写"作用。描写作用主要体现在区别性的定语上。例如"新茶叶"，"新"从性质方面描写"茶叶"，以区别于"旧茶叶"，再如"椭圆形的镜子"，"椭圆形"从形状方面描写"镜子"，以区别于其他形状的镜子。可见"描写"与"修饰"是一回事。非区别性定语有其独特的"渲染"作用，它可使词语更加形象鲜明。例如"雪"固然是白的，但加上定语"白"，更使雪白光耀眼了，"钢铁"固然坚硬，加上定语"坚硬"，更使它的坚硬性鲜明化了。

2. 从以上的一些例子可以看出，区别性定语一定有与之相对的词语及其否定形式（白布～黑布，不白的布），非区别性定语则没有（白雪～＊黑雪，＊不白的雪）。

从逻辑上看，区别性定语所修饰的中心词表示属概念（上位概念），而整个名词短语表示这一属概念下的一个种概念（下位概念），因此这类短语中包括属种关系的一对概念。比如"布"是属概念，"白布"是种概念。因此说，区别性定语有增加概念内涵，缩小概念外延的作用。而非区别性定语所修饰的中心词所表示的概念和整个名词短语所表示的概念是一对同一关系的概念，比如"白雪"和"雪"的外延重合。

从构词上看，区别性定语能够用以构成反映同类事物的一族词（短语），例如"白布、黑布、花布……"，非区别性定语构成的词（短语）却是孤零零的，没有与之相对的词语，例如没有与"白雪"相对的"黑雪"、"红雪"。

从信息角度看，区别性定语无疑可以给短语增加信息量，比如"白布"的信息量大于"布"，"圆桌"的信息量大于"桌"。非区别性定语则不增加信息量，比如"白雪"和"雪"信息量相等，"圆球"和"球"的信息量相等。假设不考虑语言交际的效能，单从信息的角度看，非区别性定语可以看作是冗余信息。

3. 以常处于定语位置的形容词为例，我们不能说某某形容词一定充任区别性定语，某某形容词一定充任非区别性定语，而只能在具体的名词性偏正结构里通过考察定语和中心词的关系确定。某个词语在甲短语中是区别性的，在乙短语中可能是非区别性的。例如：

"白"修饰"布"时是区别性的，修饰"雪"时是非区别性的；"圆"修饰"桌"时是区别性的，修饰"球"时是非区别性的。

带有非区别性定语的名词短语，有的有比较稳定的性质，它出现在不同的语言环境里，都始终是非区别性的。[1]例如白雪、圆球、蓝天、绿草、钢锯条、红色的血、柔软的海绵、肮脏的苍蝇、肉眼看不见的细菌、生活在水里的鱼、伟大的祖国、勤劳的人民等等。

可是，有的则缺乏比较稳定的性质——在甲环境里是区别性的，在乙环境里是非区别性的。例如"高山"、"我的妈妈"、"一个人"在下面 A 句中是非区别性的，在 B 句中是区别性的。

A1 高山，大海，蓝天，白云，都默默地为周总理致哀。

B1 这座山是高山，那座山是小山。

A2 "我的妈妈！"

B2 我的妈妈是教员。

A3 我说一个人要有点良心。

B3 屋里只有一个人。

由于社会的发展进步，新生事物的不断涌现，一些性质比较稳定的名词短语中的非区别性定语，有的变成区别性的定语了。例如"红色的血"中的定语是个比较稳定的非区别性定语，可是在近年出现了"白色的血"这一词语：1972 年，日本内藤等人研制成功了一种含有全氟三丙胺和葡萄糖、钾、钠、钙、镁等成分的乳白色溶液——氟溶胶溶液（人造血浆），人称"白色的血"。[2]如果这种人造血浆为越来越多的人知晓，"鲜红的（血）"就会变成区别性的。下面举几个由原来非区别性定语成为今天区别性定语的例子：

原来　　　　　　现在

木船　　　　木船、宇宙飞船、轮船

亮光　　　　亮光，黑光（紫外线）

地球人　　　地球人、宇宙人

4. 以上讨论的是带有一个定语的名词短语，如果中心词前面带有两个定语，其情况如何呢？我们用数学的排列公式 $N = nk$ 得出四种格式：区区心、区非心、非非心、非区心（区别性定语简记为"区"，非区别性定语简记为"非"，中心词简记为"心"），这四种格式在实际语言里都存在。举例如下；

一、区区心

　　大衣柜（～小酒柜）

　　新产房（～旧住房）

　　工厂的钢管（～医院的塑料管）

二、区非心

　　小圆球（～大圆球 * 小□球）[3]

　　长树枝（～短树枝 * 长□枝）

　　张师傅的钢锯条（～李师傅的钢锯条 * 张师傅的□锯条）

三、非非心

　　皑皑白雪（＝雪 * □□雪）

　　酷热的炎夏（＝夏 * □□夏）

　　辽阔的本海（＝海 * □□海）

四、非区心

　　圆皮球（～圆篮球 * □皮球）

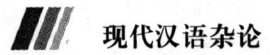

臭狗屎（～臭牛屎＊□狗屎）

红色的猪血（～红色的羊血＊□猪血）

附注：

[1] 所谓稳定是相对的，现在看来十分稳定的非区别性定语，将来也可能变为区别性的。

[2] 见《知识窗》1983 年 8 期。

[3] □表示其他任何可能的与之相对的定语。

"动词＋在＋方位结构"刍议

摘　要：通常把 V＋在＋N 分析为动补结构 V＋在 N，这与语言事实有出入，因为其中的"V＋在"已为凝固结构，不能拆开，所以 V＋在＋N 宜分析为动宾结构 V 在＋N。

关键词：V＋在＋N　V 在＋N　动补结构　动宾结构

"动词＋在……"是现代汉语中常见的格式[1]，如"吹在脸上"、"记在心中"、"长在路旁"、"发生在老张家里"。

"在"前面的动词有单音节和双音节的，均用 V 表示；"在"后面的部分最常见的是方位结构，也可以是表示时间、地点的名词性成分等，为简便起见，径记为 N。这种格式，用"V＋在＋N"表述。与"在"大致同类的还有"往"、"向"、"给"、"自"、"于"等，例如"开往大海"、"飞向远方"、"交给群众"、"来自北京"、"忠于人民"等。本文只讨论"V＋在＋N"式，必要时涉及与之相关的格式。

§1. 结构分析

1.1 "V＋在＋N"中的"在"独立性相当差，对这个格式流行的分析有二："V 在＋N"和"V＋在 N"。多数语法论著看作介词结构作补语，即分析为"V＋在 N"。"V 在＋N"似乎是一种后起的分析法。下文将力求从"V＋在＋N"中"在"的结构位置特征出发进行分析。下边先与相关或相似结构作一些比较。

1.2 动补结构与"V＋在＋N"：

A. 语音停顿

动补结构的语音停顿一般在动词与补语之间，"V＋在＋N"的语音停顿则在"V＋在"和 N 之间（语音停顿用∨号表示）：

动补结构　　　　　　　V＋在＋N

说∨清楚（结果补语）吹在∨脸上　　　　＊吹∨在脸上

好∨一些（程度补语）记在∨心中　　　　＊记∨在心中

走∨过来（趋向补语）长在∨路旁　　　　＊长∨在路旁

住∨两年（数量补语）发生在∨老张家里　＊发生∨在老张家里

讲∨不好（可能补语）

B. 加入其他成分

a. 上项动补结构的动补之间一般能够加入"了、过、得、个"或"了个"及别的垫词：

说清楚——说得清楚　说个清楚　说了个清楚

好一些——好了一些

走过来——走得过来　走了过来

住两年——住了两年　住过两年　住他两年

讲不好——讲得不好

b. 而"V＋在＋N"中加入助词等，在"V＋在"和 N 之间，而不能在 V 和"在"之间：

吹在脸上——吹在了脸上　吹在那脸上　吹在了那脸上

记在心中——记在了心上　记在那心上　记在了那心上

长在路旁——长在了路旁　长在那路旁　长在了那路旁

发生在老张家里——发生在了老张家里　发生在那老张家里　发生在了那老张家里

c. N 前头还可以有定语，如：

吹在他的脸上　记在我们的心中　写在新买的本子上

前进在社会主义的大道上　沉浸在幸福的回忆之中　寓在鲁四老爷的宅子里　砸在祥子的背上　存在林先生的铺里

C. 层次切分

上面 A 项动补结构各例的切分处总在动补之间：

说＜清楚　好＜一些　走＜过来[2]

住＜两年　讲＜不好

而"V＋在＋N"的切分处则总是在"V＋在"和 N 之间，即将"在"和 V 划在了一起（例见上）。

由此可以看出一般动补结构与"V＋在＋N"的结构不同：前者是"动＋补"，如"说＜清楚"、"好＜一些"，后者是"（V＋在）＋N"，如"吹在｜脸上""记在｜心中"。

1.3 用肯定否定相迭的形式表疑问，V 和"在"总是紧相连的。例如：

放在不放在眼里？　住在不住在河西？　写在不写在上面？

在平常说话的时候，有时说成"放不放在眼里"、"住不住在河西"、"写不写在上面"，前一个"在"可以不出现（或可臆为省略），但后一个"在"和"放""住"等紧相连则是无疑的。

1.4 分别用在并立的两项（或几项）中时，V 和"在"也总是紧相连的。例如：

不是坐在上面，而是站在上面。　事情不但出在他身上，而且坏在他身上。不是藏在床底下，就是藏在柜子里。

§1.3 和 §1.4 告诉我们，在"V＋在＋N"中，"在"与前面的 V 紧密结合为一个整体，然后才与后面的 N 发生关系。

1.5 "V＋在＋N"可以变换成为"在＋N＋V"，但是变换前后的"在＋N"发生了质的变化。

1）V 带后附成分（记为 X）后，只能有"在＋N＋V"，不能有"V＋在＋N"。

a. 带"着、了、过"。例如：

在＋N＋V＋X　　 ＊V＋X＋在＋N

在农村生活过　　＊生活过在农村[3]

在屋里坐着　　　＊坐着在屋里

在电视上看见了　＊看见了在电视上

b. 带宾语或补语。例如：

在＋N＋V＋X　　 ＊V＋X＋在＋N

在北京住了两年　＊住了两年在北京

在那里唠叨不完　＊唠叨不完在那里

在黑板上写字　　＊写字在黑板上[4]

2）V 本身是动宾型词。例如：

在＋N＋V　　　　＊V＋在＋N

在会上发言　　　＊发言在会上

在登记本上签名　＊签名在登记本上

3）V 本身是重叠式。例如：

在＋N＋V　　　　　　　　＊V＋在＋N

在大树下凉快凉快　　＊凉快凉快在大树下

在这儿休息休息　　　＊休息休息在这儿

4）"V＋在"不能以 N 为宾语。例如：

在＋N＋V　　　　＊V＋在＋N

在教室里学习　　＊学习在教室里（但：坐在教室里）

在里屋咳嗽　　　＊咳嗽在里屋（但：躺在里屋）

以上考察证明，这里的"在＋N"跟 V 的关系不同于 1.2—1.4 讨论的"在＋N"跟 V 的关系，我们把"在＋N＋V"里的"在＋N"看作介词结构充任状语。

1.6 有时候，"在＋N"置于 V 的前后都说得通，而且二者在意思上有一定联系，然而它们在结构上和语气上都是完全不同的。例如：

V＋在＋N　　　　在＋N＋V

打在头上　　　　在头上打

写在黑板上　　　在黑板上写

躺在床上　　　　在床上躺

V＋在＋N 式具有动作的一次性，在＋N＋V 式具有动作的持续性。如"打在头上"表示（这一拳）不偏不倚正好打在头上，而不是打在肩上或什么地方，显示出动作的一次性。"在头上打"则表示在头上打了多次或一直打，显示出动作的持续性。V＋在＋N 式是回答"打在哪里"的问题，在＋N＋V 式是回答"在哪里打"的问题。

还有一种情况：在＋N 虽然置前置后都说得通，可是二者意思相去甚远。例如：

V＋在＋N　　　　　　　　在＋N＋V

射在马背上（马中弹）　　在马背上射（骑马射箭）

刮在外面（把纸刮在外面)在外面刮（风在外面刮）

364

§2. "V＋在"的性质

上面讨论证明，在"V＋在＋N"中，"V＋在"结合得更紧些，所以我们把它改记为"V 在＋N"，以明确这种关系。那么，"V 在＋N"是一个什么样的语言结构单位呢？

2.1 胡裕树先生认为 V＋在（往、向、给等）"相当于一个动词"[5]。说"相当于"，是不是等于说它是一个词（动词）呢？不明。张纯鉴先生主张将"V＋在"看作动词[6]，我们倾向于这个观点。但他认为"V＋在"是一个动补式合成词，我们则以为应作进一步的推敲。

动补式合成词的两个词素，前一个表示动作行为，后一个从某一角度对这个动作加以补充说明。可是在"V＋在"中，V 和"在"的关系作这种解释总嫌不妥，如"坐在"，不好说"在"是补充说明"坐"的。其次，在语言实践中，动补式合成词的两个词素缺一不可，这类合成词的新义就是由二者结合而产生的。例如"说服"、"加强"是动补式合成词，但"说服对方"不能说成"说对方"或"服对方"，"加强团结"不能说成"加团结"或"强团结"，这是人所共知的。而"放在抽屉里"则既有"放抽屉里"的意思，也有"在抽屉里"的意思，这两个意思是相近或相关的，"住在南方"既有"住南方"的意思，也有"在南方"的意思。这样的例子横着竖着可以举出许多。这种性能都是联合式合成词所具有的，如"阅读书籍"可以说成"读书"，"公园很美丽"可以说成"公园很美"。如此看来，与其将"V＋在"看作动补式合成词，无宁看作联合式合成词。

2.2 我们之所以倾向于把"V＋在"归于动词，更重要的理由还在于"V＋在"具有动词的语法功能。

1）可以带动态助词"了"。例如：

他的裤褂全裹在了身上。（老舍）

这时老刘又站在了凳子上说。（马烽）

2）能受某些副词和能愿动词的修饰。例如：

那个叫宝成的小女孩，也许就出生在此处。（杜鹏程）

这时，总司令又出现在我们身边。（刘坚）

均匀地撒在发梢上。（王愿坚）

他愿意把话说在明处。

3）能用肯定否定相选的方式发问。例如"放不放在心上"等（见1.3）。

2.3 "V＋在"既是一个动词，不必说，"在"只能是一个构词成分（词素）了。总之，可以这样说，在"V＋在＋N"这个格式里，V跟"在"凝结成一个整体——动词（V在），N则充当"V在"的宾语。

2.4 本文开头讲到，与"在"同类的有"往""向""给"等，其中没有"到"，因为我们认为"到"与"在"有重要的不同。但不少语法论著中不加分析地把它们归的为一类。为此，有必要简要地列举一下"V＋到"与"V＋在"的区别。我们认为，二者的主要区别在于结构特点的不同。

1）"V＋到"中间能加"得"、"不"等，"V＋在"则不能，即有"V＋得（不）＋到"式，没有"V＋得（不）＋在"式。如：

V＋得（不）＋到　　　＊V＋得（不）＋到

走得到　走不到　　　＊走得在　走不在

想得到　想不到　　　＊想得在　想不在

2）"V＋到"的V可以直接带宾语，"V＋在"则不能。如：

寄到北京——把信寄到北京——寄封信到北京

放在桌上——把信放在桌上——＊放封信在桌上

3）"V＋到"有"V＋着＋到……"和"V＋着＋宾＋到……"的扩展格式，如"跑着到剧院"、"拿着粉笔到教室"等，"V＋在"则没有。

以上简单地从几个主要方面划清了"V＋到"与"V＋在"的界限："V＋在"的结构非常紧密，中间不容插入任何词语，"V＋到"的结构松弛，中间可以插入别的词语。这也为把"V＋在"看作一个词（V在）提供了佐证。

§3. "V在＋N"的语法位置

"V在＋N"可以充当句子的定语、补语和主语，可以用以构成连动式、兼语式，可以组成"的"字结构充当句子的主语。分别举例如下：

a. 充当定语：

坐在后排的一个二十多岁的人，很现出气愤的模样。（鲁迅）

然而里面又寂然了，只有落在纸上的极其低微的声音。（巴金）

"V在＋N"充当定语的时候，后头必须加"的"。

b. 充当补语：

吓得瘫痪在地上。

气得躺在那儿。

"V 在＋N"充当补语的时候，前头必须加"得"。

c. 充当主语：

种在这里不好长。[7]

穿在你身上真合适！

摆在外边多难看！

再如"重在表现是我们的一贯政策""（花瓶）摆在窗台上是他的习惯"等判断句。

d. 用以构成连动式：

三仙姑坐在香案后唱，金旺他爹跪在香案前听。（赵树理）

沿街店铺里的伙计们靠在柜台上仰起了脸发怔。（茅盾）

e. 用以构成兼语式：

叫我们的阿毛坐在门槛上剥豆去。（鲁迅）

也还是只有一人站在那里看，没有人上柜台买。（茅盾）

这小姑娘让我坐在炉前的小凳子上。（冰心）

f. 构成"的"字结构充当主语：

你们垫在我下面的，算得什么呢？（叶圣陶）

坐在前排的是刚入伍的战士。

§4. 容易和"V 在＋N"混淆的几类句式

4.1 我们不主张把"V 在＋N"看作介词结构作补语，但并不主张"取消介词结构作补语"的说法，因为事实上仍有一部分"在…"置于谓词语后面作补语的情况。

1)"惦记在心"、"挂念在怀"这类句式的特点是：V 是双音词，N 是单音词，组成"□□在□"四字格。大概是由于受汉语由单音词向双音词发展的影响，它们的结构被视为"V＋在 N"。如果动词是单音节词，或者'在'后面是双间词或多音词乃至短语，它们的结构却为"V 在＋N"。如"记在心"、"惦记在心上"等。

2)"在＋N"作补语的句子存在于一些对偶句中。如"吃饭在家里，睡觉在机关"等。如果失其一句，另一句便不能成立，如光说"吃饭在家里"不成句。

3）在书面语中，有为数极少的 V 带宾语的句子："V＋宾＋在＋N"，仍被视为"在＋N"作补语。如：谁也不愿意保留官僚主义和军阀主义灰尘在自己清洁的脸上。

4.2 在一些动宾结构中，宾语是一个动词，而且带着由"在＋N"充当的状语，构成"V＋在＋N＋V"的格式。例如：

林先生的额外支出"四百元"指望在这时候捞回来。（茅盾）

从表面上看，"指望在这时候（捞回来）"和"定在这时候（开会）"（V 在＋N）很相似，可是二者的结构关系和结构层次都不相同：

"规定在这时候开会"属于以上哪种类型？由于强调的重点不同，可以作两种切分：

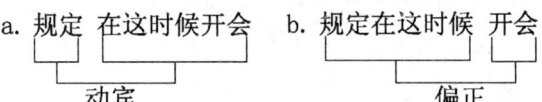

4.3 下面的句子也和"V 在＋N"很相似，如"吃苦在前"、"享受在后"、"说话在理"。但这类格式是主谓结构，主语是一个双音节的动词成分，谓语是由动词"在"组成的动宾词组。

这类句子不限于四字格，将"在"之后的宾语变换成双音词、多音词乃至短语，其结构仍然是主谓结构。如"吃苦在前头""吃苦在别人前头"……等都不会是"V 在＋N"。

附注：

[1] 例如茅盾《林家铺子》65 例，鲁迅《祝福》27 例，赵树理《小二黑结婚》13 例。又有极少数形容词也能构成"形容词＋在……"它与"动词＋在……"的特点、功能基本相同，不另讨论。

[2] "走过来"有两种情况：1 回答"走过来走不过来"用"走过来"，这里的"过来"作"走"的补语，切分为"走/过来"。2 可以把"走过"和"来"拆开，如"走过几个人来"。这里把"走过"看作一个整体，"几个人"为宾语，"来"为补语，切分为"走过/几个人/来"。无论以上哪种切分法，切分处一定在动

补之间。

[3] 这类句子如果中间有停顿，如"生活过，在农村"，则可以成立。对此，一般称作倒装句，有人称作易位现象（参见《中国语文》1980 年 1 期 28—41 页）。

[4] 有例外，例见本文 §4.1

[5] 见胡裕树《现代汉语》修订本 306 页。

[6] 张纯鉴《关于"介词结构作补语"的几个问题》，《甘肃师大学报》1980 年 3 期。

[7] 对这类句子的内容关系有不同的看法，这里取主谓句说。

复句标准浅谈

摘　要：通常认为现代汉语单句复句的划分标准是结构形式、语音停顿、意义关系，这些标准都可以解决一部分问题，但是又都有不好解决的问题，所以本文提出复句的任何一个分句都必须是"谓语形式"的观点，主张把"谓语形式"作为复句的重要特点之一和划分单句复句的新的标准。

关键词：单句　复句　谓语形式

一

现代汉语单句复句的划分标准问题，50 年代曾争论一时，但并没有取得比较一致的意见。回顾过去各家的见解，划分单句复句，不外结构形式、语音停顿、意义关系等几种标准。[1]

从结构形式上分辨，"他有身体健康这个搞好工作的重要条件"是单句，因为"身体健康"虽是单句形式，但它充当较大语言单位的成份。而"他身体健康，有搞好工作的重要条件"则是复句，因为它是由两个在意思上有联系的单句组成的。

从意义关系上分辨，"下雨了"和"不停工"都是单句。但如果给它们加上一定的关系，即所谓意合法，"下雨了，不停工"就是复句。同样，使用关联词语，"虽然下雨了，但是不停工"也是复句。

从语音停顿上分辨，"他心红志坚"是单句（包孕句），"他心红，志坚"是复句。以上这些标准，都可以解决一部分问题，但是又都有不好解决的问题。而且就这三种标准讲，也互相参差。举例来说，"虽然下雨了，但是不停工"算复句，恐怕没有人反对。但从结构形式上衡量，"下雨"和"不停工"都不是完整的单句，按照黎锦熙先生分句必是主谓俱全主张和张志公先生"分句大都是个完整的主谓仿语"的说法，便不能算作复句；即使认为分句主语可以省略，也只限于承前或蒙后省略一些分句的主语，但全句至少应当有一个分句的主语。再如：

（1）无论姥姥、母亲、父亲和我，都没人反对女孩子这个正义的要求。

（2）因为你，害得我挨了一当顿骂。

以上两句按意义关系来看，似乎应该归于复句。对于这一类句子，仍存在着单复句之争；每每源殊派异，无所适从。

（3）在祥子眼里，曹先生必是孔圣人。

（4）对于车座儿，他绝对不客气。

对这类句子，各家看法也往往大相径庭。按黎锦熙先生、吕叔湘先生、张志公先生的观点，似应为单句。而王力先生、丁声树先生等则认为是复句。这种分歧，问题全然出在单句的范围和分句的资格不明确上。一般语法书对复句下的定义大致是：两个或两个以上的单句合起来成为复句。然而正是这个定义，放过了复合句的本质特征：什么样的语言单位才有充当复句中分句的资格。

刘世儒先生《试论汉语单句复句的区分标准》认为，"除了采用'成分划定法'外就别无良法。"他希图力排众议，可惜没有收到预期的效果，因为"成分划定法"实质上还是结构形式分辨法。他认为："复句则是以句子为单位，由几个小句（一般叫分句）构造成的。这也就是说，'复合句的构造材料既不是词，也不是词组，而是简单句'。单句和复句的本质特征的差异，我以为，主要就在于此。"

那么，到底什么样的语言单位才叫简单句？词、词组、简单句有什么区别？比如"服了药，病便会好的"，其中"服了药"是词组（动宾词组），那是不是就等于说，它没有作为构成复句的分句的资格？如果是，这句话便不是复句了。可是，"服了药，病便会好的"作为一个复句，似乎是人所公认的。可见，最重要的问题还在于对分句的本质特征的认识！

众所周知，一个词或词组在一定的语言环境中能独自成句。如"嗯！""天！""好！""打！"以及"好天气！""好得很！""好好学习！"等。可见词、词组、句子在结构上有时竟是一回事，它们的区别只在于交际环境和分析语言时的角度的不同。离开具体的语言环境，就无法区别它们。这似乎是一般对复句下的定义的一个漏洞。

考察由以上七个独词句形成的复句，就会发现，并非任何单句都能充当复句的分句。请看下表：

词性	单句	复句
虚词	嗯！	
名	天！	
动	好！	好，我同意。(《现代汉语语法讲话》)
形	打！	打，不要踢！(《现代汉语语法讲话》)
名	好天气！	
动	好得很！	好得很，我同意！(《现代汉语语法讲话》)
形	好好学习。	只有好好学习，才能天天向上。

虚词、名词和名词性词组构成的单句不能充当复句的分句。动词、形容词和动词性词组、形容词性词组构成的单句可以充当复句的分句；推而广之，动词谓语句、形容词谓语句才有构成复句的分句的资格。

二

一个单句的主要成分是谓语，而不是主语、宾语，更不是其他成分。谓语是全句的核心，是表达客观事物不可缺少的部分，别的部分都是为它服务的。1973年刘世儒先生在北京大学讲课时曾形象地把谓语动词比做全句的"帅"，认为它前巴主，后驭宾。通常人们把主语、谓语相提并论，认为主语、谓语同是句子的主要成分，这个说法不很符合语言的客观实际。因为第一，一个句子可以没有主语，却不可以没有谓语，——根据具体的语言环境，常常可以给缺主句加上适当的主语。[2]分析大量的书面语特别是口语可以看出，缺主句在数量上简直和主谓句不相上下。对于缺主句，并不必硬加给它一个主语，那样反会显得多余和累赘。如"到桥上，左右空旷，一眼望去，全是雪花。"（老舍）"不好，有贼！"等。第二，谓语是句子的核心。谓者，说也，亦即陈述之意。我们强调句子的功用在它的表述怀，而句子的表述性主要是通过谓语来体现的。叙述人和事物的运动、行为、心理、关系，描写人和事物的形状、性质、用途、价值等等，这是人们在交际中的两大陈述课题。可见，谓语是句子的核心，而动词、形容词则是句子的核心的核心。第三，确定主语、宾语是施事还是受事或者非施非受，主要看它们跟谓语的关系。第四，句子分为叙述句、描写句、判断句等，似乎也主要取决于谓语。

进一步考察还可以发现，一个单句，如果离开上下文，离开回答问题的具体环境，有时不能没有陈述对象（主语）；然而在相同的情况下，一个复句却完全可以没有主语。例如单说"查账了"，不免有人要问"谁查账了"等，但是说"查账了，可以什么也没查出来"，则不会有"谁查账"的发问。这是因为复句反映的是几个分句所表示的几和事物之间的逻辑关系和由此作出的判断。与单句比较，作为陈述对象的主语，在复句中更显得不是主要的成分了。因此，我们不能简单地把分句与单句等同起来。"复合句的组成部分，不是在较大的程度上就是在较小的程度上失去了独立的句子的最本质的属牲——即作为交际的最简单的单位的能力。"（乌汉诺夫《论复合句的语法形式》）

复句的前后两个分句都存在有无主语的情况。复句的主语的各种位置分述如次：

甲、几个分句都有主语。

1. 几个主语相同，构成"主¹谓，主¹谓"。例如：

时间就是生命，时间就是速度，时间就是力量。（郭沫若）

2. 两个分句的主语不同，构成"主¹谓，主²谓"。例如：

人总是要死的，但死的意义有不同。（毛泽东）

乙、前一个分句加上主语，后一个分句无主语。

1. 给后一个分句加上主语，这个主语与前一个分句的主语相同，构成"主¹谓，（主¹）谓"。例如：

然而她是从四叔家出去就成了乞丐的呢，还是先到卫老婆子家然后再成乞丐的呢？（鲁迅）

后一分句可以加上主语"她"。

2. 给后一个分句加上主语，这个主语与前一个分句的主语不同，构成"主¹谓，（主²）谓"。例如：

我们的研究工作取得了不少成绩，但丝毫也不能自满。（胡裕树《现代汉语》例）

后一分句可以加上主语"我们"——前一分句的修饰语。

我手头有两本，一本就是上面提到的"《饿乡纪程》"。

后一分句可以加上主语"一本"——前一分句的宾语。

丙、前一分句无主语，后一分句有主语。

1. 给前一分句加上主语，这个主语与后一分句的主语相同，构成"（主^1）谓，主^{1}谓"。例如：

看着人家那样辛苦的劳动，老通宝觉得身上更加热了。（茅盾）

前一分句可以加上主语"老通宝"。

2. 给前一分句加上主语，这个主语与后一分句的主语不同，构成"（主^2）谓，主^{1}谓"。例如：

浑身是土，我嫌你脏！

前一分句可以加上主语"你"——后一分句的兼语。

去不得，你的病还没有好。

前一分句可以加上主语"你"——后一分句的修饰语。

丁、各个分句都无主语，构成"谓，谓"。例如：

没有一个安定团结的政治局面，就不能安下心来搞建设。（邓小平）

由上面所举例句看出，复句中的各个分句可以没有主语，却绝不可以没有谓语。因此，判断一个被语音停顿隔断的句子是单句还是复句，关键不在于这些"未定分句"是不是主谓俱全，而且也不必推测它是否为省略主语，而在于它们是不是"谓语形式"相当于动词性词组、形容词性词组，统称为谓语形式）。再看下面句子：

1924 年至 1927 年的革命，1927 年至现在的土地革命，1931 年九一八事变以来的反日浪潮，证明中国工人阶级是中国革命的最坚决的力量。（毛泽东）

这是单句。"证明"是谓语中心，主语是由三个偏正词组构造的大型联合词组。"证明"之后是由主谓词组充当的宾语。

他们爱祖国，爱人民，爱正义，爱和平。（杨朔）

这是复句。"爱祖国"等是四个并列的谓语形式，"他们"是主语。

对这类句子的这些分析是多数人可以接受的。由此可以清楚地看出，多主语不构成复句，多谓语则能构成复句。单句和复句的本质区别在于谓语。

那么，究竟什么是复句呢？"几个在意思上有联系的单句结合而成"，这种定义范围偏大。黎锦熙先生要求复句的分句主谓俱全，这实际上只能包括一部分复句。王力先生给复句下的定义是："凡句子，由可以用语音停顿隔断的两个句子形式构成者，叫做复合句。"（《中国现代语法》）

所谓"句子形式"，就是以一个主谓俱全的单句为标准形式，对于无主句或缺主句当作一种少见的例外句式，称作句子形式的省略式。看起来，拿"句子形式"作为衡量分句的标准，恐怕是不够严密的。我以为，确定一个语言单位是否有分句的资格，其本质特征在于它是不是谓语形式。由上边的讨论可以得出：谓语形式可以包括句子形式，一切主谓句、无主句、缺主句等都可以包括在谓语形式之内。因此，区分单句复句的本质性标准应当是检验它是否具备谓语形式。似乎可以这样说，所谓复句，就是可以被语音停顿隔断的在意思上有联系的两个或两个以上的谓语形式。如果同意以上的分析，就可以引出复句的四个重要特点：

1. 复句的任何一个分句都必须是谓语形式。

2. 复句的一个分句不作另一个分句的任何成分，这是与主谓词组句子的成分的重要区别。

3. 复句中各个谓语形式之间必须有一定的意义关系，这些关系决定复句的类别。

4. 分句之间可以有连续停顿。一个复句必须有一个统管全句的语调。

三

包孕句、连动式、兼语式虽然都包含两个谓语形式，但依据上述复句特点的第二条看，它们都属于单句。这个道理在《语法修辞讲话》、《汉语语法常识》等书中已经讲得很清楚。应当指出的是，有时候包孕句、连动式、兼语式能够被语音停顿隔断。这时候，我们应当考察它们是否具备复句的资格。例如：

（1a）他觅了一家房子很整洁的客店。（包孕句）

（1b）他觅了一家客店，房子很整洁。（复句）

（2a）他写信叫小芳回来。（连动式）

（2b）他写信，叫小芳回来。（复句）

（3a）是我在这里。（兼语句）

（3b）是我，在这里。（复句）

我们认定 a 式是单句，b 式是复句。尽管 a 式与 b 式在意思上是相同的，但句型是不同的。一个逗号，论分量似乎不足道，但它起到划分单句复句的重要作用。

介词结构作状语，有时出现在句子的首位，而且有语音停顿。例如：

（1）在祥子眼里，曹先生必是孔圣人。（老舍）

（2）朝着共产主义的远大目标，奋勇前进！

（3）为了实现四个现代化，科学家们夜以继日地工作。

（4）对于他的死，我是很悲痛的。（毛泽东）

这些句子里的"在、朝着、为了、对于"是介词，语音停顿前头的语言单位是介词结构，而不是动词、形容词，所以这些语言单位都不是谓语形式，也就不具备分句的资格。——以上四句都不是复句。

也有将这类句子当作复句的，其前提是把"在、为了"等看作动词（副动词、次动词）。倘如此，前面四句当然是复句了。——这涉及划分词类的问题，这里不去说它。

句子的谓语以动词、形容词为常见，主谓词组就其本质论，是谓语性的。至于由名词性成分独立充当谓语的句子，即《现代汉语语法讲话》所说的体词谓语句，也可以构成复句，如"昨天阴天，今天晴天"，"我十五，你十几?"（曹禺）等，但这类句子较为少见。体词谓语句充当复句的分句，它总是以主谓词组的形式出现；光一个名词成分是形不成正常分句的。[3]

假定我们上边提出的"谓语形式"说可以成立，并且以复句的四个特点为依据，那么完全可以判定，下边的句子是单句：

（1）无论姥姥、母亲、父亲和我，都没人反对女孩子这个正义的要求。（胡裕树《现代汉语》例）

（2）因为你，害得我挨了一顿骂。

（3）事实是伙食费降低了，伙食质量反而比以前好得多。（北大《语法修辞》例）

（4）只有这种人的态度，才是正确的态度。（刘少奇）

（5）人民，只有人民，才是创造世界历史的动力。（毛泽东）

（6）无论谁，都不能违犯这个纪律。

（7）这挺立在风雪中的青松，正是陈毅同志一生的真实写照。（胡裕树《现代汉语》例）

（8）爱祖国，爱人民，爱正义，爱和平，是应该的。（刘世儒《试论汉

语单句复句的区分标准》例）

下面的句子是复句：

（9）吴天宝人小，胆量可大。（杨朔）

（10）我就吃，吃，吃。（永远也吃不够。）（叶圣陶）

（11）得到母亲去世的消息，我很悲痛。（朱德）

（12）他活动，利落，准确。（吕叔湘《语法学习》例）

（13）他做了一首长诗，题目叫哀郢。（《现代汉语语法讲话》例）

（14）下定决心，不怕牺牲，排除万难，去争取胜利。（毛泽东）

（15）我国幅员广阔，物产丰富。

所以举这样些例子，是为了让读者检验上边提出的一些论点是不是站得住。

我们在上边所举的大都是只有两个分句的复句，为的是讨论起来方便些。所述原则同样适用于多分句的复句。

附注：

［1］上列见解见于通行语法论著，不一一注出。

［2］把可以补出主语的无主句称作缺主句，也许更能显示它的特点，并可区别于"下雨了"等。至于"那是谁？"——"小王。""他上哪儿？"——"北京。"这类对话的答话，可以看作承上省略。

［3］我们注意到了类似剧本中的场景描述，如"杏花巷十号，鲁贵家里。"（曹禺《雷雨》第三幕）这终究是为数不多的一种类型。本文不讨论这种类型。

现代汉语语法研究方法论杂议

摘　要： 汉语语法学创立百年来，一直没有建立起一个完全适合汉语实际情况的语法体系和理论体系，造成这种状况的原因很大程度上是研究方法不当。本文分析了汉语语法研究中存在的简单套用西方语法理论和隔绝西方先进理论的两种偏向，提出要重视汉语的特点，比如汉语中有没有"词"，汉语句子是"主——谓"式还是"话题——说明"式，"视觉句"和"听觉句"有什么不同等等。最后，本文批评了目前语法著述中的例证主义、拜物教主义、朴素归纳主义等方法。

关键词： 套用　隔绝　研究对象　视觉句　听觉句

§1. 现代汉语语法研究方法论反思

我国汉语语法的系统研究始于 1898 年马建忠《马氏文通》的发表，而具体到现代汉语的语法研究，则当从 20 世纪 20 年代黎锦熙《新著国语文法》算起，至今才有 80 年的历史，这比起西方语法研究的两千多年的历史来，仅仅是一个十分短暂的阶段。时间虽短，而且缺乏历史的积累，但是现代汉语法研究却取得了丰硕的成果。尤其是改革开放至今，研究工作在原有的基础上又有了长足的进展，其中特别突出的是对现代汉语（共同语和方言）的语言事实进行了多方面的详细的描写，对大量语料进行了科学的统计和分析。

但是，一分为二地看问题，迄今现代汉语语法中一些带根本性的问题尚未突破，反映汉语实际的语法体系和理论体系尚未最后形成，因而一套适合汉语自身的方法论体系也尚未最后建立。现代汉语语法研究的既有成果远远不能满足学校语法教学、对外汉语教学和计算机语言处理的要求。

造成这种现状的主要原因是历史原因和方法论原因。

第一，汉语语法学一开始就是模仿西方语法理论而建立的。如前所述，《马氏文通》和《新著国语文法》开创了汉语语法学的先河，奠定了后来汉语语法研究的理论框架及方法论基础，然而正是这两部举足轻重的划时代的著作，分别是模仿和套用拉丁语法和英语语法而成形的。他们套用西语理论框架的可能性在于汉语西语具有人类语言的共性，但是汉语与西语在语言类型上存在着显著的差异，不从汉语自身出发而过多的模仿他语，母语的特点就会有所掩盖，人们的思路就会有所限制。诚然，之后几十年来众多新老语言学家们为挣脱西语理论的束缚，发掘汉语自身的特点做出了不懈的努力，但是由于在方法论上存在着根本性的缺陷，所以只能在前贤开创的基础上修修补补过日子，始终未能出现根本的转机。

第二，国内现代汉语语法研究取得显著进展却基本集中在三四十年代和改革开放以来的十几年这么两个时期。由于政治方面的原因，50 年代后期到 70 年代末，尤其是在"文化大革命"时期，大陆语言学研究处于停滞状态。严重的问题在于，恰恰是在 50 年代以来一段较长的时间内，西方语法研究发生了重大的变化，取得了重大的进展。由于上述原因，我们对西方各种新理论和新方法一直处于陌生状态，如西方语法的分布分析法、转换分析法、句法语义特征分析法等，我们还没有来得及深入研究和借鉴。这样使国内语言研究的步子落后了 20 年左右。这，便是国内语言学发展史的第二次失误，而且是比第一次失误更大的失误。

由上看出，要么套用，要么隔绝，两次失误各自走上了反方向上的两个极端，其结果是使年轻的汉语语法研究先天不足后天亦不足。

摆在我们面前的任务是十分艰巨的。一方面是"改革"：我们必须跳出西语理论的圈子；一方面是"开放"：我们又必须积极学习和借鉴西方国家的先进理论和方法。回顾以往的历史，普通语言学理论都产生于西方，有识之士当为在中国产生基于汉语的普通语言学理论，从而使我们的工作进入国际语言科学的大循环而努力。

§2. 研究对象对研究方法的重要性

研究对象与研究方法因果相系，关系十分密切，对于不同的研究对象必然采取不同的方法。陈望道在其《文法简论》中指出，"材料的丰富可靠与否，就是要看对研究对象有没有充分调查研究，而方法的精当不精当，又总是根据研究对象的特点（是什么事物，是事物的什么方面）以及这种研究的目的任务而运用的。"

从整体上讲，现代汉语既具有自然性质，也具有人文性质，因此人们可以分别从自然科学和社会科学两方面去观察和研究它，既可以用声学、生理实验等手段去分析，也可以用社会调查和田野工作的方法去考察。语言符号的内涵是相当丰富的，研究工作的具体对象不能含混不清，在目前为止的现代汉语研究中，语音、文字、修辞等的研究对象是比较明确的，但语法中的"词"、"句子"等的研究对象却长期以来没有形成共识，甚至存在截然不同的观点。

关于"词"，有两个问题：汉语中有没有 word（word 与"字"、短语如何划界）？如果有，汉语如何划分词类？以上第二个问题是以第一个问题为前提的，所以关键仍在于第一个问题。汉语中有没有 word，这个问题从表面上看似乎不成其问题，因为大家都在假定有的前提下从事汉语研究，但冷静思考，这个问题有待讨论。不少语言学家曾先后提出过"汉语无词"论：赵元任先生在其《汉语词的概念及其结构和节奏》中指出，印欧语中的 word "在汉语里没有确切的对应物"，"汉语是不计词的，至少直到最近也还是如此。在中国人的观念中，'字'是中心主题，'词'则在许多不同的意义上都是辅助性的副题，节奏给汉语裁定了这一样式"。吕叔湘先生在其《语文常谈》中指出，"汉语里的'词'之所以不容易归纳出一个令人满意的定义，就是因为本来没有这样一种现成的东西"，"讲汉语语法也不一定非有'词'不可"。近些年来，有的语言学家也对此进行了富有卓识的研究。徐通锵先生在其近作《"字"和汉语的句法结构》中认为，"汉语的句法结构大体上与印欧系语言的义位句法相当，没有和词位句法相当的那种表层结构"，"汉语语义句法的结构单位是'字'，而不是'语素'之类的东西"。胡明扬先生在其新作《现代汉语语法研究的几个问题》中认为，"就西方语言来说，'词'是能够感觉得到的天然单位，可是就汉语而言，能够感觉得到的天然单位是'字'而不是'词'。可是有一个现象值得注意：语法学家在讨论句法分析问题时似乎都没有被不知道什么是'词'给捆住了手脚，对于句法分析的最小单位很少有不同意见。可见大家对句子的最小单位的语感出入不大。"……

语言学家们的重要告示似乎并未引起人们的重视，人们仍旧只在以词的观念去分析汉语，而未能在汉语有没有词上进行专门的研究。我们虽然暂时不能就上面几位语言学家的论断而得出汉语无词的结论，但这些论断所指出的形态语言与汉语的最深刻的最实质的原则差异，我们则没有理由再熟视无睹下去了。

关于"句子"对象问题，也是语法学研究中的一个棘手的问题。迄今国内对现代汉语句子的界说不下几十种，这说明作为句法研究的对象尚不明确，它势必影响到整个汉语句法研究的科学水准。

首先从结构角度看。在西方，一个贯穿古今的传统观念是以亚里士多德的形式逻辑理论（实体——偶然性）为基础的主谓二元论。叶斯柏森在其《语法哲学》中指出，"正常句子"就是具有主语和限定动词的句子。乔姆斯基的著名句子生成定律"S→NP＋VP"，也表明英语句子是以名词短语加动词短语为基本模式的。受此影响，汉语语法研究从《马氏文通》到现在，主谓二元一直是描写汉语句子的基本模式。在印欧语里，句子是一种封闭性的句法单位，句法研究完全可以在一种封闭的结构模式中进行规则分析。但是汉语句子及其结构同印欧语比起来有着很大的差异，汉语中存在极多的"流水句"，它是一个句子还是几个句子，并不完全决定于有几个主语或谓语，而是看其对事件的叙述是否告一段落。例如"且说鸳鸯一夜没睡，到次日，他哥哥回贾母，接他家去逛逛，贾母允了，叫他家去"。根据主谓二元这种封闭性的结构标准去看，句中有三个主语，应该是三个句子，但在汉人的语感上它只是一个句子。所以有的语言学家认为汉语句子结构是开放性的，而不是封闭性的，汉语句子的立句基础与其说是"主语——谓语"，不如说是"话题——说明"。

其次从性质角度看。汉语语法研究从来就是以视觉实体（书面语）为主要对象，所以马建忠研究文言文，黎锦熙研究白话文，都管自己的著作叫"文通"、"文法"，公开声称其研究对象是"文"不是"语"（口语）。先贤的这种实事求是的作风是值得称道的。可是之后迄今的汉语语法研究基本上承袭了前人的"文法"研究，却改其名曰"语法研究（与"文法"相对，"语法"一般被理解为口语语法），这说明，人们并未有意识地把语言中的"视觉句"与"听觉句"（即"义句"与"音句"）区别开来。作为视觉句，它只要在语义上自足（意思完整）即可被人的视觉理解接受，而听觉句则具有声气、语调、语感、重音、节奏、煞句等全方位的语用要求，它更具有汉语自身的特质。如果把二者混为一谈，就必然会带来研究对象和研究方法的盲目性，致使挖掘汉语特点成为空谈。当然科学研究的对象及其方法问题，不可能一次性的解决，但从原则上讲，谈方法必须把对象放在首位。

§3. 目前著述中的一些方法论弊端

3.1 例证主义

例证主义是建立在归纳基础之上的一种虚假的推理方式。起初研究者在进行观察和分析的时候，基本采用了推论的方法，即在占有一定量的语言事实材料的基础上，归纳出某一定律或概括出某一道理。但是等到他著述的时候，却把上述归纳工作掩藏起来，而是把归纳工作所得出的结论当作著述立论的大前提，而后颠倒过来进行"前提——例证"式的演绎推理。如果从宏观角度看，"前提——例证"的方法本身是无可厚非的，但是具体到个人的著述中，这一方法则是基本不可行的。这是因为：第一，谁也不能保证依靠自己占有的材料所得出的结论是正确的、是真理。在例证式推理中，如果前提靠不住，其结果就难免是片面的或谬误的。第二，这种著述方法未能反映出得出某一结论的思维推理过程，因而违背了实事求是原则和科学方法论原则，凡是用此方法写出来的论作，只要细心观察之，就不难发现它并不具有多大的说服力。

例如某甲在观察了"他吃苹果"之类的若干句子之后，认为汉语的基本句式是 SVO，某乙在观察了"苹果他吃了"之类的一些句子后，认为汉语的基本句式是 OSV。在著述时，他们把各自的结论当作前题论点提出来，而后又反过来以"他吃苹果"、"苹果他吃了"之类的定量例句例证之，这就难免步入了以偏概全的误区。在生成语法学看来，语言是句子的无限集合，对语言的研究无法列举，只能作规则的描述。目前语言学论作层出不穷，其中说服力很强的也不乏其例，但是人们普遍有这样一种感觉，几乎篇篇文章都说得头头是道，但就是长期不能解决汉语词类和句子等这样一些最基本的问题。

3.2 拜物教主义

语言学前贤和时贤的学术成果及学术理论是一笔巨大的精神财富，后来的学术发展不可能离开他们打下的基础。但是学术界似乎总要难以避免地形成一种崇拜权威的思潮。这种思潮的产生是有多方面原因的，其中主要是社会原因和心理原因。从主观上和个体上讲，这一思潮产生于人们对著名专家的崇敬，这是可以理解的，但从客观上和全体上讲，这种思潮则是利害兼有的。有许多年轻学者将前辈论述奉为圭臬，在观点上和方法上都不敢越雷池一步，这就大大地束缚了思想的发展，而且也违背了前贤的本愿。目前，在国内语言学界的年轻人中间，存在着一种凡著述定要援引权威的时尚，他们往往不是从专家的著述中汲取营养，受到启发，而是为援引而援引，把权威的言论当作光环来给自己的文章装潢门面。甚至有的文章把权威的某一观点或某一段话作为立论的大前提或根本依据，由此证明或推导出己文的同类观点，以为如此便可得到保障和取得"安全感"。殊不知著述的说服力来自著述本身，而不是来自一两条引文，这一做法在方法论上是错误的。

诚然，引用专家言论，借鉴前贤高见，这本是无可非议的，但是这样的言论和高见，只能是向导或参谋，而决不能是标准和源泉。在著述中，应把权威的言论当作著述的论据之一，以此辅佐己文思路向着真理的彼岸行进。张志公先生在谈到论著后面列出参考文献时指出："总之，凡事都要实事求是。有可参考，并且实际上参考了就列进去，无可参考，或者实际上参考很少，不管它名气多大，也不列。这涉及到学风问题，而学风是会影响到学术发展的。"（张志公《读书偶感》）这一评论是切中时弊的。

3.3 朴素归纳主义

归纳的方法是科学研究工作的一种基本方法，也是现代汉语研究的基本方法之一。人们知道，归纳法从占有大量的事实材料为基本前提，通过对这些材料的观察和分析，概括出比较正确的结论。俗话说"巧妇难做无米之炊"，离开事实，离开材料，是决不会得出科学的结论的。我国许多语言学老前辈，就是在占有和掌握大量的事实材料的基础上，取得举世瞩目的研究成果的，他们的"务实"精神是永远值得后人学习的。

但是全面地看问题，我们决不能由此而得出这样的结论：理论价值的大小取决于材料积累的多少，材料积累得越多，就越能接近真理，甚至认为材料积累到相当的量，道理的观点就自然地蕴含其中了。这是一种早已被人摈弃了的"朴素归纳主义"的方法论。

国内语言学界曾经存在过一种谈材料、谈务实理直气壮，谈理论、谈方法则难免非议的倾向。在不少人心目当中，只有事实描写和材料的整理才是最有价值的工作，因而便避开理论方法而去大搞"务实"，这一做法显然失之偏颇。

材料和理论是一个问题的两个方面，没有事实便没有理论，但离开理论的指导，也就谈不上事实的意义和价值。任何事实的价值都不是孤立存在的，而是视其与理论和方法的关系而定。事实本身无意义可言，它的意义是人的思想所赋予的。许多事实说明，材料摆得很多，却未必能得出道理或产生理论。例如我国有两千多年连续观察天文的资料，对哈雷彗星有过几十次的确凿记载，就是没有认出那是同一颗星体，而哈雷发现哈雷彗星，所利用的材料比起我国来，不过沧海一粟。再如建国以来我们对汉语方言资料的收集整理，其内容之丰富，材料之翔实，描写之精细，都是举世罕见的，但如前面所述，我们并未推出受国际语言学界重视的原则性理论。

另一方面，我们并不是无条件地全盘地接受归纳所得出的结果的，对于那些不符合预言的结果，人们往往采取"证伪主义"的方法和"设验法"，要么去验证它的荒谬，要么以此作为突破口，产生认识上的突破。一个"例外"有时可以推翻一万个常例所归纳得出的结论，这是因为，归纳所得的结论，永远不可能是必然的，它无法保证兑入的事例完全是合格的。50年代末期以来，随着生成语法学的诞生，语言研究方法曾发生了重大的转移。生成语法学认为，语法不再是语法学家从无限的句子里抽象概括的规律，而是语法学家假设的能够生成无限句子的形式化规则，这显示了语法研究的方法从归纳趋于演绎，从描写趋于解释。

如前所述，方法只是达到目的的手段，而非目的本身。方法有优有劣，有正确有错误，方法的优劣正误，关系到科学研究工作的成败。

组合相邻和非组合相邻

　　摘　要：词符间的组合和相邻呈交叉关系。组合分"相邻组合"和"非相邻组合"，相邻分"组合相邻"和"非组合相邻"。话语中两个相邻的语符是否发生语法关系，处于动态平衡之中。非平衡之力可使原组合相邻发生分解和改组，变成新的组合相邻。这可为"中文语音合成技术"、语言应用等方面的研究提供全新的思路。

　　关键词：相邻　组合　组合相邻　非组合相邻　原组合相邻　新组合相邻

　　§1. 作为分析语的汉语与作为屈折语的印欧语表现出了很大的不同之处。汉语中的组合以语素（或曰"字"）为最基本的单位，而印欧语以词（word）为最基本的单位。决定某一组合的语法语义关系的因素是多种的，印欧语主要决定于形态的一致，汉语则主要决定于语序分布中的"相邻"关系。

　　相邻和组合是一对完全不同的概念。"相邻"是一个距离概念，它指两个语符零距离相连。"组合"指的是两个语符具有某一直接的语法结构关系。

　　相邻并不是决定两个语符发生组合的唯一因素。这是因为，相邻的两个语符未必具有直接的语法关系，而不相邻的两个语符之间未必不具有直接的语法关系。例如"进了两回城"，其中"进了、两回"是相邻关系，而"进、城"则是非相邻关系，但是"进"分别与"两回"、"城"都发生了语法组合关系——动补关系和动宾关系。

　　相邻和组合呈交叉关系。组合可分为"相邻组合"和"非相邻组合"两类，相邻亦可分为"组合相邻"和"非组合相邻"两类。

其中"相邻组合"和"组合相邻"重合，都是指相邻的两个语符之间具有直接的语法关系，它们是汉语中最常见最基本的结构模式，例如："改革"、"调查研究"都为并列式，"日食"、"孩子聪明"都为主谓式，"理事"、"打篮球"都为动宾式，"小说"、"远大目标"都为偏正式，"提高"、"讲清楚"都为中补式，等等。

非相邻组合指两个语符之间虽然发生直接的语法关系，但是它们在语句中并不相邻。如"进了两回城"，其中"进了"和"城"虽有动宾关系，但不相邻（中间隔着"两回"），"下午我们开会"，其中"下午"和"开会"虽有偏正关系，但不相邻（中间隔着"我们"）。

非组合相邻指相邻的两个语符之间不发生任何语法关系，又包括以下两个小类：

a. 表现在构句层级上的非组合相邻

语句里两个句法成分虽然相邻但二者之间没有任何语法关系，如"进了两回城"，其中"两回"和"城"虽属相邻，但它们之间不发生任何语法关系。再如"整整看了三天"中的"整整"和"看"，"酽酽的沏了一杯茶"中的"酽酽"和"沏"，"下午我们开会"中的"下午"和"我们"，"看来不会下雨了"中的"看来"和"不会"，都属此类。

b. 表现在构词层级上的非组合相邻

复合词中的两个语素紧密凝固在一起，但把它置于某个语言片段里，就会如同化学上的分解反应一样，发生分裂，成为两个相邻而毫无关系的语素（用∨号隔开，下同）。例如"亲自"是凝固结构"但置于"母亲自己做"中，则分裂为两个不相干的语素。再如"学生物"中的"学∨生"，"盐城市"中的"城∨市"等。

由凝固结构分裂为非组合相邻后，又有两种情况：

1. 分裂后二者之间的联系已经完全丧失，无法恢复。例如"母亲自己做"中的"亲∨自"，"撩起床单"中的"起∨床"，"困难怪不得这么大"中的"难∨怪"。

2. 分裂后二者仍保持某种语法联系。例如学生→学生物，其中"学生"是原组合相邻，"学"和"生"之间是偏正关系；而"学生物"是新组合相邻，"学"和"生物"之间仍然存在某一语法联系——动宾关系（记为"学/生物"，下同）。又如"老板→老板着脸"，"老板"是附加关系，"老/板着脸"是偏正关系；"烟煤→无烟煤"，"烟煤"是偏正关系，"无烟/煤"也是偏正关系。

§2. 那么，是什么力量把凝固在复合词里的两个语素发生裂变的呢？这是一个微妙而复杂的问题。总的来讲，这一力量来自语言组织中的非平衡。语言是一个有序的系统，这要求任何一个语言单位和语言片断都必须处在动态平衡之中。例如"学生"是一个平衡因而正常有序的片断，但是置于"学生物"中，如果仍然坚持"学生"的正常性，那么"学生∨物"就处于非平衡态因而成为一个不正常的无序的东西。根据"非平衡是有序之源"的原则，这时候，由非平衡所产生的力量打破了原来的旧的秩序（学生），继而出现了新的秩序（学∨生物）。结果是："学生"由组合相邻变成了非组合相邻；相反，"生∨物"却由非组合相邻变成了组合相邻。

再如"日食"是组合相邻，如果把它放到新的相邻"日日食鱼"中，"日食"便立刻瓦解，其中的"日"与前面的"日"组合成"日日"（重叠关系），"食"与后面的"鱼"组合成"食鱼"（动宾关系），而"日日"又与"食鱼"升级组合成"日日食鱼"（偏正关系）。在这一系列的活动中，"日食"由组合相邻变成了非组合相邻。

一个组合相邻的结构是相当稳固的、平衡的，但它在新的相邻之力的作用下，旧的平衡发生破裂，新的秩序即新的结构模式由此产生。

若把一个组合相邻记为 AB，发生分裂和改组后的结果则成为 MAB、ABN 或 MABN。AB 是"原组合相邻"，MAB、ABN 和 MABN 都是"新组合相邻"。

§3. 组合相邻之力具有矢量的方向性。有三：

a. 只具有后向组合力（A—）。例如"阿—"：阿姨、阿哥、阿妹，但没有"—阿"。"铃—"：铃记、铃印、铃束，但没有"—铃"。"那—"：那里、那么、那样，但没有"—那"。

b. 只具有前向组合力（—A）。例如"—帚"：笤帚、扫帚、炊帚，但没有"帚—"。"—者"：作者、读者、学者，但没有"者—"。"—们"：我们、你们、他们，但没有"们—"。

c. 具有前后双向的组合力（—A—）。例如"—导—"："导"的前关联是"指导"，后关联是"导师"。"—生—"："生"的前关联是"学生"，后关联是"生物"。"—车—"："车"的前关联是"汽车"，后关联是"车库"。

值得指出的是，双向组合力并不是平等的，而是分层级的，如"学生物"必是"学/生//物"，而不是"学//生/物"。

§4. 原组合相邻（AB）发生分解的动力因素的微观语境条件是：

1 出现新的前相邻（MAB）

A 前出现新的组合相邻，如：普＋通话→普通/话，"普"使"通话"发生分裂。北＋大学生→北大/学生，"北"使"大学生"发生分裂。

2 出现新的后相邻（ABN）

B 后出现新的组合相邻，如：非常＋规→非/常规，"规"使"非常"发生分裂。同类如：

牛耳＋朵→牛/耳朵

上学＋校→上/学校

非常＋用→非/常用

中国大学＋生→中国/大学生

北京西藏＋中学→北京/西藏中学

第一个国家＋信息化规划→第一个/国家信息化规划

3. AB 前后都出现新的相邻（MABN）

AB 前后都出现新的组合相邻，如：日＋日食＋鱼→日日/食鱼。同类如：

赶＋马上＋路→赶马/上路

多＋重复＋句→多重/复句

三＋种类＋型→三种/类型

非＋常常＋见→非常/常见

转＋移交＋接→转移/交接

平＋时常＋来→平时/常来

管＋理工＋作→管理/工作

河＋北大＋学→河北/大学

国＋内外＋贸→国内/外贸

这＋一定＋义→这一/定义

也＋许多＋一些→也许/多一些

研究＋生活＋动→研究生/活动

外＋教学＋汉语→外教/学汉语

村＋小故事＋大→村小/故事大

改＋造化＋工厂→改造/化工厂

大多＋数学＋者→大多数/学者

老＋总是＋四川人→老总/是四川人

几＋何必＋须学好→几何/必须学好

同＋学院＋里面坐→同学/院里面坐

把水烧＋开放＋茶→把水烧开/放茶

我＋想念＋给你听→我想/念给你听

吃水＋果然＋后喝凉开水→吃水果/然后喝凉开水

多想告诉＋你我＋一直在懂你→多想告诉你/我一直在懂你

餐后血糖浓度高的＋人心＋血管病发作的机率比餐后血糖浓度正常人的＋人大＋几倍→餐后血糖浓度高的人/心血管病发作的机率比餐后浓度正常的人/大几倍

§5. 从原组合相邻到新组合相邻，不但发生了分裂和改组，而且有时还会使词产生内部屈折变化。例如"酒吧→喝酒吧"，前"吧"读阴平本调，外来词；后"吧"读轻声，语气词。"将要→大将要出发"，前"将"读阴平，副词；后"将"读去声，名词。"市长→北京市长安街"，前"长"读zhǎng，名词；后"长"读 cháng，形容词。"工商行——工商行政管理"，前"行"读 háng，后"行"读 xíng。

§6. 新组合相邻具有超强的分裂改组力，所以原组合相邻一旦被新组合相邻所瓦解，就退隐到人们对之视而不见、听而不闻的地位。譬如如果只看着以上几组例子中的→号右边的片段（如"赶马上路"）时，对→号左边的东西（马上）便很可能视而不见、听而不闻。人们用电脑键盘输入"赶马上路"四字时，字库里没有"赶马"、"上路"这两个现成的词语，所以往往把"赶、马、上、路"逐字输入，极少有人能想到依照"赶、马上、路"的次序输入会来得快一些。人们在把"盐城市"输入电脑时，往往分段为"盐城—市"，输入时比较费事，但是如果把它分段为"盐—城市"，就快捷多了，这是因为电脑字库里没有"盐城"，而有"城市"。

在印欧语中，组合及其方式都被形态的一致性所决定，其结果形成了对它的前后相邻符号（M、N）的排斥力，使得新组合相邻的可能性接近于零。所以假若要把以上几组由原组合相邻变为新组合相邻的汉语例子翻译成印欧语是做不到的。例如汉语有"学生→学生物"、"起床→撩起床单"的分裂改组的变化，而俄语绝不会从 чщеник 衍生出 учиться живое существо，从 встать с постели，衍生出 поднять простыня；同样，英语也绝不会从 student 衍生出 to study biology，从 to get up 衍生出 hold up sheet。

§7. 由原组合相邻变为新组合相邻的语言现象，似乎是人们司空见惯却又习焉不察的，然而它确是客观存在的语言事实。事实可以推翻理论，而理论决不能推翻事实。这一游戏规则在日常语言应用中，具有普遍的价值。

一个小学语文老师让学生用"格外"造句，许多同学造了"今天天气格外晴朗"、"老师格外和蔼"等等的句子，但是有一个学生却造了这样的句子：

我们在写字的时候不要把字写在格外面。

老师看后愕然，一时竟不知该判对还是判错。现在看来，这一造句应该是不对的，因为老师要求用"格外"造句，就是把它作为组合相邻，不容折开，但是在"我们在写字的时候不要把字写在格外面"这一新组合相邻中，"格"、"外"之间已经变成了"相邻而不组合"。不过，我们赞赏这个小学生活跃的思维能力，这个错误的造句行为可以使人们打破长期以来形成的思维定势，得到深刻而有益启发。

刘伟、赵伟洲合说的相声《时尚》中有这么一段：

甲：我儿子要去韩国看足球赛。

乙：那你儿子够时——尚的了。

甲：什么？你再说一下。

乙：我说你儿子够时尚的了。

甲：我听见好像是"狗屎……"。

乙：哈哈！

"够时尚"的结构是"够/时尚"，但乙故意读为"够时/尚"，结果使"够时"产生临时的新组合相邻，产生"狗屎"的谐音，从而造成笑料。

央视 3 套（2003 年 11 月 15 日）《音画时尚·潘长江专场（上）》：

文清：（指着潘长江开玩笑地）如果他唱不好（评戏），就请他喝西北风。

潘长江：呵（略显尴尬）。

文清：不是，我是说喝西北风味……！

"喝西北风"是原组合相邻，开玩笑完了，便须赶快加上"←味"这一具有前向组合力的字，使"喝西北风"立即变成了意思与之截然不同的"喝西北风味……从而"揭开谜底，莞尔而笑。为什么加一字就可以生成两个意思上风马牛不相及的语句？就是因为"←味"的极大组合力使"风、味"组合在一起，而使原组合相邻中的"西北风"产生破裂，进入全新的秩序之中。

与此相反的情况是，由于口误，在一个新组合相邻中读出已经完全丧失了的原组合相邻。如央视 4 套（2003 年 10 月）主持人将"专家组成的检查团"误读为"专家组……"，主持人意识到自己的口误，便立即改口纠正。我们把这一言语现场记录如下：

专家组……专家组成的检查团

这样的例子还可以找出许多，只是平常不注意记录它们罢了。

中国科技大学王仁华和他的研究小组的"中文语音合成技术"的研究成果表明，要想让计算机模仿人说话（普通话），不但要使计算机具有识读汉语声韵调的能力，而且还必须给计算机匹配分词机器人，使之"听感量化"，这样才能达到一定的中文自然语音的"自然度"。这是因为，让计算机仅仅能够识别和读出汉语声韵调即读出每个音节，并不是全部目的，因为此时它读出的每个音节之间缺乏组合指令，从而缺乏分词功能。比如"中国科技大学"的正确读法是"中国/科技/大学"，倘若读为"中国科/技大学"，就破坏了语流的自然度。只有使之具有了分词功能，才能大大缩小计算机语音同自然语音之间的距离。我们认为，所谓"听感量化"，所谓"分词"，表现为调节和掌握好词间的时间的长短，而词间的时间的长短取决于词与词组合层次。例如"中国科技大学"，一级组合是"中国/科技大学"，二级组合是"科技/大学"；读为"中国科/技大学"固然荒唐，读为"中国科技/大学"仍属不妥。所以，计算机语音合成技术的成功，必以"音节、组合和分词"三个环节为其关键。

各级各类的组合相邻使语言文字变成了游戏，尤其像汉语汉字，简直是开发智慧的图画、积木和魔方。

古今汉语里有许多句读歧义游戏。

古人读书，句读领先；分段不同，其意迥异。例如"天"在"下雨，天留人"、"下雨天，留人"二句中的句读不同，便造成两种截然不同的组合环境。在"下雨，天留人"中，"下雨"与"天"没有语法关系，而在"下雨天，留人"中，"天"与"留人"没有语法关系。

《都市晨报》（2004 年 2 月 13 日，太原）上有一篇文章的题目被两行排开：

接吻鱼成

情人节新宠

人们第一眼看去，首先映入眼帘的是"接吻"，而后却读不下去：接吻/鱼成？后来才发现这个题目的组合级别是：接吻//鱼/成情人节新宠。从这一意义上说，报纸的排列是不科学的，它应该排列为：

接吻鱼

成情人节新宠

更合乎人的视觉心理。

"秦汉晋方言研究"有歧解：秦汉/晋方言研究（秦汉的晋方言研究），秦汉晋/方言研究（秦汉晋的方言研究）。这里的"的"的作用是很重要的：它可以使组合级别显化，从而消除歧解。

有个笑话说：某人对众说，我是胡司令（众大惊）——派来的（众失望），今天嘛，要发给你们枪支（众欣然）——是不可能的（众失望）。从语言角度看，以上二句破折号左边是原组合相邻，而破折号右边是新组合相邻，笑话就是利用这些动态的组合规程构成的。

利用动态组合相邻可以造出各种谜语、藏头诗、回文诗等。例如清朝同治年间御窑制的茶壶，其上 20 字回文诗绕壶一周：

落艳舞风流雾香迷月薄霞淡雨红幽树芳飞雪落

此诗可以从任何一个字开始读起，顺向读得"落艳舞风流，雾香迷月薄，霞淡雨红幽，树芳飞雪落"等 20 首；逆向读得诗"落雪飞芬树，幽红雨淡霞，薄月迷香雾，流风舞艳落" 20 首，总共得诗 40 首，真是妙趣横生。再如很多人知道的窦滔妻的《璇玑图》，共 841 个字，排成 29 个方阵，每个方阵 29 字，竟然得诗 3752 首。

藏头诗为什么饶有兴味？其根本原因就在于每行诗句的首字在横向上是组合相邻，而在纵向上也形成聚合相邻，只不过横向组合相邻是显性的，而纵向聚合是隐性的，不易被觉察，这就是所谓"藏头"的奥秘所在。

第四章 其 他

隔音符号用途异议

摘　要：声调是汉语音节必不可少的要素，但是汉语拼音方案及通行汉语教材等在谈及隔音符号的用途时，无视声调因而在书面上省去音节的声调符号，使得关于隔音符号用途的讨论失去应有的意义。

关键词：界限混淆　隔音符号　声调　声调符号

§1.《汉语拼音方案》规定："a，o，e 开头的音节连接在其他音节后面的时候，如果音节的界限发生混淆，用隔音符号（'）隔开，例如 pi'ao（皮袄）。"

从这个规定看，用或者不用隔音符号，取决于音节的界限会不会发生混淆。如果会发生混淆，就使用隔音符号，否则就不使用隔音符号。

这个道理看起来是浅显易懂的，但把握起来却并不很容易；不容易就不容易在这个"如果"上。所以人们终于在音节会不会发生混淆这一界限上出了差错，即往往把不会发生混淆的两个音节误认为会发生混淆，便在它们之间加上隔音符号，从而把隔音符号的使用范围扩大化。

除《汉语拼音方案》中所举的 pi'ao（皮袄）外，通行《现代汉语》教材认为"酷爱、西安"等词中的两个音节也会发生混淆，所以应该使用隔音符号：

xi'an（西安）——xian（先）

ku'ai（酷爱）—kuai（快）

事情果真如此吗？回答是否定的。

§2.谁都知道，作为超音段成分的声调具有区别意义的作用，它是汉语音节的必不可少的要素。声调和韵腹保证了音节的自足。两个所谓易混的音节，只要还它们以调号，就可使音节界限分明，不会发生混淆（有例外，见后），这时给它们加注隔音符号便显得多余。仍以上面三词为例，piao 加上调号后即 piǎo，它只能是"皮袄"，绝不会是 piāo（飘）。pí（皮）为阳平，ǎo（袄）为上声，它们怎么会与阴平的 piāo（飘）混淆呢？同理，xiān（西安）绝不会混淆为 xiān（先），kùài（酷爱）绝不会混淆为 kuài（快）。

《汉语拼音方案》、《现代汉语》教材等在谈及隔音符号的用途时不给音节用例加注声调符号，这一做法是十分错误的。这样做只会使音节失掉声调这一必备要素，从而丧失了成为音节的最起码的条件，结果使本来泾渭分明的音节界限发生混淆。可见所谓"a，o，e 开头的音节连接在其他音节后面的时候"，"音节的界限发生混淆"，基本上是由于漏掉调号而人为造成的一种假象。如果真的可以不论声调，那么即使给 piao、xian、kuai 之类加上了隔音符号也是徒劳的，试问 pi'ao、xi'an、ku'ai 谁能读出呢？

《现代汉语词典》则采取了这样的办法：既给"皮袄"之类加上调号，又给它们加上隔音符号。加注调号本身是十分正确的，但是唯其具有了调号，才更使隔音符号显得画蛇添足。以下是来自《现代汉语词典》的例子：

骄傲 jiāo'ào　晦暗 huì'àn　木偶 mù'ǒu

差额 chā'é　木耳 mù'ěr　自爱 zì'ài

试给它们去掉隔音符号，词中二音节的界限依然是一清二楚的：

骄傲 jiāoào　晦暗 huìàn　木偶 mùǒu

差额 chāé　木耳 mùěr　自爱 zìài

这说明，给以上诸词拼音中加注隔音符号是可有可无的。

我们充分注意到这样的情况：有些相连音节，前一个音节的韵尾是辅音 n 或 ng，或者后一个音节的声母是 n 或 g，这时 n 既可以认作前一个音节的韵尾，又可以认作后一个音节的声母。同时，ng 在书面上容易分为 n、g——将 n 认作前一个音节的韵尾，将 g 认作后一个音节的声母。遇上这么一些情况，从道理上讲，如果不使用隔音符号，即使加了调号也仍有混淆的可能。例如：

qìnǎo 气恼 ┬ qì'nǎo
　　　　　└ qìn'ǎo

但是以上只是表面现象，事实上，这种因 n、g 前后归属而派生出来的"新词"往往是子虚乌有，汉语里基本不存在。试看：

qì'nǎo（气恼）——qìn'ǎo（沁袄？吣媪？）

yán'ān（延安）——yá'nān（牙囡？崖囡？）

yīn'àn（阴暗）——yī'nàn（衣难？伊难？）

shān'gāng（山冈）——shāng'āng（伤肮？商肮？）

shàng'è（上腭）——shan'gè（善个？扇各？）

shēng'ǒu（生藕）——shēn'gǒu（深狗？身苟？）

fāng'àn（方案）——fān'gàn（帆干？翻淦？）

dàng'àn（档案）——dàn'gàn（蛋淦？淡赣？）

gǎn'ēn（感恩）——gǎ'nēn（嘎□？尕□？）

xiǎn'ài（险隘）——xiǎ'nài（□耐？□奈？）

以上带问号的是不存在的词，"□"号表示不存在的字。

§3. 有许多教材举例说，yán'ān（延安）、shān'gāng（山冈）、shàng'è（上腭）、shēng'ǒu（生藕）、fāng'àn（方案）等，由于 n、g 前后归属不同而可分别派生出"哑男、山冈、山歌、深沟、反感"，即：

yánān（延安）——yánān（哑男）

shàngè（上腭）——shàngè（山歌）

shēngǒu（生藕）——shēngǒu（深沟）

fāngàn（方案）——fāngàn（反感）

dàngàn（档案）——dàngàn（单干）

这又回到无视声调的错误的老路上了。只要把上面诸例中横线右边的音节（必有声调）同括号内的词加以对照便不难发现，二者是完全不相符的。比如 yánān（*哑男），yá 是阳平，而"哑"是上声，"nān"是阴平，而"男"是阳平，所以"yánān"绝不会误读为"哑男"！同理，shàngè 绝不会是"山歌"，shēngōu 绝不会是"深沟"，fāngàn 绝不会是"反感"，dàngàn 绝不会是"单干"。非常明显，给以上 yánān（延安）等一组例子加上隔音符号是没有意义的。

§4. 真正需要隔音符号的情况是有的。例如：

fānàn（翻案）

fānàn

fānàn（发难）

如果不加隔音符号，fānàn 二音节尽管有调号，仍会发生混淆。但是，这类情况在汉语里仅仅是极其个别的。所以，如果隔音符号有必要设立的话，其用途充其量也只能用来服务于这类极个别用例。

鉴于以上几方面的情况看出，隔音符号的使用范围扩大化是十分明显的，至于隔音符号有无设立的必要，笔者也认为是值得商榷的。

O 读"喔"吗?

——提给《汉语拼音方案》的一点意见

摘要:《汉语拼音方案》为了帮助读者掌握正确发音,给每个声母韵母符合右面加注一个常用同音汉字(不论声调),这大大方便了读者。但是韵母表中的单韵母 o 的加注字是"喔"。《现代汉语词典》给"喔"字的注音是 uō,不是 ō,这说明单韵母 o 和"喔"不同音。建议日后修订时将"o 喔"改为"o 噢"(或者"o 哦""o 嚄")。

关键词:汉语拼音方案 "喔" uō o

《汉语拼音方案》由声母表、韵母表等五个部分组成。为了帮助读者及时掌握声母和韵母的正确发音,方案采用直音的方法,即在声母表、韵母表中给每个声母和每个韵母的汉语拼音右面加注一个常用汉字,这个汉字与该声母或该韵母是同音关系(不论声调)。例如韵母表中有 a 啊、ie 耶、uen 温……这一方法起到一种示读作用,大大方便了广大读者,尤其是方便了没有语音教师和没有录音仪器的读者。

但是韵母表中有一个单韵母 o 的加注字是有问题的。

方案在韵母表中给单韵母 o 的加注字是"喔"。那么,"喔"与 o 同音(不论声调)吗?请看《现代汉语词典》给"喔"字的注音是 uō,不是 ō,这说明单韵母 o 和"喔"不同音。从道理上讲,o 和"喔"不可能同音,因为 o 是单韵母,发音时舌位唇形始终不变,而"喔 uō"是复韵母,发音时舌位唇形都有变化，二者的结构和音色都不相同。

为什么方案给 o 加注"喔"呢？难道在汉字里找不出一个读 o 的字吗？不是。《现代汉语词典》里有三个读 o 的字，它们是 ō 噢、ó 哦、ǒ 嚄、ò 哦。既然有读 o 的汉字，那么理应给给 o 加注"噢"（或者哦、嚄）字，但是《汉语拼音方案》却给 o 加注"喔"字，这显然是不妥的。

我们曾经先后对山西、江苏、湖北等省的许多市县的广大幼儿教师、小学语文教师及其学生做过调查，发现他们中的多数人把 o 误读为 uo。最初我们以为这是他们把 o 读错了，后来才发现这一错误不是来自他们的粗心，而是来自《汉语拼音方案》本身。

一字之错虽小，但是由于误导带来的社会负面影响却是很大的，我们建议日后修订时将"o 喔"改为"o 噢"（或者"o 哦""o 嚄"）。

札 记 四 则

一、《现代汉语词典》"牛毛"释义质疑

《现代汉语词典》（1996，下同）对"牛毛"一词的解释值得商榷。

§1. 单义词只有一个义项，所以任何词典都只能给它做出单项释义。多义词则包括基本义和转义两类义项，其中转义又分为引申义和比喻义。多义词的转义是在基本义的基础上产生的，二者在意义上有着紧密的联系。在理解词的比喻义时，必须以了解它的基本义为基础。所以在通行词典中都给出了多义词的基本义和若干转义。例如《现代汉语词典》给出了多义词"帽子"的基本义和比喻义：

①戴在头上保暖、防雨、遮日光等或做装饰的用品：一项～。②比喻罪名或坏名义：批评应该切合实际，有内容，不要光扣大～。

再如《新华词典》（2001）给出了多义词"舞台"的基本义和比喻义：

①表演歌舞、戏剧等的台子。②比喻活动的场所。例 历史～｜政治～。

以上两部词典介绍词的比喻义项时习惯用"比喻……"表达式。

§2. 现在看《现代汉语词典》对"牛毛"一词的解释，照抄如下：

【牛毛】niúmáo 比喻很多很密或很细：～细雨｜苛捐杂税，多如～。

从对"牛毛"的单项释义看，它似乎是一个单义词；从对"牛毛"释义的"比喻……"的语言表达式看，它似乎是多义词的比喻义项，这时候"牛毛"是一个多义词。

如果"牛毛"是单义词，那么它的唯一解释一定是"牛身上的毛"；而不是"比喻很多很密或很细"。如果"牛毛"是多义词，那么词典就理应给

出"比喻很多很密式很细"这一比喻义之外的基本义，但是《现代汉语词典》只给出"牛毛"一个义项——比喻很多很密或很细而不是"牛身上的毛"，所以无论"牛毛"是单义词还是多义词，《现代汉语词典》对它的解释都是有问题的。

那么"牛毛"到底是单义词还是多义词？答案是显而易见的："牛毛"是一个单义词，它只有一个义项——牛身上的毛，除此之外不会再有别的义项。这是因为，《现代汉语词典》对"牛毛"作了"比喻很多很密或很细"的解释，这既不是它的基本义，也不是它的比喻义，而是修辞上的比喻。

§3. 人们知道，多义词的比喻义不同于修辞上的比喻。以多义词的基本义为喻体造句，属于修辞，如"苛捐杂税，多如牛毛"是一个比喻（明喻）句，句中以牛毛（喻体）比喻苛捐杂税（本体）。由于修辞比喻是两物（本体和喻体）的临时比方，其结果并不能使词产生新的义项。如"苛捐杂税，多如牛毛"，句中"牛毛"并没有"苛捐杂税多"的意思。但是多义词的比喻义已经成为词中的一个固定的义项，所以用多义词的比喻义造句，不必使用"好像、如"等比喻词，也不出现本体，而是采取直接使用的方法。如"批评应该切合实际，有内容，不要光扣大帽子"中直接使用了"帽子"的比喻义，这句话不必说成"批评应该切合实际，有内容，不要光扣好像大帽子一样的罪名"；同样"历史舞台"也不必说成"像舞台一样的历史活动场所"。

《现代汉语词典》在对"牛毛"的释义中所举的两个例子"牛毛细雨"、"苛捐杂税，多如牛毛"，都是典型的修辞上的比喻："牛毛细雨"是暗喻，意即"像牛毛一样的细雨"；"苛捐杂税，多如牛毛"是明喻。这两处中的"牛毛"都用了它的基本义——牛身上的毛。用"牛身上的毛"分别比喻"细雨"、"苛捐杂税"。

纵上所述，"牛毛"是一个单义词，《现代汉语词典》对它的解释有三方面的错误：一是没有解释词义，二是误把单义词当作多义词，三是把修饰上的比喻混同于词的比喻义。

二、"名实不副"还是"名实不符"？

"名实不符"有时写作"名实不副"，例如同是《光明日报》，2002 年 3 月 16 日 B1 版《权学交易造成文凭掺假》一文写作"名实不副"，可是 2002

年 3 月 26 日 A4 版《"主编"要名实相符》一文却写作"名实相符"。人们不禁要问：这两种写法到底孰对孰非？

回答这个问题需要从成语"名副其实"说起。

汉语中表示名称与实际相符合时使用用"名副其实"，相反，表示名称与实际不相符合时使用"名不副实"。为什么表示"符合"之义不用"符"而用"副"呢？

原来，"名副其实"这个成语的本来意义是"名副于实"（副，正的反面），意思是名称副于实际事物本身，即先有事物，后有名称，事物是第一位的，名称是第二位的，这反映出古人实为正名为副、实为本名为次的物本思想。

在后来的长期的使用中，"名副其实"的意义发生了变化，由原来的"名副于实"义演变为现在的"名符其实"（名称符合实际）义。所以"名副其实"亦可作"名符其实"。

受"名副其实"的影响，人们把表示名称与实际不相符合的"名不符实"也往往写作"名不副实"，这可以看作是修辞上的"仿词"。所以目前为止"名副其实"和"名符其实"、"名不副实"和"名不符实"都可使用（见《现代汉语词典》）。

但是同样是表示名称与实际不相符，亦可说成"名实不 fu"，那么它应该写作"名实不副"，还是"名实不符"呢？我们认为取"符"比取"副"好，这是因为，"名实不副"从字面上看即"名称与实际不副"，这是无法理解的，但是写成"名实不符"就非常通顺了。

"名副其实"是成语，"名不副实"是仿词，但"名实不符"既不是成语，也不是仿词，所以在《现代汉语词典》里找不到它。由此可见，我们完全没有必要套用"名副其实"中的"副"字，而把"名实不符"这一本来通顺的词语变成"名实不副"这一不通顺的词语。

三、字调注读不一的现象

这里的"注"即注音，指辞书中给字的注音，"读"即读音，指人们口头上对字的实际读法。我们经常能够发现二者不一致的现象，即字音的声韵调在辞书上的注音与人们口头上的实际读音不相一致，其中犹以声调为最。

声调的注读不一现象例如"血"，《现代汉语词典》（其他辞书亦然，下同）的注音是 xuè 和 xiě，而广大社会成员包括影视界的绝大多数人实际读 xuě，这是注音不读。"打的"的"的"，所有社会成员都读 dī（阴平），而所有辞书都没有这样的注音[1]，《现代汉语词典》（1996）给"打的"的注音是 dǎdí，这是读音不注。

我们认为应该用辨证的观点看待这一现象。辞书反映的是字的规范读音，但是语言随着社会的发展而发展，所以从宏观上看，辞书总是滞后于现实，所以辞书需要不断地修订。辞书的每一次修订，总是要慎重地吸收若干被社会接受的新的东西。而过一段较长时间以后，又要出现更新的东西，辞书又要修订。例析如下。

1. 通过辞书修订，读音和注音已经由不一致取得一致。

例如"往南走"初作"望南走"，后来人们把"望"讹写为"往"，写作"往南走"。"往"辞书注音为 wǎng，而"往南走"的"往"读 wàng，这就出现了第一次注音不读的现象。为了克服这一读注不一的缺点，第二版《现代汉语词典》（1983）就给"往"增添了第二个读音 wàng，而且给它按上介词"向"的义项。

然而"往"的本读音 wǎng 是根深蒂固的，受此影响，社会成员逐渐又将"往 wàng 南走"读为"往 wǎng 南走"，这就又回归到"往"本来的读音。这时尽管辞书上注为"往 wàng 南走"，而人们则实际读为"往 wǎng 南走"。结果出现了第二次注音不读的现象。于是第三版的《现代汉语词典》又取消了"往 wàng"的读音，同时把"朝、向"的义项让位给"往 wǎng"。这真可谓"合久必分，分久必合"。即：

第一次注音不读→第一次统一→第二次注音不读→第二次统一。

又如"围绕"，第二版的《现代汉语词典》注为 wēirǎo，但大约近 30 年来有越来越多的人读为 wéirào，所以第三版的《现代汉语词典》改为 wéirào。

再举一个新例子："呆板"的"呆"，第一版和第二版的《现代汉语词典》都注为 ái，但近几十年来有越来越多的人读为"呆 dāi 板"，造成了新的读注不一的现象。所以第三版的《现代汉语词典》根据《普通话异读词审音表》的新规定，给"呆板"的"呆"由 ái 改注为 dāi，使得辞书注音和口读音统一起来。

2. 较近一段时期产生的和正在产生的新读音，辞书尚未来得及吸收，所以读注不一者至今仍然在社会上漂流，以上所举的"打的"便是一例。

又如"指甲"、"指头"、"这么"，现在大多数人读 zhíjiǎ、zhítou、zème，而《现代汉语词典》仍注为 zhǐjiǎ、zhǐtou、zhème，尽管词典在括号内有"口语中多读 zhíjiǎ"之类的说明，但是毕竟没有正式承认它们。

应该指出的是，"打的"与"呆板"属于不同的情形，"（打）的 dī"从它一开始产生就读为辞书里没有的读音，而"呆 dāi（板）"则是异读音的积非成是。

"积非"不一定"成是"，"积非"而且"成是"者，必须取得社会的承认和国家语言文字领导机构的认可。目前在人们的口头上已有不少字的读音逐渐由规范走上了不规范，其"成是"与否，笔者个人无权确定。以下姑且按其"积非"的程度，把它们分为两大类：

（1）非常接近"成是"。如"血"，虽然它的辞书读音是 xuè 和 xiě，但现在绝大多数人读为 xuě，似乎没有什么力量让广大社会成员放弃 xuě 的读音。

（2）虽然还没有非常接近"成是"，但错读音的势头似乎难以遏制。例如（例中横线左边的是正确读音，右边的是错误读音）：

友谊 yì—友谊 yí　浙 zhè 江—浙 zhé 江　血脂 zhī—血脂 zhǐ　处 chǔ 理—处 chù 理　因为 wèi—因为 wéi　勉强 qiǎng—勉强 qiáng　潜 qián 力—潜 qiǎn 力　复 fù 杂—复 fǔ 杂　氛 fēn 围—氛 fèn 围　熏陶 táo—熏陶 tāo　穴 xué 位—穴 xuè 位　惩 chéng 治—惩 chěng 治　混 hùn 合—混 hǔn 合　即 jí 使—即 jì 使

四、也谈国名

纵观世界各国国名，一般皆以地理位置命名，例如印度、希腊、罗马、俄罗斯、美利坚等等。但是我国古代几千年来虽经许多次改朝换代，从夏商周秦汉魏晋南北朝，到隋唐五代宋元明清，它们却都是时间名称，不是地理名称。

我国古代有"中国"一词，但它是指我国中原一带，不是国名。

由于一直没有一个被世界公认的地理名称，这就给外国人或外域人指称我国造成尴尬。为了应对这一尴尬，外域人曾经采用了如下两种方法。

一是把时间名称强硬当作地理名称：

汉朝时，北方民族把国语叫做"汉语"，把国人叫做"汉人""汉子""汉儿""好汉"，这里的"汉"就是汉朝的意思。陈沂《询刍录》："汉自武帝征发匈奴二十余年，闻汉兵莫不畏者，称之为汉儿，又曰好汉，自后遂为男子之称。"翟灏《通俗编·卷十一》："汉武征匈奴二十余年，马畜孕重堕陨罢极，闻汉兵莫不畏者，称为汉儿，又曰好汉。"

二是把我国某一局部地域名称当作国名：

> 春秋时代的秦国，是我国主要产粮区，号称"八百里秦川大粮仓"，故把秦国及整个中原地区称作"秦"。

"秦"字是会意字，甲骨文上部左右两只手，中间一把木杵，下部两棵禾（成熟庄稼），意即两手举杵舂谷。"秦"即粮食的意思。秦统一全国后，北方和西方的邻国称中国人为秦人，把"秦"作为我国的代称，一直沿用到汉晋。

"秦"的古字音被印度、希腊、罗马等国语言分别音译为 Cina、Thin、Sinae，拉丁文写作 chin，后来佛教经籍译作"支那""至那""脂那"等，皆为"秦"的外语音译。

中华人民共和国成立后，我们本来已经有了自己的地道的地理名称，所以理应废 china（英文）立"中华人民共和国"或"中国"，但是这一正名一直没有实现，至今几乎全世界仍叫我国为 china，这不能不说是一件遗憾事。

无独有偶，俄文称中国为 Китай，这又是来自"契丹"。契丹是我国古代游牧民族，居住在我国东北地区。由于契丹曾建"辽"而且名声远扬，国外有些民族径直把"契丹"当作我国国名。西欧文献把"契丹"就写成 Khitay，俄语转写为 Китай。

"契丹"的"契"字今读 qì，而古为"见母"字，所以西欧语和俄语依照见母字的发音读译为 K-音。

附注：

[1] "的"字的辞书注音有三：一是阳平（的确 díquè），二是去声（目的 mùdì），三是轻声（我的 wǒde）。

错读字音的现象可以休矣

摘　要：媒介错读字音的现象相当严重。文章以位于太原市的两家新开设的广播电台为"解剖麻雀"例，具体指出此类现象。其中或者读错声母、韵母或声调，或者声韵调兼而有之。造成在这种现象有多方面的原因。

关键词：错读字音　声母　韵母　声调

一、问题的提出

平日爱听广播，常发现一些错读字音的现象。例如把"瞠目结舌"读为"堂目结舌"，把"鸡鸣狗吠"读为"鸡鸣狗犬"，把"众说纷纭"读为"众说纷坛"。有一次，竟把"隋炀帝"读为"隋汤帝"。古人已作古，读错或许可恕，然而又有一次，把当时国家财政部长"王丙乾"读为"王丙坤"；如此"乾坤颠倒"，倒真的叫人瞠目结舌了。

1993 年 1 月份，山西长城广播电台和太原经济广播电台先后开播（试播），它们办得形式活泼，内容丰富，备受称赞；然而错读现象却有增无减。例如不少节目主持人把"束"读为"素"，把"质"读为"只"，把"浙 zhè 江"读为"浙 zhé 江"，把"并 bīng 州"读为"并 bìng 州"……作为一个语文工作者和热心听众，有责任对此提出批评，为的是希望播音者把好语言关，把电台办得更好。

二、错例分类

（说明：以下例子后面注音为电台错读音，括号内注音为正确读音。广播中出现错读字音的时间依次为年、月、日、时、分，一律以间隔号隔开。例如"93·7·14·9·35"即 1993 年 7 月 14 日 9 时 35 分。)

1. 读错了字音的声母。例如：

山西长城广播电台

叱咤 chà（zhà）（92·12·22·13·18）

荒谬 niù（miù）（92·12·26·13·44）

奖券 juàn（quàn）（93·1·6·10·54）

腼腆 diǎn（tiǎn）（93·1·8·19·20）

一束 sù（shù）（93·1·28·12·19·　）

维系 jì（xì）（93·2·12·19·40）

庇 pì（bì）护（93·2·18·11·50）

偏僻 bì（pì）（93·5·11·16·4）

纤 qiān（xiān）维（93·8·27·20·4）

骚 zāo（sāo）动（93·10·26·9·4）

吴苏甫 pǔ（fú）（93·11·8·14·40）

太原经济广播电台

凑 còu（zòu）效（92·12·31·12·56）

感触 zhù（chù）（93·1·2·10·8）

活泼 bō（pō）（93·1·7·13·23）

堤 tī（dī）岸（93·1·12·14·10）

炽 zhì（chì）热（93·2·17·15·43）

2. 读错了字音的韵母。例如：

山西长城广播电台

补品 pǐng（pǐn）（92·12·21·11·40）

模 mó（mú）样（93·1·6·13·17）

角逐 zhuó（zhú）（93·2·11·19·36）

高玉倩 qìng（qiàn）（93·5·12·12·27）

管弦 xuán（xián）（93·8·5·19·4）

蹂躏 liàn（lìn）（93·8·21·22·55）

士大 dài（dà）夫（93·9·16·15·36）

杨家堡 bǔ（bǎo）（93·11·2·8·50）

海淀 dìng（diàn）区（93·11·8·16·20）

亘 gèng（gèn）古（93·11·26·7·15）

太原经济广播电台

桎梏 gào（gù）（92·12·8·15·10）

勤奋 fèng（fèn）（93·1·5·15·25）

你的臂 bèi（bì）（93·2·18·10·22）

3. 读错了字音的声调。例如：

山西长城广播电台

载 zǎi（zài）歌载舞（92·12·7·7·5）

参与 yǔ（yù）（92·12·2·8·48）

俨然 yán（yǎn）（93·1·3·11·45）

奥林匹 pī（pǐ）克（93·1·12·13·15）

血脂 zhǐ（zhī）（93·2·13·18·37）

浙 zhé（zhè）江（93·3·23·10·2）

桂冠 guàn（guān）（93·4·3·19·59）

这个地方 fāng（fang）（93·7·5·10·24）

并 bìng（bīng）州（93·8·16·11·16）

仍 rěng（réng）然（93·9·7·13·30）

悉 xì（xī）尼（93·9·29·17·3）

内疚 jiū（jiù）（93·10·8·17·26）

梗 gēng（gěng）概（93·10·16·15·30）

未遂 suí（suì）（93·11·1·14·42）

纤维 wēi（wéi）（93·12·8·14·39）

太原经济广播电台

合同 tóng（tong）（92·12·31·8·47）

驰骋 chéng（chěng）（93·1·7·13·15）

本质 zhǐ（zhì）（93·1·12·14·10）

执 zhì（zhí）着（93·2·20·15·46）

在即 jì（jí）（93·2·25·13·38）

勉强 qiáng（qiǎng）（93·5·22·12·50）

惩 chěng（chéng）处 chu（chu）（93·9·21·17·5）

4. 读错了字音的声母、韵母、声调中的两项，例如：

山西长城广播电台

    粳 gèng（jīng）米（92·12·29·13·2）

    塑 shuò（sū）料（93·4·19·9·4）

    暂 zhǎn（zàn）时（93·8·11·21·7）

    什 shě（shén）么（93·9·8·9·32）

    混沌 tún（dùn）（93·10·8·13·22）

太原经济广播电台

    横冲直撞 chuǎng（zhuàng）（92·12·8·1·52）

    叱咤 tā（zhà）（93·1·12·14·18）

    氛 fèng（fēn）围（93·12·8·16·15）

5. 把字音的声母、韵母、声调全读错了。例如：

山西长城广播电台

    众说纷纭 tán（yún）（93·1·16·19·18）

    阳澄 zhèn（chéng）湖（93·9·9·16·36）

太原经济广播电台

    鳞次栉 jié（zhì）比（93·10·19·7·8）

根据我们的不完全记录，以上五种情况中读错声调的例子最多。设在省城的几家省市电台中，山西长城电台读错字例最多。

三、读错的主要原因

1. 受山西方言的影响。

山西人习惯把"奖券"读为奖券 juàn，把"血脂"读为血脂 zhǐ，把"输血"读为输血 xuě，把"杨家堡"读为杨家堡 bǔu，把"粳米"读为粳 gēng 米，把"腹部"读为腹 fǔ 部，等等。受此影响，许多播音员也在播音中读为以上方言。

山西多数地方不分平舌音 z、c、s 和翘舌音 zh、ch、sh，如太原方言把 zh、ch、sh 基本上读为 z、c、s。受此影响，电台播音中也出现了平翘不分的错读音。例如把"患者"读为患者 zě，把"卵巢"读为卵巢 cáo，把"商店"读为商 sāng 店。又有矫枉过正的现象，即把本来读平舌的读为翘舌音，例如把"正在"读为正 zèng 在 zhài，把"推测"读为推测 chè，把"告诉"

读为告诉 shù。山西长城广播电台在 1992 年 12 月 7 日 10 分至 20 分仅十分钟的广播中，我们就记录了 13 个此类错误读音。

山西许多地方不分前鼻音韵母和后鼻音韵母，如太原方言把前鼻音韵母一律读为后鼻音韵母。受此影响，电台广播中也出现了此类错误。例如把"补品"读为补品 pǐng，把"亘古"读为亘 gèng 古，把"气氛"读为气氛 feng。

山西许多地方平声不分阴阳，如太原方言把阳平字一律读为阴平字。受此影响，播音中也有时把阳平字读为阴平字。例如把"叶圣陶"读为叶圣陶 tāo，"纤维"读为纤维 wēi。

2. 受汉字字形的影响。

首先是形声字。播音是时遇到拿不准的字时，有时采用"秀才识字识半边"的方法，依据形声字的声旁读音定字音。例如把"瞠目结舌"读为"堂目结舌"，把"鳞次栉比"读为"鳞次节比"，把"高玉倩"读为"高玉青"。把"浙江"读为"折江"，把"腼腆"读为"腼典"，把"桎梏"读为"桎告"，把"海淀"读为"海定"。人们知道，由于古今语音的演变，迄今已有 3/4 的形声字的声旁不能准确表音甚至完全不能表音了，所以以声旁定字音往往是靠不住的。

有趣的是，有时候播音员甚至不是严格按照形声字声旁的的读音读出，而是读出了与声旁字形相似的字的读音，例如把"叱咤"读为"叱它"，这显然是把"宅"当"它"了。

其次是形似字。汉字里有许多字形相似的字，受其影响，播音中有时把甲字当成乙字读。例如把"众说纷纭"读为"众说纷坛"，把"隋炀帝"读为"隋汤帝"，把"妊娠"读为"妊振"，把"在即"读为"在既"。

3. 错读字还有其他方面的原因，主要有：

①不注意多音字的正确读音，例如把"参与 yù"读为"参与 yǔ"，把因为 wèi 读为"因为 wéi"，把"应 yìng 邀"读为"应 yīng 邀"，把"维系 xì"读为"维系 jì"，把"模 mú 样"读为"模 mó 样"，把"处 chǔ 分"读为"处 chù 分"，把"商贾 gǔ"读为"商贾 jiǎ"。

②不注意异读音的规范读法，例如把"机械 xiè"读为"机械 jiè"，把"发酵 jiào"读为"发酵 xiào"，把"荒谬 miù"读为"荒谬 niù"，把"亚 yà 洲"读为"亚 yǎ 洲"，把"倾斜 qīng"读为"倾 qǐng 斜"。

411

③不注意一些字的特殊读音，例如把"炮 páo 制"读为"炮 pào 制"，把"秘 pì 鲁"读为"秘 mì 鲁"，把"一刹 chà 那"读为"一刹 shà 那"。

④不注意儿化词和轻声词的正确读音，例如"模特儿"、"聊天儿"读为"模特"、"聊天"，把"朋友 you"读为"朋友 yǒu"、把"谈谈 tan"读为"谈谈 tán"。

⑤播音员在遇到生字时，偶尔临时搪塞一个错误字音，例如把"眸 móu 子"读为"眸 chī 子"，把"蹂躏 lìn"读为"蹂躏 lián"，把"阳澄 chéng 湖"读为"阳澄 chèn 湖"。

附录：

《视听论坛》1994 年第三期《卷首导言》节录：

93 年是广播大战的一年，各种电台纷纷崛起，这是经济发展的标志，是广播发展的标志，但是，一些新成立的电台，由于人员业务素质不高，错读音的现象屡屡发生，热心听众王艾录，注意收听广播，并对主持人、播音员错读字音的现象进行整理。他总结的错读音现象，有些是个别台个别人的问题，有些是很普遍的问题。《错读字音现象可以休矣》，对新闻工作者特别是对播音员很有学习的价值。

（《视听论坛》：山西省广播电视厅、山西省广播电视学会主办）

语言文字里的习非成是现象

摘　要：语言中的语音、词汇、语法以及文字等各个方面，古今都存在大量的习非成是现象，即错误的东西在语言运用中逐渐扎下了根，取得了合法地位。

关键词：习非成是　语音　词汇　语法　文字

语言学是一门经验科学。语言中会不时地出现错码，人们便不时地去加以限制和纠错，力求使语言在规范化的道路上永不偏离方向，这是主流。有趣的是在与规范化的较量中，不断发生这样的现象：有的错码竟最终产生"抗药性"而得以生存，从而使语言避免因理据错位或理据出轨而发生交际失败，这是支流。虽是支流，它们却在语言运用中扎下了根，取得了合法地位，完成了习非成是的转化过程。无论古今，莫不如是。这一现象出现在语音、词汇、语法以及文字等各个方面。

一、语音方面

"癌"本读 yán，解放前出版的《国语词典》和 1962 年以前出版的《新华字典》、《四角号码词典》等都注为 yán。据说北京有个姓张的医生，因"癌"、"炎"同音（都读 yán），曾给患有胃癌的病人开了治胃炎的药方而出了医疗事故。后来北京的医生们听说江浙人读癌为［ŋe］，就把这个音借过来，读作与之相近的 ái。一音之改，给医务工作带来极大的便利，所以读 ái 的人逐渐多起来，由医务界扩散到全社会，最终癌由 yán 变读为 ái 了。

"戊"本读茂，《广韵》：戊，莫候切。在五代后梁开平元年，因梁太祖的曾祖名茂琳，为了避讳，把表日辰的"戊"改为"武"。这个改动由强制性渐渐变成习惯性，戊便由"茂"音变读为"武"音了（普通话读 wù）。

因形声字的声符谐音而造成误读的也不乏其例。"苛"本读"何"，《广韵》：苛，胡歌切。受"可"的影响，讹读为"科"。"剧"本读"屐"，《广韵》：剧，奇逆切。受居（遽）的影响，讹读为"据"。今音苛 kē、剧 jù 就是由误读发展来的。

现在人们喜欢将"这"读作 zhèi。"这"在单念时读 zhè，与"一"连读时合音为 zhèi。如"这一个"读"zhèi 个"，"这一种"读"zhèi 种"。受此影响，人们把不属于"这一"连读的"这"也读作 zhèi，如把"这里"读作"zhèi 里"，将"这天气"读作"zhèi 天气"。现在在影视界，在社会口语中，大都这样读。

"包干"是承包任务干活的意思，所以应该读 bāogàn，然而人们却读成了 bāogān，甚至还要儿化一下：bāogānr。

现代汉语里的连读变调规定，上声字用在非上声字前，调值由 214 变为 21，例如"主义"，"主"读半上；但不知何故，"主意"中的"主"却例外地读为中升调 35，现代汉语中上声连读变调仅此一个例外。

由于社会性的错读音的不断出现，所以辞书对少数业已积习难改者也只好改变注音。例如"从容"原读"cōng 容"，后来人们读为"从 cóng 容"，于是在《普通话异读词审音表》（1985 年）规定为"从 cóng 容"。"围绕"，第二版的《现代汉语词典》注为 wéirǎo，但大约近几十年来有越来越多的人读为 wéirào，所以第三版的《现代汉语词典》改为 wéirào。"呆板"，第一版和第二版的《现代汉语词典》都注为"呆 ái 板"，但近几十年来有越来越多的人读为"呆 dāi 板"，所以第三版的《现代汉语词典》根据《普通话异读词审音表》的新规定，给"呆板"改注为"呆 dāi 板"。同时，把"荨麻疹 qiánmázhěn"改注为 xúnmázhěn，把"便秘 biànbì"改注为 biànmì。

语言随着社会的发展而发展，辞书注音总是滞后于现实，所以对于较后一段时期产生的新的错读音，辞书尚未来得及吸收。例如在城市搭乘出租车叫做"打的 dī"但是《现代汉语词典》（1996，下同）给"打的"注为"打的 dí"。同类如"因为"词典注为"因为 wèi"，现在多数人读为"因为 wéi"。"血"词典注为 xuè 或 xiě，人们却读为 xuě。

造成错读的原因大致有三（例中横线左边的是正确读音，右边的是错误读音）：

a. "秀才识字识半边"。如：友谊 yì——友谊 yí   血脂 zhī——血脂 zhǐ

b. 多音多义字的单音化。如：处 chǔ 理——处 chù 理   勉强 qiǎng——勉强 qiáng

c. 其他。如：潜 qián 力——潜 qiǎn 力   复 fù 杂——复 fǔ 杂   氛 fēn 围——氛 fèn 围   熏陶 táo——熏陶 tāo   穴 xué 位——穴 xuè 位   惩 chéng 治——惩 chěng 治

二、词汇方面

受认识水平的限制，人们有时会对事物或现象产生曲解或误解，因而造出具有错误内部形式的词语。尽管后来人们发现了这些造词错误，而且有了正确的认识，但是错误造词却始终未作纠正。例如：

"元宝"：唐高祖武德四年间，铸造了一种钱币，上铸"开元通宝"四字，含有记念新朝伊始之意。四字各居币面的左右上下，人们却依照环形顺序读为"开通元宝"。后来，这一语序不但被社会普遍接受，还在"元宝"二字前面冠以年号、朝代等，铸于币面。最早将元宝二字铸于币面，是唐肃宗乾元元年史思明在洛阳铸造了货币，上面铸有"得一元宝"、"顺天元宝"。之后代代袭用。

阿拉伯数字：从字面上看，似乎是阿拉伯人创造的数字，其实是印度人创造的。公元 7 世纪，阿拉伯人建立了伊斯兰大帝国，有一个印度天文学家来到巴格达王宫向阿拉伯国王献上印度制作的天文表，并介绍了印度创造和使用的 0、1、2、3……十个记数数字及其计算方法。这深受阿拉伯人喜爱，他们不仅自己广泛使用开来，而且传播到欧洲和全世界，误称"阿拉伯数字"。

熊猫：它是"猫熊"之讹。50 年代初，重庆北碚博物馆首次展出这种动物时，标牌上从左到右横写着"猫熊"两个大字。参观者按照旧的习惯，将"猫熊"从右到左地念为"熊猫"。从此"熊猫"的叫法逐渐口传开去，"猫熊"终于改称为"熊猫"。

景德镇：旧名昌南镇。宋景德年间，真宗赵恒下令制造御器，其底部有"景德年制"的字样，在广泛的流传和使用中，人们把这种瓷器误称为景德瓷和景德镇瓷器，久之"昌南镇"便被"景德镇"替代了。

容易：脱胎于"谈何容易"。"谈何容易"出自西汉文学家东方朔的《非

有先生论》。此文讲述了在一些昏暗朝廷里，忠臣因上谏而遭祸殃的故事。文中出现了四次"谈何容易"，强调臣子向君王上谏时岂能容许轻易。直至魏晋以后，才把容易二字连用，表示难的反面，而且这种错误的语言分段被相沿袭用。《通俗编·卷十二》："汉人以何容二字引易字，容易非连缀文，自杜诗与奋飞为偶。又杨注：荀子云：忽然，言容易也。后人遂转相传习，言易者，矢口必兼言容。"

从解放前到 20 世纪 50 年代，摊贩叫卖的瓜子指西瓜子、南瓜子之类，那时是名副其实的。到后来我国种植葵花的面积大量增加，市场上葵花子更多地取代了西瓜子、南瓜子，但人们却指鹿为马，管葵花子叫"瓜子"。

同类如："铅笔"（笔蕊）不是用铅所制，而是用石墨所制。"电木"不是木，而是苯酚和甲醛合成的塑料绝缘材料。"酱油"不是油，而是一种水溶液。"鱼翅"不是鱼的翅膀，而是用鲨鱼的鳍干制成的一种名贵海味。"糖精"不是糖中之精，它根本就不是糖，是一种以苯酐为主要原料制成的有机化合物。"羊羹"不是用羊肉做的羹，而是用豆糖等原料制成的食品。"湖广"不是湖南（湖南）和广东（广西），而是湖南湖北。"钢镚儿"不是钢制品，而是铝镍合金制品。"钢精锅"不是钢制品，而是铝合金制品。"水泡"（皮肤上的脓包）不是水之泡，而是脓泡。"醯鸡"即蠛蠓，不是醋中所生。"海马"不是马，"海蛤蟆"不是蛤蟆，二者都是鱼类。"甲鱼、墨鱼、鳄鱼、鲸鱼、章鱼、文昌鱼"都不是鱼——甲鱼是鳖，墨鱼是乌贼，鳄鱼、鲸鱼是海中哺乳动物，章鱼是生活在海底的软体动物，文昌鱼是一种脊索动物。"人熊"不是熊，而是罴。"芭蕉扇"不是芭蕉所制，而是蒲葵叶子所制。"混凝土"不是土，而是用水泥、石子、砂和水按一定比例混合而成的。"海市蜃楼"不是海里的蜃（大蛤蜊）吐气而形成的城市楼台，而是由于空气中光线折射而形成的一种自然现象。"月食"不是天狗或蟾蜍吞食了月亮，而是某一天体运转现象在人眼里的映像。"无花果"不是不开花而结果，只因花开在囊状总花托内，不易被人觉察。"地瓜"不是"瓜"，而是甘薯这种植物的块根。"盲肠炎"不是盲肠发炎，实为阑尾发炎。"脂溢性脱发"不是因脂溢（油脂分泌多）而脱发，真正原因目前尚不明。"糯米纸"不是用糯米所制，而是用一种淀粉加明胶及少量卵磷脂制成的透明薄膜。"左券"为右券之误，在古代，右券归债权人，左券归债务人。

成语"餐风饮露"最初用来描述蝉的习性，以为蝉没有嘴巴，只有吸食液体的口器，于是就猜想它餐风饮露为生。其实蝉并非吸食露水，而是吸食树液，而且经过一番暴饮暴食之后，把多余的树液从肛门排泄，呈现晴天见雨的奇观。"鞭长莫及"源自《左传·宣公十五年》，原意是鞭子虽然很长，但是不应该打马肚子。后来不知什么时候，有人把它误解为鞭子虽然很长，但是仍然够不上，用来喻指力量达不到，沿袭至今。"作茧自缚"也是一种误解，蚕虫作茧是为了得到保护，防止外界侵犯，是自护，而不是自缚。"勾心斗角"原是描写建筑物的工致精巧（"勾心"指各种建筑物都向中心区攒聚，"斗角"指屋角互相对峙，好像兵戈相斗），后来人们则把它理解为用心机互相争斗。"有眼不识金镶玉"，"金镶玉"字面上似乎是镶嵌着金子的玉石，实为"荆山玉"之误。"三个臭皮匠，胜过一个诸葛亮"，"诸葛亮"为"猪革梁"之讹；一种旧式民间布鞋叫"靸鞋"，前脸较深，鞋面中间缝合处缝着皮梁，叫"猪革梁"。

与错误造词相仿，汉语中还有一种错误译词（意译词）和谎称词。这种现象虽然不多，但却造成了理解的极大困难。例如"傻瓜相机"、"干葡萄酒"、"哈蜜瓜"、"原子笔"等。汉人宁可不理解，也不去纠正它。

错误造词在外语中也是屡见不鲜的。

俄语 углсвод（碳水化合物），来自英语 carbohydrate，反映在有机化学发展的早期，人们误认为碳水化合物的分子是由碳链以及连在上面的水分子结合成的，现在虽然知道这一认识是不科学的，但作为一个词却沿用下来。

英语 Indians（印第安人）指美洲土著居民。它的得名源自哥伦布航海时曾误把西印度群岛的岛屿当做印度，因而管这里的土人叫 Indos（西班牙语，意即印度人）。到了英国人嘴上便成了 Indians，实际上 Indians 根本不是印度人。

1472 年，葡萄牙人到达中非的麦隆，当地渔民经常在捕获鱼虾后大声喊叫"麦隆！"葡萄牙人误认为此地叫做"麦隆"，以讹传讹，后成为国名。

欧洲人到达西非的几内亚，不明这是什么地方，便询问一个女人，她听不懂欧洲话，便说我是"几内"（女人），我不懂，请去问男人吧。欧洲人也不懂当地话，以为这个女人说的"几内"是在告诉他们此地的地名，"几内"便传播开去，遂为国名。

欧洲人到达东非吉布提，询问一个正在做饭的老头儿这是什么地方，老头儿听不懂，便指着灶具说，这是吉布提（我的锅），欧洲人误以"吉布提"

是国名，便传了开来。

澳洲袋鼠英语称 kangaroo，它是由误会得名的：1770 年，英国航海家詹姆斯·库克船长的船停靠在澳大利亚东海岸，船员们看见那里到处有活奔乱跳怪模怪样的动物，便问当地人那是什么动物。当地人听不懂英语，却反过来问英国船员你们想要干什么，英国船员也听不懂当地话，只听到当地人说出 kangaroo 的一串音，误认为这就是那种动物的名称，从此以后英语一直管袋鼠叫 kangaroo。

三、文字方面

在朱自清《背影》一文中，有"望回走"的字样，有人提出疑问：为什么将"往回走"写作"望回走"？其实"往回走"本作"望回走"，后来人们将"望"误写成"往"。但是这两个字的声调不同，"望"读去声，"往"读上声，所以辞书只好给"往"加注去声。又后来，受"往"固有读音的影响，人们把"往 wàng 回走"又读成"往 wǎng 回走"，时间一久，《现代汉语词典》(1995) 撤消 wàng，只注 wǎng。这样"望"就彻底变成了"往"。

郭沫若的名字最初叫做郭沫若，取自他家乡四川省的沫河和若河。因为沫、沫二字的形体极其相似，所以人们粗心地把郭沫若写（读）成了"郭沫若"。时间一久，就连郭老本人也将错就错，承认自己就是"郭沫若"了。无独有偶，春秋时代有个叫介子推的，他的名字本为"介推"，《左传·僖公二十四年》记为"介之推"，"之"是个语助词，《史记·晋世家》作"介子推"，这不就是给人乱改字名吗？

明朝初年，忌讳"元来"、"元官"、"元籍"一类的字眼。因为元朝被推翻不久，写"元官"有"元朝之官"之嫌，"元来"有"元朝复来"之嫌，所以当时各级官员及文化界将"元来"写作"原来"，后来在社会上通行开来，再没有改正过来。1984 年出版的《汉语音韵讲义》（丁声树撰文，李荣制表）的扉页上有"元来"、"元刊"的字样。这种本来正确的写法反而为人所怪。

"狮子"原作"师子"，不知何时有人以为师子乃犬类动物，便加了反犬旁。人们似乎看着"狮"字更顺眼，便习惯写作"狮子"了。其实"狮"本有其字，它的义是"犬生二子"（《广韵》）。

由于二字同音写别字（通假）而且相沿下来的例子就更多了。成语"信口开合", 指说话 (嘴巴开合) 随便, 后来有人误写作 "信口开河"。元曲里作 "信口开合", 到《红楼梦》里就作 "信口开河", 沿用至今。"请柬" 应作 "请简"。"简" 是古代写字用的竹板, "请简" 之意不言而喻。而 "柬" 即 "拣", 本义为 "分别挑选"。母称的 "娘" 原作 "孃", 娘本指少女 (红娘、姑娘), 错写的 "娘" 已习以为常, 真正的 "孃" 却反被遗忘。再如 "蹀血" 误作 "喋血", "旌" (红旗旗旗) 误作 "猎猎", "详实" 误作 "翔实", "马头" 误作 "码头" "堤防" 误作 "提防", "何处人也" 误作 "何许人也", "报仇刷恨" 误作 "报仇雪恨", 等等。

文字方面的习非成是表现为 "从音变字 (字形)"、"从字变音"、"字形传染"、"双向错位"、"二次通假" 等。

1. 从音变字 (字形), 即把某字改换为它的同音字。例如:

"倒霉" 本作 "倒楣": 清代顾公燮《消夏闲记摘钞》: "明季科举甚难, 得取者门首竖旗杆一根, 不中, 则撤去, 谓之倒楣。今吴俗讥事不成者谓之倒楣, 想即本此。" 可见 "倒楣" 本即倒掉门楣, 后来误写作 "倒霉"。

三股裤 (一种比短裤稍长的裤子), 应为 "三夸特裤"。"夸特" 是英语 quarter 的音译, 长度单位, 相当于 22.86 厘米。广东方言把 "夸特" 读作近似普通话的 gu, 所以就写作 "股", 实际上哪有三股的裤子?

"虎口", 有人误以为是大拇指与食指相连处有似老虎之口, 不确。它的正确解释是: "虎口" 最初写 "蒦口" 或 "尺口"。人的拇指和食指相连处为口 (尺口)。蒦: 古度量, 即尺。《汉书·律历志上》: "尺者, 蒦也。" 后讹为 "虎口"。

外省人特别是北京一带的人过去谑称山西人为 "老西儿", 其实这个 "西" 并非 "山西" 的 "西", 它本作 "老醯儿", "醯" 就是醋的意思。山西人喜食醋, 故称。

"日里万机" 的 "万机" 本作 "万几", 意为 "一万多", 古代指帝王日常的纷繁政事。《尚书·皋陶谟》: "无教逸欲有邦, 兢兢业业, 一日二日万几。" 这里说, 治理国家者不能贪图安逸享受, 须知一国之内每日都会发生上万件事情, 要谨慎地去处理。

"金贵" 为 "惊闺" 之误, 惊闺是旧时磨刀师傅所持的成串薄铁片, 摇动碰击成声, 便惊动了闺中女子; "惊闺" 有响声传入家家户户的意思。

2. 从字变音, 即复合词中的原字与变字的读音完全不同, 但直接读出变字的读音。例如：

"独占鳌头"本作"独占鳌头"：古代殿试中，先选出状元、榜眼和探花三人，后由赞礼官引东班状元、本班榜眼二人，走到殿中天子座前的阶梯下迎候殿试榜。此时状元踏上中陛石上雕刻着的大鳌的头上，称"独占鳌头"，后因"鳌"、"鳌"二字形似，讹写而且讹读为"独占鳌头"。再如："打尖"（旅途中休息饮食）为"打火"之误写，但径读 dǎjiān。"佞兑"（佞人取悦）为"佞悦"之误，但径读 nìngduì。"牙商"（为别人说合交易并抽取佣金的商人）为"互商"之误，但径读 yáshāng。"目不识丁"为"目不识一个"之误，但径读 mùbùshídīng。

有时"从音变字"和"从字变音"联系在一起，例如"便秘"本作"便闭"。因"闭""秘"古同音（"秘"亦读重唇），所以人们把"闭"误作"秘"，这是从音变字。发展到后来，由于"秘"读 mì 音，所以就把"便秘"由 biànbì 误读为 biànmì，讹误至今，这是从字变音。由从音变字到从字变音，使语言在沿着伪科学的道路上有进无退。"秘"字《现代汉语词典》解释为：

①秘密。　②保守秘密。　③罕见；稀有。

三个义项没有一个义项能够对得上号，这就使学汉语的外国人莫名其妙。在中国人看来，便秘就是便秘，没有什么可说的；但是要给外国人讲清楚，却是相当费口舌的。

3. 字形传染即二字连缀时其中一字偏旁是因另字偏旁而生，例如"胡蝶"后作"蝴蝶"，"丘蚓"后作"蚯蚓"，"凤皇"后作"凤凰"，"巴蕉"后作"芭蕉"，"火伴"后作"伙伴"，等等。

4. 双向错位即某一通假字的本字和借字换个儿使用，二字互作借字。例如：

"混账"应作"混帐"，其造词理据是：从前我国蒙古族人民过着游牧生活，住在帐篷式的蒙古包里。年轻小伙子们经常混进姑娘的帐篷里，找她们谈情说爱。这一行为却常常遭到留守帐篷的老人的反对。老人指着混进帐篷的小伙子大声说：你又混帐了！混帐东西，你滚出去！由此，混帐一词便流传开来，成为一个骂人之词。如今把混帐写成了混账，而且写进了词典。《现代汉语规范化字典》（语文出版社，1998）：

帐同账，现在通常写作账。

有趣的是在把"混帐"写作"混账"的同时，又把"记账"写作"记帐"。《新华字典》有"帐"无"账"，把"账"作为"帐"的异体字。总之，"混账"与"记帐"中的"账、帐"双向错位。

"衙门"应作"牙门"，其造词理据是：古代军旗边周为牙齿形状，有时还在旗竿顶端饰以象牙或木雕象牙，故称牙旗。行军扎营，帐前树牙旗为军门，故牙门有军营之义，后又生官署、宫廷义。将"牙旗"、"牙门"写作"衙旗"、"衙门"是误写。"衙"的本义是行，《说文·行部》：衙，衙衙，行貌，其义与"衙旗"、"衙门"风马牛不相及。相反，"打牙祭"初作"打衙祭"，其造词理据是：古代官衙内有朔望祭祀的规矩，祭祀次日，供事人员把祭祀剩余的肉食分开吃掉，大饱口福，当时祭祀剩肉叫做祭祀肉，吃掉它叫做打衙祭。"衙门"、"打牙祭"中的"衙、牙"双向错位。

5. 二次通假例如"梧鼠"经历了"鼫鼠→鼯鼠→梧鼠"的二次通假过程。《荀子·劝学》杨注："梧鼠当为鼫鼠，盖本误为鼯鼠，传写又误为梧耳。"同样，"马先蒿"经历了"马屎蒿→马矢蒿→马先蒿"的过程，"牙商"经历了"互商（郎）→乐商→牙商"的过程。

附带提及的是，汉字字形也有习非成是现象，例如"射"字（会意字），甲骨文和金文都像箭在弓卜，但后来把"弓"误作"身"，把"矢"误作"寸"。

四、语法方面

由于汉语是非形态语言，所以在长期的使用中形成了重意义轻形式的人治特点。人们并不苛求每句话都要合乎语法，许多不合语法的提法不断地得到社会的认可。常常可以看到这样的情形，一些不合语法的语句一方面遭到语文工作者的指责，一方面却被社会成员毫不动摇地使用着。语文工作者的批评十有八九无法说服社会，无法征服人们的习惯，时间一久，只能是见怪不怪、顺其自然了。非但如此，有时甚至连同指责者自己也跟着大伙儿使用起病句来了。例如"水平"只能论高低，不能论好坏，但是现在人们都说"发挥出最好水平"。"人数"只能论增减，不能论升降，但是现在人们都说"死亡人数还在增加"。人们在形容天气十分寒冷时常常说"冰天雪地"，但是有谁可曾见过"冰天"？"大楼一片漆黑，只有张老师的灯亮着"，一看就是自相矛盾，诚然，语法不等于逻辑，但是唯其如此才会生成语法的习非成是。曾几何时，"恢复疲劳"、"打扫卫生"、"凯旋而归"、"白白浪费"、"普通党员"、"养病"、"救火"之类不也屡遭指责吗？但是它们最终积习难改，取得了合法的地位。这里绝无无视语言规范化，提倡说病句之意。事实上，个人对语言的误用，在一般情况下决不会得到社会的承认，但是由于语言的纠错能力而带来的从众效应现象却是客观存在的语言事实。

50 年代出版的吕叔湘、朱德熙合著的《语法修辞讲话》认为，"转变"不是及物动词，不能带宾语，如不能说"转变了作风"、"转变了立场"、"转变了思想"等，但是这些错误提法一直说到现在，早已没有人感觉它们是什么病句了。

过去，打电话是用手指拨动转盘式电话，使转盘转动。如今转盘式电话已经被键盘式电话所替代，然而当人们去用手指按下电话机上的键时，仍管它叫"拨电话"，而不叫"按电话"。过去，打完电话叫做挂机，即把话筒挂在电话机上，但那是旧式电话机，如今的电话机多为放置式，打完电话只需把话筒放置在电话机上面即可关机，但至今仍称"挂机"，不称"放机"、"置机"。"坐铁道（去北京站）、坐地下铁道（去北京站）"是病句（动宾搭配不当），只能说"坐火车（去北京站）"。但是，在有地铁的城市，"坐地铁（去某处）"的说法却行得通，不但行得通，而且只能说"（从西直门）坐地铁（去北京站）"，不能说"（从西直门）坐火车（去北京站）"。广播电视里经常有"这位听众"、"那位观众"的提法，"众"是"许多人"的意思，一个人怎么会是"众"呢？在广告语中，经常有"什么食品最健康？""服此药对风湿病有好处"等连篇累牍的提法，从语法上看，它们都是病句：食品有什么健康不健康？风湿病得到好处意味着病情加重。但是人们又都知道：它们是"吃了什么食品人最健康？""服此药对治疗风湿病有好处"的意思，没有人因语病而产生误解，也没有人去纠正这些病句。

古今诗歌中的语法错误屡见不鲜。唐孟浩然《春晓》："春眠不觉晓，处处闻啼鸟。夜来风雨声，花落知多少？"这里有以音害义的毛病，为了照顾晓、鸟、少三字合辙押韵，居然说成"闻啼鸟"。"闻啼鸟"即"听到啼叫的鸟"，鸟是不能闻的，应作"闻鸟啼"。流行歌曲《青藏高原》有"哦，我看见，一座座山，一座座山川，一座座山川紧相连"。"川"字《新华字典》解释为：

①河流　②平地，平原。

试问：河流、平原怎么能以座（量词）论之呢？电视剧《三国演义》主题歌《滚滚长江东逝水》有"白发渔樵江渚上，惯看秋月春风"，其中也有一个动宾搭配不当的问题：秋月可以看，可是春风怎么能去看呢？

　　此外，"他差点儿摔倒"与"他差点儿没有摔倒"同义，"在他出国之前"和"在他未出国之前"同义，"砸不烂你的狗头"与"砸烂你的狗头"同义，"好容易"与"好不容易"同义，"注意安全"和"注意火灾"同义，"中国队大胜日本队"与"中国队大败日本队"同义，"解饿"与"解饱"同义，"救生"与"救死"同义，"生前"与"死前"同义，"健康的原因"与"不健康的原因"同义，"果然"与"果不其然"同义……语言中出现了 A＝－A 的形式，这从结构主义非 A 即 B 的二质逻辑观念角度看来是不可思议的。

　　成语"人定胜天"的语法结构最初是"人定丨胜天"，意思是人的主观努力胜过老天，宋刘过《龙洲集·襄阳歌》："歌曰人定兮胜天，半壁久无胡日月。"现在人们却理解为"人丨定胜天"，意思是人的力量一定能够战胜老天。"每况愈下"最初出自《庄子·知北游》，意为愈下愈甚（猪蹄最不容易长肉，所以猪蹄肥，猪就一定很肥），后来变成了"每况愈下"，宋胡仔《苕溪渔隐丛话后集·二六·东坡一》："余谓后山之言过矣……后山乃比之教坊司雷大使舞，是何每况愈下？""每况愈下"在字面上是完全解释不通的，然而它却早已成为规范的词语了。

　　要从语言中找出不合语法的用例是很容易的事。它们出现之初，在语法学家和语文工作者眼里是通不过的，然而在广大社会成员那里，却好像什么事情都没有发生，他们对于这些错误用例往往不以为非，反以为是。

论量观念在编写教材中的重要性
——以高校现代汉语教材为例

提要： 知识内容按其数量可分为开放性的和封闭性的两类，教材介绍之所采用对应的方法一般是举例法和穷尽法。但是通行现代汉语教材存在忽视量观念的倾向，把许多封闭性的知识内容一味采用举例法，使得学生读者误把封闭性的知识内容当作开放性的知识内容，其后果是严重的。克服这一方法论缺点，可使教材质量大大提高。

关键词： 开放性　封闭性　例证法　穷尽法　类的观念　量的观念

教材中的知识内容可从不同的角度进行不同的分类。如果从量的角度着眼，可分为"开放性的"和"封闭性的"两类。它们是性质完全不同的类别，前者指知识内容的量是极其大的或者是无穷大的，介绍之必然采取举例的方法，即在偌大的数量中选取若干原型（prototype，一个范畴中最典型的项目）的例子，作为某方面知识的例证，这样的方法叫做例证法或举例法。后者指知识内容的量是有限的或者是极其有限的，介绍之原则上应该采用完全归纳的方法，即把所有的用例全部介绍出来，这样的方法叫做穷尽法。当然，对于封闭性的知识有时（尤其是在非重点介绍时）也未尝不可采用例证法，以达到略写的目的。但是在多数情况下，采用例证法讲述封闭性的知识时，必须同时交代出它的大致的数量面貌，不然，极容易使读者误将封闭性的知识当作开放性的，其后果是有悖教材作者初衷的。

对客观事物进行分类和计量，是一切科学研究最基本的方法之一。天下教材多若繁星，教材内容各色各样，但是无论什么教材必有两个重要观念贯穿其中：一是类的观念，即给知识内容进行各种各样的分类以及对各类知识内容的介绍；一是量的观念（concept of quantity），即交代每类知识内容所包含的状态以及各个量间的关系。类观念和量观念是相辅相成的，不对事物进行分类，科学研究将失去基础，但是止于对事物进行分类以及介绍，而不交代每类知识内容的量分布或量比例，必然会使教材在知识讲述中造成种种漏洞和误导，直接影响到教材的水平和质量，也直接影响到学生读者对知识的全面了解和深刻把握。

然而通行高校文科教材却普遍存在重视分类忽视计量的问题，这主要表现在教材对于各类知识内容缺少量的必要的交代。即以通行高校现代汉语教材为例，其中涉及量观念的知识内容尤为普遍，几乎在每一章每一节中，无不存在大大小小的语言文字单位和语言文字现象的量的问题。而据我们所知，此种教材存在一个共性的问题，就是不注意把开放性的和封闭性的两类知识内容严格区分开来。这往往表现为，对于在数量上和性质上相差很大的对照组，本应分别采用例证法和穷尽法，而事实上却一味采用例证法，其结果掩盖了部分知识内容的真实面貌，无法将知识客观地真实地交给学生读者。

下面结合通行现代汉语教材（简称"教材"）中的实例加以分析。

1. 教材在介绍词类时，首先给词进行分类，接着对每类词的语法特征加以介绍。从表面上看，这似乎已经很周全了，殊不知在其背后隐藏一个极为严重的不足，那就是每类词的量观念的模糊和隐晦。

在大大小小的词类对照组中，有两种情况：

第一，量性质相同的对照组。又有二：

A、开放性的与开放性的形成的对照组。如词类中名词、动词、形容词，它们是词类中的大家族，其数量难以穷尽，把它们放在一起比较是合适的。B、封闭性的与封闭性的形成的对照组。如代词中的人称代词、指示代词、疑问代词，它们在数量上都是有限的，可以穷尽的。因为它们同是开放性的或者同是封闭性的，所以不特别指明它们的量观念也许是可以的。

第二，量性质不相同的对照，即开放性的与封闭性的形成的对照组。对此，特别指出它们各自的量分布和量比例，则是十分必要的，也是十分重要的。对于这么两类性质截然不同的知识内容，如果全不顾它们在量上的差异，而统统置于同一角度、同一层次、同一模式、同一方法的表述，就必然会抹杀它们的实质上的差异。毋庸讳言，把差别很大的两类事物混为一谈的做法是编写教材的大忌。

然而遗憾的是，这一问题并没有引起许多现代汉语教材编写者的高度重视，所以恰恰在这个重要问题上出现了许多差错。例析如次：

实词有的是开放性的，有的是封闭性的，而虚词都是封闭性的。通行教材把实词虚词作为对照组，而不交代各自的量分布。同样是实词或者虚词，它们所包含的小类也依然存在量性质的差异，比如实词中的名词、动词等是开放性的，它们的数量是极大的，难以而且不必穷尽地列举出来的，所以教材一般采用了"名词，例如月亮、北京、鲁迅……""动词，例如走、学习、建设……"这样的举例法，这是正常的。然而实词中的区别词、量词、代词等是封闭性的，它们的数量是有限的，甚至是可以穷尽其量的，这时就不宜如同对待开放性的名词动词那样，统统采用例证法。而教材却对于这类封闭性的知识内容也采用举例法。比如现代汉语中常见叹词一般不超过 10 个，总共也只有 30 个左右，但是许多教材对它们照例采用举例法介绍。见下：[1]

黄廖本：叹词是表示感叹和呼唤、应答的词，例如："唉、啊、哼、哦、哎、哟"和"喂、嗯"。

林祥楣本：叹词表示感叹或呼应的词。如："唉、啊、哎哟、哼、咦、喂、哦、嗯"等。

胡裕树本：叹词包括表示感叹和应答的词，如："唉"、"呀"、"哟"、"哎哟"、"喂"、"嗯""唔"等。

这样做带来的不良后果是，由于没有严格区分和明确交代量性质截然不同的两类知识内容，致使学生读者误把封闭性的知识当作开放性的看待，其后果是十分严重的。

我们认为对于封闭性的知识内容，必须明陈其量，不然定会影响教材的科学性和严密性。至于具体介绍方法可以采用穷尽法，有时也未尝不可采用举例法——但是与此同时，必须交代出它的准确数量或大概数量，否则举例法将失去起码的立论基础。

有一种更为有害的表述方法是：事实上采用了举例法，却在表述中不出现"例如""比如""如""举例如下""常见的有"等词语，使读者不明白作者使用的是举例法还是穷尽法，因而往往使不少读者误把举例法当作穷尽法。例如教材在介绍词类时，多数地方都要以"例如"的形式分别举例，但是也有列举例词而不出现"例如""等"之类的词语。比如黄廖本在介绍每个词类时，一般要用"例如"加冒号引出若干例词，但是在介绍助词和语气词时，却没有"例如""等"之类的词语出现，只是在每个类别后直接排列出若干例词。以语气词为例，教材说：

　　……语气词可以分为下面四种：

　　表示陈述语气：的、了、吧、呢、啊、着、嘛、呗、罢了（而已）、也罢、也好、啦、嘞、喽、着呢

　　表示疑问语气：吗、呢、吧、啊

　　表示祈使语气：吧、了、啊

　　表示感叹语气：啊

　　以上每项所列举的例词是每小类词的部分呢，还是每一小类词的全部呢？不明。我们认为，如果是前者，就应该出现"例如""等"之类的用语，以明确这里采用的是举例法；如果列出的是该小类的全部，就应该做出明确的交代，以避免在不经意当中造成表述上的模糊和内容上的漏洞。类似的表述方法在其他几本同类教材中，也可横着竖着找出许多，这些现象无不反映出忽视量观念的共性问题。

　　2. 对于不同的研究对象应当采取不同的思想方法、表述方法，只有这样，才能把有关知识客观、准确、全面地介绍给学生读者，使他们获得真正的科学知识。

　　现代汉语中有许多复合性的语言文字单位，例如复合笔画、会意字、短语、复句等，它们的内部结构成员之量是极其有限的，最少两个，多则三五个乃至十个左右，但是多数教材在表述时，一味采用"两个或两个以上"之类的词语一言以蔽之。见下：[2]

复合笔画——

　　张斌本：两种以上基本笔画的连接。

　　黄廖本：两种或两种以上笔画的连接。

　　会意字——

胡裕树本：用两个或两个以上的图形会合成字。

林祥楣本：组合两个或两个以上的字构成一个新字。

张斌本：汇合两个或两个以上的字来构成一个字。

黄廖本：两个或几个部件合成一个字。

张志公本：有的合体字是由两个或两个以上的独体字合成的。

张静本：把两个或两个以上的有关的字形合并到一起，表示一个新的意义。

合成词（复合词）——

胡裕树本：在两个语素以上的复音节合成词中……

林祥楣本：合成词由两个或两个以上的语素组成。

黄廖本：至少由两个不相同的词根结合在一起构成。

张志公本：由两个或两个以上的语素构成的词。

张静本：都是由两个或两个以上的语素构成的。

多义词——

张斌本：有两个或两个以上义项而这些义项之间又具有内在联系的词。

黄廖本：有两个或两个以上的义项的词。

张静本：有两个以上相关意义的词叫多义词。

联合短语——

胡裕树本：由两个或更多的部分组成……

林祥楣本：机构内部有两个或两个以上的成分。

张斌本：由两个或两个以上部分组成。

张静本：两个或两个以上的词平等地联合在一起，没有主从正副之分。

连谓（动）短语——

胡裕树本：两个以上的动词连用…

林祥楣本：指两个或两个以上动词性词语连用的句法结构。

张斌本：由两个或两个以上的动词性词语连用

张志公本：由两个或两个以上的动词或动词短语组成。

复句——

林祥楣本：由两个或两个以上的分句组成的句子。

张斌本：由两个或两个以上的分句构成的句子。

黄廖本：由两个或两个以上的…分句组成。

张静本：由两套或两套以上不作句子成分的结构中心，表示一个复杂的表述关系的句子。

联合复句——

胡本：由两个或两个以上的分句平等地连接起来的。

林祥楣本：由两个或两个以上的分句平等地连接起来的复句。

张斌本：两个或两个以上的分句平等地联合在一起。

多重复句——

胡裕树本：两个以上层次的复句总称多重复句。

林祥楣本：分句之间有两个或两个以结构层次的复句。

黄廖本：有两个或两个以上机构层次的复句。

质言之，"两个或两个以上"一类的提法，只管最少，不管最多。事物的数量本来有其下限，也有其上限，有最少，也有最多，我们焉能只顾一头而放弃另一头呢？以"两个或两个以上"一言蔽之，许许多多的量观念为之掩盖，对于学生读者尤其是对于一些现代汉语初学者来说，他们完全有可能就教材做出这样的推断：汉字的复合笔画由两笔、十笔、二十笔构成，短语由两个、十个、五百个词构成，复句由两个、十个、一百个单句构成……毫无疑问，这样的推断是完全脱离语言实际的。无可讳言，学生读者完全有理由做这样的推导，教材则完全无理由做这样的误导；善于思索是学生的优点，造成误解是教材的责任。从这里又一次证明通行教材对量观念是何等的淡漠，由此带来的后果是何等的严重。可以肯定地认为，"两个或两个以上"是一种极不严密的表述方法，今后教材应该慎用这一用语。

3. 准确地把握事物的量，标志着认识上的精确化，这对于人们的认识活动和实践活动都具有十分重要的意义。辩证法认为，任何事物都是量与质的统一，没有无量之质，也没有无质之量，量与质是互相规定的。量在任何学科中都普遍存在，现代汉语当然不能例外。所以在编写教材时，要避免含糊其词，摈弃不严密用语，彻底改变严重忽视量观念的现状。只有这样，才能够弄清楚哪些属于开放性的，哪些属于封闭性的，从而分别采用不同的恰当的语言表述方法；也只有这样，才能做到教材编者胸有成竹，学生读者心中有"数"。

教材中涉及量的地方俯拾即是，我们认为教材编写者应该在动笔前就对它们进行一番认真的计量统计，而且其统计结果在原则上都应该写进教材，明确告诉学生读者。可惜的是我们做得相当不够，现状并不令人乐观。

例如有的教材在介绍现代汉语辅音时说：发辅音时，声带不一定振动。这里充其量只告诉读者有的辅音声带振动，有的辅音声带不振动，但是一个最基本的也是学生急于知道的问题仍然是量的问题——到底声带振动的辅音多还是声带不振动辅音的多？现代汉语中的辅音声母中振动的有多少个，不振动的有多少个？这些问题就教材不得而知，学生读者只能吃夹生饭，吞囫囵枣。非常明显，教材理应告诉学生：人类语言中的辅音，多数不振动，少数振动，汉语当然不例外。现代汉语中，只有 m、n、l、r 4 个辅音声母在发音时声带振动（浊音），其余 17 个声母声带都不振动（清音）。如此一来，突破了"不一定振动"这一闪烁其词的说法，大大增强了知识的透明度。

再如应该直面告诉学生读者：韵母中元音多辅音少；汉字左右、上下结构的多，包围、穿插结构的少；左右结构的形声字中，左形右声的多，右形左声的少；语素中词根多词缀少，单音语素多，多音语素少；词汇中一般词汇多，基本词汇少；词类中实词多虚词少，实词中数词多量词少，形容词多区别词（加词）少；短语中与词易混的少，不易混的多；合成词中复合式多附加式少；比喻辞格中明喻多借喻少，如此等等，不一而足。

不但要帮助学生确立"多数少数"的量的观念，而且要帮助他们把这些相关的东西进行归纳，弄明白哪些是属于开放性的，哪些是属于封闭性的。例如要使他们明白，实词中的名词、动词、形容词、数词等是开放性的，其余各小类及虚词是封闭性的；单义短语是开放性的，多义短语是封闭性的；主语的构成材料中，名词性词语是开放性的，谓词性词语是封闭性的……。

我们坚信，只要我们在这一似乎是细节的因而容易被人疏忽的问题上做出努力和改进，那就一定能够收到事半功倍的效果；只要从今以后注意克服量观念薄弱的缺点，加大量的表述力度，就一定能够使教材的质量在现有的基础上再大大提高一步。

附注：

［1］［2］黄伯荣、廖序东主编《现代汉语》增订三版（高等教育出版社，2002 年），林祥楣主编《现代汉语》（语文出版社，1995 年），张斌主编《现代汉语》（复旦大学出版社，2002 年），胡裕树主编《现代汉语》（上海教育出版社，1995 年），张志公主编《现代汉语》（人民教育出版社，1984 年），张静主编《现代汉语》（高等教育出版社，1988 年）。

非常规教学法刍议

——《现代汉语》教学体会

摘　要： 教师授课，不但要具有常规教学法的基本功，而且还要针对不同类型不同性质的知识，采取不同的灵活具体的教学方法。非常规教学法是常规教学法的重要辅助手段，二者结合可使整个教学过程有面有点，收到好的效果。

关键词： 非常规教学法　推导法　直感法　量化法　穷尽法　背景法　批评法

常规教学法是教材教法的基本方法，其主要目的是把所授教材内容正面地忠实地介绍给学生。但是学生除了要了解教材的基本内容外，往往还要对某些问题深入钻研，不但要求知其然，而且要求知其所以然。这就要求教师在授课中，不但具有常规教学法的基本功，而且还要针对不同类型不同性质的知识，采取不同的灵活具体的教学方法，我们把这类教学方法叫做非常规教学法。非常规教学法是常规教学法的重要辅助手段，二者结合可使整个教学过程有面有点，形成一种全方位的教学法体系。这对于抓住重点，突破难点，解决疑点，培养学生学习的深刻性和灵活性具有很重要的意义。我在长期的《现代汉语》教学中，分别采用过种种非常规教学法，从而避免了照本宣科，收到了比较好的效果。笔者敢告不敏，打算谈谈个人的点滴体会，就教广大同志。

1. 推导法

依据教材提供的知识和原理，以演绎思维方式去推导具体的问题，可以充分发挥人的主观能动性，避免教师照本宣科，学生死记硬背。我在讲解辅音的发音部位和发音方法时，没有急于就事论事，而是从"辅音"切入进行逻辑推导：辅音是在气流通过口腔和咽头时受到阻碍的音素，既然受到阻碍，就必然以口腔发音器官的上下部相互接触或接近为条件，否则就根本谈不上阻碍；而形成接触或接近的部位，主要是唇和舌，得出唇音和舌音，这是第一层。沿着这一思路，我引导学生对几个辅音声母亲口发音初步体会之，在此基础上得出：唇音分双唇和唇齿，舌音分舌尖音、舌面音和舌根音，这是第二层。最后告诉学生，舌尖是最灵活、活动范围最大的器官，所以它又可分为舌尖前音、舌尖中音和舌尖后音三小类共 11 个声母，占 21 个声母总数的一半还多，这是第三层。这时再让学生看教材，他们一旦看到与课堂推导得出的两大类七小类发音部位与教材介绍的内容完全相吻合时，所产生的结果就不但是清楚和深刻，而且还是惊喜和亲切。毋庸置疑，如此学到的知识要比死记硬背好多少倍。再如教材说语音具有生理、物理和社会三方面的性质，这是宣布，学生只知其然而不知其所以然。为了避免照本宣科，我由语音的定义切入进行逻辑推导：语音是人类发音器官发出的代表一定意义的声音——从语音是"声音"推导出语音的物理性质，从"语音是人类发音器官发出的"推导出语音的生理性质，从语音是"代表一定意义的声音"推导出语音的社会性质。这样使学生了解到语音为什么具有这三种性质，然后再学习掌握它们，就显得环环紧扣，引人入胜，留下极其深刻的印象。

2. 直感法

人是通过五官认识世界和获取知识的，所以在学习中，不但需要思维理解，而且往往需要以五官去直接感觉、直接体验，这样使思维理解和五官感觉结合起来，大大有利于知识的掌握。尤其是学习语音，需要更多的五官感觉。例如在讲解元音时，我提供出若干对照组，让学生反复动口发音，体会舌位的高低、前后，嘴唇的圆展。例如反复念 ü—u，同时观看别人发音时的口形特点，体会前后元音的存在与不同；反复念 i—a，同时观看别人发音时的口形变化特点，体会高低元音的存在与不同；反复念 o—e，同时观看别人发音时的口形变化特点，体会圆唇展唇元音的存在与不同。这时我让学生及时把自己的感受记录下来，对照舌位图把每个单元音的发音条件写出来

（如 i：前高不圆唇元音，u：后高圆唇元音……），这样在生动的教学活动中，学生对知识有了亲身的感受，而且感受一旦与教材有关知识相互吻合，便产生欣喜和满足感，避免了枯燥感，对所掌握的知识基本上能做到长记不忘。再如音高与声带的关系，造成不同音色的条件，清楚音和浊音，不送气音和送气音，口音和鼻音等等，我都带领学生动口发音，切实感觉之，收到事半功倍的效果。

3. 量化法

现代汉语教学内容中，存在很多量的观念和量的界限问题，而教材往往不加说明，而一味滥用举例一法，这无利于学生对知识的深刻把握。例如教材第 28 页只说"发辅音时，声带不一定振动"，这里充其量只告诉读者有的辅音振动有的辅音不振动，但是一个最基本的学生急于知道的东西——到底振动的多还是不振动的多？就不得而知了。我在授课时补充教材的不足，告诉学生，人类语言中的辅音，多数不振动，少数振动，汉语当然不例外。现代汉语中，只有 m、n、l、r、ng5 个辅音振动，其余 17 个都不振动。如此一来，突破了"不一定振动"这一含糊不清的说法，增强了知识的透明度。再如学生普遍反映"区别词"较难掌握，我便首先告诉他们，区别词是个小类，数量极其有限，这就排除了他们以为区别词与名称一样等量齐观的误解，使学生如释重担，从而增强了学习信心。又如我先后分别强调指出：韵母中元音多辅音少；汉字左右、上下结构的多，包围、穿插结构的少；左右结构的形声字中，左形右声的多，右形左声的少；语素中词根多词缀少；单音语素多，多音语素少；一般词汇多，基本词汇少；短语中与词易混的少，不易混的多；合成词中复合式多附加式少；数词多量词少；明喻多借喻少等等。帮助学生建立"多数少数"的量的观念，可以收到心中有数、高屋建瓴的学习效果。与此相关的概念是开放性和封闭性，这两个概念的引进，对于学生建立量的观念和掌握量的界限，有很大的裨益。例如我在授课中注意告诉学生，实词中的名词动词形容词数词等是开放性的，其余实词及各类虚词是封闭性的；单义短语是开放性的，多义短语是封闭性的；主语的构成材料中，名词性词语是开放性的，谓词性词语是封闭性的，等等，这样做往往可收到总览全局、胸有成竹的效果。

4. 穷尽法

教材说"由两个或两个以上的语素构成的词，叫做合成词"。要彻底理解这一定义，必须首先搞清楚"两个或两个以上语素"是什么样的语素。所以我讲解时从"语素"出发：语素分词根和词缀，所以从道理上讲，合成词应该有"词根＋词根"、"词根＋词缀"、"词缀＋词缀"三个种类，但是语言的事实上却没有也不可能有"词缀＋词缀"，这是因为词缀的意义不实在，它们无法构成词义，而词根的意义实在，它是"词的词汇意义的主要承担者"，所以一个合成词里必须至少有一个词根。通过对这一问题的穷尽分析，使学生拓展了思维空间，切实驾驭了所学知识。

再如教材说"动词性词语充当谓语的句子叫动词谓语句"，这个定义从字面上看是极容易理解的，似乎没有理解上的难度，但是其中隐藏着一个影响学生真正理解的症结，那就是什么是"动词性词语"？在课堂上，有许多学生回答不了这个问题。如果这一概念理解不透，那就谈不上理解关于动词谓语句的定义，从而必然搁浅于一知半解的水平上。我认为此时必须帮助学生回顾以前学过的关于"动词性词语"的知识："动词性词语"包括动词和动词性短语。动词不必说，但是什么是"动词性短语"？学生未必都能说得来，所以在明确什么是"动词性词语"之后，还必须理清什么是"动词性短语"。通过提问促使学生的温习、回顾，确实理清了"动词性词语"这一功能类别及其包括的各种结构类别：动宾短语、状中短语、连谓短语……经过如此三步走的过刨根究底式的分析研究，学生就可以从相反的思路上顺藤摸瓜：从对"动词和动词性短语"的把握到对"动词性词语"的把握，再从对"动词性词语"的把握达到对"动词性词语充当谓语的句子叫动词谓语句"的把握。

又如教材把多音节语素分为双音节的和三个音节以上的，为了摆脱这一机械的分类，我在讲课时指出它们的来源以及与音节分类的关系。来源是：一是古代联绵字，一是外来词；关系是：双音节语素包括联绵字和外来词，三音节和三音节以上的语素全是外来词。如此可使学生在理解上纵横贯通、左右逢源。

5. 背景法

教材讲到区分词和短语的方法，由于停留于举例性的讲述，而缺乏必要的知识背景或背景知识介绍，便难免给予学生一种误导：似乎在多数情况下词和短语都存在区分的问题，这显然是由误导引起的误解。为了从根本上避免这种误解，我在讲授词和短语的区分方法之前首先告诉学生，只有双音的和少数三音以上的词和同音节数的短语，而且二者具有至少一个相同的字的时候（如"白菜"和"白花"，"头疼[1]"和"头疼[2]"），才存在区分问题，而其余大多数情况，如"书"和"我的伟大的祖国"、"劳动"和"学习和劳动"，由于二者泾渭分明，并不存在区分问题。

又如教材说"语素是语言中最小的音义结合体"，这个定义从字面上看是清楚的，但是教材并不曾介绍过什么是"音义结合体"，它共有几级，其中最大的是什么，最小的是什么，等等。不知道这个，就不会真正理解语素的上述定义。所以我讲解到这里，就不惜时间，给学生首先介绍，现代汉语中的音义结合体有四级，它们从小到大依次是语素、词、短语和句子。学生有了这个背景知识，理解"语素是语言中最小的音义结合体"的定义就不是囫囵吞枣，而是势如破竹。

6. 批评法

教材说："句法成分是短语和句法结构的组成成分。"这里把"短语"和"句法结构"相提并论，这样说对不对？我提示学生思考和讨论，使学生终于发现："短语"是语法实体单位，它可以与词、句子等相提并论；而"句法结构"不就是语法实体单位，他指的是语法实体单位的内部结构模式。凡是合成式的语法单位都有其"句法结构"，短语当然不能例外。既然短语和句子都有其句法结构，那么短语同句法结构根本就不是并列关系，二者无法相提并论。可见把"句法成分"定义为"短语和句法结构的组成成分"是非常不妥的，所以我与学生一起把教材的这一定义改为"句法成分是短语和句子结构的组成成分"。一字之改，使学生尝到了开展小科研活动的甜头。

教材把外来词分为四个小类，其中一类叫"音译加意译外来词"，教材对它的解释是：整个词音译之后，外加一个表示义类的汉语语素。例如"卡车"的"卡"是 car（英语"货车"）的音译，"车"是后加上去的。

这里说得很清楚，后面那个汉语语素是"外加"、"后加"上去的，"外加"、"后加"绝不是意译，所以把"卡车"一类的外来词叫做"音译加意译外来词"是错误的。只有像"马克思主义"一类才是真正的"音译加意译"的外来词。据此，我和同学们一起把"卡车"一类由"音译加意译外来词"改为"音译外加汉语语素的外来词"。

数量短语中的数词或量词是什么句法成分？教材分别说："数词通常要跟量词组合成数量短语，才能作句法成分，例如'十位老师｜走一趟'"，"量词不能单独作句法成分"。

既然数词和量词都不能单独作句法成分，那么在数量短语中，难道数词量词不是构成短语的句法成分吗？难道存在无句法成分的短语吗？如果承认"数量短语"是短语，就必然承认数词和量词都能单独作句法成分，如果不承认数词和量词都能单独作句法成分，就必然把数量短语排除在汉语短语之外，这一矛盾是不可调和的。

指出教材中的个别错误，能够使学生解放思想，增强科研意识，这对他们今后成才影响深远。

黄廖本《现代汉语》(增订二版)
语法部分指瑕

　　摘　要：黄伯荣、廖序东先生主编的《现代汉语》(增订二版)的语法部分存在不少值得推敲的地方。

　　关键词：现代汉语　增订二版　语法部分

　　黄伯荣、廖序东先生主编的《现代汉语》增订二版[1]，是广受欢迎的一部获奖教材。笔者多年讲授这部教材，所以比较了解它和喜欢它。但是在长期的教学中逐渐发现语法部分存在一些似乎值得推敲的地方，以下基本依照教材的先后顺序分别指出，愿与作者和广大读者商榷。

　　第8页："词类的划分"一小节说，词的语法功能指的是词与词的组合能力，包括：(1)词在语句里充当句子成分的能力，(2)实词与实词的组合能力，(3)虚词与实词的组合能力。

　　词与词的组合只有"实词+实词"和"虚词+实词"两种，教材指出这两种情形是正确的，然而把词在语句里充当句子成分的能力也归于词与词的组合却是不妥当的，因为词充当句子成分的能力是反映词在语言中的职能和角色，这虽然同词与词的组合能力有一定的关系，但决不是一回事，所以不宜将二者相提并论。我们建议改为：

　　词的语法功能指的是词与词的组合能力和词在语句里充当句子成分的能力。其中词与词的组合能力又包括：(1)实词与实词的组合能力，(2)虚词与实词的组合能力。

　　第9页：教材说，"语法研究应遵循语法形式和语法意义即形式与内容相结合原则，划分词类不能例外"。但是教材第11页到第32页在对各类词的介绍中，介绍的是各类词的"语法特征"，而不是"语法特牲"。教材第11页的脚注里说："语法特征包括词的功能和形态，语法特性包括语法功能、形态和意义。"很明显，介绍"语法特征"就等于抽调了"意义"，而这正与教材所强调的"语法研究应遵循语法形式和语法意义即形式与内容相结合的原则"相违背。

第10页：教材说，区分实词和虚词的主要依据是：能够充当句子成分的是实词，否则是虚词。但是在第13页和第23页谈到数词量词时却说："数词通常要跟量词组合成数量短语，才做句子成分。""量词不能单独作句子成分。"这里指出数词和量词都不能充当句子成分，据此得出的结论自然是：数词和量词都不是实词。但是第11页却清清楚楚地说"实词再细分为名词……数词、量词……"，而且教材在介绍各类实词时，分别介绍了数词和量词。那么数词和量词到底是不是实词？

如果承认数词和量词都是实词（独立的词类），那么"数词＋量词"（如"一个"）就是短语（数量短语），不是词。如果数词和量词都不是独立的词类，那么就只能把"数词＋量词"叫做"数量词"（一个词类）了。

第42页：谈到动态助词时教材说，"'着'用在动词、形容词后面，表示动作在进行或状态在持续"，接着举了两个例子。第一例是"他的心，鼓着风，张着帆……"，指出"'鼓着、张着'表动作正在进行"。第二例是"门开着，灯亮着"，指出"'开着、亮着'表状态的持续"。那么"开、亮"在"表状态的持续"时是动词还是形容词？教材没有表态，就只好留给读者去推测了。

这本教材给动词形容词所下的定义分别是："动词表示动作、行为、心理活动或存在、变化、消失等"（第13页），"形容词表示性质、状态"（第15页）。那么，"（门）开着，（灯）亮着"表示什么呢？教材说："'开'是打开义，这种动作既有一个进行过程，而完成后又有一种持续状态"。从前半句（进行过程）看，"开、亮"应是动词，从后半句（持续状态）看，"开、亮"又应是形容词。

既然例中词的词性还不能明确，那么书中关于"'着'用在动词、形容词后面，表示动作在进行或状态在持续"的表述就难以让是学生满意。我们建议在日后修订时，改善语言表述，使举出的"动＋着"、"形＋着"两类实例中词性明确化。

第 46 页：在介绍了普通话六个最基本的语气词后说，"这六个语气词根据在句子里出现的先后次序可以分为三组，分组情况和主要用法见下表"，接着列一表格，把六个语气词分为三层，并介绍了它们各自的用法。

这里有两个问题。一、公开声明"分组情况""见下表"，可是表中却把六个语气词分为三个"层"（"的"为"第一层，"了"为"第二层"，"呢吧吗啊"为"第三层"）。如此一会儿称"分组"，一会儿又改称"分层"，这是十分不清楚的。二、"这六个语气词根据在句子里出现的先后次序可以分为三组"的提法本身是令人费解的。因为只有在一个句子里出现两个语气词连用时才存在它们的先后次序问题，如果一个句子里只有一个语气词，就根本谈不上"先后次序"。例如表格中给"的"举的例子是"我们不会忘记你们的"，试问这个"的"还有什么次序可言？

我们建议在"这六个语气词根据在句子里出现的先后次序可以分为三组"一句中加入"连用时"三字，同时把"组"改为"层"，即：

这六个语气词根据在句子里连用时出现的先后次序可以分为三层。

第 56 页：谈到词的兼类时教材说："词的兼类是某个词经常具备两类或几类词的主要语法功能。"据我们所知，学生首先关心的问题是"某个词"。

现代汉语的十类实词和四类虚词都有兼类吗？尽管教材介绍了"常见的兼类词"有"兼动名、兼名形、兼形动"，但有没有"不常见"的兼类词，如果有，它们是哪些？对于以上两个疑问，教材都未作交代。作为教材，必须十分注意表述上的细致、严谨和科学，把有关问题交代得一清二楚，尽量避免表述上的不周全之处。如果真的有"不常见"的兼类词，也应该做出交代；如果没有"不常见"的兼类词，就应取消"常见的兼类词"的提法。如果甚而至于连有没有"不常见"的兼类词也没有搞清楚而谈什么"常见的兼类词"，就未免有打马虎眼之嫌了。

据我们了解，虚词没有兼类现象，实词中也只有名动形三类词有兼类现象。

第 100 页：本教材把动宾结构中的"动词"用"动语"替代，理由是："宾语是句子成分名称，……而动词是根据它的语法功能等特性而定的词类名称，两者是不同性质的概念。再说，跟宾语发生结构关系的成分不一定是一个动词，而可能是个短语。"我们认为言之有理，但教材在第 6 页的页脚注释中却说："使用本教材时用动语或动词都可以。"如此前后不一致的说法，会使学生无所适从。此其一。

第 60—65 页在"短语的结构类"一节中，给每类短语都举了一些例子，并在每个例子后面的括号里加注词性或短语名称，如"想｜妈妈（动·名）"、"（新）书（形·名）"、"〔花园里〕谈（方位短语·动）"等等。依据此处的体例，"名"、"动"、"形"指的词类（如"动"即动词）。

但令人困惑不解的是凡遇动词性短语也一律加注"动"，如"（经济）的逐步发展（名·动）"、"（求学）的迫切希望（动·动）"、"上山采药（动·动）"等。非常明显，这三例中的"动"分别指的是"逐步发展"、"迫切希望"、"上山"、"采药"等动词性短语。此其二。

以"动"同时表示动词和动词性短语，这会给学生在理解上带来混乱。建议把这四个"动"分别改写为：状中短语、状中短语、动宾短语、动宾短语。

要顺便提一下的是，有的短语后加注（××短语），如"（十吨）钢材（数量短语．名）"（第 61 页）。有的则只注（××），没有"短语"二字，如"〔三尺〕宽（数量·形）"（第 61 页），"看了〈一次〉（动·数量）"（第 62 页）。这也许是不值一提的小事，但我们觉得作为教材不应该出现这类粗疏之处。此其三。

第 62 页：在"联合短语"一小节里，教材说联合短语"可细分为并列、顺承、递进、选择等关系"，但是在所列举的"今天和明天（名·名，并列）、小张或者你（名·代，选择）"等十个例子里，只有并列和选择关系的短语，而无顺承和递进关系的短语。我们认为这是非常不应该的。

那么，联合短语包括不包括顺承和递进这两种关系呢？我们认为只包括递进关系，例如"继承并且发展"、"同意而且拥护"，但不包括顺承关系。所谓顺承，即指两个或几个谓词性成分连用，如"下河洗菜"、"听了很高兴"。谁都知道，这已经是连谓短语了！

我们认为，承认递进而不举例，是教材的疏忽；承认顺承而无法举例，则是教材的学术错误。

第 64 页：在"同位短语"一小节里，教材把同位短语分为一般的同位短语和松散的同位短语。教材说："另有一种松散的同位短语，其中可以有语音停顿和标点。例如'一只野兔，这个可怜的小生灵，窜上了公路，在车灯照耀下狂奔'中的主语，'东北有三宝：人参、貂皮、乌拉草'中的宾语。"但是在教材所举的一般的同位短语的一组例子里有"北京、上海等大城市"一例，这个短语中也有标点（顿号）——教材在"标点符号"一节里（第183页）明确指出：逗号、顿号、分号、冒号都是句中点号，"点号主要表示语句中的各种停顿"。

为了避免这一在表述上的不精到之处，我们建议把"另有一种松散的同位短语，其中可以有语音停顿和标点"一句改说为：

另有一种松散的同位短语，其中构成同位短语的两项成分之间可以有语音停顿和标点。

第68—69页："多义短语"一小节第一段是概述，第二段是分类分析。

第一段（概述）介绍了什么是多义短语，多义短语形成的原因。其中使用了四个例子：母亲的回忆、鸡不吃了、厂长的问题、连我都你认得。这四个多义短语都属于"语义歧义"，其特点是每个短语的两次切分的结构层次和结构关系都相同。如"母亲的回忆"：

a. 母亲的回忆　　b. 母亲的回忆
　　定）中　　　　　　定）中

二者所不同的是只是语义关系不同：a中"母亲"是施事，表示母亲回忆什么；b中"母亲"是受事，表示回忆母亲。

但是第二段（分类分析）把现代汉语多义短语分成的两种基本类型都不是"语义歧义"，而是"结构歧义"。它们是：1. 结构关系不同因而切分不同，2. 结构层次相同、切分相同，但结构关系不同。这两类有一个共同点，就是一个短语做两次切分的结果要么结构层次不同，要么结构关系不同。

这里存在的问题是，在第一段"概述"中只讲语义歧义，不讲结构歧义，而在第二段"分类分析"中则只讲结构歧义，不讲语义歧义。这种概述和分析不对号的做法使学生感到困惑不解。

此外，又在本节后的练习第六题（第71页）的提供的七个多义短语中全是结构歧义，没有一个语义歧义。

建议把"概述"、"分析"和练习统一起来，都同时照顾到语义歧义和结构歧义，以便能够自圆其说，使理论和实例完全一致起来。

第71页："思考和练习四"的第五题的题文是："指出下列短语的基本类型，用从大到小和从小到大的层次分析法分析每个短语的层次和结构关系。"本教材从头到尾都贯穿从大到小的分析法，从未提到从小到大的分析法，而本题突然让学生使用这种从未提到过的分析法分析短语，我们认为这并非教材有意要引导学生突破教材，毋庸讳言，这完全是教材的粗心大意。建议将题文中的"和从小到大"五字删除。

第 129 页："句子分析例解"一小节在介绍用符号法分析句子成分时列举了四个例子，这四个例子中都含有"咬死"这一中补短语。但前三句中的"咬死"标记为"咬〈死〉"，第四句则标记为"咬〈死〉"。同样的成分以不同的符号标记，这是非常不妥的。建议将第四句中的"咬死"也标记为"咬〈死〉"。

即使在主谓短语下面划横线的做法是为了突出主谓谓语句，也不宜用随意使用这样的符号。因为同样是标记主谓谓语句，教材也有前后不一的现象。第 129 页的一个主谓谓语句标记为"（他家）的羊，‖ 狼咬〈死〉了"，但是第 130 页的一个主谓谓语句却标记为"（什么）书他都借来看一看"。建议将这两种符号统一起来，以保持教材的严肃性和系统性。

附注：

[1] 黄伯荣、廖序东主编《现代汉语》（增订二版）下册，高等教育出版社，1997年。

评黄廖本《现代汉语》增订三版

摘　要：由黄伯荣、廖序东先生主编的《现代汉语》增订三版的各章，尤其是语法、词汇两章，存在很多可商榷之处。

关键词：教材　语法章　词汇章

§0. 由黄伯荣、廖序东先生主编的《现代汉语》教材（增订三版，高等教育出版社，2002 年 7 月第一次印刷）的各章尤其是语法、词汇两章仍存在很多可商榷之处，基本以各章页码为序分述如下。

一、语法章

§1. 到底什么是语素、词、短语？

教材下册（P.5）和教材上册（P.251—P.253）都给语素、词、短语下过定义，二者却不一致。下册的定义是：

语素是语言中最小的音义结合的构词单位。

词是最小的能够独立运用的语言单位。

短语是语义上和语法上都能搭配而没有句调的一组词。

上册的定义是：

语素是语言中最小的音义结合体。

词是句中最小的能够独立运用的语言单位。

短语是词和词的语法组合。

首先，同一本教材对同一个术语下不同的定义，这是否有必要？其次，上面一些定义本身也存在问题：

说语素是"最小的音义结合的构词单位"不确。这句话只能理解成"最小的｜音义结合的构词单位"，不能理解成"最小的音义结合的｜构词单位"，因为"最小的音义结合"站不住。什么叫"最小的（音义结合的）构词单位"？难道还有较大的或最大的构词单位？

说词是"句中最小的能够独立运用的语言单位"亦不确，因为词不但可以出现在句中，还可以出现在短语中。

另外，教材并没有交代现代汉语中有哪些"语言单位"、有哪些"音义结合体"，既然如此，就不该奢谈什么"最小的"语言单位、"最小的"的音义结合体。

§2. 词到底属于什么单位？

教材上册（P.251）第四章第一节第二小节"词汇单位"，把词（以及语素、固定短语等）列入"词汇单位"。

教材下册（P.4）第五章第一节第三小节"语法单位和句法成分"，又把词（以及语素、短语等）列入"语法单位"。

教材在以上两处给词所下的定义分别是：

词是句子中最小的能够独立运用的语言单位。

词是最小的能够独立运用的语言单位。

这里又把词列入"语言单位"。

什么是"词汇单位"、"语法单位"和"语言单位"？它们之间是什么关系？教材没有做过任何解释，那么去理解什么是词就失去了根据。

§3. 什么是句法成分？教材（P.5）说：

句法成分是短语和句法结构的组成成分。

这里把"短语"和"句法结构"相提并论是令人费解的。人们知道，"短语"是语法单位，它可以与词、句子等相提并论；而"句法结构"不就是语法单位，他指的是语法单位的内部结构模式。凡是合成式的语法单位都有其"句法结构"，短语当然不能例外。对于这个道理，教材（P.74）也承认：

短语和句子都是句法结构。

既然短语和句子都是句法结构，那么短语就不能与句法结构相提并论，可见把"句法成分"定义为"短语和句法结构的组成成分"是不正确的。

§4. 汉语句子多数是主谓句吗？

句型分主谓句和非主谓句两大种，现代汉语中的这两种句型的数量比例如何？这个问题在学术界似乎很少谈及。赵元任先生在《汉语口语语法》（商务印书馆，1968）中曾明确地指出："主语和谓语的关系可以是动作者和动作的关系。但在汉语里，这种句子（即时把被动的动作也算进去，把'是'也算进去）的比例是不大的，也许比 50% 大不了多少。"赵先生认为现代汉语中的主谓句占 50% 略多，非主谓句占 50% 略少。但是教材（P.6）却说：

汉语句子多数由主语和谓语两个成分组成。

即认为现代汉语中主谓句是多数，非主谓句是少数，不知做这样的判断有没有事实依据，如果缺乏依据，那么下这样的断言就显得为时过早。

§5. 分框法、合框法可以共用吗？

教材（P.7）对一个主谓短语作了框式图解和文字说明：

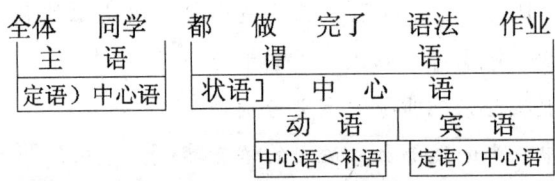

上面每个框表示一个短语，框内汉字和符号都表示短语内前后两个成分的关系……

令人莫名其妙的是，"第一层"和以下各层没有采用一致的方法：第一层采用直接成分（主谓）分框法，而以下各层则采用了直接成分合框法。这样做又造成了教材自身的错误：既然"框内汉字和符号都表示短语内前后两个成分的关系"，那么请问，第一层的两个"框"内的汉字"主语"和"谓语"如何能各自"表示短语内前后两个成分的关系"？难道"主"字可以表示前一个成分，"语"字可以表示后一个成分吗？

§6. "有时候"是什么时候？教材（P.8）说：

……主语分出定语和中心语，这一对成分是词，就不再作句法成分。……依次类推，一直分析到各成分都是词为止。

这一"到词为止"的原则十分明确，学生容易掌握。但是教材却接着说：

句法成分分析，有时候不处处分析到词，只分析到看清句子的结构类型为止。

如此左右摇摆，使人难以接受。

需要顺便指出的是，教材（P.134—135）对"①狼咬死了他家的羊，②狼把他家的羊咬死了，③他家的羊被狼咬死了，④他家的羊，狼咬死了"四个短语作了图解，对其中的"他家"作了三种不同处理：在①中作了不完全的图解——只画框和符号，框内没有加注文字；在②中未作图解；在③④中作了完全的图解——既画框和符号，也在框内加注了文字。放在一起的四个短语中的同一个成分，却作出三种不同处理，这怎能让人搞清楚"有时候"是什么时候呢？

另外，句法成分分析的目的主要是认清句法结构的结构层次和结构关系，而不仅仅满足于"只分析到看清句子的结构类型为止"，这是因为，达到"看清句子的结构类型"的目的，一般只需分析出上面一两个层次即可（如果它有一两个和更多的层次的话），根本不需要"到词为止"。

§7. 汉语划分词类主要标准到底是什么？

教材（P.8、P.10）分别指出：

分类的依据的词的语法功能、形态和意义，主要是词的语法功能。

汉语划分词类主要应依据语法功能。只有在判定某些词的归类，用功能标准不足以显示其特点时，才必须考虑形态和意义。

但是令人不解的是教材在同一处又有这样的表述：

词的概括意义在各种语言中都同词的形态、功能有密切关系，而且意义制约着形态和功能。……学习词类时从意义入手比较简便好记，能抓住大多数，少数词可以凭功能、形态来验证。

以上两段表述似乎是矛盾的。前段强调语法功能是划分词类的主要标准，但后段却又强调语义标准的重要性。既然意义的作用大大压倒了其他两项，意义能解决大多数，那么岂不是说意义成了划分词类的主要标准了吗？

§8. 应该如何定义各类词？

教材第二节"词类"（P.8）开宗明义地声称现代汉语词类划分的依据主要是词的语法功能，但是在介绍各类词时却给它们完全从意义角度下定义，例如给名词、动词下的定义分别是：

名词表示人或事物的名称。

动词表示动作、行为、心理活动或存在、变化、消失等。

试问，既然掌握词类如此简单容易（如表示人或事物的名称的就是名词），那么何需那么费劲地从语法功能、形态等诸多方面去给词分类呢？词类是直接从意义就可发现呢，还是需要考察它们的各种语法功能及形态等才能发现呢？

§9. 包括还是并列？

教材（P.11）在"名词的意义和种类"一节的开头说：

名词表示人和事物的名称，包括表示时间、处所、方位的词在内。

这里在说，表示时间、处所、方位的词都包括在"表示人和事物的名称"的词里面，换言之，表示时间、处所、方位的词都是"表示人和事物的名称"的词。然而教材马上又说：

名词有以下几种：(1)表示人和事物的名称，(2)表示时间，(3)表示处所，(4)表示方位。

这又把"表示人和事物的名称"的词与表示时间、处所、方位的词并列为四，这在理论上似乎是混乱的。

§10. "新疆"和"北京"不同类吗？

教材（P.11）把名词划分为四个小类（见上），接着把"新疆、联合国"归到"表示人和事物的名称"一类（专有名词），而把"北京、中国"归到"表示处所"一类（处所名词）。"新疆"和"北京"都是地名，应归为一类，"联合国"和"中国"也应归为一类，但不知何故教材却把本为一类的分属为两类。

§11. "能作谓语或谓语中心"够得上是谓词的语法特征吗？

教材在说到名词时认为它的一个重要语法特征是"经常作主语和宾语"（P.12），但是在说到谓词的语法特征时却把"经常"改为"能"（P.14、P.16）：

动词能作谓语或谓语中心。

形容词能作谓语或谓语中心。

教材舍"经常"取"能"，不但在表述上失去了与名词语法特征应有的一致性，而且一字之差，谬以千里。"经常"从出现频率方面反映出词的最基本的功能，所以"经常"才够得上特征，但是"能"无法从出现频率方面反映出词的最基本的功能，所以"能"绝不是特征。

§12. "有"能否前加程度副词？

教材（P.14）说：

只有表示心理活动的动词和一些能愿动词能够前加程度副词。

但是动词"有"既非心理动词也非能愿动词,却可以前加程度副词。教材(P.32)在"名称、动词形容词的误用"一节中指出"甲队比乙队很优势"是病句,"应在'优势'前加'有'",改为"甲队比乙队很有优势"。

§13. 形容词的重叠式表示什么意义?

教材(P.14、P.17)分别谈到动词、形容词的重叠式,但是只交代了动词重叠式所表示的意义:

有些动词可以重叠,表示短暂、轻微(动作的动量少或时量少)。

没有交代了形容词重叠式所表示的意义,这是为什么?我们注意到教材中有这么一句:

重叠后用法同状态形容词。

那么状态形容词的用法如何?教材只介绍过形容词的"语法特征",没有说过形容词(包括状态形容词)的"用法"。所谓形容词的用法不得而知,形容词的重叠式所表示的意义就更无从谈起了。

§14. 名词动词形容词是封闭性词类吗?

教材在介绍各类词分别举例时,有的地方说"例如",有的地方则不出现"例如"二字。教材把现代汉语词分为14类,举例时出现"例如"二字的有区别词、拟声词、叹词、介词、连词共5类,其余9类都没有出现"例如"二字。

现代汉语各类词可分开放性的和封闭性的两种情况。能不能理解为凡是有"例如"二字是开放性词类,没有"例如"二字是封闭性词类呢?不能。因为教材在介绍名词动词形容词这些开放性词类的时候没有说"例如",这完全不能理解为现代汉语中只有教材列举的45个名词、43个动词和27个形容词。可见教材在没有交代开放性封闭性知识的情况下随意使用和随意不使用"例如"二字,看起来是小事,却抹杀了量的观念,给读者造成极大的不利。

§15. "有限、无限"是区别词吗?

教材(P.18)指出,区别词"不能作谓语",在所举的例子中有"有限、无限"二例,它们是可以作谓语的,如"我的文化水平有限"(取自《现代汉语词典》)、"风光无限",这样的例子可以举出许多。

§16. 区别词只能修饰名词吗?教材(P.18)说:

区别词"能直接修饰名词作定语"（如"大型轿车"）。

如同其他任何作定语的词语一样，区别词不但"能直接修饰名词作定语"，而且能直接修饰名词性短语作定语，如"大型进口轿车"、"人造地球卫星"。

§17. 数量短语中的数词或量词是什么句法成分？教材（P.20、P.23）分别说：

数词通常要跟量词组合成数量短语，才能作句法成分，例如'十位老师｜走一趟'。

量词不能单独作句法成分。

既然数词和量词都不能单独作句法成分，那么在数量短语中，数词量词是不是构成短语的句法成分？如果不是，哪来的数量短语？

§18. "那份"到底是什么短语？

教材（P.23）在谈到量词不能单独作句法成分时说：

"那份留给你"中，"份"是"一份"的省略。只有数词是"一"的时候，数词才能省略。

这一理论认为，指示代词＋量词＝指示代词＋一＋量词，例如这件＝这一件，那次＝那一次……但是我们又在教材（P.65）中找到与此相悖的理论：

由指示代词加量词组成的短语叫指量短语。

接着举的两个例子是"这件"和"那次"。那么"这件"、"那次"之类究竟是"这一件"、"那一次"的省略呢，还是指示代词加量词的指量短语呢？

其实说"份"是"一份"的省略，并不能说明"份"不能单独作句法成分，因为"一份"本来就是一个短语——数量短语，而"份"无疑是"一份"的句法成分。

§19. 何谓"非三身代词"？

教材（P.28）把人称代词分为"三身代词"和"非三身代词"两类，但是却只介绍三身代词，而对于非三身代词却未作介绍。

§20. "自己、自个儿"等究竟是什么词？

教材（P.27）把人称代词分为"第一人称、第二人称、第三人称、其他"四类，指出"自己、自个儿"等属于"其他"类。但是（P.28）却突然管"自己、自个儿"等词叫"反身代词"。"反身代词"是不是"其他"代词？不明。

§21. 介词短语究竟有哪些语法特征？

教材（P. 37）在介绍"介词的语法特征"时指出：

介词的语法特征是不能单独作句法成分，总要构成介词短语做状语，少数还可以构成介词短语作补语。（接着举了若干作状语和补语的例子）

这里指出介词短语只能作状语和补语，但是教材（P. 65）却说，介词短语除了状语、补语外，"有一些还能做定语"。

再者，"介词的语法特征是不能单独作句法成分"是一句废话，因为依据教材给实词、虚词分类标准，凡虚词都是"不能单独作句法成分"的词，大可不必把它当做头条语法特征加以介绍。如果介词需要作这样的介绍的话，那么连词、助词、语气词也同样应该介绍，然而教材并没有这样做。

§22. "所"究竟归哪类词？

教材（P. 40）把助词分为结构助词等四个小类，并指出其中结构助词有"的、地、得、所"四个。可是教材（P. 43）却把"所"归到"其他助词"里。

§23. "们"是语素还是词？

教材（P. 27）讲到代词时说，"我们、你们、他们、咱们"等是表示群体的人称代词，这等于承认词中的"们"是一个语素（又，教材曾在上册（P. 252）也认定"们"是"定位粘着语素"）。但教材（P. 44）却又认为"们"是一个词（助词）：

助词"们"，用在指人的普通名词后面，表示群体的意义。例如："同志们｜朋友们｜无畏的战士们。"

就教材看，前后是矛盾的。

再者，既然"同志们"之类是短语，那么它属于教材介绍的 14 类短语中的哪类呢？不明。教材（P. 66）所介绍的"助词"短语只有"的"字短语、比况短语和"所"字短语，没有"们"字短语，这样，"同志们"之类是什么短语的问题便无从落实。

§24. 不自由短语能加句调吗？

教材（P. 60）把短语分成"自由短语和不自由短语"，根据是：

还可以按它的成句能力来分，加句调能成句的叫自由短语，加句调也不能独立成句的叫不自由短语。

所谓"加句调也不能独立成句"表面上似乎勉强说得过去，但是它包含着语言学的常识性的错误。短语和句子的根本区别在于有无句调（语调）这一超音段成分，一个短语一旦具有了句调，它就成为句子。那些"不自由短语"之所以"不自由"，就是因为它们无法具有语调。换言之，不自由短语是"加"不上句调，而不是"加"上句调也不成句。"态度的恶劣。"充其量不过是书面上一个画了句号的短语而已。如果真的能够给不自由短语"加"上句调，那它一定已经成为句子了。所以我们认为，"加句调也不能独立成句"的说法是不科学的。

§25. 的（地）是定语（状语）的内部成员还是外部标志？

教材（P.61）使用符号法把"定＋的＋中"、"状＋地＋中"分析为"（定＋的）＋中"、"［状＋地］＋中"，例如：

（他的）马（代·名）［一步一步地］走（数量短语·动）

以上两个短语语法学界一般都认为"他"是定语，"一步一步"是状语，而教材则认为"他的"是定语，"一步一步地"是状语。有趣的是，这一划分法又被教材自我否认。见下：

a. 教材（P.72）规定了分析短语的三个条件之一是：

切出的两个成分必须都是个词或短语或是短语的省略形式。

依照这个条件，让"他的"作定语，"一步一步地"作状语是不合格的，因为它们既不是词也不是短语。"他的"或许可以勉强说成是"的"字短语，而"一步一步地"则无论如何也不是一个短语。

b. 教材已经分别在这两个例子后面的括号内注明"他的马"的定语是代词，"一步一步地走"的状语是数量短语，那就等于承认"他"是定语、"一步一步"是状语。

c. 教材（P.61）说，"的"的作用是表示定语和中心语之间的修饰关系，"地"表示状语和中心语之间的修饰关系；又在（P.87、P.93）谈到定语加不加"的"、状语加不加"地"的问题。这些论述已经承认，"的"、"地"不是定语、状语的内部成员。

d. 教材（P.61）既然把"的"、"地"包括在定语、状语之中，就顺理应当把"中＋得＋补"中的"得"也包括在补语中，划分为"中＋〈得＋补〉"，但事实上教材并没有这样做，教材对"中＋得＋补"的分析是："中

＋得＋＜补＞"，例如"学得＜好＞"（P.62）。

§26. "经济的发展"之类是不是定中短语？

教材（P.61）对定中短语下的定义是：

> 由定语和名词性中心语组成，其间有修饰关系，有时用"的"表示。例如：（他的）马……

这里告诉人们，定中短语里的中心语是名词性词语。但是教材（P.62）指出一种"特殊的"定中短语，例如"经济的发展、文艺的演出……"，对此教材说：

> 这种短语的中心语一般是双音节的谓词性词语，……

教材（P.101）说得更清楚：

> 谓词性词语也可以做定语中心语。

非常清楚，教材前后不一，自相矛盾。"谓词性词语可以做定语中心语"一句，把教材对定中短语所下的定义否定了。

§27. "灶洞里的"是方位短语吗？

教材（P.64）在介绍方位短语时列举了 6 个例句（例句中的方位短语加注了括号），其中两例照抄如下：

（灶洞里的）火光映红了嫂子的脸。

他走向那（天亮之前的）旷野。

教材告诉人们的方位短语竟然是"灶洞里的"和"天亮之前的"。稍有点语法知识的人都知道，这两个短语是"的"字短语，而不是方位短语。

§28. 什么叫做层次相同？

教材（P.68—69）把"结构关系不同的多义短语"分为"层次相同"和"上面层次相同，下面层次不同"两类。"层次相同"的例子有：

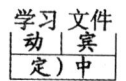

这里所谓层次相同应该是指对短语的分段（切分）相同。

"上面层次相同"例子有：

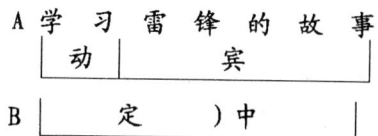

这里所谓层次相同却是指对短语的分段（切分）不同。所以从教材无法知道到底什么叫做层次相同。

§29. 框式图解中加注不加注文字可以是随意的吗？

教材（P.69）对"学习雷锋的故事"这一多义短语所做的框式图解是：

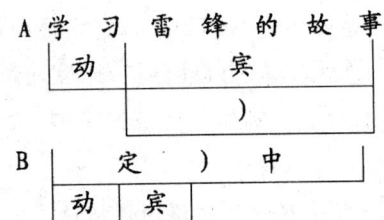

B的两个层次都加注了文字，而A的第二层内未加注文字。同类的随意现象教材不止一处。

§30. 短语是不是句法结构？教材（P.74）说：

短语和句子都是句法结构。句法结构里的成分叫做句法成分，它包括短语成分和句子成分。

但是在第五节"句法成分"里，讲的全部是句子和句子成分，却没有讲到一个短语。在这里教材又在不经意之中把句法成分局限在句子成分的范围内。

§31. 有主动句，为什么没有被动句？

教材（P.80）在谈施事主语时指出：

主语是施事的句子叫施事主语句，也就是主动句。

这里把施事主语句和主动句联系起来，但是在谈受事主语时却只说：

主语是受事的句子叫受事主语句。

避而不谈受事主语句是不是被动句，这是一种不对称因而是不完整的表述。

现代汉语中有没有被动句？教材没有正面谈及这个问题，只是在"'被'字句"一节指出：

"被"字句是在谓语动词前面，用介词"被（给、叫、让）引出施事或单用"被"的被动句。它是受事主语句的一种。

教材只承认"被"字句是一种被动句，但是"被"字句以外的受事主语句（如"这本书看完了"）是不是被动句？"把"字句也是受事主语句，它是不是被动句？教材避而不谈。

我们终于从教材第六章（修辞）第三节找到了关于被动句的一处论述，那就是第三小节"主动句和被动句"（P.235）。这里说：

一件事情里既有施事又有受事，表达时可以用施事作主语的主动句式，也可以用受事作主语的被动句式。

这里似乎承认"用受事作主语"的句子一定是被动句，然而所举的四个例子却全是"被"字句。"被"字句以外的受事主语句（包括"把"字句）是不是被动句？没有着落。

与之相类似的不对称表述教材中不乏其例，例如名词性词语作谓语和谓词性词语作主语都是比较少见，有一定条件限制，但教材只强调指出前者（P.79），而只字不提后者（P.78）。再如教材（P.82）在介绍"动语宾语"时强调指出：

动语和宾语是共现共存的两个成分，句内有宾语，就必有动语，有动语就必有宾语。

但在介绍主谓、定中、状中、中补时并没有指出它们各自都是一对直接成分。

§32. 主谓句到底分几个小类？

教材（P.5 和 P.117—119）把主谓句分为名词谓语句、动词谓语句、形容词谓语句和主谓谓语句共四种，但是教材（P.110）却又把主谓句分为名词谓语句、动词谓语句、形容词谓语句共三种。

§33. 主谓句可以离开语境而存在吗？教材（P.121）说：

非主谓句"这类句子大都要在一定的语境里才能独立成句"。

非主谓句如此，难道主谓句可以离开一定的语境独立成句吗？回答是否定的。正如教材（P.107）所承认的那样："句子是语言运用单位，是动态单位。"正因为这个原故，教材（134）才指出"句子是内涵十分丰富的信息载体……可分为句法的分析、语义的分析和语用的分析等。"而其中语用分析"就是语言符号与它的使用者、使用环境之间的关系的分析"。既然如此，句子（主谓句和非主谓句）就都不能离开一定的语境而存在，否则就不会是运用单位和是动态单位，更无法对其进行语用分析了。

§34. 什么是动词性非主谓句？

教材（P.121—122）把非主谓句分为四个小类，而且分别给"形容词性非主谓句"、"名词性非主谓句"、"叹词句"、"拟声词句"下了定义，但是唯独对"动词性非主谓句"只举例不下定义。此其一。

教材给动词性非主谓句列举的"出太阳了"等四个动宾短语、两个兼语短语的例子，这是极不全面的。谁都知道，形成动词性非主谓句的可以是一个动词，也可以是动宾短语、兼语短语以外的其他动词性短语。

§35. "动词谓语句"就是由单个动词充当谓语的句子吗？

在"非主谓句"的四个小类（见上）中，前三类有"性"字（动词性非主谓句、形容词性非主谓句、名词性非主谓句），后两类没有"性"字（叹词句、拟声词句），这说明叹词句、拟声词句是独词句，而前三类分别由动词性词语、形容词性词语、名词性词语形成的，所以不能叫做"动词非主谓句、形容词非主谓句、名词非主谓句"。但是令人不解的是，教材（P.117—118）把"主谓句"的三个小类却叫做"动词谓语句、形容词谓语句、名词谓语句"，难道它们的谓语全是由单个的动词、形容词、名词充当的吗？

§36. "他起床很早"属于哪类主谓谓语句？

教材（P.119—120）把主谓谓语句分为5个小类，所列举的20多个主谓谓语句例子中的大主语和小主语都是名词性词语。但是教材（P.77）明确指出：

主语可分名词性主语和谓词性主语。

可见教材对主谓谓语句的分类是不全面的。倘若把例句中的小主语（或大主语）变换成谓词性词语，则是教材规定的5个小类所不能包含的。例如"他起床很早"、"他劳动积极"，大小主语没有施事—受事、施事—受事、领属、复指、关涉这5种关系，这就把"他起床很早"之类大量的排除在外了。

§37. 连谓句、兼语句都是主谓句吗？存现句都是动词谓语句吗？

教材（P.122）将连谓句、兼语句、存现句等六种句式称作主谓句中的"几种动词谓语句"，但是在给连谓句列举的八个例子（P.126）中出现了一个非主谓句"上车买票"，在给兼语句列举的十一个例子（P.127）中出现了两个非主谓句"有人找你"、"论到你值班了"。

教材认为存现句属于动词谓语句，教材（P.129）给存现句列举的"屋顶上站着一个人"等11个例子也都是动词谓语句。但是在节后"思考和练习六"的第一题（指出句子的句型）中有"窗下一幅繁华的街景"这样的句子。这个句子显然不是动词谓语句，而是名词谓语句。那么，存现句有没有名词谓语句？回答是肯定的。除这个例子外，在教材（P.119）也有同类例子：

山上尽石头。（按：名词谓语句 10 个例句中，9 个句末加句号，这个未加任何标点符号。）

在这句话的句后，教材还加注"表存在"的字样，这说明，"山上尽石头"是存现句——名词谓语句。

§38. 处所词语和时间词为什么是不平等的？

教材（P.129）认为存现句句首的处所词语是句子的主语，处所词语做主语成为存现句的一个特点。教材却把放在句首的时间词语判为状语（句首状语），例如（P.19、P.20）认为"我的侄女［昨天］从乡下来了"、"［午后］，天闷得很，小伙子的眼睛像七月的枣儿一样红了圈"两句中的"昨天"、"午后"都是状语。

如此一来，就把处所词语和时间词语置于不平等的地位，同样是放在句首的处所词语和时间词语，一个是主语，一个则是状语，这样做到底有没有科学依据？

§39. 处所词语全是方位短语吗？

教材（P.129）认为存现句的主语是由处所词语充当的，列举的 11 个例句的主语（屋顶上、篮子里等）都是方位短语。那么试问，处所词语全是方位短语吗？否！在教材（P.11）给名词分的小类中，有"表示处所"的一类，教材举了"北京、中国、亚洲、里屋" 4 例，毫无疑问，完全存在由此 4 词做主语的存现句，例如：北京有个天安门、中国出了个毛泽东、亚洲有个中国、里屋有人。说它们是存现句是没有人反对的。由此可见，如果认为处所词语全是方位短语，显然是不全面的。

§40. 何谓"谓语中心"？教材（P.127）说：

谓语中心之后先后出现指人和指事物两种宾语的句子叫双宾句。

我们认为这里给双宾句下的定义是有问题的。

第一，什么是"谓语中心"？教材从头到尾并未提到过所谓"谓语中心"，这里却突然提出"谓语中心"，让人难以接受。教材（P.101）有专门介绍"中心语"的章节，指出：

中心语是偏正（定中、状中）短语、中补短语里的中心成分。

457

教材（P.106）也指出：

如果不用"中心语"这个名称，跟定语、状语、补语等相配的成分就没有一个合适的成分名称了。

非常清楚，中心语是跟定语、状语、补语相配的直接成分，它绝不是什么"谓语中心"。

第二，置于宾语（包括双宾语）前面的、与之相配的直接成分是"动语"，所谓宾语（包括双宾语）只能置于动语之后，而绝不能置于什么"谓语中心"之后。

§41. 动语到底用不用和用什么符号表示？

教材在（P.7）规定了表示动语的符号为"→"，但是教材（P.73）在分析一个短语时说：

谓语里用浪线标明宾语，浪线前就是动语，动语符号（→）不画自明。

这是自我否认。

另，本教材（P.127）分析"给他什么"时在"给"下面加了"→"号表示动语，而教材（P.138）在对"狼咬死了他家的羊、狼把他家的羊咬死了、他家的羊被狼咬死了、他家的羊，狼咬死了"四个短语的图解中，前三个短语中的"咬"不加符号，而第四的短语中的"咬"加了符号"——"。同样是动语，教材先后使用了三种表示法。

§42. 这是成分分析法吗？

教材（P.137）有说，"为了便于比较，现在用《暂拟系统》的成分分析法来分析上面的例句，并用成分符合表示六大成分。"这里把"他家的羊"这一片段分析为：

（（他）家的）羊

这不是《暂拟系统》的成分分析法，而是层次分析法。用《暂拟系统》的成分分析法分析之应为：

（他）（家）的羊

§43. 句法分析属于句子的类型吗？

教材第五节是"句法成分"，第六节是"句子的类型"，二者的角度是截然不同的。句法成分着眼句子和短语的内部，而句类和句型着眼句子的整体。但是教材在第六节"句子的类型"的末尾安排了第七小节"句子分析小结及例析"（P.134），其中列举了不少句例，大谈特谈句子的句法分析，大谈特谈句子内部的结构成分划分，这未免有点文题不符。我们认为这个内容不应该安排在第六节"句子的类型"的内容中，而应该安排在第五节"句法成分"的内容中。

此外，"句子分析小结及例析"中的关于"成分分析法、层次分析法"的内容，已经在前面第五节（句法成分）的第八小节（句法成分小节）做过介绍，从内容上看，前后明显重复。

§44. 分句在结构上不同于单句吗？教材（P.159）对构成复句的分句所下的定义是：

> 分句是结构上类似单句而没有完整句调的语法单位。

这一定义存在两个问题。

首先，单句与分句的根本区别在于有没有独立的句调。如果从结构而论，单句与分句则是完全相同的，迄今为止人们还没有发现二者之间存在什么不同从而处于"结构上类似"的状态。教材在给复句下了定义后接着说：

> 从结构上看，构成复句的分句可以是词，也可以是短语，可以是主谓短语，也可以是非主谓短语。

请注意，构成分句的词、主谓短语、非主谓短语，不正是"句子"的构成材料吗？非常清楚，分句与句子恰恰是"从结构上看"是一致的！

其次，说分句是一种"语法单位"也是不妥的。教材（P.4）曾经明确指出：

> 语法单位可以分为四级：语素、词、短语、句子。

但是教材谈到复句时突然冒出一个与句子不同的语法单位，这不但在知识上是错误的，而且在教材编排上也是不能自圆其说的。

§45. 条件？假设？

教材在"多重复句"一小节中同时用"原句加线法"和"框式图解法"分析了若干个多重复句，其中一个复句（第⑥例，P.173）中的同一个地方（……而且要看到它的反面，｜否则……），用"原句加线法"分析时标注为"条件"，而用"框式图解法"分析时却标注为"假设"。

二、词汇章

§46. 虚语素的"义"是什么？

教材（P.251）对语素的定义是：

语素是语言中最小的音义结合体。

所举的 8 个单音语素的例子是"天、地、河、农、士、啥、而、吗"。前 6 个是实语素，后两个是虚语素。实语素和虚语素的"音"都指音节，实语素的"义"指语素的词汇意义（如"书"：成本的著作），虚语素却没有词汇意义，只有语法意义。在虚语素里，如何让音和语法意义去结合呢？

§47. 可以给"语素"和"词"如此定义吗？

教材（P. 251、P. 253）对"语素"和"词"的定义分别是：

语素是语言中最小的音义结合体。

词是句子中最小的能够独立运用的语言单位。

这里有几个问题：

a. 说语素是"音义结合体"，"词"是"语言单位"。"音义结合体"和"语言单位"是什么关系？教材没有介绍，但常识告诉人们，语素和词都是"音义结合体"。"音义结合体"和"语言单位"绝不是并列关系，所以教材给语素和词下的定义欠推敲。

b. 语素是"语言中"的……词是"句子中"的……谁都知道，语素和词既可说是"语言中"的音义结合体，又可说是"句子中"的音义结合体，所以把二者作为对照组是欠妥的。

c. 词不但可以存在于"句子中"，而且可以存在于短语中。

d. "音义结合体"一共有哪些？哪个最大，哪个最小？教材只字未提，却奢谈什么语素是语言中"最小的音义结合体"，致使这一定义成为无本之木。

§48. "录像机、计算机"是多音节的语素吗？

教材（P. 251）把"录像机、计算机"同"俱乐部、迪斯科、奥林匹克"等放在一起，认为它们都是多音节的语素，其实不然。"俱乐部、迪斯科、奥林匹克"等是音译的外来词是多音节的语素；而"录像机、计算机"是用汉语语素和汉语构词方式造出来的词，它们不是多音节的语素，而是多语素的词。

§49. "蝴蝶"和"蝶"都是语素吗？教材（P. 251）说：

"蝴蝶"只是一个语素。"蝶"在别的组合如"粉蝶、彩蝶"中仍是一个语素。

承认"蝴蝶"是语素，同时又承认"蝶"也是语素，这在逻辑上是站不住的。

《中国语文》1999 年第 6 期和 2002 年第 2 期发表的刘萍、沈怀兴和严修鸿先生的文章都认为"蝴蝶"是偏正式合成词（"蝴"、"蝶"都是语素），我们认为值得参考。

§50. 节名可以随意改动吗？

教材第四章第一节叫做"词汇、词汇单位和词的结构"，但在下面分小节论述时，"词的结构"却悄然变成了"构词类型"（P.257）。

§51. 可以忘记多音节语素吗？

教材（P.251—252）把语素按音节分为单音节语素、多音节语素，按构词能力分为自由语素、粘着语素。它们之间呈现交叉关系，即自由、粘着语素各自都包括单音、多音语素，如"葡萄"既是自由语素，又是多音语素，"巴巴"既是粘着语素，又是多音语素。但是教材给自由、粘着语素举例时，却只举了单音语素的例子，如"地、民、阿"等，没有举多音语素的例子，这在表述上是不周全的。

§52. 粘着语素能不能单独成词？教材（P.252）说：

不能单独成词的语素叫粘着语素。

但教材（P.253）却说：

粘着语素单用时也可以是词。

以上两句显然是矛盾的。那么粘着语素能不能单独成词？回答是否定的。

教材（P.252）还说：

除少数情况外，粘着语素必须跟别的语素组合成词。

试问，这"少数情况"是什么情况？教材未做任何交代。如果这些语素果然能够单独成词，它还是粘着语素吗？

§53. 什么是联绵词？教材（P.258）说：

联绵词指两个音节连缀成义而不能拆开的词。

不知这一定义是从古代汉语角度讲的，还是从现代汉语角度讲的？教材不指明这一点，已经是教材的一个不足之处；何况，不管教材是从古代汉语讲的还是从现代汉语讲的，又都有毛病，见下：

如果教材是从现代汉语讲的，那么"两个音节连缀成义而不能拆开的词"还应该包括所有的双音节的外来词、叠音词和许多方言词、外来词如

“克隆、逻辑、尼龙”，叠音词如“姥姥、猩猩、皑皑”，方言词如“垃圾、靰鞡、槟榔”，这些词中的两个音节都不能拆开，都是连缀成义。

如果教材是从古代汉语讲的，那么古代汉语联绵词除了教材中指出的“双声的”、“叠韵的”和“其他”（非双声、叠韵的）外，还有既双声又叠韵的，如“辗转”。同时，教材把“蝙蝠”列入其他类，其实“蝙蝠”二字在古代都是重唇音，所以应归到双声类。

§54. 如何区别叠音词和重叠式合成词？

教材（P. 258、P. 260）给“叠音词”（单纯词）和“重叠式”（合成词）的定义分别是：

叠音词：由两个相同的音相叠而构成。

重叠式：由两个相同的词根相叠而构成。

两个定义只有一词之差：一个是音的相叠，一个是词根的相叠。音节是语音单位，词根是语素的一类——语法单位，二者不是对立物。从语法单位角度看是词根，从语音角度看是音节（一个音节或几个音节）。到底如何区别叠音词和重叠式合成词？这一问题就定义本身其实并未解决。

§55. 义项是词义分解的结果吗？

教材第四章设有“词义的构成”（P. 268）和“词义的分解”（P. 274）两节内容。认为词义由理性义和色彩义构成，即理性义＋色彩义＝词义。词义的构成和词义的分解互逆，词义的分解的结果顺理而推应该是理性义和色彩义，即词义＝理性义＋色彩义。但教材不是这样处理的，而是认为词义分解的结果是义项和义素。

说义素是词义分解的结果说得过去，因为“义素是构成词义的最小意义单位”（P. 271），但是说义项也是词义分解的结果，则是不正确的。

义项和词义是什么关系？单义词只有一个义项，这一义项就是单义词的理性意义。多义词有两个或两个以上的义项，那么它们和词义是对等关系（几个义项就是几个理性意义）呢，还是包含关系（一个词义包含几个义项）呢？教材未做交代。如果是对等关系，那么一个词有多少义项就有多少词义，此时义项根本不是词义分解的结果。如果是包含关系，就等于把若干义项作为一个词义的子项，这时作为母项的词义就不复存在了！例如多义词“深”至少有①从表到底的距离大、②深奥、③深厚、④时间长等四个义项，如果说它们加起来才是“深”的词义，这是不可思议的。

非常明显，词义和义项是对等关系，不是包含关系。义项不是词义分解的结果。

§56. 词可以不可以没有色彩义？教材（P.286）说：

实词都有一种与概念相联系的核心意义——理性义，此外还可能有附着在理性义上面的色彩义。

"可能"二字表明，有的词有色彩义，而有的词没有色彩义。可是同页却说：

理性义是词义中的主要部分，词还有附属的色彩义，也可称作附属义。它附着在词的理性义之上表达人或语境所赋予的特定感受。

这里又以肯定的口吻指出词必有色彩义，这就造成表述上的前后不一。

§57. "一般"云者何也？

教材（P.286）肯定地指出：

关系义场的成员只有两项，……没有"中间项"……如"老师——学生""父母——子女"。

然而（P.285）却说：

关系义场一般由两个成员组成。

"一般"以外自然有特殊，难道在特殊情况下关系义场有三个乃至三个以上的成员吗？

§58. "卡车"之类是音译加意译的外来词吗？

教材（P.313）把外来词分为四个小类，其中一类叫"音译加意译外来词"，教材对它的解释是：

整个词音译之后，外加一个表示义类的汉语语素。例如"卡车"的"卡"是 car（英语"货车"）的音译，"车"是后加上去的。

这里说得很清楚，后面那个汉语语素是"外加"、"后加"上去的，"外加"、"后加"绝不会是意译，所以把这类外来词叫做"音译加意译外来词"是不妥的。

§59. 什么是意译词？教材（P.314）解释说：

它们是根据外族先有的事物和概念用汉语语素按汉语的构词法构造出来的。

意译词是根据外国或外族词语的意义，用汉语语素按汉语的构词法构造出来的，而不可能是根据外族先有的事物，更不可能是根据外族的人的概念而造的。难道我们可以根据外族人发现的新事物或他们脑中的新概念去替他们命名吗？

三、其他章

§60. "镇江以西"包括不包括镇江？教材（上册P.5）说：

江淮方言，分布在安徽省、江苏长江以北地区、镇江以西九江以东的长江南岸沿江一带。

吴方言，分布在上海市、江苏长江以南镇江以东地区（不包括镇江）……

"镇江以东"不包括镇江，但未明"镇江以西"包括不包括镇江。

§61. "有语气词"是现代汉语的语法特点吗？

教材（上册P.11）认为现代汉语的四个语法特点之一是：

量词十分丰富，有语气词。

世界上有许多许多的语言都有语气词，所以"有语气词"绝不是现代汉语的语法特点。

§62. 什么是语音？

教材在文字、词汇、语法、修辞各章开头都给出了文字、词汇、语法、修辞的定义，但不知何故偏偏在语音一章未给出语音的定义，这给教材的使用者带来很大的不便。

§63. "一般"是什么意思？教材（上册P.27）说：

气流通过口腔或咽头受阻碍而形成的音叫辅音。

但是在同一页，教材又说：

发辅音时，气流通过咽头、口腔一般要受到某部位的阻碍。

"一般"以外必有特殊，难道还有不受到阻碍的辅音吗？

§64. 什么是音节？教材（上册P.29）说：

音节是语音结构的基本单位，也是自然感到的最小的语音片段。

什么是"语音结构"？"语音结构的基本单位"能不能理解为语音结构中的最小单位？教材没有介绍，读者也难以测度。既然什么是"语音结构"都不清楚，那么所谓"语音结构的基本单位"就更不清楚了。其次，"自然感到的"应改为"说话时自然感到的"，因为在"说话时"之外，差不多人们听到的任何大大小小语音片段（如发 ong）都是自然感到的。

§65. 什么是声母、韵母？教材（上册P.28—29）对它们的定义分别是：

声母，指音节中位于元音前头那部分。

韵母，指音节中声母后面的部分。

这里所谓"元音前头"与说"韵母前头"没有什么两样。以上两个定义实际上在说：声母是韵母前头的部分，韵母是声母后头的部分。这是一个典型的循环论证。

§66. 二者择何？

教材在第二章第一节（语音概说）分别给音节、声母、韵母、声调下了定义，所以在后面各节里就没有给它们重复地下定义，但是偏偏在第五节（音节）（上册 P.28）给音节重复地下了定义，而且两处定义竟不一致。它们是：

音节是语音结构的基本单位，也是自然感到的最小的语音片段。（上册 P.28）

音节是语音的基本结构单位，是自然感到的最小语音单位。（上册 P.90）

"语音结构的基本单位"与"语音的基本结构单位"不同；"语音片段"与"语音单位"也不同。重要定义往往要求学生记忆，但是对同一概念给出两个不相同的而且是费解的定义，这恐怕是不可取的。

§67. "区别意义"和"区别词义"有什么不同？

汉语中有轻声、儿化现象，二者都有区别词义的作用，但是教材却把轻声的作用叫做"区别意义"，把儿化的作用叫做"区别词义"，看不出这样做有什么必要。

§68. 这句话通吗？教材（上册 P.110）认为儿化的作用之一是：

表示细小、亲切、轻松或喜爱的感情色彩。

整个句子念起来佶屈聱牙，看不出"感情色彩"的定语什么。如果是"细小、亲切、轻松或喜爱的｜感情色彩"，那是不通的，因为不能说"细小的感情色彩"、"亲切的感情色彩"、"轻松的感情色彩"。如果是"细小、｜亲切、｜轻松｜或喜爱的感情色彩"，那也是不通的，因为四者显然不能并列。

§69. "一般"云者何也？教材（上册 P.179）说：

一个合体字一般由两个或两个以上的部件构成。

"一般"以外有特殊，难道还有由一个部件构成的合体字吗？

§70. 一种结构何以二称？

"围、凤、囤、问"等字属于同一个结构类型，然而教材（上册 P.180）把它们叫做"包围结构"，而教材（上册 P.186）把它们叫做"内外结构"。

§71. "夸张"辞格到底分几类？教材（下册 P.110）给"夸张"下的定义是：

故意言过其实，对客观的人、事物作扩大或缩小的描述，这种辞格叫夸张。

定义中分明把夸张分为"扩大或缩小"两类，但是教材却在以下"夸张的基本类型"一小节里，把夸张分为扩大夸张、缩小夸张、超前夸张三类。

§72. 设问果真是"无疑而问"吗？

教材（下册 P.280）说"设问"辞格是"无疑而问"，但是教材两处都作出自我否认。教材（下册 P.282）说：

设问句主要是提出问题，引起注意。

"提出问题"就是提出疑问，这当然不是"无疑"。教材（下册 P.112）又说：

具有疑问语调表示提问的句子叫疑问句。

所谓"提问"即提出疑问，这怎么能说它"无疑"呢？

§73. 设问和反问有何区别？

教材（下册 P.282）认为设问和反问的区别有二，如下：

设问不表示肯定什么或否定什么，反问明显地表示肯定或否定的内容。

事实上，设问也表示肯定什么或否定什么，即以教材举的例子看：是谁创造了人类世界？是我们劳动群众。——这个设问表示了肯定的内容，"是我们劳动群众"是陈述句，教材（P.111）认为陈述句是"表示肯定的句子"。竺可桢走北海公园，单是为了观赏景物吗？不是。——这个设问表示了否定的内容。其二是：

设问主要是提出问题，引起注意，启发思考；反问则主要是加强语气，用确定的语气表明作者的思想。

这实在是泛泛而谈，语不中的。因为反问句未尝没有"引起注意，启发思考"之类的作用，设问句也未尝没有"加强语气"之类的作用。

所以我们认为，以上两条都不是设问和反问的本质区别。

§74. 反问句到底是什么语气？教材（下册 P. 282）说：

反问……用确定的语气表明作者的思想。

但是教材（下册 P. 115）说过：

反问句的反问口气相当于否定口气。

"确定的语气"同"反问口气（语气）"是矛盾的。

§75. 结语

除以上谈到的所有问题外，教材中还存在一些更小的细节错误，如或而写成"语素"或而写成"词素"，或而写成"同字同音词"或而写成"同形同音词"，或而写成"物量词"或而写成"名量词"，或而写成"作主语"或而写成"做主语"等等，这里就不赘叙了。

教材是供给广大师生使用的，所以应该向经典靠拢，来不得半点草率和浮躁。这套教材从 80 年代的兰州本修改成 90 年代的高教本。即以高教本而言，又先后修订了三次。如此这般，本应成为一套精益求精的教材，但是连最后 次的修订本（2002 年）都存在这么多的问题，有的还是十分严重的，这就不能不令人遗憾和不解了。

白璧微瑕

——对中央电大语法教材的几点意见

摘　要：中央广播电视大学《现代汉语》（下册）存在一些可商榷之处和自相矛盾之处。

关键词：教材　可商榷之处　自相矛盾之处

张志公先生主编的中央广播电视大学《现代汉语》（下册）[1]是一部很有特色的语法新著。教材从编排体系到内容，无不独具匠心，新颖脱俗。本文不打算对它作全面的评论，只就我们的教学体会，提出一些可以商榷之处和教材内容中的自相矛盾之处，以供编者修订时参考。

一、可商榷之处

（1）关于直接组合

教材认为直接组合以语序为主要手段，但是"直接组合有时也使用虚词，比如偏正词组有时要用助词'的'，联台词组有时要用连词'和'、'同'等。但是，这些虚词并不是这些词组的必不可少的标志，用或不用，并不影响组合的性质。比如：'伟大的事业'和'伟大事业'这两个偏正词组，一个用了助词'的'，一个没有用，它们的组合关系是一样的。'教师和学生'和'教师学生'这两个联合词组，一个用了连词'和'，一个没有用，它们的组合关系也是一样的"（教材第 34 页）。

我们认为仅用这两个例子远远说明不了问题。请看例子：

1. 父亲的母亲（a）　　2. 我们的红军（a）

父亲母亲（b）　　　　我们红军（b）

3. 写的文章（a）　　4. 劳动的欢乐（a）

写文章（b）　　　　劳动欢乐（b）

1a 是偏正词组，意思是"奶奶'，1b 是联合词组，意思是"父亲和母亲"。同样，2a，3a，4a 都是偏正词组，而 2b，3b、4b 分别是复指词组、动宾词组、主谓词组。

再如，"他的身体健康"和"他身体健康"的结构分别是：

（1）为偏正词组作主语的主谓词组，（2）为主谓词组作谓语的主谓词组。

可见，用不用虚词"的"，有时会直接影响组合的性质，"的"有时成为直接组合的必不可少的标志，或者说，"伟大的事业"之类简直就是关联组合。[2]吕叔湘先生说："'的'字虽小，它的作用可不小。没有'的'字，前面的形容词和后边的名词都不能随便扩展，有'的'字就行了，例如挺大的一棵百年老树。"[3]

据我们初步考察，偏正词组的修饰语和中心语之间用不用"的"，大致有以下三种情况：1. 可用可不用（伟大的事业＝伟大事业）。2. 非用不可（父亲的母亲≠父亲母亲）。3. 不能用（少数民族，＊少数的民族）。[3]

现在再看用不用连词"和"的情况：

5. 学习和驾驶（a）　6. 生物和历史（a）

学习驾驶（b）　　　生物历史（b）

5a、6a 都是联合词组，而 5b 是动宾词组，6b 既可以是联合词组，也可以是偏正词组。可见，教材关于"的""和"等虚词不是直接组合的"必不可少的标志，用或不用，并不影响组合性质"的说法是不够周延的。

（2）关于句法分析

教材采用的析句方法是：先将一个句子一刀切成两半：主语、谓语。无论主语和谓语本身如何复杂，只看作词组的扩展形式。然后再用直接成分分析法对"主语"和"谓语"逐层切分（对于无主句，只作谓语的切分）。依照这个方法，"他看书"可作这样的分析：

他　　看　　书
　　　　　述宾
　　主谓

主语是"他"，谓语是述宾词组"看书"。

可是教材说："大量的句子是由各种词组构成的。词组成了句子，词组的成分也就成了句子的成分，即主语、谓语，述语、宾语、补语、定语、状语。"（第74页）照这个理论，"他看书"应分析为"主述宾"。"看书"原是词组中的"述、宾"，现在又成为句子的"述、宾"。问题在于，句子的述语并不是和句子的六大成分并列存在的，而是与宾语相对待的。"他看书"中的"看"，既是句子的谓语的组成部分，又是句子的一个单独的成分——述语，"他努力工作"中的"努力"，既是谓语的组成部分，又是句子的状语，等等，这无论理论上还是实际上都是站不住脚的。

照这个说法，"主谓谓语句"岂不是一句话中有了两个主语、两个谓语了吗？也许有人会说，必须是"词组成了句子"，词组的成分才算是句子的成分，主谓谓语句中的主谓词组并未"成了句子"。但是，这岂不是说，汉语句子只有主语、谓语两个成分（无主句只有谓语一个成分）吗？又何以谈到句子的述、宾，补，定，状呢？

（3）关于"把字句变换成被动句"

我们知道，把字句变换成被动句必以意思不变为前提，即二者必须是同义表达句式，否则就说不上变换。比如"他们把凶手捉住了"和"凶手被他们捉住了"两句结构不同，但意思相同：两句意思都是"他们捉住凶手"。可见，所谓句式变换，实际上就是一个意思的两种说法。

可是，教材却说，"现代汉语里，把字句与被字句是相对应的一对儿"，它们"结构相对立，表达的意思正好相反"（第117页），这就令人莫名其妙了！须知，与"他们把凶手捉住了"意思正好相反者应该是"他们没有把凶手捉住"、"他们把凶手放走了"等，而绝不是"凶手被他们捉住了"。

（4）关于加合式扩展

教材认为偏正词组中的修饰部分的各个组成成分有三种情况：

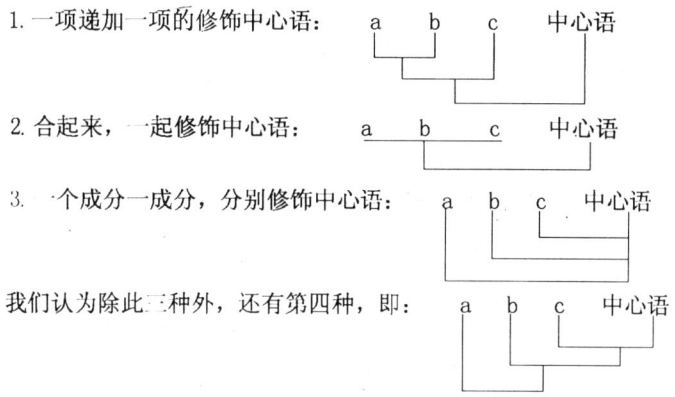

我们认为除此三种外，还有第四种，即：

例如吕叔湘《汉语语法分析问题》（第58页）对"一朵小红花"分析为：

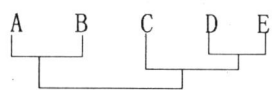

（5）关于单句复句

教材承认"你要说你就说"是一个单句（第122页），那么，它是由什么词组构成的单句呢？教材自己解决不了这个问题。因为，这个句子的第一层切分处（"你要说"和"你就说"之间）没有关联词语，这断定它不是关联词组。而且也不是直接组合（不是主谓词组、偏正词组、述补词组、联合词组）。总之，纳不进教材的十六种词组里去。我们认为"你要说你就说"是紧缩复句，不是单句。

二、自相矛盾之处

（6）关于并列复句的归属

教材第36页和39页将并列复句归于关联组合，可是第51页却说："单句和单句组成复句，除了表示并列和承接关系的复句外，一般都是采用关联组合的方式。"一会儿说并列关系复句是关联组合，一会儿又说不是关联组合。

（7）"虚心使人进步，骄傲使人落后"属哪种组合？

教材认为起关联作用的虚词"是关联组合内部逻辑关系的必不可少的标志"（第53页），这个复句没有任何关联虚词，不能归于关联组合。可是教材第36、39页又将并列复句归于关联组合。"虚心使人进步，骄傲使人落后"说它是并列复句，一般不会有人反对。

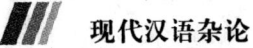

（8）关于"和"

教材认为"教师和学生"、"批评和表扬"等是用直接组合的方式组成的联合词组（第 34、36、37 页），这说明用"和"连接两个实词而构成的词组是直接组合。可是，教材又说"和"是"关联组合使用的""常用的连词"（第 60、61 页）。

（9）它们到底是哪种单位？

在"复句变换成单句"一节中，教材认为下面三个句于是由复句变换成的单句（第 122 页）：

你要说你就说。

他们已经跑了还怎么处理？

你爱信不信。

可是教材接着又管它们叫"单句形式"，甚至同时将"你爱信不信"叫作"单句形式的复句"。对这三个句子，一会儿叫单句，一会儿叫单句形式，一会儿又叫复句。

（10）"怎么"、"怎样"归那类词？

教材第 13 页认为"怎么"、"怎样"是"疑问代词"，第 168 页又认为它们是"指别词"。

（11）肯定句式和否定句式能互相变换吗？

教材有一道练习题是，"把下边肯定句式改为否定句式，否定句式改为肯定句式。"（第 141 页）这里是就肯定句式与否定句式相对而言的。

可是，本节内容却说："表示肯定，一般用肯定句式，有时也可以用双重否定句式，还可以用否定的反问句式。""表示否定，一般用否定句式，有时也可以用肯定的反问句式。"这里又将肯定句式与双重否定句式、否定的反问句式相对而言，将否定句式与肯定的反问句式相对而言，这在理论上似乎有些混乱。

注释：

[1] 张志公主编中央广播电视大学《现代汉语》，人民教育出版社，1982 年。

[2] 有人认为"的"（de）是连词，连接偏正结构中修饰语和中心语。本文倾向于这个观点。

[3] 吕叔湘《汉语语法分析问题》，载《汉语语法论文集》，商务印书馆，1984。

读书札记：著述玉瑕拉杂谈

摘 要：有的权威性的著作中存在玉中之瑕，甚至常识性错误时有发生。

关键词：权威性 常识性错误 "倒挂"现象

1. 从前，我对书十分神秘，以为上面写的基本都是真理，至少不会有大错，不然书何以为书呢？后来却逐渐发现，原来书中不乏疵瑕，甚至还有常识性的错误，不禁为之诧然。

偶得一张小报《惠好关怀》（总 18 期），是太原市惠好医用试剂器械有限公司的一份内部刊物，但上面刊登的都是专家或名医的文章。在第三版登载着两篇左右排开的文章，左边一篇劈头写道：糖尿病病人的禁忌食物是洋葱……右边一篇却在介绍降糖食物时首推洋葱，说洋葱中含有降糖物质，它作为糖尿病治疗药物非常受欢迎。如今之事却难为了读者：洋葱可忌乎？可食乎？

或曰，这是一张内部小报，不足为据。那么看看公开出版发行的大家伙吧。

2.《中国大百科全书·语言文字》（中国大百科全书出版社）是一部具有权威性的辞书，第 403—406 页"文字改革"条说："1945 年成立联合国，立即发生工作语言问题。拥有 150 个以上会员国的联合国，规定以英语，法语，西班牙语，俄语和汉语 5 种语言为工作语言，后来，又加一种阿拉伯语。"但是同书第 50 页"德语"条说，德语是"联合国工作语言之一"。那么德语到底是不是联合国工作语言？

3.《现代汉语词典》（商务印书馆，1996 年修订本，下同）"前言"有言："词典所收条目，包括字、词、词组、熟语、成语等，共约五万六千余条"。此处错误有三：第一，词是语言单位，字是书写单位。每个字都是记录词或语素的，例如"书"，它首先是字，它记录了"shu—著作"这个音义结合体的词。焉可将字与词相提并论？第二，熟语包括成语、惯用语、歇后语、谚语等，然而"前言"将"熟语、成语"相提并论，实在是常识性错误。第三，语法常识告诉人们，用了"约、大约"等表示估计的副词就不同时使用"余、左右"等表示概数或表示零头的词，反之，用了"余、左右"等就不再用"大约、约"等，然"前言"所谓"词典所收条目……共约五万六千余条"，不能不说是一个语法错误。

《现代汉语词典》在《凡例·注音》中说："条目中的轻声字，注音不标调，但在注音前加圆点。"这里把"注音"和"标调"分离开来，以为根据需要可给"注音"标上调号或者不标调号。"注音"和"标调"果真能够分离开来吗？回答是否定的。什么是"注音"？《现代汉语词典》给它下的定义是"用符号表明文字的读音"。什么是读音？《现代汉语词典》给它下的定义是"（字的）念法"——这是一种通俗的解释，实际上字的读音或念法就是字所记录的音节。谁都知道，汉语音节包括声母、韵母和声调三部分，其中声调无疑是音节必不可少的要素，有字音必有字调。《现代汉语词典》则对"音节"作出"由一个或几个音素组成的语音单位"这样的错误解释，十分令人遗憾。由此可见，词典以为字音（注音）可以不包括声调是认识上的错误。

助词"的、地"的用法，大约一个小学生就可以掌握，但是《现代汉语词典》竟有"的、地"误用之处：400页"嘎吱"条"扁担压得～的响"，显然是"扁担压得～地响"之误。词典中的错字还有许多，例如：

46页"保育"条：把"精心"写作"经心"；154页"陈兵"条：把"部署"写作"布署"；393页"负心"条：把"情义"写作"情谊"；566页"会厌"条：把"不致"写作"不至"；963页条：把"箭镞"写作"箭簇"；1026页"亲信"条：把"贬义"写作"贬意"；1059页"惹事"条：把"惹是生非"写作"惹事生非"；1161"手表"条：把"带"手表写作"戴"手表，等等。

这本词典在释义方面也有错误，例如"牛毛"。词典对"牛毛"的解释是："比喻很多很密或很细：～细雨｜苛捐杂税，多如～。"

"牛毛"是一个单义词，它只有一个义项——牛身上的毛，除此之外不会再有别的意义。但是词典对"牛毛"作了"比喻很多很密或很细"的解释，这绝不是"牛毛"的词义，而是词义以外的东西。释义中所举的两个例子"牛毛细雨"、"苛捐杂税，多如牛毛"，都是典型的修辞上的比喻。"牛毛细雨"是暗喻，意即"像牛毛一样的细雨"；"苛捐杂税，多如牛毛"是明喻，以牛毛（喻体）比喻苛捐杂税（本体）。结果是，词典根本没有解释"牛毛"的词义，只不过是以"牛毛"为喻体造了两个比喻句（短语）而已。这样的错误在各类词典中是极其罕见的。

　　4. 通行《现代汉语》教材存在很多问题和错误，略举几例：

　　a. 现代汉语中的连读变调的本质是某音节的调值的临时变化，例如"上声加上声"连读时，前面的上声音节的调值要由本调 214 变为升调 35（34），"不"在去声前由本调 51 变为升调 35（34）。但是，许多《现代汉语》教材（例如张志公主编的，人民教育出版社，1984；林祥楣主编的，语文出版社，1995；胡裕树主编的，上海教育出版社，1979；张静主编的，上海教育出版社，1986；武占坤主编的，北京语言学院出版社，1986），都说上上连读前上读阳平（变成阳平或曰近似阳平），"不"在去声前读阳平（变为阳平）。这就把临时性的调值变化当成了永久性的调类变化。非常明显，这是常识性的错误。

　　b. 通行《现代汉语》教材都说，语素和词都是音义结合体（二者级别不同），但是又承认虚语素（词缀）和虚词都没有实在意义（没有词汇意义，只有语法意义），既然如此，那么作为音义结合体，其中的音与什么相结合呢？难道可以让音同语法意义去结合吗？

　　c. 通行《现代汉语》教材的认为，实词与虚词的根本区别是能不能充当句法成分，能则为实词，不能则为虚词。据此，把量词定为实词。但是却同时指出，量词不能单独充当句法成分，总需同数词组合成数量短语（数量词）才能充当句法成分。那么量词到底是不是实词？到底是不是词？

　　5.《语言学纲要》（北京大学出版社，2000）第 27—28 页说："音和义之间的关系是社会'约定俗成'的，其间没有必然的联系"；但马上又改口说，"符号和自己所代表的事物是两回事，相互之间没有必然的联系"，令人难测任意性的一对构件到底是什么。

　　无独有偶，《语义研究》（语文出版社，1994）第 25 页说："词义和科学概念之间并没有什么不可超越的界限。术语的词义就是科学概念。至于日常生活意义上的概念，就概括地反映客观对象这一方面来说，词义和它往往是等同的，是无法区分的。"这里说的道理很清楚，可是令人奇怪的是书中又改口说："词义与概念毕竟不是一回事，它们有重大的差别。"两个"无法区分"的东西如何能"有重大的差别"？

6. 《词的理据》（《语言教学与研究》1990）第 5.11 小节中说："原始阶段的语言，只有数量极少的原始词，其中除了象声词之外，一般词都跟事物没有直接的、必然的联系，都是没有理据的。……古代汉语是以单音词为主的，其中大多数是没有理据的。"

可是在第 6.2 小节中却说："同根词比较法……折衷比较也可以在一种语言内进行，并且可以从比较中找出单纯词的根词及理据。"

以上两段文字前后矛盾：前面说单音词（单纯词）没有理据，后面却接着说它有理据。

此作者的另外一篇文章《〈说文〉的词源学观念》（《辞书研究》1994）第二节说："词的理据（motivation），作为词源学的一个分支，是指事物命名的理由与根据，它反映出了事物命名特征和词之间的关系。从多数原始词（initia 或 redices）那里找不出这种关系，也就是说它们是无理据的。"

可是第五节中却说："《说文》中保存的大量的词的理据，证明汉语的复合词和派生词之外的单音节词（包括原始词及由之产生的非原始词）有许多也是有理据的。"

原始词到底有没有理据？或而说无，或而又说有。

7. 《语言学概论》（江苏教育出版社，1987）第 125 页认为词义"不等同于概念"。但是第 125 页却认为词义"它以抽象概括的形式反映了语言符号所代表的事物的基本特征"。这一定义事实上承认词义与概念相差无几。第 162 页大谈词义的内涵和外延的扩大和缩小。人们知道，内涵、外延是概念的最基本的逻辑特征，所以这里又在不经意中把词义等同于概念了。

8. 《传播语言学》（河南人民出版社，2000）第 25 页说："这就表明，意义不是语言符号所固有的，而是使用这些符号的人赋予它们的。只有当人们把语言符号与特定的所指对象联系起来的时候，语言符号才获得意义。"

符号是什么？符号是能指和所指或音和义的结合物，怎么能够将这音义结合物再去与"特定的所指对象联系起来"从而"获得意义"呢？假定果真是"意义不是语言符号所固有的"的话，那么在"与特定的所指对象联系起来"之前，那个"语言符号"是什么？难道还存在没有意义的语言符号吗？

9.《心理学》（修订本，人民教育出版社，1992）第 175 页给语言所下的定义是："语言是由基本词汇和语法所构成的作为人类交际工具的一种社会现象。"这一定义有两方面的错误：1. 人们知道，语言有三要素，它们缺一不可，那就是：语音、词汇和语法。但是此定义认为语言只有词汇（基本词汇）和语法两要素。2. 语言的词汇包括基本词汇和一般词汇两种成员，缺一不可，此定义却把一般词汇从词汇中开除出去。

10. 瑞士语言学家费尔迪南·德·索绪尔的《普通语言学教程》（中译本，商务印书馆，1985）是世界名著，可是居然也发现一处叫人无法理解的东西。第 100—101 页说：能指（音响形象）和所指（概念）——"语言符号所包含的两项要素都是心理的"，"语言符号是一种两面的心理实体"。可是在 104 页却说："我们的意思是说，它是不可论证的，即对现实中跟它没有任何自然联系的所指来说是任意的。"

"所指"一会儿被强调为心理的，一会儿又被认为是存在于"现实中"的。"心理的"和"现实中"的二者距离遥远，殊而无同。

11. 在现实中似乎存在一种"倒挂"现象：一个普通小学教师可以把普通话的字音读得很准确，而作为国家最高级别的中央电视台却经常读错常见的字，如经常把"因为 wèi、友谊 yì、炽 chì 热、奖券 quàn、摸 mú 样、按捺 nà"读为"因为 wéi、友谊 yí、炽 zhì 热、奖券 juàn、模 mó 样、按捺 nài"。一般地讲，一个中小学语文教师绝不敢在不备课的情况下走上讲台将苏轼《水调歌头（明月几时有）》中的"转朱阁，低绮 qǐ 户"读成"转朱阁，低绮 yī 户"，而一个主持人、一个歌手就可以在不"备课"的情况下堂而皇之走上中央电视台读成或唱成"转朱阁，低绮 yī 户"。近两年来举办的几次全国青年歌手电视大赛的主持人都是央视著名主持人，但他们异口同声地把特邀点评人的滕矢初的"矢 shǐ"字错读为"矢 shī"。毋庸讳言，央视主持人错读字音的现象非常普遍。2004 年夏央视播出的电视连续剧《血玲珑》，剧中的两个主人公分别叫"卜绣文"和"匡宗元"，这两个称呼在剧中出现得非常频繁，然而剧中其他人却异口同声地把卜 bǔ 绣文叫做卜 pǔ 绣文，把匡 kuāng 宗元叫做匡 kuàng 宗元。这样的例子在其他电视剧里还可以举出许多。

此外，错写字形的现象也比较严重，例如央视曾经播出电视连续剧《雍正王朝》，屏幕上作为片名的四个字里就有一个错字：雍！再如 2004 年 7 月下旬由央视 8 套节目播出的 20 集电视连续剧《小兵张嘎》，偌大的片头四字中的"张"字就清清楚楚地写错了：把"张"字写成了"张"，这个"字"不但在最后一笔处多了一撇，而且字的笔画结构和笔顺也都是错误的。

可能是因为级别低，所以遇到拿不准的字就问人，就查字典，这是一种谨慎的心理；相反，可能是因为级别高，所以遇到拿不准的字就有大胆瞎蒙，这是一种浮躁的心理。

一篇学生作文，一个青年作者的处女作，可以反复检查，杜绝漏洞；而一本有影响的学术著作却往往可以写进错误而且长期不改。

所以然者，何也？

后 记

　　本书分理据、语法、方言和"其他"四个方面的论述。理据部分主要论述语言符号的理据性和任意性的关系、理据和内部形式的关系、理据的分类及探究理据的方法等。语法部分主要论述现代汉语语法中一些新现象新规律，例如语义干涉和义素脱落、汉语成句标准等。方言主要是山西祁县方言研究。其他部分主要针砭目前语言运用中的一些不规范现象。本书出版后，同人提出一些宝贵意见，再版时做了修改，并且增加了十篇新作，愿与广大作者做进一步交流和深入探讨。

作　者

农历癸巳年九月十三于硅湖学院